BGB-AT I

Die Entstehung des Primäranspruchs

Hemmer/Wüst/Tyroller

BGB-AT I mit der **hemmer-Methode**

Wer in vier Jahren sein Studium abschließen will, kann sich einen Irrtum in Bezug auf Stoffauswahl und -aneignung nicht leisten. Hoffen Sie nicht auf leichte Rezepte und den einfachen Rechtsprechungsfall. Hüten Sie sich vor Übervereinfachung beim Lernen. Stellen Sie deswegen frühzeitig die Weichen richtig.

Dies gilt insbesondere für den Bereich des BGB-AT: Dieser wird erst in Verbindung mit anderen Rechtsgebieten verständlich. BGB-AT muss deshalb im richtigen Kontext gelernt werden. Die Frage, ob ein wirksamer Vertrag vorliegt, ist also auch im Hinblick auf die daraus resultierende Rechtsfolge zu beantworten. Entsteht die Primärleistungspflicht des Schuldners oder ergeben sich Folgeprobleme wie Schadensersatz, Rücktritt, Anfechtung usw. Das Skriptum **BGB-AT I/Entstehung des Primäranspruchs** ist in Zusammenhang mit den Skripten BGB-AT II und III als großer Fall gedacht, wie und mit wem der Vertrag zustande kommt. Rechtssubjekte, Abgabe einer Willenserklärung, Vertretungsmacht und AGB werden begrifflich erläutert und in examenstypischer Weise dargestellt.

Die **hemmer-Methode** vermittelt Ihnen die **erste richtige Einordnung** und das **Problembewusstsein**, welches Sie brauchen, um an einer Klausur bzw. dem Ersteller nicht vorbeizuschreiben. Häufig ist dem Studenten nicht klar, warum er schlechte Klausuren schreibt. Wir geben Ihnen **gezielte Tipps**! Vertrauen Sie auf unsere **Expertenkniffe.**

Durch die ständige Diskussion mit unseren Kursteilnehmern ist uns als erfahrenen Repetitoren klar geworden, welche **Probleme** der Student hat, sein **Wissen anzuwenden**. Wir haben aber auch von unseren Kursteilnehmern profitiert und von ihnen erfahren, welche **Argumentationsketten** in der Prüfung zum Erfolg geführt haben.

Die **hemmer-Methode** gibt **jahrelange Erfahrung** weiter, erspart Ihnen viele schmerzliche Irrtümer, setzt richtungsweisende Maßstäbe und begleitet Sie als **Gebrauchsanweisung** in Ihrer Ausbildung:

1. Grundwissen:

Die **Grundwissenskripten** sind für den Studenten in den ersten Semestern gedacht. In den Theoriebänden Grundwissen werden leicht verständlich und kurz die wichtigsten Rechtsinstitute vorgestellt und das notwendige Grundwissen vermittelt. Die Skripten werden durch den jeweiligen Band unserer **Reihe „Die wichtigsten Fälle“** ergänzt.

2. Basics:

Das Grundwerk für Studium und Examen. Es schafft schnell **Einordnungswissen** und mittels der hemmer-Methode richtiges Problembewusstsein für Klausur und Hausarbeit. Wichtig ist, **wann und wie** Wissen in der Klausur angewendet wird.

3. Skriptenreihe:

Vertiefendes Prüfungswissen: Über 1.000 Klausuren wurden auf ihre „essentials" abgeklopft.

Anwendungsorientiert werden die für die Prüfung nötigen Zusammenhänge umfassend aufgezeigt und wiederkehrende Argumentationsketten eingeübt.

Gleichzeitig wird durch die **hemmer-Methode** auf **anspruchsvollem Niveau** vermittelt, nach welchen Kriterien Prüfungsfälle beurteilt werden. Mit dem Verstehen wächst die Zustimmung zu Ihrem Studium. Spaß und Motivation beim Lernen entstehen erst durch Verständnis.

Lernen Sie, durch Verstehen am juristischen Sprachspiel teilzunehmen. Wir schaffen den „background“, mit dem Sie die innere Struktur von Klausur und Hausarbeit erkennen: **„Problem erkannt, Gefahr gebannt“**. Profitieren Sie von unserem **strategischen Wissen**. Wir werden Sie mit unserem know-how auf das Anforderungsprofil einstimmen, das Sie in Klausur und Hausarbeit erwartet.
Die Theoriebände Grundwissen, die Basics, die Skriptenreihe und der Hauptkurs sind als **modernes, offenes und flexibles Lernsystem** aufeinander abgestimmt und ergänzen sich ideal. Die **studentenfreundliche Preisgestaltung** ermöglicht den **Erwerb als Gesamtwerk**.

4. Hauptkurs:

Schulung am examenstypischen Fall mit der Assoziationsmethode. Trainieren Sie unter professioneller Anleitung, was Sie im Examen erwartet und wie Sie bestmöglich mit dem Examensfall umgehen.

Nur wer die Dramaturgie eines Falles verstanden hat, ist in Klausur und Hausarbeit auf der sicheren Seite! Häufig hören wir von unseren Kursteilnehmern: **„Erst jetzt hat Jura richtig Spaß gemacht“**.

Die Ergebnisse unserer Kursteilnehmer geben uns Recht. Maßstab ist der Erfolg. Die Examensergebnisse zeigen, dass unsere Kursteilnehmer überdurchschnittlich abschneiden.

Die Examensergebnisse unserer Kursteilnehmer können auch Ansporn für Sie sein, intelligent zu lernen: Wer nur auf vier Punkte lernt, landet leicht bei drei.
Lassen Sie sich aber nicht von diesen Supernoten verschrecken, sehen Sie dieses Niveau als Ansporn für Ihre Ausbildung.

Wir hoffen, als Repetitoren mit unserem Gesamtangebot bei der Konkretisierung des Rechts mitzuwirken und wünschen Ihnen **viel Spaß beim Durcharbeiten** unserer Skripten.

Wir würden uns freuen, mit Ihnen als Hauptkursteilnehmer mit der **hemmer-Methode** gemeinsam Verständnis an der Juristerei zu trainieren. Nur wer erlernt, was ihn im Examen erwartet, lernt richtig!

So leicht ist es, uns kennenzulernen: Probehören ist jederzeit in den jeweiligen Kursorten möglich.

Karl-Edmund Hemmer & Achim Wüst

BGB-AT I

Die Entstehung des Primäranspruchs

Hemmer/Wüst/Tyroller

Hemmer/Wüst Verlagsgesellschaft
Hemmer/Wüst/Tyroller, BGB-AT I; Die Entstehung des Primäranspruchs

ISBN 978-3-86193-415-8

14. Auflage 2015

gedruckt auf chlorfrei gebleichtem Papier
von Schleunungdruck GmbH, Marktheidenfeld

§ 1 Methodik der Klausurlösung 1

A. HEMMER-SKRIPTEN: Examenstypisches Lernen 1

B. Klausuraufbau 1

I. Rechtssubjekte = wer von wem 1

II. Anspruchsgrundlage = woraus 1

III. Reihenfolge der Anspruchsgrundlagen 3

1. Vertragliche Ansprüche 3
2. Vertragsähnliche Ansprüche 4
3. Dingliche Ansprüche 4
4. Deliktische und kondiktionsrechtliche Ansprüche 5

§ 2 Die Rechtssubjekte/ Rechtsfähigkeit 6

A. Natürliche Personen 6

B. Juristische Personen 8

I. Verein 9

1. Rechtsfähiger Verein 9
2. Idealverein und wirtschaftlicher Verein 9

II. Stiftung 9

III. Juristische Personen des öffentlichen Rechts 10

IV. Juristische Personen des Handelsrechts 12

C. Personenvereinigungen mit Ansätzen zur Rechtsfähigkeit 12

I. OHG, KG 12

II. Nichtrechtsfähiger Verein 13

III. BGB-Gesellschaft („GbR“) 14

IV. Erbengemeinschaft 19

V. Wohnungseigentümergemeinschaft, § 10 VI WEG 20

§ 3 Der Vertrag als Grundlage des Primäranspruchs 21

A. Anwendungsbereich 21

B. Rechtsgeschäftslehre 23

I. Begriff des Rechtsgeschäfts 23

1. Methodologische Kurzeinleitung 23
2. Wesensmerkmale des Rechtsgeschäfts 23
3. Einteilung von Rechtsgeschäften 24

II. Die Willenserklärung 25

1. Bestandteile der Willenserklärung 25
a) Äußerer Tatbestand 26
b) Innerer Tatbestand 26
2. Fehlender Rechtsbindungswille 35
a) Gefälligkeitsverhältnisse 35
aa) Abgrenzung des Gefälligkeitsverhältnisses zum Rechtsgeschäft 35
bb) Exkurs: Haftung im Gefälligkeitsverhältnis 37
b) Erteilung von Auskünften und Ratschlägen 42
c) Erklärungen über Anerkennung einer Schuld 44
aa) Erklärungen von Unfallbeteiligten 44
bb) Drittschuldnererklärung 47
cc) Erteilung einer Ausgleichsquittung 48
d) Invitatio ad offerendum 51

3. Wirksamwerden der Willenserklärung ... 52
a) Abgabe ... 52
b) Zugang ... 54
aa) Zugang verkörperter Willenserklärungen unter Abwesenden ... 54
bb) Zugang gegenüber nicht voll Geschäftsfähigen ... 57
cc) Grundsätze der Zugangsvereitelung ... 58
dd) Zugang nicht verkörperter Willenserklärungen unter Abwesenden ... 61
ee) Zugang unter Anwesenden ... 62

C. Die Geschäftsfähigkeit als Voraussetzung rechtlicher Bindungen ... 64

I. Die Geschäftsunfähigkeit ... 65
1. Allgemeines ... 65
2. § 105a BGB ... 66
3. Die Betreuung Volljähriger, §§ 1896 ff. BGB ... 69

II. Die beschränkte Geschäftsfähigkeit ... 70
1. Grundsätze ... 70
2. Einseitige Rechtsgeschäfte ... 73
3. Lediglich rechtlich vorteilhaft ... 73
4. Die rechtlich neutrale Willenserklärung ... 79
5. Erfüllung gegenüber einem Minderjährigen ... 81
6. Partielle Geschäftsfähigkeit ... 82
7. Überlassung von Mitteln zur freien Verfügung, § 110 BGB ... 84

D. Zustandekommen und Inhalt des Vertrages ... 85

I. Das Angebot ... 85
1. Merkmale ... 86
2. Bindung an den Antrag ... 89

II. Die Annahme ... 91
1. Die Annahmeerklärung ... 91
2. Schweigen als Sonderfall ... 92
a) Zusendung unbestellter Waren, § 241a BGB ... 92
b) Gesetzliche Erklärungsfiktion des Schweigens ... 99
c) Schweigen auf kaufmännisches Bestätigungsschreiben ... 101
3. Die Annahmefristen ... 103
4. Verspätete Annahme ... 103
5. Sonderprobleme beim Vertragsschluss über das Internet ... 104
6. Versteigerungen über das Internet (sog. „eBay-Verträge") ... 106

III. Dissens ... 113
1. Offener Dissens ... 115
2. Versteckter Dissens ... 115

IV. Formvorschriften ... 116
1. Funktionen des Formzwangs ... 116
2. Die verschiedenen Formerfordernisse ... 117
a) Gesetzliche Schriftform, § 126 BGB ... 118
b) Gewillkürte Schriftform ... 119
c) Notarielle Beurkundung ... 120
d) Elektronische Form ... 121
e) Textform ... 121
3. Umfang des Formzwangs ... 121
4. Rechtsfolgen bei Formmangel, § 125 BGB ... 122
a) Heilung des Formmangels ... 123
b) Korrektur der Nichtigkeitsfolge über § 242 BGB ... 123
5. Formbedürftigkeit und „falsa demonstratio non nocet-Regel" ... 126

E. Stellvertretung ... 128

I. Abgrenzung zwischen mittelbarer und unmittelbarer Stellvertretung ... 128

II. Abgabe einer eigenen Willenserklärung ... 131

1. Abgrenzung der Botenschaft von der Stellvertretung 131
2. Auswirkung der Unterscheidung zwischen Botenschaft und Stellvertretung 133
a) Willensmängel und Wissenszurechnung 134
b) Wissenszurechnung im Gesellschaftsrecht – Organtheorie 139
c) Zugang 142
d) Form 143
e) Vertretungsverbote 144

III. Der Offenkundigkeitsgrundsatz 145
1. Grundsatz 145
2. Rechtsfolgen mangelnder Offenkundigkeit 147
3. Abgrenzung zum Handeln unter fremdem Namen 150
4. Einschränkungen des Offenkundigkeitsprinzips 153
a) Verdecktes Geschäft für den, den es angeht 153
b) Offenes Geschäft für den, den es angeht 154
c) § 1357 BGB 156
d) Unternehmensbezogene Geschäfte 158
e) Vertretung durch Unterschrift mit dem Namen des Vertretenen 160

IV. Vertretungsmacht 160
1. Vollmacht 160
a) Erteilung 161
b) Umfang 164
c) Die Abgrenzung von Anscheins- und Duldungsvollmacht zur konkludenten Vollmachterteilung 167
d) Rechtsscheinvollmacht aufgrund der Publizitätswirkung des Handelsregisters, § 15 HGB 171
e) Erlöschen 174
f) Willensmängel bei der Vollmachtserteilung 178
2. Gesetzliche und organschaftliche Vertretungsmacht 181
a) Gesetzliche Vertretungsmacht 181
b) Organschaftliche Vertretungsmacht 183
3. § 181 BGB und Missbrauch der Vertretungsmacht 183
a) Insichgeschäfte 184
b) Missbrauch der Vertretungsmacht 186
4. Rechtsfolgen beim Handeln ohne Vertretungsmacht 190
a) Rechtsfolgen für das Rechtsgeschäft 190
b) Ansprüche gegen den Vertreter 191

§ 4 Die Einbeziehung Allgemeiner GeschäftsbeDingungen in den Vertrag 194

A. Begriffsbestimmung 196

I. Vertragsbedingungen 196
1. Einzelerläuterungen 196
2. Erweiterung auf bestimmte einseitige Rechtsgeschäfte 197

II. Vorformulierung 197

III. Für eine Vielzahl von Verträgen 198

IV. Veranlassung der Einbeziehung durch den Verwender („Stellen“) 198

V. Die Individualvereinbarung, § 305 I S. 3 BGB 200

VI. Einschränkung des sachlichen Anwendungsbereichs 201

VII. Persönlicher Geltungsbereich, § 310 I BGB 202

VIII. Verbraucherverträge, 310 III BGB 202

B. Einbeziehung 203

I. Grundsatz 203
1. Der Hinweis des Verwenders, § 305 II Nr. 1 BGB 203
2. Möglichkeit der Kenntnisnahme, § 305 II Nr. 2 BGB 204
3. Einverständnis des Vertragspartners, § 305 II BGB a.E. 205
4. Rahmenvereinbarung 205

II. Einbeziehung in besonderen Fällen, § 305a BGB 205
III. Das Problem sich widersprechender AGB 206
IV. Überraschende Klauseln, § 305c I BGB 207

C. Auslegung von AGB 208

I. Allgemeines 208
II. Der Vorrang der Individualabrede, § 305b 208
III. Die Unklarheitenregelung, § 305c II BGB 210
IV. Grundsatz der „kundenfeindlichsten Auslegung 210
1. Schritt: 210
2. Schritt: 211
3. Schritt: 211

D. Die Inhaltskontrolle, §§ 307 – 309 BGB 211

I. Anwendbarkeit der Inhaltskontrolle nach §§ 307 ff. BGB 211
II. Klauselverbote ohne Wertungsmöglichkeit, § 309 BGB 212
1. § 309 Nr. 1 BGB: Verbot kurzfristiger Preiserhöhungen 212
2. § 309 Nr. 5 BGB: Die Pauschalierung von Schadensersatzansprüchen 213
3. § 309 Nr. 6 BGB: Vertragsstrafen 214
4. § 309 Nr. 7 BGB: Haftungsbeschränkung bei Verschulden 215
5. § 309 Nr. 8 BGB: Sonstige Pflichtverletzung 216
III. Klauselverbote mit Wertungsmöglichkeit, § 308 BGB 217
IV. Generalklausel, § 307 I, II BGB 217

E. Rechtsfolgen bei fehlerhaften oder nicht einbezogenen AGB 219

§ 5 Einbeziehung Dritter in den Primäranspruch 221

A. Einbeziehung Dritter auf Seiten des Gläubigers 221

I. Mit-/ Gesamt- und Teilgläubigerschaft 221
1. Mitgläubiger 221
2. Gesamtgläubiger/Teilgläubiger 222
II. Verträge zugunsten Dritter 222
1. Echter Vertrag zugunsten Dritter 222
2. Unechter Vertrag zugunsten Dritter 222
3. Exkurs: Vertrag mit Schutzwirkung zugunsten Dritter 223
III. Erbfall gem. §§ 1922 ff. BGB 223
IV. Abtretung gem. §§ 398 ff. BGB / gesetzlicher Forderungs-übergang 223
V. Dingliche Surrogation 224

B. Einbeziehung Dritter auf Seiten des Schuldners 224

I. Teilschuldnerschaft 224
II. Gesamtschuldnerschaft 225
1. Unteilbare Leistung 225
2. Teilbare Leistung 225
3. Entstehung 226
III. Schuldnergemeinschaft 227
1. Gesamthandsschuld 227
2. Gemeinschaftliche Schuld im engeren Sinne 227
IV. Schuldübernahme 228
1. Kumulative Schuldübernahme 228
2. Befreiende Schuldübernahme 228
V. Erbe als Schuldner für Erblasser- und Erbfallschulden gem. § 1967 BGB 229

Kommentare

Erman	Bürgerliches Gesetzbuch
Jauernig	Bürgerliches Gesetzbuch
Münchener Kommentar	Kommentar zum Bürgerlichen Gesetzbuch
Palandt	Kommentar zum Bürgerlichen Gesetzbuch
Soergel	Bürgerliches Gesetzbuch mit Einführungs- und Nebengesetzen
Staudinger	Kommentar zum Bürgerlichen Gesetzbuch

Lehrbücher

Fikentscher	Schuldrecht/AT
Larenz	Lehrbuch des Schuldrechts Band 1, Allgemeiner Teil
Medicus	Bürgerliches Recht
Schmidt	Handelsrecht

Weitere Nachweise (insbesondere auf Aufsätze) in den Fußnoten.

§ 1 METHODIK DER KLAUSURLÖSUNG

A. HEMMER-SKRIPTEN: Anwendungsspezifisches Lernen

Die hemmer-Skriptenreihe orientiert sich an den typischen Problemfeldern, mit denen in Prüfungen zu rechnen ist. Wissen wird anwendungsspezifisch für Klausur und Hausarbeit vermittelt. Zivilrechtliche Fälle sind oft nach dem gleichen Muster zu lösen. In unseren Hauptskripten werden die für die Prüfung wichtigsten Zusammenhänge aufgezeigt und wiederkehrende Argumentationsketten eingeübt. 1

Sinn und Zweck von Aufbau-Schemata

hemmer-Methode: Lernen Sie nicht in Schulstreitigkeiten, sondern in Problemfeldern. „Problem erkannt, Gefahr gebannt“. Schulstreitigkeiten sind nach dem Philosophen Popper scholastische Verflachungen. Es besteht die Gefahr, dass die Offenheit des Denkens und damit der Kontakt zu den realen Problemstellungen verloren geht.

B. Klausuraufbau

wer verlangt was von wem woraus?

Die klassische Fallfrage, **Wer** (Gläubiger) verlangt **Was** von **Wem** (Schuldner) **Woraus** (Anspruchsgrundlage), muss Ihre gesamte Klausurlösung bestimmen. In der Klausur geht es in der Regel darum, diese Frage zu beantworten! 2

hemmer-Methode: Im Examen wird von Ihnen keine Doktorarbeit verlangt. Zu allererst geht es darum, die in der Klausur angelegten Problemkreise zu erkennen und in die klassische Fallfrage einzuordnen. Sie sind dann gut, wenn der Korrektor anmerkt: „Verfasser erkennt als einer der Wenigen die Probleme der Klausur und löst sie vertretbar.“

I. Rechtssubjekte = wer von wem

Gläubiger und Schuldner = wer von wem?

Bei der Frage, *wer* welche Ansprüche geltend macht und *von wem* etwas verlangt werden kann, stoßen Sie auf das erste Problem der Falllösung. Zu prüfen ist, ob der oder die im Fall genannten Personen (oder Personenmehrheiten) überhaupt **Gläubiger** und **Schuldner** sein können. Dies setzt Rechtsfähigkeit voraus. 3

II. Anspruchsgrundlage = woraus

bei Prüfung stets mit entspr. Anspruchsgrundlage beginnen

Schon beim Lesen des Sachverhalts sollten Sie unter Berücksichtigung der in der Fallfrage geltend gemachten Ansprüche assoziative Überlegungen hinsichtlich der möglicherweise einschlägigen Anspruchsgrundlagen anstellen. 4

Verlangt der Anspruchsteller **Erfüllung**, so kann richtige Anspruchsgrundlage ein entsprechender Vertrag sein; z.B. ergibt sich aus § 433 I S. 1 BGB für den Käufer gegenüber dem Verkäufer ein Anspruch auf Eigentumsverschaffung und Übergabe. Im Mittelpunkt einer solchen Klausur stehen dann Fragen wie: Ist der Vertrag wirksam zustande gekommen? Existieren rechtshindernde Einwendungen, z.B. Nichtigkeit wegen Formmangels, §§ 311b, 125 BGB? Liegen rechtsvernichtende Einwendungen vor, z.B. Nichtigkeit nach Anfechtung, §§ 119, 142 I BGB? Hat der Schuldner eine rechtshemmende Einrede, z.B. Verjährung, §§ 194 ff., 214 I BGB?

Begehrt der Anspruchsteller hingegen **Schadensersatz**, ist es falsch, mit einer auf Erfüllung oder Herausgabe gerichteten Anspruchsgrundlage zu beginnen. Hier kommen von vornherein nur Anspruchsgrundlagen mit der Rechtsfolge Schadensersatz in Betracht. Geht es um einen vertraglichen Schadensersatzanspruch (sogenannter Sekundäranspruch), z.B. aus § 280 BGB, ist wiederum wie beim Primäranspruch auf Erfüllung Voraussetzung, dass ein wirksamer Vertrag zustande gekommen ist.

hemmer-Methode: Die gefragte Rechtsfolge gibt die Vorgehensweise vor. Die Rechtsfolge ergibt sich aus der Fragestellung. Legen Sie sich aber nicht zu früh auf eine Anspruchsgrundlage fest! Verlangt zum Beispiel der Anspruchsteller Herausgabe, so ist es nicht ausreichend, allein § 985 BGB heranzuziehen. Sie müssen vielmehr alle Anspruchsgrundlagen, aus denen sich Herausgabe als Rechtsfolge ergibt, im Kopf durchspielen.[1] Dazu gehören vertragliche Ansprüche, z.B. aus §§ 546, 604, 607 I S. 2 BGB, ebenso wie Herausgabeansprüche aus GoA, vgl. §§ 681 S. 2, 667 BGB; auf Herausgabe gehen neben § 985 BGB außerdem §§ 861, 1007, 2018 BGB. Zu denken ist selbstverständlich auch an § 812 BGB. Sogar § 823 BGB kann i.V.m. § 249 I BGB (Naturalrestitution!) zu einem Herausgabeanspruch führen, so muss z.B. der Dieb die Sache auch gem. §§ 823 I/II, 242 StGB, 249 I BGB herausgeben und so den Zustand wiederherstellen, der ohne das schädigende Ereignis bestand.

Frage nach der Rechtslage

Schwieriger wird es, wenn im Bearbeitervermerk allgemein nach der Rechtslage gefragt ist. Dann sind grundsätzlich alle Ansprüche aller Beteiligten gegeneinander zu prüfen, also „jeder gegen jeden". Erster Schritt muss hier die Einteilung des Sachverhalts in Zweipersonenverhältnisse sein. Anschließend wird der Sachverhalt einer systematischen Analyse hinsichtlich sinnvoller Anspruchsziele unterzogen.[2] 5

Achtung: Die Fallfrage ist aber immer im „Lichte des Sachverhalts" zu sehen! Verlangt im Sachverhalt A von B Herausgabe und heißt es im Bearbeitervermerk „Wie ist die Rechtslage?", so beschränkt sich die Prüfung auf Herausgabeansprüche zwischen A und B, auch wenn noch andere (Hilfs-)Personen im Sachverhalt vorkommen.

Subsumtion

Der nächste Schritt ist die Prüfung der einzelnen Tatbestandsmerkmale innerhalb der Anspruchsgrundlage (Subsumtion), um festzustellen, ob die Voraussetzungen des Anspruchs gegeben sind.

Anspruchskonkurrenz

Kommen mehrere mögliche Anspruchsgrundlagen in Betracht, so sind alle zu prüfen. 6

hemmer-Methode: Sie müssen ein Gutachten schreiben! Der Gutachtenstil geht von einer Fragestellung aus, z.B. „Fraglich ist..., in Betracht kommt..., möglicherweise..., könnte..., müsste..." und erörtert alle in Betracht kommenden Anspruchsgrundlagen.

Dies kann Bedeutung haben, wenn einzelne Anspruchsgrundlagen ausscheiden, andere aber eingreifen. § 280 I BGB, der Schadensersatz i.R.e. Sonderverbindung gewährt, kann zum Beispiel wegen der Beweislastumkehr in § 280 I S. 2 BGB für den Gläubiger günstiger sein als ein eventuell daneben bestehender deliktischer Anspruch.

Zudem ist i.R.v. § 280 BGB die Zurechnung des Verschuldens von Hilfspersonen über § 278 BGB, anders als im Deliktsrecht (vgl. § 831 I S. 2 BGB), ohne Exkulpation möglich.

1 Vgl. dazu ausführlich Hemmer/Wüst, Herausgabeansprüche.

2 Medicus/Petersen, BR, Rn. 6.

Kein Unterschied besteht mehr hinsichtlich des Anspruchs auf Schmerzensgeld. Schmerzensgeld wird (nunmehr, früher nur über Deliktsrecht, § 847 a.F. BGB) unter den Voraussetzungen des § 253 II BGB im Rahmen aller Schadensersatzansprüche gewährt, auf die die §§ 249 ff. BGB anwendbar sind.

Schwerpunkte setzen!

Bei allem Bemühen um Vollständigkeit gebieten Zweckmäßigkeitserwägungen, dass man Schwerpunkte setzt. Sie haben nur fünf Stunden Zeit für die *gesamte* Lösung! Weniger problematische Anspruchsgrundlagen sind dementsprechend kürzer zu prüfen, damit genügend Zeit bleibt, zu den Schwerpunkten der Klausur vorzudringen. Trainieren Sie die richtige Schwerpunktsetzung frühzeitig.

III. Reihenfolge der Anspruchsgrundlagen

7 Um unnötig komplizierte Inzidentprüfungen zu vermeiden, empfiehlt sich folgender Aufbau:[3]

1. Vertragliche Ansprüche

Vertrag

8 Wenn Anhaltspunkte für das Vorliegen eines Vertrages im Sachverhalt gegeben sind, sollten Sie auch mit Ansprüchen aus Vertrag beginnen. Ist ein Vertrag vorhanden, hat dies zumeist erhebliche Konsequenzen für andere Anspruchsgrundlagen:

So entfallen z.B. Ansprüche aus GoA, da der Geschäftsführer dann nicht unbeauftragt oder ohne sonstige Berechtigung gehandelt hat.

I.R.v. §§ 985 ff. BGB kann das Vorliegen eines wirksamen Vertrages ein Recht zum Besitz begründen. Ansprüche aus §§ 812 ff. BGB entfallen, soweit ein Rechtsgrund die Basis der Vermögensverschiebung bildet. Ein Vertrag kann ein Rechtfertigungsgrund für die §§ 823 ff. BGB sein. Außerdem können Verjährungsfristen und der Haftungsmaßstab des Vertragsrechts auf deliktische Ansprüche Einfluss haben.

hemmer-Methode: Sind aus der Fallfrage keine Anhaltspunkte für die Geltendmachung vertraglicher Ansprüche ersichtlich (fordert der Anspruchsteller z.B. direkt Rückgabe des verkauften Gegenstandes), ist es sinnvoll, die Wirksamkeit des Vertrages inzident im Rahmen eines der oben aufgeführten Ansprüche, z.B. § 812 I S. 1 Alt. 1 BGB zu untersuchen. Eine vorgezogene, abstrakte Erörterung dieser Frage hinge ohne Bezug zur Fallfrage in der Luft.

unterscheide:

Innerhalb der vertraglichen Ansprüche sind **primäre** und **sekundäre** Ansprüche zu unterscheiden.

Primäransprüche

9 Primäransprüche sind auf Erfüllung gerichtet. Es handelt sich um die Pflichten, die bei „normaler“ Abwicklung des Schuldverhältnisses zu beachten sind. Man unterscheidet zwischen so genannten Hauptleistungspflichten, z.B. § 433 II HS 1 BGB (Kaufpreiszahlung), und bloßen Nebenleistungspflichten (sonstige Leistungspflicht), z.B. grundsätzlich nach h.M. die Abnahme beim Kauf, § 433 II HS 2 BGB. Anders aber z.B. bei Verkauf verderblicher Ware.

Sekundäransprüche

10 Sekundäransprüche entstehen regelmäßig erst dann, wenn bei der Erfüllung der Primärpflichten Störungen auftreten. Ihre Grundlage findet sich meist im allgemeinen Leistungsstörungsrecht, und hier v.a. in der Kardinalnorm des § 280 BGB (Anspruch auf Schadensersatz bei Pflichtverletzung).

3 Grundlegend hierzu Medicus/Petersen, BR, Rn. 7 ff.

Sekundäre Leistungsansprüche können an Stelle des Primäranspruchs treten (Schadensersatz statt der Leistung), aber auch neben diesem bestehen (Schadensersatz neben der Leistung = Anspruch auf Ersatz des sog. Begleitschadens).

2. Vertragsähnliche Ansprüche

c.i.c., GoA

Unter vertragsähnlichen Ansprüchen werden insbesondere Schadensersatzansprüche aus culpa in contrahendo gem. §§ 280 I, 311 II, 241 II BGB[4] oder Geschäftsführung ohne Auftrag verstanden. *11*

Ansprüche aus c.i.c. können auch neben einem wirksamen Vertrag in Frage kommen, etwa wenn der zustande gekommene Vertrag für den Anspruchsteller ungünstig ist, weil die Gegenseite sich bei den Vertragsverhandlungen pflichtwidrig verhalten hat.

hemmer-Methode: Langweilen Sie den Korrektor nicht mit folgendem Standardsatz: „Für das Vorliegen vertraglicher oder vertragsähnlicher Ansprüche bestehen keine Anhaltspunkte." Denken Sie daran, er hat mindestens 100 Klausuren zu korrigieren! Wenn vertragliche und vertragsähnliche Ansprüche offensichtlich ausscheiden, dürfen Sie darüber eigentlich gar kein Wort verlieren. Kein Korrektor möchte losgelöst vom Fall wissen, dass Sie den Anspruchsaufbau schematisch beherrschen.

3. Dingliche Ansprüche

dingliche Ansprüche

Hierher gehören etwa die Herausgabeansprüche §§ 985, 1007, 2018 BGB. *12*

Obwohl sich Konkurrenzprobleme ihnen gegenüber eigentlich nicht ergeben, werden an dieser Stelle auch die possessorischen Herausgabeansprüche der §§ 861, 869 BGB und die petitorischen aus § 1007 I, II BGB geprüft.

Auch aus beschränkt dinglichen Rechten kann ein Anspruch auf Herausgabe entstehen. So gilt der auf §§ 985 ff. BGB verweisende § 1227 BGB nicht nur für das Faustpfandrecht, sondern über § 1257 BGB auch für gesetzliche Pfandrechte und über § 804 II ZPO auch für das Pfändungspfandrecht. Vgl. auch § 1065 BGB beim Nießbrauch und §§ 1090 II, 1029 BGB für die Dienstbarkeiten.

Ebenso gehört der Anspruch auf Grundbuchberichtigung gem. § 894 BGB hierher.

Dingliche Ansprüche können auf Beseitigung und Unterlassung gerichtet sein, vgl. §§ 862; 1004; 1090 II, 1027; 1065; 1227; 1134 ff. BGB. Sonstige wichtige Ansprüche: § 1147 BGB auf Duldung der Zwangsvollstreckung und § 888 BGB auf Zustimmung zur Eintragung eines vorgemerkten Rechtes.

Üblicherweise werden auch die *nichtdinglichen Folgeansprüche* aus §§ 987 ff. BGB (vgl. auch: § 1007 III i.V.m. §§ 987 ff. BGB; § 1227 i.V.m. §§ 985 ff. BGB; § 1257 BGB i.V.m. ...) an dieser Stelle geprüft. Dies rechtfertigt der Sachzusammenhang mit der dinglichen Rechtslage.

---

4 Durch die *Schuldrechtsreform* wurde die vorher nur gewohnheitsrechtlich anerkannte c.i.c. gesetzlich kodifiziert und ist nun von §§ 311 II, 280 I S. 1 BGB erfasst. Wesentliche inhaltliche Änderungen im Vergleich zur bisherigen Rechtslage hat dies aber nicht zur Folge, zu den Einzelheiten vgl. Hemmer/Wüst, Schuldrecht AT (vormals Schuldrecht I), Rn. 194 ff.

Machen Sie sich aber klar, dass es sich hier immer nur um relative Rechte zwischen zwei Personen, also um schuldrechtliche Ansprüche handelt. Anders als bei vertraglichen Ansprüchen gründet ihre Existenz aber nicht auf dem Willen der beteiligten Parteien, sondern beruht einzig und allein auf der Erfüllung der *gesetzlichen* Tatbestandsmerkmale.

4. Deliktische und kondiktionsrechtliche Ansprüche

§§ 823 ff. BGB und §§ 812 ff. BGB

Ob man zuerst deliktische und dann Ansprüche aus §§ 812 ff. BGB prüft, ist Geschmacksfrage. Eine zwingende logische Reihenfolge gibt es hier nicht, zumal sich die Ansprüche gegenseitig nicht ausschließen. *14*

hemmer-Methode: Anspruchskonkurrenzen sind examenstypisch. Sie sollten deshalb bei jeder Anspruchsgrundlage die Vorüberlegung anstellen, ob der Anspruch nicht hinter einem anderen zurücktritt. Ein absoluter Klassiker ist die in § 993 I HS 2 BGB zum Ausdruck kommende Haftungsprivilegierung des redlichen unrechtmäßigen Besitzers, der grundsätzlich nicht nach §§ 823 ff. BGB haftet.[5]

5 Vgl. Hemmer/Wüst, Sachenrecht, Rn. 352 ff. Nach h.M. sind die §§ 987 ff. BGB auch für den verklagten oder unredlichen unrechtmäßigen Besitzer abschließend.

§ 2 DIE RECHTSSUBJEKTE/ RECHTSFÄHIGKEIT

Rechtsfähigkeit versteht das Gesetz als die Fähigkeit, Rechtssubjekt, d.h. Träger von Rechten und Pflichten zu sein.[6] Rechtsfähigkeit ist damit Grundbedingung, um Anspruchsteller **(Gläubiger = „wer")** oder Anspruchsgegner **(Schuldner = „von wem")** in einem juristischen Sachverhalt sein zu können. *15*

Hiervon zu unterscheiden ist die Handlungsfähigkeit. Diese bezeichnet das Vermögen eines Rechtssubjekts, durch eigene Handlungen Rechte und Pflichten begründen, ändern oder aufheben zu können. Man differenziert weiter zwischen der Handlungsfähigkeit im rechtsgeschäftlichen Bereich (Geschäftsfähigkeit) und der Handlungsfähigkeit auf dem Gebiet der unerlaubten Handlungen (Deliktsfähigkeit).

A. Natürliche Personen

Beginn und Ende bei natürlichen Personen

Das Gesetz ordnet den Beginn der Rechtsfähigkeit mit der Vollendung der Geburt, nach h.M. dem vollständigen Austritt aus dem Mutterleib, an, vgl. § 1 BGB. Die Rechtsfähigkeit endet mit dem Tod. *16*

hemmer-Methode: Beachten Sie, dass im Unterschied hierzu im Strafrecht das Menschsein ab *Beginn* der Geburt, d.h. dem Einsetzen der Eröffnungswehen, anzunehmen ist. Die Unterscheidung rechtfertigt sich durch den umfassenden Schutz, den das Strafrecht gewähren soll.

wrongful life

Probleme ergeben sich, wenn ein schädigendes Ereignis schon vor der Geburt Wirkung entfaltet.

> ***Bsp.:*** *Das Kind kommt nach einem Verkehrsunfall der schwangeren Mutter mit gelähmtem Arm auf die Welt.*

nasciturus

> Problematisch ist zunächst, dass das ungeborene Kind zum Zeitpunkt der Schädigung als **Rechtssubjekt** noch gar nicht existierte. Es ist aber gemeinhin anerkannt, dass auch der **nasciturus** - der schon gezeugte, aber noch nicht geborene Mensch - in den Schutzbereich von Normen und Sonderverbindungen einbezogen sein kann.

> Dass die Schädigung noch vor Beginn der **Rechtsfähigkeit** eingetreten ist, schadet dann nicht, wenn der nasciturus als ein „Dritter" i.S.v. § 328 BGB (und auch als ein „anderer" i.S.v. § 823 I BGB) zu einem späteren Zeitpunkt die Rechtsfähigkeit durch Geburt erlangt.

Exkurs für Fortgeschrittene *17*

> ***Bsp.:*** *Das Kind K kommt nach einer vom Arzt A verkannten Rötelinfektion der Mutter M, die, hätte sie von der Infektion gewusst, einen gerechtfertigten[7] Schwangerschaftsabbruch vorgenommen hätte, zu 90% behindert zur Welt.[8]*

---

6 Vgl. Larenz, § 5 I.

7 Ein Behandlungsfehler kann nur dann zu einer Schadensersatzpflicht führen, wenn ein daraufhin unterbliebener Schwangerschaftsabbruch rechtmäßig gewesen wäre. Die Rechtmäßigkeit kann sich dabei nie allein aus der Behinderung des Kindes selbst ergeben. Diese Fälle der sog. „embryopathischen Indikation" können einen Schwangerschaftsabbruch vielmehr nur unter den Voraussetzungen des § 218a II StGB n.F. rechtfertigen. Das ist dann der Fall, wenn der Schwangerschaftsabbruch vorgenommen wird, um eine Gefahr für das Leben oder das Risiko einer schwer wiegenden Beeinträchtigung des körperlichen oder seelischen Gesundheitszustandes ***der Schwangeren*** abzuwenden und die Gefahr nicht auf andere, für sie zumutbare Weise abgewendet werden kann. Vgl. zum Ganzen BGH Life&Law 2002, 723 ff. = **juris**byhemmer.

8 Vgl. Schack/Ackmann Nr. 59.

I. Ansprüche des Kindes

Da das Kind selbst keinen Behandlungsvertrag abgeschlossen hat, könnten sich Ansprüche des Kindes nur aus einer Schutzwirkung zugunsten Dritter aus dem Behandlungsverhältnis zwischen der Mutter und dem Arzt oder aus Delikt ergeben.

hemmer-Methode: Beachten Sie auch die anderen Sondervorschriften, die einen Schutz des nasciturus trotz mangelnder Rechtsfähigkeit gewährleisten: § 1923 II BGB (Erbfähigkeit), § 331 II BGB (Vertrag zugunsten des nasciturus) und § 844 II S. 2 BGB (Unterhaltsrente als Schadensersatzanspruch). Zur Geltendmachung seiner Rechte ist er in Ausnahme zu § 50 I ZPO im Prozess parteifähig. Sogar der noch nicht Erzeugte (sog. nondum conceptus) kann Inhaber von Rechten sein, vgl. §§ 331 II, 2101, 2162 II BGB.

Keine vertraglichen Ansprüche

Dennoch bestehen im Ergebnis keine Ansprüche des Kindes aus Vertrag mit Schutzwirkung: Das Kind kommt mit der vertraglichen Hauptleistungspflicht der Mutter **bestimmungsgemäß nicht ebenso in Berührung wie der Vertragspartner**. Denn unter Betrachtung eines rechtmäßigen Alternativverhaltens des Arztes wäre die Abtreibung vorgenommen worden. Das Recht der Mutter, im Fall einer vor der Geburt diagnostizierbaren Schädigung des Kindes einen Schwangerschaftsabbruch vornehmen zu lassen, begründet keinen Anspruch des Kindes auf Nichtexistenz.[9]

hemmer-Methode: Arbeiten Sie sauber und trennen Sie: Auf einer ersten Ebene prüfen Sie die Tatbestandsmerkmale der Anspruchsbegründung, hier also, ob die Voraussetzungen des Vertrages mit Schutzwirkung zu Gunsten des nasciturus erfüllt sind. Erst danach erörtern Sie die Frage, ob ein ersatzfähiger Schaden vorliegt. Dieser Zweierschritt liegt grundsätzlich allen schadensrechtlichen Fragen zu Grunde, und Sie sollten ihn – zumindest gedanklich – immer nachvollziehen.

§§ 823 ff. BGB

Deliktische Ansprüche sind aus demselben Grund abzulehnen. Zwar liegen die haftungsbegründenden Merkmale des § 823 I BGB (Rechtsgutsverletzung, Handlung des Arztes, Kausalität, ...[10]) vor, doch gibt es keine unmittelbare deliktsrechtliche Pflicht des Arztes, die Geburt eines behinderten Kindes durch einen Schwangerschaftsabbruch zu verhindern. Im Gegenteil wäre ein Urteil über die Erhaltungswürdigkeit behinderten Lebens insbesondere im Hinblick auf die nationalsozialistische Vergangenheit ein eklatanter Verstoß gegen die geltende Rechts- und Werteordnung.

hemmer-Methode: Unterscheiden Sie hiervon aber den Fall, in dem die körperliche Integrität des nasciturus erst durch ein Verhalten des Arztes <u>nach</u> dem in § 1 BGB bestimmten Zeitpunkt, z.B. durch einen Fehler bei der Entbindung, geschädigt wird. Hier kann das Kind sehr wohl Ansprüche geltend machen. Der entscheidende Unterschied zu obigem Fall ist hier, dass der Schaden nun nicht in der Existenz des Kindes als solcher liegt, sondern durch die Differenz der Lebensqualität zwischen „behindertem“ und „unbehindertem“ Leben bestimmt wird.

II. Ansprüche der Mutter

Hingegen bestehen Ansprüche der Mutter wegen der durch die Behinderung entstehenden Unterhaltspflicht wegen einer Pflichtverletzung des Behandlungsvertrages (§ 280 I BGB) und aus § 823 BGB. Der Mutter steht ein Schadensersatzanspruch wegen des gesamten Unterhaltsanspruchs des Kindes zu, vorausgesetzt, es hat sich das Risiko verwirklicht, hinsichtlich dessen der Arzt seine Pflichten verletzt hat.[11] Der BGH begrenzt diesen Schadensersatzanspruch jedoch der Höhe nach auf den Unterhaltsbedarf des Kindes. Nicht ersetzt wird der Verdienstausfall, der den Eltern durch die Betreuung des Kindes entsteht.[12]

9 A.A. vertretbar. Dann scheitert der Anspruch aber bei der Pflichtverletzung: Die unterbliebene Abtreibung wäre nur dann eine beachtliche Pflichtverletzung, wenn eine Pflicht zum Handeln gegenüber dem Kind bestünde. Diese zu bejahen, würde aber wiederum bedeuten, einen Anspruch auf Nichtexistenz zu geben, vgl.Müller, NJW, 2003, 697 ff.

10 Vgl. im Einzelnen: HEMMER/WÜST, Deliktsrecht I, Rn. 28 ff.

11 Palandt, vor § 249, Rn. 89.

12 BGH, NJW 1997, 1638 = **juris**byhemmer.

Diese BGH-Rspr. hat der 1. Senat[13] des BVerfG zu Recht bestätigt. Die Unterhaltspflicht für ein Kind als Schaden zu verstehen verstößt nicht gegen Art. 2 I, 1 I GG. Die anders lautende Ansicht des 2. Senats des BVerfG[14] verkennt, dass nicht die Existenz des Kindes der Schaden ist, sondern die dadurch entstehende Unterhaltspflicht. Als bloßes „obiter dictum" ist diese Rspr. aber nicht von der Bindungswirkung des § 31 BVerfGG erfasst. Zu Recht!

Problematisch ist jedoch, ob die aus der Unterhaltspflicht resultierenden Schadenspositionen zurechenbar sind.

Da ein Schwangerschaftsabbruch gem. § 218a II StGB nur dann gerechtfertigt ist, soweit es um die Abwehr einer schweren Gefahr für die Gesundheit der Schwangeren geht, zielt der Schutzzweck eines Behandlungsvertrages nicht auf die Bewahrung vor belastenden Unterhaltsverpflichtungen ab. Denn es geht um Gefahren für die Schwangere für die Phase der Schwangerschaft, nicht aber um Lebensumstände nach der Geburt, es sei denn, dass sich gerade diese Umstände negativ auf den Gesundheitszustand der Mutter auswirken.[15]

Nach neuester Rechtsprechung des BGH[16] sind Unterhaltsbelastungen vor diesem Hintergrund dann zurechenbar, wenn der Schutzzweck des Vertrages auf die Vermeidung von Gefahren durch das „Haben" des Kindes gerichtet war. Das ist etwa dann der Fall, wenn die Mutter den Belastungen durch die Verantwortung für das schwer behinderte Kind konstitutionell nicht gewachsen ist.

Da hier der Schutzzweck des Behandlungsvertrages aber auf die Behandlung der Rötelnerkrankung und nicht auf Vermeidung von Unterhaltsbelastungen gerichtet war, ist der Anspruch der Mutter auf Schadensersatz abzulehnen.[17]

Ein Anspruch auf Zahlung von Schmerzensgeld gem. § 253 II BGB direkt oder analog ist daneben nur gegeben, wenn die Belastung mit einem behinderten Kind ausnahmsweise Krankheitswert erreicht.[18]

Exkurs Ende

B. Juristische Personen

hemmer-Methode: Erschrecken Sie nicht, wenn statt A und B juristische Personen, Gesellschaften, Vereine oder eine Erbengemeinschaft aktiv als Gläubiger oder passiv als Schuldner in Erscheinung treten. Damit müssen Sie, anders als beim kleinen BGB-Schein, im Examen rechnen. Examensfälle sind eben keine Standard-, Grund- oder Normalfälle. Gesellschaften sind in Examensarbeiten häufig berechtigt und verpflichtet. Meist handelt es sich nur darum, ob ein Anspruch geltend gemacht werden kann, wie die Vertretung erfolgt und wer für diesen Anspruch haftet. Für diese Prüfungspunkte kann man dann immer dieselben Muster verwenden. Je eher Sie sich mit diesen Gebilden auseinandersetzen, desto schneller verlieren Sie die Angst. Es handelt sich regelmäßig nicht um eine „exotische Gesellschaftsrechtsklausur".

Definition

Juristische Personen werden als von der Rechtsordnung anerkannte und *daher* rechtsfähige Personenvereinigungen oder Vermögensmassen definiert.[19] Die Rechtssubjektqualität ist also, anders als bei natürlichen Personen, nicht selbstverständlicher Ausfluss der menschlichen Existenz, sondern wird erst durch besonderen staatlichen Akt begründet. 18

13 NJW 1998, 519 = **juris**byhemmer.

14 NJW 1998, 523 = **juris**byhemmer.

15 BGH MDR 2002, 336 = **juris**byhemmer.

16 BGH Life&Law 2002, 723 ff. (Heft 11).

17 BGH Life&Law 2005, 273 ff. = NJW 2005, 891 ff. = **juris**byhemmer.

18 Vgl. BGH, NJW 1980, 1450 = **juris**byhemmer.

19 Vgl. Larenz, § 9 I.

I. Verein

Grundtyp: Verein

Der Verein ist in den §§ 21 ff. BGB als Grundtyp der verbandsmäßig organisierten juristischen Person definiert. Man bezeichnet so den Zusammenschluss mehrerer Personen, der sich durch Satzung eine körperschaftliche Organisation gegeben hat und unabhängig vom Bestand seiner Mitglieder einen gemeinsamen Zweck verfolgt. 19

1. Rechtsfähiger Verein

Unterscheidung eingetragener - nicht eingetragener Verein

Entweder durch Eintragung in das Vereinsregister (beim Amtsgericht) oder kraft staatlicher Verleihung kann der Verein Rechtsfähigkeit erlangen, vgl. §§ 21 f. BGB. Damit wird er zum Rechtssubjekt, kann also selbst Anspruchsteller wie –gegner sein. 20

hemmer-Methode: Examenstypische Vorschriften des Vereinsrechts für die Falllösung sind §§ 26 f. BGB.
Der Verein handelt durch seinen Vorstand. Fraglich ist in der Examensarbeit dann häufig, wer beim mehrköpfigen Vorstand handeln muss, um den Verein wirksam zu vertreten. Enthält die Vereinssatzung keine diesbezüglichen Vorschriften, so gilt nach h.M. nicht Gesamtvertretung, sondern das Mehrheitsprinzip. Die Gesamtvertretung durch alle Vorstandsmitglieder würde zu allzu großer Schwerfälligkeit im rechtsgeschäftlichen Bereich führen.

Vor Eintragung (bzw. Verleihung) hat der Verein noch nicht den Status eines eigenständigen Rechtssubjekts. Träger von Rechten und Pflichten können solange auch nur die Mitglieder sein.[20]

2. Idealverein und wirtschaftlicher Verein

Unterscheidung zw. Idealverein und wirtschaftl. Verein

Eine weitere Unterscheidung macht das Gesetz zwischen Idealvereinen, § 21 BGB, die der Verfolgung eines nichtwirtschaftlichen Zwecks (z.B. Gesangsverein) dienen, und wirtschaftlichen Vereinen, § 22 BGB. 21

Der Idealverein erlangt die Rechtsfähigkeit durch Eintragung, § 21 BGB, der wirtschaftliche Verein durch staatliche Verleihung, § 22 BGB.

II. Stiftung

Stiftungen

Wenig Examensrelevanz hat die rechtsfähige Stiftung, §§ 80 ff. BGB. Es handelt sich hierbei um einen Vermögensbestand, der dauerhaft einem von den Stiftern bestimmten Zweck gewidmet ist. In § 86 S.1 BGB wird auf die Vorschriften des Vereinsrechts verwiesen. 22

hemmer-Methode für Fortgeschrittene: Gegenstand von Examensarbeiten war auch schon die sog. „unselbständige Stiftung“. Diese hat keine eigene Rechtspersönlichkeit.
Vielmehr wird ein Vermögen einem Stiftungszweck gewidmet. Träger des Stiftungsvermögens ist ein Treuhänder, dieser verwaltet es entsprechend dem festgelegten Zweck (z.B. Buch wird einer betrieblichen Abteilung von einem Mitarbeiter gewidmet, der Abteilungsleiter soll das Buch an sich nehmen, jeder in der Abteilung darf es ausleihen. Die Abteilung wird dann in zwei selbständige Abteilungen aufgegliedert, Abteilungen und Stifter streiten sich um das Buch). Die Rechtsbeziehungen der Beteiligten unterstehen dann ausschließlich dem Schuldrecht. Merken Sie sich auch hier: Es handelt sich dann nicht um eine „exotische Stiftungsrechtsklausur“, sondern im Wesentlichen um allgemeines Schuldrecht.

20 Zum nichtrechtsfähigen Verein sogleich Rn. 26.

Lassen Sie sich also nicht von „Katastrophendenkern“ verwirren. Denken Sie aber auch nicht, das Examen sei „easy“. Lernen Sie, spielerisch mit der Juristerei umzugehen. Es kommen die üblichen Anspruchsgrundlagen und Rechtsinstitute in Betracht, um diesen Fall zu lösen: Auslegung, ergänzende Vertragsauslegung, Anfechtung, Unmöglichkeit, stillschweigend vereinbarte auflösende Bedingung (dann § 812 I S. 2 Alt. 1 BGB), Zweckvereinbarung (dann § 812 I S. 2 Alt. 2 BGB), Störung der GG.

III. Juristische Personen des öffentlichen Rechts

juristische Personen des öffentlichen Rechts

Mehr Examensrelevanz haben die juristischen Personen des öffentlichen Rechts, z.B. Anstalten, Gemeinden, Landkreise, etc., die auch fiskalisch, d.h. privatrechtlich handeln können. *23*

Bsp.: *Bürgermeister B fälscht den Gemeinderatsbeschluss und nimmt im Namen der Kommune ein Darlehen auf, das er veruntreut. Die Bank verlangt von der Gemeinde Ersatz.*[21]

Darlehensvertrag zw. Bank und Gemeinde (-)

1. In Betracht kommt eine Rückzahlungsverpflichtung der Gemeinde aus einem **Darlehensvertrag, § 488 I S. 2 BGB**. Die Gemeinde ist passiv legitimiert; sie kann nach §§ 89, 21 ff. BGB Anspruchsgegner sein. Fraglich ist aber, ob ihr die Willenserklärung des Bürgermeisters, ihres Organs, zugerechnet werden kann. Es fehlt nämlich an der erforderlichen Vertretungsmacht. B hat als falsus procurator gem. §§ 177 ff. BGB gehandelt.

hemmer-Methode: Art. 38 I BayGO gibt keine Vertretungsmacht! Eine solche hat der Bürgermeister nur im Rahmen der Gemeinderatsbeschlüsse. <u>Aber Achtung</u>: Dies ist nicht in allen Bundesländern gleich! So hat z.B. in NRW der Oberstadtdirektor eine prokuraähnliche Stellung. In diesen Bundesländern wird dann im Examen ein Vereinsvorsitzender den Vorstandsbeschluss fälschen. Die Lösung läuft dann bis auf § 89 BGB identisch wie beim Bürgermeister.

§ 179 I i.V.m. § 31 BGB (-)

2. Erörtert wird eine Haftung über **§ 179 I i.V.m. §§ 31, 89 BGB.**

Dagegen spricht schon, dass dem Vertretenen über §§ 31, 89 BGB das schuldhafte Handeln seines Organs nicht zugerechnet werden darf, da § 177 BGB den zu Unrecht Vertretenen ja gerade von der Haftung freistellt. Im Übrigen spricht gegen eine solche Haftung, dass eine quasivertragliche Haftung entstünde. Dies soll durch § 177 BGB aber gerade verhindert werden.

Haftung aus c.i.c. (-)

3. Denkbar ist eine Haftung aus c.i.c., **§§ 311 II, 241 II i.V.m. § 280 I BGB.**

Nach überwiegender Auffassung sind die §§ 280 I, 311 II BGB neben §§ 177 ff. BGB anwendbar. Das Verschulden des B kann vorliegend aber nicht über § 278 BGB zugerechnet werden, da der Bürgermeister Organ und nicht Erfüllungsgehilfe der Gemeinde ist.

Richtige Zurechnungsnormen wären §§ 31, 89 BGB. Verschulden des Bürgermeisters liegt auch vor.

Jedoch gilt: Die c.i.c. darf das Haftungssystem der §§ 177 ff. BGB nicht aushebeln. Bei einer Zurechnung nach § 31 BGB ist die Organstellung allein nicht ausreichend für eine Haftung des Vertretenen. Erschöpft sich die Pflichtverletzung in dem bloßen Handeln ohne Vertretungsmacht, träten §§ 280 I, 311 II BGB nämlich immer in Konkurrenz zu §§ 177 ff. BGB. Nach diesen Schutzvorschriften für den Vertretenen haftet nur der Bürgermeister als falsus procurator gem. § 179 BGB. Die Gemeinde haftet nur bei einer entsprechenden Genehmigung.

21 Vgl. BGH, NJW 1980, 115 = **juris**byhemmer.

Liegen jedoch weitere Umstände vor, die über das bloße Handeln als falsus procurator hinausgehen, so muss die Haftung nach den allgemeinen Regeln möglich sein. Der Vertretene steht den Risiken, die sich aus den Handlungen seines Organs oder Erfüllungsgehilfen ergeben, näher als der Geschäftsgegner. Grund für diese Haftung ist dann nicht eigentlich die Schwere der Schutzpflichtverletzung[22], sondern die Tatsache, dass für den Bereich zusätzlicher Täuschungshandlungen, anders als für die schlichte Überschreitung der Vertretungsmacht, keine Regelung in den §§ 177 ff. BGB getroffen ist.

Da sich hier aber die Fälschung lediglich auf den Gemeinderatsbeschluss und damit die Vertretungsmacht des Bürgermeisters beschränkt, bleibt es nach überzeugender Ansicht am Vorrang der Wertung des § 177 BGB und damit bei der Unanwendbarkeit der c.i.c.

bereicherungsrechtliche Anspr. (-)

4. Haftung aus §§ 812 ff. BGB

Ist die Zahlung auf ein bestehendes Konto der Gemeinde, für das der Bürgermeister Vertretungsmacht hat, geflossen, so kann sich die Gemeinde wegen §§ 819 I, 166 I BGB (Zurechnung der Bösgläubigkeit des Vertreters) nicht auf § 818 III BGB berufen, wenn der Bürgermeister das Geld abgehoben und verbraucht hat.

Trotzdem ist eine verschärfte Haftung aus §§ 819 I, 166 I BGB abzulehnen, da eine derartige Zurechnung der Bösgläubigkeit eines falsus procurator wiederum das Wertungssystem der §§ 177 ff. BGB aushöhlen würde.

Anspr. aus unerlaubter Handlg.

5. Der BGH hat der Bank allerdings einen Anspruch aus §§ 826, 89, 31 BGB zugestanden mit dem Argument, der Schutzzweck des § 826 BGB überwinde das System der §§ 177 ff. BGB.

Daneben besteht auch ein Anspruch aus § 823 II BGB i.V.m. § 263 StGB.

Bei derartig massiven Tatbeständen gilt der Vorrang des Vertragsrechts nicht mehr.

hemmer-Methode: Lernen Sie nicht zu einfach! Scheitert der Primäranspruch hier z.B. an fehlender Vertretungsmacht, so ist bei den dann in Betracht kommenden Anspruchsgrundlagen zu untersuchen, ob eine „quasivertragliche" Haftung über c.i.c. (§§ 311 II, 241 II, 280 I BGB), § 812 BGB, §§ 823 ff. BGB entstehen kann. Es handelt sich um eine examenstypische Konstellation in der Form des gescheiterten Primäranspruchs.
Bei ihrer gesetzlichen Fixierung im Zuge der Schuldrechtsreform hat die c.i.c. ihren Grundcharakter nicht verloren: Wie §§ 823 ff. BGB ist sie grundsätzlich auf das negative Interesse gerichtet.
Lesen Sie § 249 I BGB: Es gilt den Zustand zu besorgen, der ohne das schädigende Ereignis bestehen würde.
Da die Bank so zu stellen ist, wie wenn das Darlehen nicht aufgenommen worden wäre, kann sie Rückzahlung, nicht aber vereinbarte Zinsen von der Gemeinde verlangen. Wenn sie aber nachweist, dass sie den Darlehensbetrag sonst anderweitig Gewinn bringend angelegt hätte, so sind auch diese „Zinsen" ersatzfähig.
Wenn Sie das Verhältnis zwischen § 177 BGB und c.i.c. nicht auf Anhieb verstehen, seien Sie nicht frustriert! Als erfahrenen Repetitoren ist uns die Schwierigkeit dieses Falles wohl bewusst. Wir haben die Problematik deshalb an drei Stellen in unser Kursprogramm eingebaut: zum „Kennenlernen" im BGB-AT, zum „Vertiefen" im Handels- und Gesellschaftsrecht und zum Abschluss nochmals im ZPO-Programm. Erfolgreich studieren heißt, ein Problemfeld in verschiedenen Variationen zu wiederholen.

22 So interpretiert Canaris (a.a.O.) zu Unrecht die h.M.

IV. Juristische Personen des Handelsrechts

GmbH und Aktiengesellschaft

Im Handelsrecht treffen Sie vor allem auf die Aktiengesellschaft, die gem. § 1 I AktG mit eigener Rechtspersönlichkeit ausgestattet ist, und die GmbH (juristische Person gem. § 13 I GmbHG). Seltener ist die Kommanditgesellschaft auf Aktien. Da die juristische Person selbst nicht handlungsfähig ist, sondern durch ihre Organe vertreten werden muss, enthalten § 35 I GmbHG für die GmbH (Gesamtvertretung durch die Geschäftsführer) und § 78 I, II AktG für die Aktiengesellschaft (Gesamtvertretung durch den Vorstand) spezielle Vertretungsregeln. 24

C. Personenvereinigungen mit Ansätzen zur Rechtsfähigkeit

Eine **Gesellschaft** ist eine *private Personenvereinigung*, deren Mitglieder sich *rechtsgeschäftlich zusammengeschlossen* haben, um einen *bestimmten gemeinsamen Zweck* zu verfolgen.

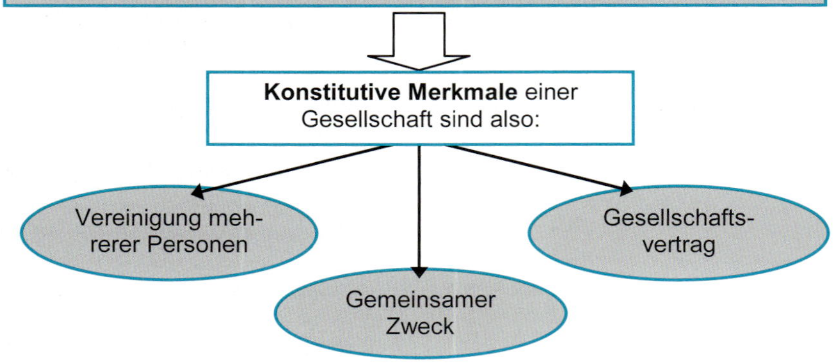

I. OHG, KG

OHG und KG sind keine juristischen Personen, trotzdem sieht § 124 HGB für die OHG - für die KG i.V.m. § 161 II HGB - eine weitgehende rechtliche Verselbständigung vor. OHG und KG können so Gläubiger und Schuldner sein, sie sind im Prozess aktiv und passiv parteifähig. Aufgrund dieser rechtlichen Verselbständigung wird als Zurechnungsnorm von der ganz überwiegenden Meinung § 31 BGB analog angewandt.[23]

hemmer-Methode: Für Fortgeschrittene: Nach dem Prinzip des „ein Problem mehr" kann Ihnen im Examen häufiger als die OHG die KG begegnen. Dann müssen Sie zuerst an die Spezialvorschriften der §§ 161 ff. HGB denken. Von Bedeutung ist hier vor allem der Ausschluss des Kommanditisten von der Vertretungsmacht (vgl. § 170 HGB). Lassen Sie sich aber nicht in die Irre führen, es ist durchaus möglich, dem Kommanditisten *rechtsgeschäftlich* wirksam Vollmacht (z.B. Prokura) zu erteilen. Im Fall kann auch der Haftungsausschluss nach Leistung der Einlage gem. §§ 171 ff. HGB eine Rolle spielen. Ansonsten kommen Sie über die Verweisungsvorschrift des § 161 II HGB zu den Vorschriften über die OHG. § 161 II HGB i.V.m. § 105 III HGB führt Sie wiederum, wenn im HGB keine Regelungen getroffen sind, ins Recht der BGB-Gesellschaft. Prägen Sie sich dieses Verweisungssystem ein! (Die BGB-Gesellschaft ist die „Mutter aller Gesellschaften". Damit ist die Mutter jünger als ihre Töchter OHG und KG! Grund: Das HGB ist älter als das BGB.)

23 BGH, NJW 1952, 538.

II. Nichtrechtsfähiger Verein

Auslegung des § 54 S. 1 BGB

Die für die Rechtsfähigkeit maßgebliche Vorschrift ist § 54 S. 1 BGB. Die Verweisung auf die Vorschriften der BGB-Gesellschaft, die um 1900 als nicht (teil-)rechtsfähige Gesamthand angesehen wurde, war insbesondere durch die grundsätzliche Wirkung der §§ 723 I S. 1, 727 I, 736 I BGB motiviert, nämlich Auflösung und Auseinandersetzung der Gesellschaft. Wichtiges Merkmal der GbR war und ist bis heute die persönliche Haftung der Gesellschafter mit ihrem Privatvermögen für die Gesellschaftsschulden. **26**

Mit der Verweisung auf die Vorschriften zur GbR in § 54 S. 1 BGB schuf der Gesetzgeber für die Mitglieder eines nicht rechtsfähigen Vereins damit (bewusst) die Gefahr einer persönlichen Haftung. Hintergrund dieser Motivation war die Tatsache, dass bis dahin vor allem politische Parteien und Gewerkschaften in der Rechtsform des nicht rechtsfähigen Vereins geführt wurden. Aufgrund des Nachteils der persönlichen Haftung bei der GbR sollten diese zur Eintragung in das Vereinsregister veranlasst werden. Der dadurch entstehende rechtsfähige Verein (vgl. § 21 BGB) hätte einer staatlichen Kontrolle unterstanden (sog. staatlichen Konzessionskontrolle nach den inzwischen aufgehobenen §§ 43 III, 61 II BGB a.F.).

Dieser Normzweck war – wie der BGH schon früh ausgesprochen hat – hinsichtlich der Gewerkschaften mit der Koalitionsfreiheit in Art. 9 III GG unvereinbar. Die daraus folgende verfassungskonforme Auslegung orientiert sich an einer Analogie zu § 10 S. 1 ArbGG und erkennt den Gewerkschaften auch im Zivilprozess die aktive Parteifähigkeit zu.[24]

Der Normzweck, bestimmte Personenvereinigungen zu einer bestimmten Rechtsform zu „nötigen“, ist auch im Übrigen mit Art. 9 I GG, der u.a. das Recht auf freie Wahl der Rechtsform gewährleistet, unvereinbar. Auch insoweit bedarf es einer verfassungskonformen Auslegung. Da sich der nicht rechtsfähige Verein lediglich durch die fehlende Eintragung vom rechtsfähigen Verein unterscheidet, galt bislang in verfassungskonformer Auslegung folgender **Grundsatz**: Auf den nicht rechtsfähigen Verein finden – aufgrund der identischen körperschaftlichen Struktur – die Vorschriften über den rechtsfähigen Verein (§§ 21 ff. BGB) Anwendung, mit Ausnahme der Vorschriften, die die Rechtsfähigkeit voraussetzen. Die §§ 718, 719 BGB sollten allerdings eine entsprechende Anwendung finden. Danach stand das Vereinsvermögen nicht dem nichtrechtsfähigem Verein als solchem zu, sondern den Vereinsmitgliedern in ihrer gesamthänderischen Verbundenheit.[25]

Seit der Anerkennung der (Teil-)Rechtsfähigkeit der (Außen-)GbR[26] kann an diesem Grundsatz nicht mehr festgehalten werden. Das Vereinsvermögen steht nunmehr dem Verein selbst zu. Er ist berechtigt und verpflichtet. Die Änderung der Rechtsprechung wird sowohl auf die eindeutige Verweisung des § 54 S. 1 BGB auf die inzwischen als (teil-)rechtsfähig anerkannte (Außen-)GbR als auch darauf gestützt, dass die für die (Teil-)Rechtsfähigkeit der (Außen-)GbR angeführten Gründe erst recht auf den nicht rechtsfähigen Verein zutreffen.[27]

24 BGHZ 42, 210, 215 ff. = NJW 1965, 29 ff. = **juris**byhemmer.

25 Vgl. Palandt, § 54 BGB, Rn. 1 und Rn 7.

26 BGH, Life&Law 2001, 216 (218 ff.) = NJW 2001, 1056 ff. = **juris**byhemmer; Hemmer/Wüst, Gesellschaftsrecht, Rn. 250 - 250e.

27 Zu den Gründen im Einzelnen vgl. BGH, NJW 2001, 1056, besprochen in Life&Law 2001, 216 ff. = **juris**byhemmer. Zu den bislang daraus gezogenen prozessualen Folgen vgl. Zöller, § 50 ZPO, Rn. 37; K. Schmidt, NJW 2001, 993 (1003); Terner, NJW 2008, 16 (17); Palandt, § 54 BGB, Rn. 10; Jauernig, NJW 2001, 2231 f.

Methodisch handelt es sich um eine **richterliche Rechtsfortbildung**, die aufgrund des verfassungswidrigen Zwecks des § 54 S. 1 BGB nicht nur möglich, sondern geboten ist und mittlerweile auch vom BGH bestätigt worden ist.[28]

Exkurs

Haftung der Vereinsmitglieder

Die Haftung der Vereinsmitglieder für rechtsgeschäftliche Verbindlichkeiten wurde früher über § 427 BGB begründet. Die Vertretungsmacht des Vorstands soll im Wege ergänzender Auslegung allerdings dahingehend beschränkt sein, dass jedes Mitglied nur mit seinem Anteil am Vereinsvermögen haftet. Da der nichtrechtsfähige Verein jetzt ohnehin mit seinem Vereinsvermögen haftet, erscheint diese Konstruktion entbehrlich. Auch eine akzessorische Haftung gemäß § 128 HGB analog wird abgelehnt. § 54 S. 1 BGB verweist nur hinsichtlich der Rechtsfähigkeit auf §§ 705 ff. BGB und stellt den Verein nicht generell der BGB-Gesellschaft gleich, bei der § 128 BGB analog gilt. Eine solche Haftung entspricht nicht dem Wesen des Vereins, insbesondere hat ein eintretendes Mitglied nie den Willen, mit seinem Privatvermögen zu haften.[29] 27

Neben der Haftung des Vereins ist immer auch an die persönliche Haftung des für den nichtrechtsfähigen Verein Handelnden, § 54 S. 2 BGB, zu denken. Ob dafür auch nach der neuen Rechtslage (Haftung des Vereins mit dem Vereinsvermögen) noch ein Grund besteht, ist fraglich.

hemmer-Methode: Ganz ähnlich haftet der Vertreter ohne Vertretungsmacht ebenfalls auf Erfüllung, vgl. § 179 I BGB. Denken Sie in diesem Kontext auch an § 164 II BGB. In Sinnzusammenhang steht auch § 11 II GmbHG. Danach wird im Gründungsstadium einer GmbH ausnahmsweise auch der für die GmbH handelnde Geschäftsführer zur Haftung herangezogen, obwohl er selbst nicht Vertragspartner ist.

Exkurs Ende

nichtrechtsfähiger Verein im Prozess auch aktiv parteifähig

Der Kläger ist als nicht rechtsfähiger Verein nach Maßgabe des § 50 II ZPO im Erkenntnisverfahren aktiv und passiv parteifähig. 28

III. BGB-Gesellschaft („GbR“)

Die GbR (§§ 705 ff. BGB) ist keine juristische Person, sondern eine sog. Gesamthandsgemeinschaft. Man versteht darunter ein Sondervermögen, das einer Personengruppe in ihrer Gesamtheit zusteht. Umstritten ist nun, ob und inwieweit die Gruppe als Zuordnungsobjekt von Rechten und Pflichten verselbstständigt ist, so dass man ihr (Teil-)Rechtsfähigkeit zusprechen kann.

hemmer-Methode: Die Antwort auf diese Frage hat v.a. Auswirkungen bei folgenden Problemkreisen:
Kann die Gesellschaft selbst Gläubiger/ Schuldner sein?
Ist sie prozessfähig? Aktiv? Passiv?
Wie erfolgt die Zurechnung im rechtsgeschäftlichen Bereich? Wie für gesetzliche Verbindlichkeiten?
Worauf gründet die Haftung der Gesellschafter? Wie erfolgt hier die Zurechnung?

28 BGH, Life&Law 2008, Heft 3, 206 f. = NJW 2008, 69 ff.; Palandt § 54 Rn. 7 = **juris**byhemmer.

29 BGH, NJW RR 2003, 1265

Die früher herrschende individualistische Theorie lehnte jegliche rechtliche Verselbständigung der Gesellschaft ab. Träger der Rechte und Pflichten sind danach immer nur die Gesellschafter in ihrer gesamthänderischen Verbundenheit. 29

Die Gegenauffassung (Theorie der kollektiven Einheit) sieht hingegen in der Gesamthand ein von den Gesellschaftern als Individuen verschiedenes Zuordnungsobjekt von Rechten und Pflichten. Da die rechtliche Emanzipation jedoch nicht so weit geht wie bei echten juristischen Personen, spricht man denn auch nur von Teilrechtsfähigkeit.

individualistische Theorie

Argumente aus dem Gesetz lassen sich sowohl für die eine wie die andere Ansicht finden. Gegen Rechtsfähigkeit spricht, dass eine dem § 124 I HGB entsprechende Vorschrift für die BGB-Gesellschaft fehlt. Auch § 714 BGB, der bestimmt, dass der handelnde Gesellschafter die anderen Gesellschafter und nicht die Gesamthand als solche vertritt, sowie § 736 ZPO (Zwangsvollstreckung nur möglich aufgrund eines gegen alle Gesellschafter ergangenen Urteils) lassen sich in diesem Sinne verstehen.

Lehre von der Teilrechtsfähigkeit

Für die Rechtsfähigkeit und damit gem. § 50 I ZPO für die Parteifähigkeit lässt sich anführen, dass das Gesetz in §§ 718 – 722 BGB das Gesellschaftsvermögen als Sondervermögen bezeichnet. Insbesondere § 719 II BGB spricht von Forderungen gegen das Gesellschaftsvermögen. 30

Auch § 191 II Nr. 1 UmwG und § 11 II Nr. 1 InsO deuten auf eine Verselbständigung der GbR hin. Weiterhin dient § 14 II BGB als Argument für die Rechtsfähigkeit. Letztlich sprechen aber auch Praktikabilitätsgründe für die Teilrechtsfähigkeit der BGB-Gesellschaft.

Rechtsfähigkeit bejaht

Nachdem die Vertreter beider Lager sich über nahezu 100 Jahre hartnäckige juristische Gefechte geliefert hatten, hat der BGH in einer wegweisenden Entscheidung zu dem Problem Stellung genommen: V.a. aufgrund praktischer Erwägungen hat er sowohl Rechts- als auch Parteifähigkeit der nach außen in Erscheinung tretenden GbR ausdrücklich bejaht.[30]

Exkurs

GbR auch grundbuchfähig

Mit Urteil vom 04.12.2008 hat der BGH die seit Jahren umstrittene Frage der Grundbuchfähigkeit der GbR „geklärt". Nach Ansicht des BGH kann die Gesellschaft bürgerlichen Rechts (GbR) unter der Bezeichnung in das Grundbuch eingetragen werden, die ihre Gesellschafter im Gesellschaftsvertrag für sie vorgesehen haben. Sieht der Gesellschaftsvertrag keine Bezeichnung der GbR vor, wird die GbR als „Gesellschaft bürgerlichen Rechts bestehend aus..." und den Namen ihrer Gesellschafter eingetragen.[31]

Der BGH begründet seine Entscheidung damit, dass die GbR, ohne juristische Person zu sein, (teil-)rechtsfähig ist, soweit sie durch die Teilnahme am Rechtsverkehr eigene Rechte und Pflichten begründet. Die Anerkennung der Teilrechtsfähigkeit der GbR führt dazu, dass eine GbR auch Eigentum an Grundstücken und grundstücksgleichen Rechte sowie beschränkte dingliche Rechte an Grundstücken und grundstücksgleichen Rechten erwerben kann (sog. **„materielle Grundbuchfähigkeit"**).

30 Vgl. dazu BGH, NJW 2001, 1056, besprochen in Life&Law 2001, 216 ff. = **juris**byhemmer; siehe auch Jauernig, NJW 2001, 2231.

31 BGH, Life&Law 2009, Heft 3, 159 ff.

Problematisch an dieser Rechtsprechung ist nun, dass es für die GbR kein Register gibt, aus welchem ersichtlich ist, ob es diese GbR überhaupt noch gibt, wer Gesellschafter dieser GbR ist bzw. wer zur Vertretung dieser Gesellschaft berechtigt ist. Da die GbR nicht Gegenstand der Eintragung in einem Register ist, unterscheidet sie sich in diesem Punkt deutlich von den Handelsgesellschaften (OHG/KG) und der Partnerschaftsgesellschaft.

Änderung in § 47 II GBO und § 899a BGB!

Der Gesetzgeber hat diesen Wandel der Rechtsprechung und die damit verbundene Rechtsunsicherheit schnell umgesetzt. Die am 18.06.2009 beschlossene Neuregelung hat sich zwar gegen die Einführung eines GbR-Registers entschieden. Allerdings wurden zwei entscheidende Vorschriften der Grundbuchordnung (§§ 47, 82 GBO) neu gefasst und im BGB ein § 899a BGB zum Gutglaubensschutz beim Erwerb eines Grundstücks von einer GbR eingefügt.

§ 47 II GBO

Soll ein Recht für eine Gesellschaft bürgerlichen Rechts eingetragen werden, so sind nach § 47 II GBO auch deren Gesellschafter im Grundbuch einzutragen. Die für den Berechtigten geltenden Vorschriften gelten entsprechend für die Gesellschafter.

Als „materiell-rechtliche Ergänzung“ der Neuregelung in § 47 II S. 1 GBO wurde mit § 899a BGB eine neue Vorschrift zur Vermutungswirkung des Grundbuchs und damit zum gutgläubigen Erwerb eines Grundstücks von einer GbR in das BGB eingefügt.

§ 899a BGB

Ist eine GbR im Grundbuch eingetragen, so wird in Ansehung des eingetragenen Rechts auch vermutet, dass diejenigen Personen Gesellschafter sind, die nach § 47 II S. 1 GBO im Grundbuch eingetragen sind, und dass darüber hinaus keine weiteren Gesellschafter vorhanden sind. Die §§ 892 bis 899 BGB gelten bezüglich der Eintragung der Gesellschafter entsprechend.

hemmer-Methode: Zur gesetzlichen Normierung der Grundbuchfähigkeit lesen Sie auch Life&Law 2009, Heft 8, 567 ff.

Exkurs Ende

Zur Vertiefung für Fortgeschrittene:

Gesellschaftsschuld ⇔ Gesellschafterschuld

Kommt man mit der Lehre von der Teilrechtsfähigkeit zu dem Schluss, dass die Gesamthand eigenständiges Rechtssubjekt ist, so stellt sich in der Klausur die Frage, wie sich das Nebeneinander von Gesellschafts- und Gesellschafterschuld auswirkt.

Konkret geht es um die dogmatische Begründung der jeweiligen Haftung, und darum, ob ggf. eine Wechselwirkung besteht.

Doppelverpflichtungstheorie

Nach der früher vertretenen Theorie von der Doppelverpflichtung gibt der rechtsgeschäftlich handelnde Gesellschafter die Verpflichtungserklärung sowohl namens der Gesamthand als auch namens der einzelnen Gesellschafter ab.[32]

Akzessorietätstheorie

Die mittlerweile absolut herrschende Meinung (Akzessorietätstheorie) will die Gesellschafterhaftung akzessorisch zur Gesamthandsschuld entstehen lassen. Man bedient sich hier einer Analogie zu § 128 HGB. Dieser Ansicht hat sich mittlerweile der BGH angeschlossen, soweit eine Gesellschafterhaftung dem Grunde nach bejaht wird.[33]

32 Korrekter wäre es sogar, von „Dreifachverpflichtungstheorie“ zu sprechen, da der handelnde Gesellschafter die Erklärung natürlich auch im eigenen Namen für sich selbst abgibt.

33 BGH, NJW 2001, 1056, besprochen in Life&Law 2001, 216 ff. = **juris**byhemmer; des Weiteren BGH Life&Law 2002, 649 ff.

Beispiel für die Haftung in der BGB-Gesellschaft

Bsp.: *Die Eheleute M und F betreiben gemeinsam eine Reparaturwerkstatt. M schließt einen Werkvertrag über die Reparatur eines Kfz mit A ab. Bei der Ausführung dieses Vertrages unterläuft M ein Fehler, durch den das Kfz beschädigt wird. Ersatzansprüche des A gegen die Gesellschaft, M und F?* 31

Ansprüche gegen die BGB-Gesellschaft

1. Ansprüche gegen die BGB-Gesellschaft aus § 280 I BGB und aus unerlaubter Handlung:

Die Eheleute bilden, da sie einen „über Tisch und Bett" (vgl. § 1353 BGB) hinausgehenden gemeinsamen Zweck verfolgen, eine BGB-Gesellschaft.

Diese müsste überhaupt Träger von Rechten und Pflichten sein können. Dies ist nach der kollektivistischen Lehre der Fall.

Nach der Theorie von der Doppelverpflichtung wird auch die BGB-Gesellschaft verpflichtet. Nach der Akzessorietätslehre wird nur die GbR verpflichtet, die Gesellschafter haften dann aber entsprechend § 128 HGB.

Das rechtswidrige und schuldhafte Verhalten des M müsste der Gesellschaft aber auch zugerechnet werden können.

§ 278 BGB (-)

Denkbar wäre i.R.v. § 280 I BGB die Zurechnung über § 278 BGB. Der Gesellschafter wird aber nicht als Erfüllungsgehilfe der Gesellschaft tätig, sondern erfüllt eine eigene Verbindlichkeit. Teilweise wird i.R.d. vertraglichen Haftung trotzdem § 278 BGB angenommen; danach sollen auch die Gesellschafter Erfüllungsgehilfen der Gesamthand sein.

analoge Anwendung des § 31 BGB?

In Betracht kommt eine analoge Anwendung des § 31 BGB. Diese Frage wird jedoch auch von den Befürwortern der Teilrechtsfähigkeit nicht einheitlich beantwortet. Mangels körperschaftlicher Organisation der BGB-Gesellschaft wird die analoge Anwendung von Teilen der Literatur abgelehnt. Andere differenzieren nach der Regelung der Geschäftsführung im Innenverhältnis. Nur wenn die Geschäftsführung abweichend von der gesetzlichen Regelung des § 709 BGB nach § 710 BGB ausgestaltet sei, rechtfertige die Organstruktur eine analoge Anwendung des § 31 BGB. Dann wäre aber das Innenverhältnis maßgeblich für die Haftung gegenüber Dritten. Es erscheint daher konsequent, bei Annahme der Rechtsfähigkeit der BGB-Gesellschaft § 31 BGB uneingeschränkt analog anzuwenden. Auch bei der Stiftung, die nicht körperschaftlich organisiert ist, gilt § 31 BGB, vgl. § 89 BGB. Nur eine analoge Anwendung des § 31 BGB vermeidet auch die Schwäche des Deliktsrechts.[34]

§ 831 BGB (-)

Ein deliktischer Anspruch aus § 831 BGB scheidet aus, da der Gesellschafter nicht in einem weisungsabhängigen Verhältnis zur Gesellschaft steht.

Ergebnis: Die BGB-Gesellschaft haftet sowohl wegen Verletzung einer vertraglichen Pflicht gem. § 280 I BGB als auch nach § 823 I BGB, jeweils in Verbindung mit § 31 BGB.

2. Ansprüche gegen M aus § 280 BGB und § 823 BGB

Ansprüche gegen den handelnden Gesellschafter M

M hat nach der Doppelverpflichtungslehre bei Abschluss des Werkvertrages nicht nur die Gesamthand und die F vertreten, sondern zugleich auch im eigenen Namen gehandelt, so dass die für § 280 BGB erforderliche Sonderverbindung vorliegt. Daneben ist § 823 BGB gegeben. Nach der Akzessorietätslehre haftet M analog § 128 HGB.

3. Ansprüche gegen die nicht handelnde Gesellschafterin F:

a) Wegen Verletzung einer vertraglichen Pflicht, § 280 BGB:

Ansprüche gegen die Mitgesellschafterin F?

Nach der Doppelverpflichtungstheorie ist der Werkvertrag auch zwischen F und A zustande gekommen. Wegen § 164 I S. 2 BGB ist davon auszugehen, dass M auch im Namen der F gehandelt hat. Vom Grundsatz der Gesamtvertretung der §§ 709, 714 BGB kann im Gesellschaftsvertrag abgewichen werden. Somit ist die für einen Anspruch aus § 280 BGB erforderliche Sonderverbindung gegeben.

34 Vgl. dazu auch BGH Life&Law 2003, 385 ff. = NJW 2003, 1445 ff. = jurisbyhemmer; K. Schmidt in NJW 2001, 993 ff. (998).

§ 425 I BGB:
„soweit sich nicht aus dem Schuldverhältnis ein anderes ergibt“

Problematisch ist aber auch hier die Zurechnung des Verschuldens. Teilweise wird angenommen, die Zurechnung von schuldhaften Pflichtverletzungen eines Gesellschafters soll nach § 278 BGB erfolgen, da der handelnde Gesellschafter auch Erfüllungsgehilfe aller anderen Mitgesellschafter sei. Aber aus § 425 I, II BGB ergibt sich, dass grundsätzlich Tatsachen, wie etwa das Verschulden eines Gesellschafters, nur für und gegen den Gesamtschuldner wirken, in dessen Person sie eintreten. Grundsätzlich kommt dem Verschulden damit keine Gesamtwirkung zu.

Hier könnte sich aber etwas anderes aus dem gemeinsamen Auftreten als BGB-Gesellschafter ergeben.

Nach h.M.[35] wird hierdurch besonderes Vertrauen in Anspruch genommen, das eine Zurechnung des Verschuldens auch an die nicht handelnden Mitgesellschafter rechtfertigt.

§ 425 I BGB wird damit so verstanden, dass Gesamtwirkung eintritt, weil „sich aus dem Schuldverhältnis etwas anderes ergibt“.

Nach der Akzessorietätstheorie haftet F analog § 128 HGB.

§ 831 BGB (-)

b) § 831 BGB scheidet mangels sozialen Abhängigkeitsverhältnisses zwischen den einzelnen Mitgesellschaftern aus.

c) §§ 823, 31 BGB i.V.m. § 128 HGB analog?

§ 823 BGB i.V.m. § 128 HGB analog?

Bejaht man oben eine Haftung der Gesellschaft aus § 823 i.V.m. § 31 BGB analog, so stellt sich hier die Frage, ob der nicht handelnde Gesellschafter für diese Schuld akzessorisch haftet.

Organisationsstruktur ähnlich wie bei OHG?

Ob § 128 HGB auch i.R.d. Zurechnung deliktischen Verschuldens an den selbst nicht handelnden Gesellschafter anwendbar ist, ist sehr fraglich. Der BGH hat in oben angeführter Entscheidung auch nicht ausdrücklich zu dieser Frage Stellung bezogen. Entscheidend könnte sein, wieweit die GbR organisatorisch verfestigt ist, ob sie der OHG strukturell ähnelt. Allerdings würde eine derartige Einzelfallprüfung erhebliche Rechtsunsicherheit produzieren.

Der BGH hat nun die Haftung der übrigen Gesellschafter für Deliktshandlungen der anderen Gesellschafter mit folgender Begründung bejaht:

Ausgangspunkt der Argumentation ist die Tatsache, dass durch den inzwischen vollzogenen Wandel zur Rechtsfähigkeit der GbR die **Nichtanwendung** des § 31 BGB auf ein Handeln der Gesellschafter **als überholt anzusehen** ist (s.o.).

Dann **gibt** es aber auch **keinen überzeugenden Grund** mehr, **die Haftung der GbR anders als bei der OHG**, bei der die Haftung der Gesellschaft auch für gesetzliche Verbindlichkeiten, insbesondere auch für ein zum Schadensersatz verpflichtendes Verhalten ihrer Gesellschafter, und die entsprechende Anwendbarkeit des § 31 BGB heute allgemein anerkannt sind, **auf rechtsgeschäftlich begründete Verbindlichkeiten zu beschränken.**

Für die Ausdehnung auf gesetzliche Verbindlichkeiten spricht insbesondere der Gedanke des **Gläubigerschutzes:**[36] Anders als bei rechtsgeschäftlicher Haftungsbegründung **können sich die Gläubiger einer gesetzlichen Verbindlichkeit ihren Schuldner nicht aussuchen**. Daher muss erst recht wie bei vertraglichen Verbindlichkeiten das Privatvermögen der Gesellschafter als Haftungsmasse zur Verfügung stehen.

Die ausnahmslose Haftung für gesetzliche Verbindlichkeiten ist zudem im Modell der akzessorischen Haftung angelegt; ohne sie bliebe die Rechtssubjektivität der GbR unvollkommen. Die Haftung für deliktisches Handeln eines Gesellschafters, soweit dieses analog § 31 BGB der Gesellschaft zugerechnet werden kann, ist **den übrigen Gesellschaftern auch zumutbar, weil sie** in aller Regel **auf Auswahl und Tätigkeit der Organmitglieder entscheidenden Einfluss besitzen**.

35 BGH NJW 1992, 3038 = jurisbyhemmer; BGH, NJW 1986, 2364 = jurisbyhemmer.

36 Ulmer, ZIP 2001, 585 [597].

Außerdem kann sich eine gewerblich tätige GbR ohne jeden Publizitätsakt „über Nacht" in eine strukturgleiche OHG verwandeln, sobald ihr Unternehmen nach Art und Umfang einen in kaufmännischer Weise eingerichteten Gewerbebetrieb erfordert (§§ 105 I, 123 II HGB). Da dieser **Übergang sich oft gleitend vollzieht** und die Erforderlichkeit kaufmännischer Einrichtungen nur durch eine wertende Beurteilung festzustellen ist, lässt sich der Zeitpunkt, ab dem es sich nicht mehr um eine GbR, sondern um eine OHG handelt, selten exakt bestimmen. Da sich zudem die Umwandlung auch in umgekehrter Richtung vollziehen kann, wäre es mit dem Grundsatz der Rechtssicherheit für Gesellschafter wie Gläubiger unvereinbar, OHG und GbR unterschiedlich zu behandeln.

hemmer-Methode: Lesen Sie dazu BGH Life&Law 2003, 385 ff. = NJW 2003, 1445 ff.

Geht man also von der Anwendbarkeit des § 31 BGB bei der GbR aus, so führt allein die Lehre von der Teilrechtsfähigkeit noch nicht zur Haftung des nicht handelnden Gesellschafters! Diese ist *nur dann* anzunehmen, wenn man auch noch der Akzessorietätstheorie analog § 128 HGB folgt und dies auch auf deliktische Ansprüche anwendet.

hemmer-Methode: Wenn im Fall eine Gesellschaft vorkommt , achten Sie immer auf drei zentrale Problemkreise:
1) *Wer* macht gegen *wen* Ansprüche geltend?
Gegen die Gesellschaft als solche? Gegen einzelne Gesellschafter?
2) *Woraus* wird die Haftung des fraglichen Rechtssubjekts begründet?
Rechtsgeschäftlich? Deliktisch?
3) Welche *Zurechnungsnorm* kommt in Betracht?
Die Probleme sind immer dieselben. Wenn Sie hier sauber strukturieren, ist das schon die „halbe Miete"!

IV. Erbengemeinschaft

Erbengemeinschaft als Gesamthandsgemeinschaft

Die Erbengemeinschaft, vgl. §§ 2032 ff. BGB, ist wie die BGB-Gesellschaft Gesamthandsgemeinschaft; anders als die GbR ist sie allerdings nicht auf die Verfolgung eines dauerhaften gemeinsamen Zwecks gerichtet, sondern auf Auseinandersetzung. 32

Deshalb besteht für die Erbengemeinschaft kein der Situation der GbR vergleichbares Bedürfnis nach rechtlicher Verselbständigung. Die **Erbengemeinschaft** ist daher **nicht rechtsfähig**.[37]

hemmer-Methode: Das BGB kennt drei Gesamthandsgemeinschaften: die BGB-Gesellschaft, die Miterbengemeinschaft und die eheliche Gütergemeinschaft (§§ 1415 ff. BGB).

Erbengemeinschaft im Prozess

Klagen können nur die einzelnen Erben, wegen § 2039 BGB auch allein, aber nur auf Leistung an alle Miterben gemeinschaftlich.

hemmer-Methode: Wird die Erbengemeinschaft verklagt, so muss die Klage gegen alle Miterben erhoben werden, diese sind notwendige Streitgenossen.[38] Dies gilt aber nur bei der *Gesamthandsklage* gegen den ungeteilten Nachlass (§ 2059 II BGB). Anders ist dies, wenn die Erben persönlich als Gesamtschuldner (§§ 2058, 2059 I BGB) verklagt werden. Bei dieser sog. Gesamtschuldnerklage liegt nach h.M. nur eine einfache Streitgenossenschaft vor!

37 BGH, Life&Law 2007, Heft 4, 285 = NJW 2006, 3715 f. = jurisbyhemmer.

38 Vgl. dazu Hemmer/Wüst, ZPO I, Rn. 440 ff.

Life&Law: Bei einem Anspruch auf Grundbuchberichtigung gegen eine eingetragene Erbengemeinschaft handelt es sich um eine Gesamthandsschuld. Da es um die Haftung als Gesamthand geht, müssen alle Mitglieder der Erbengemeinschaft gemeinsam auf Zustimmung zur Grundbuchberichtigung verklagt werden; sie sind materiell-rechtlich notwendige Streitgenossen.[39]

Die Zwangsvollstreckung richtet sich nach § 747 ZPO, danach ist bei Vollstreckung in den ungeteilten Nachlass ein gegen alle Miterben gerichteter Titel erforderlich.

Vertretung der Erbengemeinschaft

hemmer-Methode: Die Vertretung der Erbengemeinschaft nach außen leitet sich aus den Regeln über die Geschäftsführung im Innenverhältnis ab. Der Grundsatz ist danach gem. § 2038 I S. 1 BGB die gemeinschaftliche Verwaltung, d.h. im Außenverhältnis Gesamtvertretung. Für Geschäfte zur ordnungsgemäßen Verwaltung des Nachlasses reicht hingegen die Vertretung durch die Mehrheit der Erben aus, vgl. §§ 2038 I S. 2 HS 1, II, 745 BGB. Für Geschäfte der Notverwaltung ist jeder Miterbe allein vertretungsberechtigt, § 2038 I S 2 HS 2 BGB. Achtung: Für Verfügungen gilt die Spezialnorm des § 2040 I BGB. D.h., dass die Mehrheit hier nicht ausreicht. Nur bei Notgeschäften wird § 2040 I BGB nach h.M. von § 2038 I S. 2 HS 2 BGB „infiziert“.

V. Wohnungseigentümergemeinschaft, § 10 VI WEG

Mit einer Entscheidung vom 02.06.2005 hat der BGH in einem 25-seitigen „obiter dictum“ nun auch die (Teil)Rechtsfähigkeit der Wohnungseigentümergemeinschaft (§§ 10 ff. WEG) anerkannt.[40] Damit musste man auch wegen § 50 I ZPO die Parteifähigkeit konsequenterweise bejahen.

§ 10 VI WEG

Aufgrund dieser Rechtsprechung wurde das **WEG geändert**. § 10 VI S. 5 WEG lautet: ...„ *Sie kann vor Gericht klagen und verklagt werden.“*

hemmer-Methode: Da die Wohnungseigentümergemeinschaft aber nicht prozessfähig ist, muss diese im Prozess gem. § 51 ZPO vertreten werden. Hierzu ist gem. § 27 II Nr. 3 WEG der Verwalter befugt.

39 OLG Naumburg, Life&Law 1998, 303 ff.

40 BGH NJW 2005, 2061 ff. = ZIP 2005, 1233 ff. = jurisbyhemmer.

§ 3 DER VERTRAG ALS GRUNDLAGE DES PRIMÄRANSPRUCHS

A. Anwendungsbereich

Gewöhnlich unterscheidet man zwischen vertraglichen und gesetzlichen Primäransprüchen.[41] 33

vertragl. Primäranspruch: auf Erfüllung des Vertrages gerichtet

Unter dem Begriff des *vertraglichen* Primäranspruchs ist der Anspruch *auf die Erfüllung* eines schuldrechtlichen Vertrages zu verstehen. 34

Der Primäranspruch richtet sich auf die Verwirklichung des Vertrages, sowohl bezüglich der Haupt- (z.B. § 433 II BGB: Kaufpreiszahlung) *als auch* der Nebenleistungspflichten (z.B. § 433 II BGB: Die Abnahme ist in der Regel Nebenleistungspflicht, h.M.).

für Sekundäransprüche regelm. Primäranspruch Vorauss.

Der *Sekundäranspruch* hingegen entsteht i.d.R. erst durch eine Störung des Vertragsverhältnisses und tritt dann entweder neben den Primäranspruch (etwa in der Form des einfachen Schadensersatzes nach § 280 I BGB) oder ersetzt diesen, vgl. § 280 III i.V.m. §§ 281; 282 oder 283 BGB (Schadensersatz statt der Leistung).[42]

Dabei kann aber die Abgrenzung der *primären Nebenleistungspflichten* zu den *sonstigen Schutzpflichten* Schwierigkeiten bereiten und somit die Frage auftauchen, ob direkt aus *Vertrag* (Primäranspruch auf Leistung) oder aus *§ 280 BGB* (Sekundäranspruch auf Schadensersatz) vorzugehen ist. Da Sekundäransprüche im Gegensatz zum Primäranspruch regelmäßig Vertretenmüssen voraussetzen, ist im Zweifelsfall zuerst zu prüfen, ob ein Anspruch auf *Erfüllung* vorliegt. Ein Anspruch auf Erfüllung kann sich dann auch aus einer Nebenleistungspflicht ergeben. Im Übrigen ist das Vorliegen, also das Bestehen eines Primäranspruchs bzw. eines wirksamen Vertrages regelmäßig Voraussetzung für den Sekundäranspruch. Somit kann die Frage, ob ein Primäransprüche begründender Vertrag vorliegt, auch i.R.d. Prüfung des jeweiligen Sekundäranspruchs Bedeutung erlangen. 35

bei Prüfung stets mit entspr. Anspr.-Grundlage beginnen

Die Prüfung des Primäranspruchs im Gutachtenstil hat i.d.R. mit der Festlegung des Vertragstyps und der hieraus resultierenden *Anspruchsgrundlage* zu beginnen (z.B. § 433 I S. 1 BGB - Anspruch auf Eigentumsverschaffung und Übergabe - bzw. § 433 II BGB - Anspruch auf Zahlung - für den Kaufvertrag, § 631 BGB für den Werkvertrag etc.). 36

gemischte Verträge

Besondere Vorsicht ist bei *gemischten Verträgen* (z.B. Ferien auf dem Bauernhof) geboten. Für den auf Erfüllung gerichteten Primäranspruch kann die Frage der Einordnung des Vertrages häufig offen bleiben. Der Inhalt des Primäranspruchs ergibt sich hier nämlich unmittelbar aus der Parteivereinbarung. Ist von zwei möglichen Alternativen allerdings ein Vertrag formbedürftig, der andere hingegen nicht, muss aber eine Abgrenzung mit Hilfe der vertretenen Theorien erfolgen.

Auch wenn sich Unterschiede im sekundärvertraglichen Bereich zeigen, muss eine Einordnung unbedingt erfolgen: Nach der **Absorptionstheorie** ist das Recht der Hauptleistung (im Beispiel: Miete, §§ 535 ff. BGB) anzuwenden.

---

41 Wichtige gesetzliche Primäransprüche finden sich z.B. in den §§ 823 ff. BGB.

42 Der Schadensersatzanspruch statt der Leistung tritt an die Stelle des bisherigen Schadensersatzes wegen Nichterfüllung. Voraussetzung ist neben der schon in § 280 I BGB normierten schuldhaften Pflichtverletzung, die Erfüllung der zusätzlichen Tatbestandsmerkmale der §§ 281, 282 BGB *oder* § 283 BGB. Dass trotz der mit der Schuldrechtsreform intendierten Vereinfachung des Schadensrechts gleich mehrere Paragraphen den Schadensersatz statt der Leistung regeln, hat seine Grundlage im Vorrang des Erfüllungsanspruchs, der bei den verschiedenen Arten von Leistungsstörungen auf unterschiedliche Weise gesichert wird. Zu Einzelheiten sei auf Hemmer/Wüst, Schadensersatzrecht II verwiesen.

Nach der **Kombinationstheorie** sind die jeweils für den betreffenden Vertragsbestandteil maßgebenden Rechtsnormen anzuwenden (im Beispiel: heißer Kaffee verschüttet = Dienstvertrag, §§ 611 ff. BGB; Frühstücksei verdorben = Kaufrecht, §§ 433 ff. BGB; Nagel im Bett = Mietrecht, §§ 535 ff. BGB). Etwaige Gegensätze sind nach dieser Theorie entsprechend dem mutmaßlichen Parteiwillen auszugleichen. Zum gleichen praktischen Ergebnis kommt die **Theorie der analogen Rechtsanwendung**. Diese nimmt an, dass im Gesetz nur bestimmte Musterverträge vorgesehen sind, die Mischformen aber nicht geregelt sind. Die Vorschriften des besonderen Schuldrechts können also nur entsprechend angewendet werden.[43]

Keine dieser Theorien ist für sich allein genommen in der Lage, die rechtliche Behandlung gemischter Verträge sinnvoll zu lösen. Dieses Ziel kann vielmehr nur eine Kombination der drei Theorien erreichen.

hemmer-Methode: Regelmäßig lassen sich die Fälle aber über die Kombinationstheorie vertretbar lösen. Es ist das Recht anzuwenden, das für die jeweils fehlerhafte Leistung passt. Theoriestreitigkeiten sind oft scholastische Verflachungen, keine Angst, es ist nicht so kompliziert, wie es oft dargestellt wird. So kommt bei den Ferien auf dem Bauernhof in der Klausur oft Mietrecht in Betracht, allerdings ist häufig Hauptproblem, was überhaupt alles dem Mietrecht unterfällt: Ist z.B. die mangelhafte Treppe, der Hof, der Stall, die Scheune mitvermietet?! Dies hat Bedeutung für § 536a I Alt. 1 BGB: Garantiehaftung des Vermieters (Verschulden also nicht erforderlich!). Ein Problem mehr: Nicht der Vater als Mieter, sondern das Kind fällt die mangelhafte Treppe hinunter: Anspruchsgrundlage ist dann § 536a I Alt. 1 BGB in Verbindung mit Vertrag mit Schutzwirkung zugunsten Dritter.

immer Vorauss.: wirksamer Vertrag

Wurde die passende Anspruchsgrundlage gefunden, ist das *Zustandekommen* des Vertrages zu prüfen (Angebot und Annahme unter Berücksichtigung der Grundlagen der Rechtsgeschäftslehre, Vertretung, etc.) und schließlich dessen *Wirksamkeit* (z.B. im Hinblick auf etwaige Formerfordernisse oder auf die Geschäftsfähigkeit der Vertragspartner). Das Skript folgt im Groben diesem Aufbau und behandelt zudem die wirksame Aufnahme allgemeiner Geschäftsbedingungen in den Vertrag. Mögliche Hindernisse des Primäranspruchs, die sich z.B. aus Verstößen gegen gesetzliche Verbote (z.B. §§ 134, 138 BGB als rechtshindernde **Einwendungen**) oder aus Irrtümern der handelnden Personen (Anfechtung gem. §§ 119 ff., 142 I BGB als rechtsvernichtende **Einwendung**) ergeben können, werden in den Skripten BGB AT II und III behandelt. 37

Erst wenn die Prüfung zu dem Ergebnis kommt, dass ein Vertrag wirksam zustande gekommen ist, sind die *vorübergehenden* (z.B. §§ 273, 320 BGB) und die *dauernden* **Einreden** (z.B. Verjährung, § 214 BGB) zu prüfen.

Wesensmerkmale des Vertrages: Rechtsgeschäft und Willenserklärung

Ein Vertrag kommt durch die übereinstimmenden Willenserklärungen von mindestens zwei Beteiligten zustande, mit denen diese ihre Beziehung zueinander *rechtlich* regeln *wollen*.

hemmer-Methode: Vermeiden Sie die häufig vorgenommene Formulierung „zwei sich deckende Willenserklärungen". Sprechen Sie lieber von übereinstimmenden oder kongruenten Willenserklärungen. Denken Sie an den Empfängerhorizont des Korrektors („Ja, sind wir denn im Tierreich!").

Die Begriffe des „Rechtsgeschäfts" und der „Willenserklärung" bilden demnach die Wesensmerkmale des Vertrages. Auf sie soll im Folgenden eingegangen werden. 38

43 Vgl. Palandt, Einf. v. § 311, Rn. 24 f.

B. Rechtsgeschäftslehre

I. Begriff des Rechtsgeschäfts

1. Methodologische Kurzeinleitung

„Rechtsgeschäft" im BGB nicht geregelt

39 Der Ausdruck *Rechtsgeschäft* hat sich seit dem 18. Jahrhundert eingebürgert. Auch wenn das BGB keine ausdrückliche Begriffsbestimmung enthält, ist das Rechtsgeschäft kein „Geschöpf der grauen Theorie". Denn die logische Existenz von Begriffen in einer Rechtsordnung hängt nicht von deren ausdrücklicher Definition ab. Viel häufiger wird die Kenntnis oder das Vorhandensein entsprechender Begriffe vorausgesetzt, so dass die Rechtsanwendung immer wieder vor der Aufgabe der Klarstellung der Begriffe steht, die den Normen zugrunde liegen.

Wesensmerkmale sind aber der Logik der §§ 104 ff. BGB zu entnehmen

40 So lässt sich auch das BGB, indem es die Vorschriften der §§ 104 ff. in den dritten Abschnitt des ersten Buches mit der Überschrift Rechtsgeschäft stellt, logisch von einem bestimmten Begriff des Rechtsgeschäfts leiten.

In den Motiven zum BGB, der Begründung zum ersten Entwurf eines Bürgerlichen Gesetzbuches für das Deutsche Reich, findet sich folgende Begriffsbeschreibung: „Rechtsgeschäft i.S.d. Entwurfs ist eine Privat-Willenserklärung, gerichtet auf die Hervorbringung eines rechtlichen Erfolges, der nach der Rechtsordnung deswegen eintritt, weil er gewollt ist." Aus dieser Definition lässt sich dreierlei ableiten.

2. Wesensmerkmale des Rechtsgeschäfts

⇨ Instrument der Selbstgestaltung u. Selbstverwirklichung (Privatautonomie)

41 ***Erstens*** dient das Instrument des Rechtsgeschäfts der *Selbstgestaltung* und *Selbstverwirklichung* des Handelnden. Das Rechtsgeschäft ist Ausfluss des verfassungsrechtlich geschützten Grundsatzes der *Privatautonomie*,[44] wonach der Einzelne seine Rechtsverhältnisse zwar nicht in beliebig freier Weise, wohl aber in den von der Rechtsordnung anerkannten Akten gestalten kann; er kann Rechte und Pflichten begründen, ändern oder aufheben. Generell gesagt: Der Grundsatz der Privatautonomie ist der zivilrechtliche Ausfluss des allgemeinen Prinzips der Selbstbestimmung der Menschen.

hemmer-Methode: Privatautonomie lässt sich aber nur verwirklichen, wenn die reelle Chance besteht, die eigenen Interessen durchzusetzen. Von einer derartigen Konstellation ging der stark vom Liberalismus geprägte historische Gesetzgeber des BGB aus. Nach dem Grundgedanken des BGB kommt der Vertrag zwischen gleich starken Partnern zustande. Im modernen Massenverkehr entspricht eine solche Konzeption leider nicht mehr der Realität: Produkte wie Vertragsbedingungen sind heute zumeist standardisiert, dem einzelnen Verbraucher bleibt letztlich nur die Entscheidung, ob er überhaupt kontrahieren will (Abschlussfreiheit), die Bedingungen beeinflusst er nicht. Dieses „do or die" - Prinzip inspirierte den Gesetzgeber zu einer Vielzahl sog. Verbraucherschutzgesetze (z.B. HausTWG, AGBG, VerbrKrG oder Fernabsatzgesetz), die später im Zuge der großen Schuldrechtsreform zum 01.01.2002 in das BGB integriert wurden.

42 Die Möglichkeit, eigenverantwortlich durch Rechtsgeschäft rechtsverbindliche Regelungen zu treffen, besteht nur i.R.d. Rechtsordnung. Es gibt demnach kein Rechtsgeschäft „an sich", sondern nur die konkreten, von der Rechtsordnung anerkannten und durch sie bestehenden Aktstypen wie Kaufvertrag, Forderungsabtretung, Eigentumsübertragung, Verlöbnis, Eheschließung oder Testament.

44 Art. 1 und 2 GG; vgl. BVerfGE 70, 123; 72, 170 = **juris**byhemmer.

Der Begriff des Rechtsgeschäfts ist somit die Abstraktion aller Aktstypen, die die Rechtsordnung formiert hat.[45]

⇨ Eintritt des rechtlichen Erfolges, weil dieser gewollt ist

Zweitens haben alle Aktstypen, die unter dem Gesamtbegriff des „Rechtsgeschäfts" zusammengefasst werden, gemeinsam, dass sie *final* auf die Begründung, Änderung oder Aufhebung von Rechtsverhältnissen durch das *Setzen einer Regelung* gerichtet sind. Mit anderen Worten: Der rechtliche Erfolg tritt nach der Rechtsordnung ein, *weil er gewollt* ist und nicht nur, weil die Rechtsordnung ihn vorschreibt. Dies unterscheidet das Rechtsgeschäft von anderen rechtlich normierten Tatbeständen, bei denen die Rechtsfolgen von der Rechtsordnung vorgegeben sind. 43

So tritt bei den unerlaubten Handlungen gem. den §§ 823 ff. BGB die Rechtsfolge der Schadensersatzpflicht nicht aufgrund eines besonderen Willensaktes der Beteiligten, sondern allein durch die Rechtsgutsverletzung als solche ein.

⇨ durch Willenserklärung (WE)

Drittens führt die oben zitierte Definition des Rechtsgeschäfts den Begriff der *„Willenserklärung"* ein. Knapp definiert ist unter einer Willenserklärung die Kundgabe eines *rechtlich bedeutsamen* Willens zu verstehen, durch die eine Regelung in Geltung versetzt wird. Noch kürzer: Die Willenserklärung ist auf die Herbeiführung einer Rechtsfolge gerichtet.

⇨ WE als Mittel des Rechtsgeschäfts

Während das Rechtsgeschäft das Mittel der Privatautonomie ist, ist die Willenserklärung das Mittel des Rechtsgeschäfts.

⇨ WE ist Baustein des Rechtsgeschäft

Der Begriff des Rechtsgeschäfts ist demnach in der Regel weiter als der Begriff der Willenserklärung. Zumeist gehören zu einem Rechtsgeschäft weitere Tatbestandsmerkmale, z.B. eine zusätzliche WE, ein behördlicher Akt (vgl. § 873 I BGB) oder eine tatsächliche Handlung. Nur wenn der rechtliche Erfolg einer Erklärung einseitig vom Willen des Erklärenden abhängt (z.B. bei der Kündigung eines Mietverhältnisses als Gestaltungserklärung), entsprechen sich Rechtsgeschäft und Willenserklärung. Die Willenserklärung ist also ein notwendiger Baustein des Rechtsgeschäfts. 44

3. Einteilung von Rechtsgeschäften

zu unterscheiden sind:

Rechtsgeschäfte lassen sich nach mehreren Gesichtspunkten ordnen und einteilen: 45

- *einseitige und mehrseitige RG*

(1) Nach der Zahl der beteiligten Personen in *einseitige* und *mehrseitige* Rechtsgeschäfte. 46

Sind für die Herbeiführung des rechtlichen Erfolges mehrere (zumindest zwei) Willenserklärungen erforderlich, spricht man von einem *mehrseitigen* Rechtsgeschäft. Reicht für die Herbeiführung des rechtlichen Erfolges die Willenserklärung eines Einzelnen aus (z.B. die Kündigung eines Mietverhältnisses oder das Verfassen eines Testaments), handelt es sich um ein *einseitiges* Rechtsgeschäft.

Einseitige Rechtsgeschäfte lassen sich, je nachdem, ob für die Wirksamkeit des Geschäfts der Zugang der Erklärung erforderlich ist oder nicht, weiter in *empfangsbedürftige* und *nicht empfangsbedürftige* Rechtsgeschäfte unterteilen. So handelt es sich bei der Kündigung eines Mietverhältnisses um ein empfangsbedürftiges, einseitiges Rechtsgeschäft. Hingegen genügt bei einem Testament eine eigenhändig verfasste und unterschriebene Erklärung (vgl. § 2247 BGB), so dass es sich folglich hierbei um ein einseitiges, nicht empfangsbedürftiges Rechtsgeschäft handelt.

45 Zu beachten ist, dass i.R.d. Schuldrechts Vertragsfreiheit gilt, vgl. Palandt, vor § 311, Rn. 3.

Bei mehrseitigen Rechtsgeschäften wird zwischen Verträgen und Beschlüssen (z.B. innerhalb der Mitgliederversammlung eines Vereins; Beschlüsse des Vereinsvorstandes) unterschieden.

hemmer-Methode: Die Unterscheidung zwischen einseitigem und mehrseitigem Rechtsgeschäft hat zum Beispiel im Minderjährigenrecht, vgl. § 111 BGB, und im Vertretungsrecht (§§ 174, 180 BGB) Bedeutung. Da bei einseitigen Willenserklärungen (z.B. Kündigung) die Rechtsänderung ohne Mitwirken des Erklärungsempfängers unmittelbar erfolgt, entspricht es dem Interesse des Empfängers an Rechtssicherheit, dass eine solche Erklärung nur mit vorheriger Einwilligung (des gesetzlichen Vertreters, bzw. des Vertretenen), die schriftlich vorgelegt werden muss, vorgenommen werden kann. Eine nachträgliche Genehmigung ist in diesen Fällen in der Regel nicht möglich.

- *schuldrechtl., sachenrechtl., familienrechtl., erbrechtl. RG*

(2) Nach dem *Gegenstand der gewollten Regelung* lassen sich Rechtsgeschäfte in schuldrechtliche, sachenrechtliche, familienrechtliche und erbrechtliche Rechtsgeschäfte einteilen. 47

- *Verpfl.- u. Verfügungsgesch.*

(3) Und schließlich wird nach der Art der *beabsichtigten Rechtsfolge* zwischen Verpflichtungs- und Verfügungsgeschäften unterschieden. 48

II. Die Willenserklärung

i.d.R. notw.: Angebot und Annahme als WE

Die dem BGB zugrunde liegenden Motive und teilweise auch das Gesetz setzen die Begriffe Rechtsgeschäft und Willenserklärung gleich. Daran ist zwar richtig, dass die Willenserklärung notwendiger Bestandteil eines jeden Rechtsgeschäfts ist. Zum Abschluss eines Rechtsgeschäfts reicht aber in der Regel eine Willenserklärung allein nicht aus. So ist zu einem Vertragsschluss neben der Willenserklärung des einen Teils (Angebot) auch deren Annahme durch den anderen Vertragsteil erforderlich. Bei der Eigentumsübertragung müssen sich beide Parteien einig sein. Bei diesen mehrseitigen Rechtsgeschäften entfaltet der Begriff der Willenserklärung demnach eine eigenständige Bedeutung. 49

1. Bestandteile der Willenserklärung

WE: obj. u. subj. Tatbestand

Die Willenserklärung als privatautonome Manifestation eines rechtlich bedeutsamen Willens lässt sich in einen *äußeren* bzw. objektiven („das Erklärte“) und einen *inneren* bzw. subjektiven Tatbestand („das Gewollte“) zerlegen.

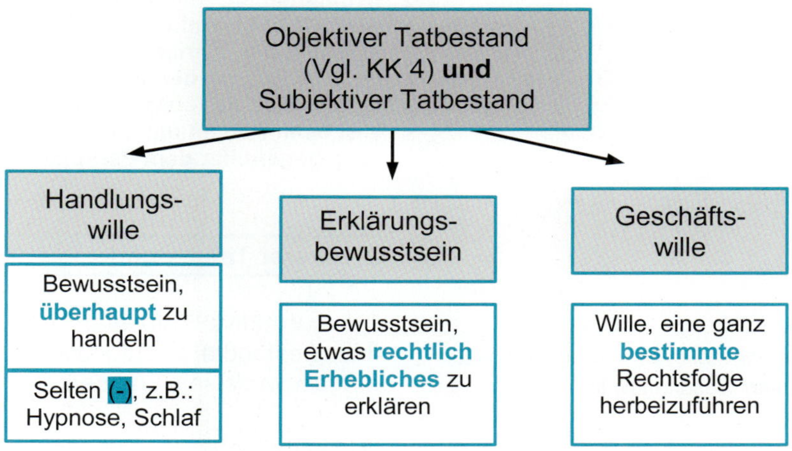

a) Äußerer Tatbestand

äußerer TB: Schaffung eines Erklärungstatbestandes

Entscheidendes Merkmal für den äußeren Tatbestand der Willenserklärung ist die Schaffung eines *Erklärungstatbestandes*. Ein solcher Erklärungstatbestand liegt dann vor, wenn sich das Verhalten des Erklärenden für einen objektiven Beobachter als die Äußerung eines Rechtsfolgewillens (sog. Rechtsbindungswille[46]) darstellt. 50

Entsprechende Äußerungen sind z.B. das Unterschreiben eines Schriftstücks oder die unkommentierte Bezahlung des verlangten Kaufpreises.

aus Sicht eines obj. Beobachters

Der Begriff des objektiven Beobachters dient als Leitbild bei der Beantwortung der Frage, ob ein Erklärungstatbestand gesetzt wurde. Hiermit wird zum Ausdruck gebracht, dass es für die Bewertung auf regelmäßige („normale") Denk- und Verhaltensweisen ankommt.

Beispiele für das Setzen eines Erklärungstatbestandes: 51

Der V ist Eigentümer einer Schallplatte. Liebhaber K fragt V, ob er die Schallplatte kaufen könne. V nickt.

Der Auktionator A bietet in einer Versteigerung ein Bild für € 450,- an. K hebt die Hand.

ausdrückliche Äußerung nicht notwendig; ausreichend ist schlüssiges Verhalten

Die Erklärungen der Beteiligten sind jeweils auf das Setzen eines Erklärungstatbestandes gerichtet, ohne dass sich die Beteiligten ausdrücklich - etwa in Wort oder Schrift - äußern müssten. Willenserklärungen können vielmehr, soweit keine besonderen Formvorschriften entgegenstehen, auch durch *schlüssiges* (konkludentes) *Verhalten* abgegeben werden. Entscheidend ist allein, dass die Äußerung objektiv auf einen Rechtsfolgewillen schließen lässt.

hemmer-Methode: Wird konkludent ein Erklärungstatbestand gesetzt, können Sie kurz die Lehre vom faktischen Vertragsschluss ansprechen. Danach sollen Verträge zur Daseinsvorsorge und im Massenverkehr (z.B. Beförderungsvertrag in öffentlichen Nahverkehrsmitteln, Bezug von Wasser der Stadtwerke) durch sozialtypisches Verhalten, ohne dass es hierfür einer Willenserklärung bedürfe, zustande kommen. Meist handelt es sich hier aber um einen Vertragsschluss durch konkludentes Verhalten, z.B. durch das Besteigen der Straßenbahn. Die Lehre vom faktischen Vertragsschluss ist daher überflüssig und wurde auch vom BGH[47] endgültig abgelehnt.
Auch in Fällen, in denen der Benutzer den entgegenstehenden Willen hat, das Benutzungsentgelt nicht zu zahlen, braucht man die Lehre vom faktischen Vertrag nicht. Wird ein dem Vertragsschluss entgegenstehender Wille nicht geäußert, greift bereits § 116 S. 1 BGB ein.
Aber selbst wenn der Benutzer ausdrücklich die Zahlung des Entgelts ablehnt, die Einrichtung aber gleichwohl benutzt, ist dieser Wille in Einschränkung der Privatautonomie nach dem Grundsatz der Unbeachtlichkeit der „protestatio facto contraria" nicht zu berücksichtigen, z.B. beim Parken auf einem gebührenpflichtigen Parkplatz unter Äußerung gegenüber dem Parkplatzwächter, „keinesfalls zu zahlen".

b) Innerer Tatbestand

innerer TB: Handlungswille, Erklärungsbewusstsein und Geschäftswille

Der subjektive Tatbestand der Willenserklärung wird traditionell in drei Bestandteile aufgegliedert: den *Handlungswillen,* das *Erklärungsbewusstsein* und den *Geschäftswillen.* 52

unabdingbar für WE: Handlungswille

(1) Unabdingbares Element, also notwendiger Bestandteil jeder Willenserklärung, ist der ***Handlungswille*** des Erklärenden.

46 Vgl. dazu auch unten Rn. 70.

47 Vgl. BGHZ 95, 399 = jurisbyhemmer.

Der Handlungswille fehlt beispielsweise, wenn jemand im Zustand der Bewusstlosigkeit, im Schlaf oder unter dem Einfluss von Hypnose einen Erklärungstatbestand setzt, bei Reflexbewegungen und unmittelbarer körperlicher Gewalt (vis absoluta).

Wird einer überwältigten Person die Hand gewaltsam zur Vertrags- 53
unterschrift geführt, so fehlt es am Handlungswillen: Es liegt ein Fall der vis absoluta vor. Dieser Fall darf keineswegs mit der in der Praxis weit häufiger vorkommenden Möglichkeit verwechselt werden, dass eine Person durch Täuschung oder Drohung (vis compulsiva) zur Abgabe einer Erklärung veranlasst wird. Denn hier handelt der Erklärende bewusst, wenn auch unter Irrtum oder Zwang. Hier hilft dann die Anfechtung gemäß § 123 I BGB.

hemmer-Methode: Ohne Handlungswille keine Willenserklärung. Deshalb sind Fälle fehlenden Handlungswillens in der Klausur eher selten anzutreffen. Ein Problem mehr: Häufiger mangelt es am Erklärungsbewusstsein (s.u.).

Erklärungswille:
Bewusstsein rechtsgesch. Erklärung

(2) Beim Begriff des ***Erklärungswillens bzw. -bewusstseins*** geht 54
es darum, ob die Person, die den Erklärungstatbestand gesetzt hat, ihr Verhalten als rechtsgeschäftliche Erklärung wollte oder sich wenigstens einer entsprechenden Bedeutung ihres Verhaltens bewusst war. Es muss das Bewusstsein bestehen, „***irgendetwas*** *rechtlich Erhebliches* zu erklären".

Das Erklärungsbewusstsein fehlt beispielsweise bei einer Person, die infolge einer Verwechslung oder aufgrund eines anderen Irrtums meint, eine Einladung zum Mittagessen anzunehmen, während sie in Wirklichkeit ein Vertragsangebot unterzeichnet und absendet.

Ein Schulbeispiel für den Begriff des Erklärungsbewusstseins bietet die bekannte „Trierer Weinversteigerung".

hemmer-Methode: Den Trierer Weinversteigerungsfall hat es in der Praxis nicht gegeben. Es handelt sich um einen fiktiven juristischen Lehrbuchfall. „Erfunden" wurde diese lehrreiche Fall von Hermann Isay, der im Jahre 1899 (!) als (damals noch) Rechtsreferendar das Lehrbuch „*Die Willenserklärung im Tatbestande des Rechtsgeschäfts*" geschrieben hat.

> ***Bsp.:*** *Biedermann nimmt an einer Weinversteigerung im Pfälzischen teil.* 55
> *Während der Versteigerer die Gebote für ein Fass „Betzenberger Westkurve" entgegennimmt, entdeckt Biedermann einen alten Schulfreund auf der anderen Seite des Raumes und winkt diesem heftigst zu. Umso größer ist sein Entsetzen, als ihm der Versteigerer daraufhin den Zuschlag erteilt, da das Heben der Hand bei einer Versteigerung als Abgabe eines höheren Kaufangebotes gilt. Hier fehlt es Biedermann am Erklärungsbewusstsein, da er nichts rechtlich Erhebliches erklären wollte.*

Geschäftswille:
auf Herbeiführung best. Rechtsfolge gerichtet

(3) Unter dem subjektiven Element des ***Geschäftswillens*** ist der 56
Wille zu verstehen, der darauf gerichtet ist, durch die Erklärung ganz *bestimmte* Rechtsfolgen („etwas konkret Rechtliches") herbeizuführen.

Hebt z.B. im Trierer Weinversteigerungsfall Biedermann die Hand nicht, um seinen Freund zu begrüßen, sondern auf dessen Frage, ob er ihm seine Uhr für € 50,- abkaufe, so handelt er zwar mit Erklärungsbewusstsein (er will irgendetwas rechtlich Erhebliches erklären: Kauf der Uhr), nicht aber mit dem auf den Kauf eines Fasses Wein gerichteten Geschäftswillen (er will nicht dieses Rechtsgeschäft).

Problem:
Rechtsfolge bei Fehlen eines Elements des subj. TB

(4) In der Regel wird der äußere Erklärungstatbestand der Willenserklärung von einem entsprechenden Willen des Erklärenden getragen sein. Mitunter können Erklärungstatbestand und subjektiver Wille aber auch auseinander fallen. Bei der Frage, welche Auswirkungen ein fehlender Wille auf die Wirksamkeit der Erklärung hat, ist zu differenzieren. Je nachdem, ob der Erklärende keinen Handlungswillen, keinen Geschäftswillen oder kein Erklärungsbewusstsein hatte, ergeben sich unterschiedliche Folgen. 57

- *fehlt Handlungswille: Nichtigkeit der WE (§ 105 II BGB analog)*

Fehlt beim Erklärenden der Handlungswille, ist es nicht gerechtfertigt, ihn an seiner Erklärung festzuhalten. Dieses Ergebnis stützt sich auf eine Analogie zu § 105 II BGB, wonach eine im Zustand der Bewusstlosigkeit oder einer vorübergehenden Störung der Geistestätigkeit abgegebene Willenserklärung nichtig ist. 58

Bei fehlendem Handlungswillen liegt demnach keine wirksame Willenserklärung vor. Er ist notwendiger Bestandteil: Der ohne Handlungswille gesetzte Erklärungstatbestand ist ein rechtliches „nullum". Folgen vermag er nicht hervorzubringen.[48]

- *fehlt Geschäftswille: dann nur Anfechtung möglich*

Anders hingegen liegt es bei dem Fehlen des Geschäftswillens. Dieser gehört *nicht* zu den **notwendigen** Bestandteilen einer Willenserklärung. 59

Hier kann dem Erklärenden zugunsten des Erklärungsempfängers entgegengehalten werden, dass er „eben besser hätte aufpassen müssen". Ein Irrtum über den Erklärungsinhalt steht der Wirksamkeit der Willenserklärung nicht entgegen.

Dies ergibt sich auch im Umkehrschluss aus § 119 I BGB, denn dieser setzt gerade eine wirksame, wenn auch anfechtbare Willenserklärung voraus. Der Erklärende hat nur die Möglichkeit, den falschen Erklärungsinhalt über die Anfechtung nach § 119 I BGB nachträglich zu beseitigen. Dann muss er aber den Vertrauensschaden des Erklärungsgegners ersetzen, § 122 BGB.

hemmer-Methode: Wäre der Geschäftswille notwendiger Bestandteil der Willenserklärung, würden die Anfechtungsregeln leerlaufen! Denken Sie immer daran, dass die Anfechtung nicht nur die Schadensersatzfolge des § 122 BGB auslöst, sondern dass die Ausübung des Anfechtungsrechts auch zeitlich begrenzt ist (§ 121 BGB: „unverzüglich" nach Kenntnis vom Anfechtungsgrund). § 121 BGB beinhaltet eine Ausschlussfrist (sprechen Sie hier niemals von Verjährung!) und ist deshalb anders als eine Einrede im Prozess von Amts wegen zu beachten.

- *strittig: fehlendes Erklärungsbewusstsein*

Problematisch und strittig ist dagegen die Rechtsfolge *beim Fehlen des Erklärungsbewusstseins.* Gute Gründe sprechen sowohl für als auch gegen die Wirksamkeit einer Willenserklärung, die ohne Erklärungsbewusstsein abgegeben wurde. 60

e.A.:
Willenstheorie ⇨ WE (-)

(1) Nach der *Willenstheorie* ist das Erklärungsbewusstsein in jedem Fall notwendiger Bestandteil der Willenserklärung.[49] In Analogie zu § 118 BGB wird Nichtigkeit angenommen. 61

Ohne Erklärungsbewusstsein liegt demnach keine Willenserklärung vor; eine Anfechtung ist nicht erforderlich. Das Erklärungsbewusstsein ist danach konstitutives Erfordernis jeder Willenserklärung.

aber § 122 BGB analog

Allerdings soll der Erklärende in analoger Anwendung des § 122 BGB seinem Erklärungsgegner zum Ersatz des Vertrauensschadens verpflichtet sein.

---

48 Ganz h.M.; vgl. nur Soergel, Einf. vor § 116, Rn. 15.

49 Vgl. Thiele in JZ 1969, 407.

Jedoch vernachlässigt diese Lösung den Gesichtspunkt des Vertrauensschutzes. Denn die nach dem BGB bestehende freie Wahl der Erklärungshandlung bringt für den Erklärenden auch eine gewisse Verantwortung mit sich: Ihm und nicht dem Erklärungsempfänger muss grds. das „Erklärungsrisiko“ aufgebürdet werden.[50]

h.M.:
Erklärungstheorie
⇨ WE wegen Vertrauensschutz wirksam

(2) Dementsprechend schützt die *Erklärungstheorie*[51] den Erklä- 62
rungsempfänger, indem sie dem Erklärenden sein Verhalten grundsätzlich auch dann als Willenserklärung zurechnet, wenn er kein Erklärungsbewusstsein hatte (normative Auslegung). Diese Zurechnung gebietet das Prinzip des Vertrauensschutzes.[52]

Einschränkend ist aber zu verlangen, dass der Erklärende bei pflichtgemäßer Sorgfalt erkennen musste, dass sein Verhalten als Willenserklärung zu deuten ist (Verantwortungsprinzip).

War dem Erklärungsempfänger das Fehlen des Erklärungsbewusstseins bekannt (denken Sie an § 166 I BGB), kommt eine Zurechnung als Willenserklärung ebenfalls nicht in Betracht: Hier fehlt es an einem schutzwürdigen Vertrauenstatbestand.[53]

Merksatz: Trotz fehlenden Erklärungsbewusstseins wird das Verhalten als Willenserklärung zugerechnet, wenn der Erklärende hätte erkennen können, dass der andere (Erklärungsempfänger) das Verhalten als Willenserklärung verstehen kann und darf.

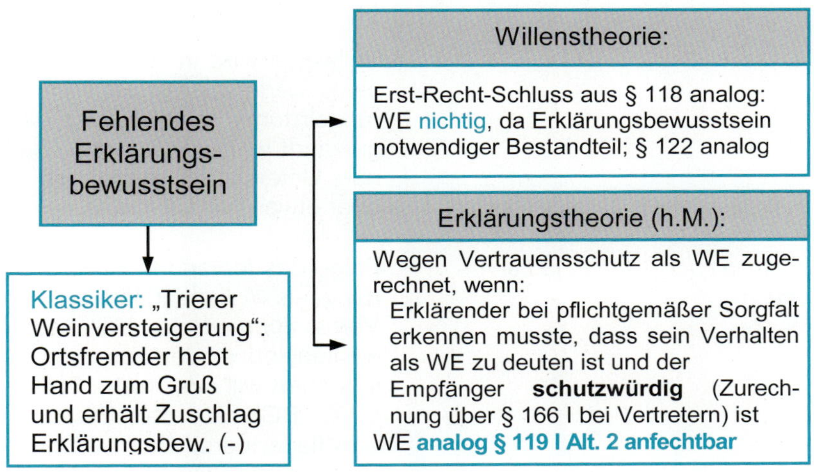

hemmer-Methode: Der BGH folgt insbesondere der von LARENZ vertretenen Meinung, die trotz fehlenden Erklärungsbewusstseins über eine Zurechnung zur Willenserklärung gelangt. Zum Verständnis: Der „HEGELSCHE“ Denkansatz „These, Antithese, Synthese“ findet sich bei LARENZ wieder in der Unterscheidung zwischen objektiv, subjektiv und (h.M.) objektiv-subjektiv. Von daher ist der Ausgangspunkt der Zurechenbarkeit trotz fehlenden Erklärungsbewusstseins als Kompromissformel anzusehen, die versucht, der Interessenlage gerecht zu werden. Die „Synthese“ stellt bei fehlendem Erklärungsbewusstsein darauf ab, ob der Erklärende die Bedeutung seiner Erklärung hätte erkennen können.

50 Palandt, vor § 116, Rn. 17.

51 Vordringende Ansicht und nunmehr auch BGHZ 91, 324 = **juris**byhemmer; BGH, WM 1989, 652 = **juris**byhemmer.

52 Zugrunde liegt der Gedanke, dass Freiheit immer mit Verantwortung verbunden ist. Wer den (möglichen) Nutzen hat, muss auch die (möglichen negativen) Folgen tragen. Diese Konzeption durchzieht unser gesamtes Rechtssystem – Sie können viele Streitigkeiten auf diese beiden Prinzipien rückführen und dementsprechend argumentieren!

53 Vgl. Medicus/Petersen, BR, Rn. 130.

Ein ähnliches Erklärungsmodell ist die sog. „Aristotelische Mitte". Die Extrempositionen („links"/"rechts") sind regelmäßig nicht interessengerecht. ARISTOTELES zeigt (im 5. Buch der Nikomachischen Ethik), dass sich Gerechtigkeit insbesondere mit der Aufrechterhaltung und Wiederherstellung eines Gleichgewichts oder einer Proportion zwischen Personen beschäftigt. Auf den aristotelischen Ausgangspunkt beziehen sich auch die englischen Rechtsphilosophen, so z.B. HART, „Der Begriff des Rechts".
Merken Sie sich: Der BGH hat Einzelfälle immer wieder neu zu entscheiden, insoweit will er sich dogmatisch nicht festlegen. Der in diesem Fall von LARENZ angebotene Begriffsapparat kommt ihm gelegen, da er in jedem Einzelfall neu entscheiden kann, ob eine WE vorliegt oder nicht. Die Zurechnung und damit die Wertung nimmt der BGH vor, denn er entscheidet, ob der Erklärende die Bedeutung seines Verhaltens erkennen konnte.
Relevanz kommt der Unterscheidung in der Praxis v.a. insoweit zu, als bei der Erklärungstheorie nach Ablauf der Frist des § 121 BGB endgültige Wirksamkeit gegeben ist, während nach der Willenstheorie automatisch Nichtigkeit die Folge ist.

aber Anfechtung, § 119 I Alt. 2 BGB analog

Wird danach das Verhalten als Willenserklärung zugerechnet, kann der Erklärende sich nur durch Anfechtung in analoger Anwendung des § 119 I Alt. 2 BGB von den Rechtsfolgen seiner Erklärung lösen. 63

Wenn schon bei Abweichung zwischen Wille und objektiv Erklärtem die Möglichkeit zur Anfechtung besteht, muss diese Möglichkeit erst recht bestehen, wenn das Bewusstsein einer rechtsgeschäftlichen Erklärung ganz fehlt, das nicht rechtsgeschäftliche Handeln aber als Willenserklärung aufgefasst wird und deshalb als Willenserklärung gilt.

Teilweise wird in der Literatur das Fehlen des Erklärungsbewusstseins wegen der großen Ähnlichkeit als besonderer Fall des Erklärungsirrtums behandelt, so dass die §§ 119 ff. BGB unmittelbar angewandt werden können.[54] Begründet wird dies damit, dass es keinen Unterschied macht, ob jemand rechtsgeschäftlich gar nichts oder etwas ganz anderes will.

⇨ Haftung nach § 122 BGB bei Anfechtung

Folge des fehlenden Erklärungsbewusstseins ist im Fall der Zurechnung als Willenserklärung demnach *nicht Nichtigkeit*, sondern *nur Vernichtbarkeit* der Willenserklärung. Somit kann der Erklärende wählen, ob er der aus dem Geschäft erwachsenden Bindung entsprechen will oder nicht. Für den Fall der Anfechtung haftet er gem. § 122 BGB auf den Ersatz des Vertrauensschadens seines Geschäftspartners. Damit dürfte die Erklärungstheorie einer interessengerechten Risikoverteilung am ehesten entsprechen.

Durfte der Erklärungsempfänger auf die Erklärung vertrauen, verdient dieser Vertrauensschutz den Vorrang.

hemmer-Methode: Beachten Sie, dass bei einem Handeln ohne aktuelles Erklärungsbewusstsein der Erklärungsempfänger geschützt werden soll. Es wäre mit den Geboten von Treu und Glauben (§ 242 BGB) *unvereinbar*, bei einem Handeln ohne aktuelles Erklärungsbewusstsein *Rechtsfolgen zu Lasten des Erklärungsempfängers* abzuleiten.[55]

Bsp.: *In fröhlicher Bierlaune wird an Deck des Küstendampfers „Emma Nordpol" gefeiert. Fröhliche Zecher hissen die Lotsenflagge - ein Lotsenboot läuft aus, der Lotse verlangt Bares.* 64

Die Willenstheorie würde hier das Vorliegen einer Willenserklärung verneinen, während die Erklärungstheorie Stellung nehmen müsste, ob der Hissende erkennen musste, dass das Hissen einer Lotsenflagge ein rechtlich relevantes Signal darstellt.

54 Larenz, § 19 III.

55 BGH NJW 1995, 953 ff. = jurisbyhemmer.

Beim Kapitän eines Hochseeschiffes wird eine derartige Kenntnis anzunehmen sein, während eine „Erklärungsfahrlässigkeit“ wohl zu verneinen wäre, wenn ein Fahrgast die Flagge gehisst hat.

Bsp.: *Anton nimmt an der Mitgliederversammlung seines Sportvereins teil. Dort laufen zwei Unterschriftenlisten um; eine mit einer Glückwunschadresse für den langjährigen Vorsitzenden, die andere mit einer Sammelbestellung für eine Sportzeitschrift.* 65

A will die Glückwunschadresse unterschreiben, unterzeichnet aber versehentlich die Sammelbestellung. Hat er damit dem Verlag den Abschluss eines Abonnementvertrages angetragen?

A wollte keine rechtlich bedeutsame Erklärung abgeben; er hatte kein Erklärungsbewusstsein. Dennoch ist ihm sein Verhalten als Willenserklärung zuzurechnen. Wer ein Schriftstück unterzeichnet, hat die Möglichkeit, sich zu vergewissern, worum es sich handelt. Dies gilt umso mehr, wenn der Erklärende weiß oder Grund zur Annahme hat, dass sich unter den vorgelegten Schriftstücken auch solche befinden, die eine rechtsgeschäftliche Erklärung enthalten.

A muss sich die durch seine Unterschrift gedeckte Erklärung zurechnen lassen, kann sie jedoch analog § 119 I Alt. 2 BGB anfechten. Wenn eine Willenserklärung beim Vorliegen eines Erklärungsirrtums, also bei mangelhaftem Geschäftswillen, durch Anfechtung vernichtet werden kann, muss diese Möglichkeit auch bei der Zurechnung eines nicht rechtsgeschäftlichen Handelns als Willenserklärung bestehen.

Bsp.: *Anton ist bei Freundin F zu Besuch. Gleichzeitig ist auch der Vertreter V der Firma B anwesend. Dieser legt A mit dem Hinweis, es handele sich um eine Unterschriftenliste für ein Stadtsanierungsvorhaben, ein Schriftstück vor. In Wirklichkeit unterschreibt A einen Bestellschein für exquisite Damenwäsche zum Preis von 200 €.* 66

Liegt eine wirksame Annahme des A vor?

Bei der Unterzeichnung des Bestellscheins handelte der getäuschte A ohne Erklärungsbewusstsein. Da es ihm jedoch zumutbar gewesen wäre, sich bei der Unterzeichnung des Schriftstücks genauer zu vergewissern, worum es sich handelt, ist ihm die Bestellung an sich als Erklärung zuzurechnen. Hier hatte V den A jedoch getäuscht; er kannte das Fehlen des Erklärungsbewusstseins. Diese Kenntnis wird der Firma B über § 166 I BGB zugerechnet, so dass eine Zurechnung des Verhaltens des A als Willenserklärung mangels eines Vertrauenstatbestandes ausscheidet.

hemmer-Methode: Lernen Sie nicht zu schematisch: Es gibt immer eine Regel (Zurechenbarkeit) und eine Ausnahme (mangelnde Schutzwürdigkeit). Examenstypisch ist eher die Ausnahme, „ein Problem mehr“. Lernen Sie die typischen Examenskonstellationen auszurechnen. Besondere Bedeutung erlangt der Meinungsstreit zwischen Willens- und Erklärungstheorie in den Fällen, in denen der Erklärende seine Erklärung nicht „unverzüglich“ (§ 121 I BGB) angefochten hat und darum endgültig an sie gebunden bleibt. Ansonsten gleichen sich die Ergebnisse.
Denn obwohl die Willenstheorie das Vorliegen einer Willenserklärung ablehnt, kommt sie über eine analoge Anwendung des § 122 BGB zum gleichen Resultat wie die Erklärungstheorie: Der Erklärende muss den Vertrauensschaden ersetzen.

Denkbar ist aber auch, dass das ohne Erklärungsbewusstsein zustande gekommene Rechtsgeschäft für den Erklärenden günstig ist. In diesem Fall kann er nach der Erklärungstheorie, indem er nicht anficht, das Geschäft gelten lassen, nach der Willenstheorie hat er diese Möglichkeit nicht.

Bsp.:[56] *Die Fa. L, eine Lieferantin der Fa. S, fordert diese auf, eine Bankbürgschaft beizubringen. Dies wird vom Geschäftsführer der S zugesagt. Wenig später teilt der Prokurist (P) der B-Bank der L schriftlich mit, die Bank habe für die S als ihrer Kundin eine Bürgschaft i.H.v. 150.000,- € übernommen und bittet um Mitteilung über die Höhe der Verpflichtung der S gegenüber L. Daraufhin bestätigt die L der B die Übernahme der Bürgschaft und teilt ihr die Höhe ihrer Forderung gegen S mit.* 68

Eine Woche später unterrichtet der P namens der B die L, dass die Bank keine Bürgschaft übernommen habe. Nach Ablauf von zwei weiteren Wochen - nachdem L auf die „widersprüchlichen Schreiben" hingewiesen hat - teilt P mit, dass er irrtümlich von einer bereits bestehenden Bürgschaft gegenüber S ausgegangen sei. Lediglich im Hinblick auf die Akzessorietät der Bürgschaft habe er sich bei der L über die Höhe der (vermeintlich) bereits bestehenden Bürgschaftsverpflichtung erkundigen wollen. Zwei Monate später nimmt L die B aus der Bürgschaft i.H.v. 150.000,- € in Anspruch.

Muss B leisten?

L könnte gegenüber B einen Anspruch aus § 765 I BGB haben. Voraussetzung hierfür ist das Vorliegen eines wirksamen Bürgschaftsvertrages zwischen Gläubiger (L) und Bürge (B).

1. Zustandekommen des Vertrages?

Das erste Schreiben der B an L könnte wegen der Vertretung der B durch P (§ 164 I S. 1 BGB, § 48 HGB) ein Angebot zum Abschluss eines Bürgschaftsvertrages darstellen. Dies wäre der Fall, wenn es sich bei dem Schreiben um eine wirksame, auf die Herbeiführung eines rechtlichen Erfolges gerichtete Willenserklärung gehandelt hätte.

Der äußere Tatbestand einer Willenserklärung liegt unproblematisch vor: B hat durch den Vertreter P einen Erklärungstatbestand gesetzt, der aus **objektiver** Sicht den Schluss auf einen Rechtsbindungswillen zulässt.

Wissenserklärung

P handelte **subjektiv** jedoch ohne Erklärungsbewusstsein, da er weder den Willen noch das Bewusstsein hatte, mit dem Schreiben eine verbindliche rechtsgeschäftliche Erklärung abzugeben. Vielmehr beabsichtigte er lediglich eine bloße Mitteilung rein tatsächlicher Art (sog. *Wissenserklärung*). Die Auswirkungen des fehlenden Erklärungsbewusstseins sind umstritten.

Betrachtet man mit der Willenstheorie das Erklärungsbewusstsein als konstitutives Element einer Willenserklärung, so hat P keine auf den Abschluss eines Bürgschaftsvertrages gerichtete Willenserklärung abgegeben. Vielmehr ist seine Erklärung in analoger Anwendung des § 118 BGB (Scherzgeschäft) nichtig.

Jedoch vernachlässigt diese Auffassung den Schutz des Erklärungsempfängers. Zu bedenken ist, dass P bei Anwendung der im Kreditgewerbe erforderlichen Sorgfalt erkennen musste, dass sein Schreiben nach Treu und Glauben (§ 242 BGB) und unter Berücksichtigung der Verkehrssitte (§§ 133, 157 BGB) als Bürgschaftsverpflichtung der Bank aufgefasst werden musste. Da L diesbezüglich gutgläubig war, d.h. das Schreiben des P tatsächlich als Bürgschaftsangebot aufgefasst hat, wird nach dem BGH trotz fehlenden Erklärungsbewusstseins das Verhalten als Willenserklärung zugerechnet (normative Auslegung). Jede andere Entscheidung würde der L als Erklärungsempfängerin in ungerechtfertigter Weise das Erklärungsrisiko des Erklärenden aufbürden.

hemmer-Methode: Lernen Sie Meinungsstreitigkeiten nicht isoliert, sondern immer im Hinblick auf ihre rechtlichen Konsequenzen. Entscheidend ist hier die Verteilung des Erklärungsrisikos. Zeigen Sie dann auch in der Anwendung, dass Sie nicht nur auswendig gelerntes Theorienwissen „abspulen".

---

56 Nach BGHZ 91, 324 = NJW 1984, 2279 = **juris**byhemmer, m. Anm. Canaris; Medicus, AT, Rn. 608 a.

Vertrag zustande gekommen

Da L die Offerte der B in ihrem ersten Antwortschreiben wirksam angenommen hat, ist zwischen B und der Fa. L ein Bürgschaftsvertrag gem. § 765 I BGB zustande gekommen.

2. Anfechtung des Vertrages?

Der Bürgschaftsvertrag könnte aber durch das zweite Schreiben des P wirksam angefochten und damit rückwirkend vernichtet worden sein, § 142 I BGB.

P konnte als Prokurist wegen seiner umfassenden Vollmacht auch für die B anfechten (§ 164 BGB, §§ 48 f. HGB). P befand sich im Irrtum über die Abgabe einer rechtlich relevanten Erklärung. Ein solcher Irrtum gibt auch ein Anfechtungsrecht in analoger Anwendung des § 119 I Alt. 2 BGB.[57] P irrte sich als Vertreter der B. Gemäß § 166 I BGB wird sein Irrtum der B auch zugerechnet: Soweit die rechtlichen Folgen einer Willenserklärung durch Willensmängel beeinflusst werden, kommt nicht die „Person" des Vertretenen, sondern die des Vertreters in Betracht. Da nur der Vertreter eine Willenserklärung abgab, konnte nur er sich in einem Irrtum befinden.

hemmer-Methode: Der sich irrende Dritte ist examenstypisch. Denken Sie daran: Der Irrtum des Dritten als Vertreter ist über § 166 I BGB beachtlich. Wer hier § 166 I BGB nicht erwähnt, hat ein examenstypisches, wesentliches Problemfeld nicht erörtert.
Grundsätzlich ficht der Vertretene an. Es kann aber auch der Vertreter anfechten, wenn er eine entsprechende Vertretungsmacht, § 164 I BGB, hat. Im Fall besteht noch die Besonderheit, dass die Bank als juristische Person selbst nicht handlungsfähig ist, also auch nicht selbst anfechten kann. Handeln kann immer nur ihr Organ oder ihr Vertreter. Vermeiden Sie deshalb Sätze wie: „Die Bank kann anfechten, weil sie sich geirrt hat". Sie machen gleich zwei Fehler auf einmal: Die Bank selbst kann nicht anfechten (Vertretungsproblem) und sie kann sich auch nicht irren (Problem § 166 I BGB)! Sie haben also nicht nur ein Problem, wie bei der Anfechtung zwischen zwei Personen (kleiner BGB-Schein), sondern eine dreifache Problematik: Anfechtung (§§ 119 ff. BGB), Irrtum beim Vertreter (§ 166 BGB), Anfechtung durch den Vertreter (§ 164 I BGB).
hemmer-Methode heißt: Schaffen von Problembewusstsein. Problem erkannt, Gefahr gebannt!
Der BGH äußerte sich in der Entscheidung nicht zur Problematik des § 166 I BGB. Es irrte sich aber nicht die Bank, sondern deren Filialleiter. Aufgabe eines Repetitoriums ist es, die Entscheidung für das Examen aufzubereiten und nicht unreflektiert abzuschreiben. Der BGH denkt und entscheidet nicht in den Kategorien der Examenstypik. Anders als der BGH kann es sich der Student nicht leisten, die Unterscheidung von § 164 BGB (Zurechnung der Willenserklärung) und § 166 I BGB (Zurechnung des Irrtums) nicht vorzunehmen.

Anfechtungserklärung?

Voraussetzung einer wirksamen Anfechtung ist aber neben dem Vorliegen eines Anfechtungsgrundes eine *unzweideutige*[58] *Anfechtungserklärung (§ 143 I BGB)*, die unverzüglich („ohne schuldhaftes Zögern", § 121 I BGB) erfolgt sein muss.

Ob eine Erklärung als Anfechtung verstanden werden kann, ist im Wege der Auslegung gem. §§ 133, 157 BGB zu ermitteln. § 157 BGB kann aber nur analog angewendet werden, da die Anfechtung ein einseitiges Rechtsgeschäft ist. Aufgrund der Empfangsbedürftigkeit der Erklärung und der damit verbundenen Schutzwürdigkeit des Empfängers besteht aber eine vergleichbare Interessenlage. Es entspricht jedoch mittlerweile nahezu allgemeiner Meinung, dass § 157 BGB auch auf **empfangsbedürftige** Willenserklärungen angewendet werden kann.

57 Palandt, Einf. vor § 116, Rn. 17.

58 Die Anfechtungserklärung ist eine einseitige WE und unterliegt aus Gründen der Rechtssicherheit besonders strengen Auslegungskriterien.

hemmer-Methode: Umgekehrt ist § 133 BGB auch nicht nur auf Willenserklärungen, sondern auch auf Verträge anwendbar.[59] Aus diesem Grund werden die §§ 133, 157 BGB bei Verträgen bzw. empfangsbedürftigen Willenserklärungen stets zusammen zitiert. Bei nicht empfangsbedürftigen Willenserklärungen wäre dagegen das Zitat des § 157 BGB grob falsch.

In seinem zweiten Schreiben verneint der P lediglich die Bürgschaftsübernahme, ohne sich auf Willensmängel zu berufen. Dieses Schreiben genügt nicht den Anforderungen einer wirksamen Anfechtungserklärung: Der Anfechtende muss seinen Willensmangel erkennbar (§ 157 BGB analog) machen.

hemmer-Methode: An das Vorliegen einer Anfechtungserklärung dürfen Sie aber auch nicht allzu hohe Anforderungen stellen, da Sie sich sonst in der Klausur Folgeprobleme abschneiden.
Nach dem Grundsatz der *laiengünstigen Auslegung* ist nicht erforderlich, dass die Erklärung den Terminus „anfechten" enthält. Ausreichend ist, dass der Anfechtende zum Ausdruck bringt, er wolle vom Geschäft Abstand nehmen, die Rückforderung des Geleisteten oder das Bestreiten der Verpflichtung.
Soweit sich der Irrtum auch auf die Übereignungserklärung auswirkt, ist die Erklärung so auszulegen, dass auch die Einigung nach § 929 S. 1 BGB angefochten wird. Allerdings wird von der h.M. gefordert, dass die anfechtende Partei das Geschäft wegen eines Willensmangels nicht gelten lassen will. Den genauen Anfechtungsgrund braucht sie dabei nicht zu nennen.

Mit seinem letzten Schreiben erklärt P zwar erkennbar die Anfechtung der Willenserklärung. Diese Erklärung erfolgte aber nicht mehr unverzüglich. Zwar ist dem Anfechtungsberechtigten ein angemessener Überlegungszeitraum zuzubilligen. Doch liegt in dem Verstreichenlassen von zwei weiteren Wochen nach dem Hinweis der L auf ihr widersprüchliches Verhalten ein schuldhaftes Zögern i.S.v. § 121 I BGB. Die Anfechtung ist nicht rechtzeitig erfolgt.

Ergebnis*:* Der P als Vertreter der Bank hat durch keines seiner Schreiben den zustande gekommenen Bürgschaftsvertrag wirksam angefochten. Die Bank kann somit als Bürge nach § 765 I BGB für die Schuld der L i.H.v. 150.000,- € in Anspruch genommen werden.

hemmer-Methode: Bedenklich an der BGH-Ansicht erscheint es, dass einerseits die bloße Tatsachenmitteilung als Willenserklärung zugerechnet wird, andererseits aber die Berichtigung der Tatsachen durch das zweite Schreiben der B für die Beseitigung der Willenserklärung im Wege der Anfechtung nicht ausreichen soll. Diese Ungleichbehandlung begründet der BGH mit dem schutzwürdigen Interesse des Erklärungsempfängers an einer möglichst raschen Kenntnis, ob der Gegner seine Erklärung wegen des Willensmangels rückwirkend beseitigen will oder nicht. Gerade dies erfährt die L aber eindeutig durch die Verneinung der Bürgschaftsverpflichtung im zweiten Schreiben. Daher wird das Vorliegen eines wirksamen Bürgschaftsvertrages z.B. von Canaris auch verneint.[60]
„Wes Brot ich eß, des Lied ich sing." So ist die Entscheidung von Canaris zugunsten der Banken nicht unbedingt altruistischer Art. Entscheiden Sie sich im Examen aber eher konservativ mit dem BGH. In dieser Fallkonstellation hat sich der BGH mit seinem Lösungsansatz auch durchgesetzt.

59 Vgl. Palandt, § 157, Rn. 1.

60 Canaris, NJW 1984, 2281 f.; ebenso Marburger AT, S.49 - allerdings vom Standpunkt der Willenstheorie ausgehend: Mangels Erklärungsbewusstseins fehle es an einem konstitutiven Element der Willenserklärung.

2. Fehlender Rechtsbindungswille

für Rechtsgeschäft ist Rechtsbindungswille notwendig

Die Beteiligten eines Geschäftsverhältnisses können jederzeit durch übereinstimmende Erklärungen bestimmen, dass sich aus ihren Vereinbarungen keine vertraglichen Pflichten ergeben sollen, da sie sich rechtlich nicht binden wollen.[61] Zwischen ihnen kommt dann kein Rechtsgeschäft zustande. 70

In der Realität werden die Parteien den Rechtsbindungswillen jedoch selten ausdrücklich verneinen. Personen, die in geschäftlichen Kontakt zueinander treten, haben vielmehr im Regelfall auch ohne ausdrückliche Erwähnung den Willen, mit ihren Erklärungen rechtliche Folgen herbeizuführen. Drängen sich keine Zweifel auf, ist eine Prüfung des Rechtsbindungswillens überflüssig.

Probleme ergeben sich aber bei einigen typischen Fallgruppen, insbesondere bei der invitatio ad offerendum, bei der Abgrenzung des sog. Gefälligkeitsverhältnisses vom Rechtsgeschäft, bei der Erteilung von Auskünften oder Ratschlägen oder bei Erklärungen über die Anerkennung einer Schuld.

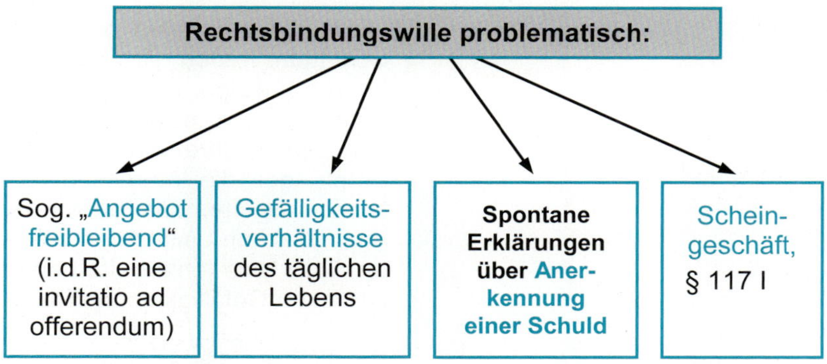

a) Gefälligkeitsverhältnisse

bei Gefälligkeitsverhältnis fehlt Rechtsbindungswille

Der häufigste Fall fehlenden Rechtsbindungswillens findet sich im *Gefälligkeitsverhältnis.* Hier spielen sich die Beziehungen zwischen den Beteiligten nur im *außervertraglichen Bereich* ab. Der Anbietende will nicht schuldrechtlich für einen Erfolg einstehen, sondern vielmehr einer bloß freundschaftlichen, familiären oder gesellschaftlichen Pflicht nachkommen. 71

Wer beispielsweise Freunde zu einem Abendessen zu sich nach Hause einlädt, wird sich regelmäßig keinen Erfüllungsansprüchen oder einer vertraglichen Haftung (z.B. bei einem missratenen Mahl) aussetzen wollen: Diesbezüglich fehlt ihm der Rechtsbindungswille.

aa) Abgrenzung des Gefälligkeitsverhältnisses zum Rechtsgeschäft

h.M.:
zur Abgrenzung obj. Verhalten maßgeblich, dabei alle Umstände des Einzelfalls berücksichtigen

Ob eine unentgeltliche Leistung ein Rechtsgeschäft (dann Gefälligkeits**vertrag**) oder ein bloßes Gefälligkeitsverhältnis darstellt, hängt vom *Rechtsbindungswillen* ab. 72

61 Vgl. Flume AT II § 7, 8.

Maßgeblich ist analog §§ 133, 157 BGB nicht der innere Wille des Handelnden, sondern die Frage, wie sich sein Verhalten objektiv darstellt, d.h. ob der Erklärungsempfänger nach der Verkehrsauffassung und den Umständen des Einzelfalls die Erklärung als rechtlich verbindlich ansehen durfte. Dies ist im Wege der Auslegung zu ermitteln. Eine Antwort kann in vielen Fällen nur anhand einer Beurteilung des Gesamtbildes gefunden werden.

hemmer-Methode: §§ 133, 157 BGB werden zur Bestimmung des Rechtsbindungswillens deshalb („nur") analog angewendet, weil es hier um die Frage des „Ob" einer Willenserklärung geht.
In der direkten Anwendung der §§ 133, 157 BGB geht es dagegen um die Frage des Inhalts einer Willenserklärung.

Bsp.: Student Tramp reist per Anhalter. Regierungsdirektor Ebel hält in Freiburg an. Tramp erklärt, er müsse unbedingt um 14 Uhr in Tübingen sein, da er einen Vorstellungstermin für einen lukrativen Ferienjob habe. Ebel meint, dies ließe sich einrichten. 73

Hier ist die Abgrenzung zwischen purer Gefälligkeit und Rechtsgeschäft nicht einfach: Tramp hat ein gewichtiges Interesse an der „Erfüllung", bedient sich aber eines Fortbewegungsmittels, bei dem er auf die Gefälligkeit des Fahrers angewiesen ist.

Indizien:

Die Rechtsprechung[62] und ihr folgend die überwiegende Meinung im Schrifttum treffen die Abgrenzung unter Berücksichtigung einer Reihe von Indizien, um anhand objektiver Kriterien auf den Rechtsbindungswillen zu schließen. So soll die Art der Gefälligkeit, ihr Grund und Zweck, ihre wirtschaftliche und rechtliche Bedeutung für den Empfänger, die Interessenlage der Parteien, der Wert einer anvertrauten Sache, das erkennbare Interesse des Begünstigten und auch die dem Leistenden erkennbare Gefahr, in die die andere Partei durch eine fehlerhafte Leistung geraten kann, für die Abgrenzung zwischen Gefälligkeit und Rechtsgeschäft entscheidend sein. 74

kein Rechtsbindungswille bei Gefälligkeiten des tägl. Lebens

Bei bloßen „Gefälligkeiten des täglichen Lebens" sowie „Gefälligkeiten, die im gesellschaftlichen Verkehr wurzeln" soll sich nach der Rspr. eine Beurteilung des Gesamtbildes anhand der genannten Indizien jedoch erübrigen. Bei derartigen Gefälligkeiten liegt regelmäßig *kein Rechtsbindungswille* vor.

So liegen die Dinge im Anhalter-Fall: Das Mitnehmen von Anhaltern gehört zu den Gefälligkeiten des täglichen Lebens. Ein Rechtsbindungswille des Ebel im obigen Beispielsfall ist demnach zu verneinen.

Kommt Tramp wegen eines Staus zu spät zu seinem Vorstellungsgespräch, kann er keine vertraglichen Ersatzansprüche geltend machen.

a.A.:
obj. Kriterien sind bloße Fiktion

Ein Teil der Literatur kritisiert die Ermittlung des Rechtsbindungswillens anhand der genannten Indizien als bloße Fiktion.[63]

Objektive Kriterien könnten in keinem Zusammenhang zu einem Willen stehen. 75

hemmer-Methode: Die Haftung entsteht nicht da, „wo man will, sondern wo man soll".

Der BGH begründet seine Abwägung denn auch teilweise mit dem Grundsatz von Treu und Glauben[64] und unterstreicht so den wertenden Charakter der von ihm vorgenommenen Prüfung..

62 Vgl. BGHZ 21, 102 ff. = **juris**byhemmer.

63 Vgl. Flume AT II § 7, 5-7, insb. S. 91.

64 BGH, NJW 1974, 1705, 1706 – Lottospielgemeinschaft = **juris**byhemmer.

i. Zw.:
Annahme eines RGs, aber Ausgleich über konkl. Haftungsausschluss

Life&Law 1998, 573: Um die Abgrenzung des Gefälligkeitsvertrags zur bloßen Gefälligkeit ging es auch in einer Entscheidung des OLG Frankfurt/Main vom 18.11.1997.[65] Hier bat der Kl. den Bekl., das Auto des Kl. zu einer Überprüfung zur Werkstatt zu bringen und es anschließend wieder zurückzufahren. Auf der Rückfahrt verschuldete der Bekl. (leicht fahrlässig) einen Totalschaden des Fahrzeugs. Das OLG Frankfurt prüft einen Schadensersatzanspruch gem. §§ 667, 280 I BGB, bejaht das Vorliegen eines Auftrags gem. §§ 662 ff. BGB, lehnt aber die Haftung des Bekl. wegen konkludenten Haftungsverzichts (dazu gleich unten!) ab.

Life&Law 2002, 368[66]: Interessant ist auch die Entscheidung des Amtsgerichts Kaufbeuren. Dort ging es um die Frage, wie derjenige, der unentgeltlich Starthilfe mithilfe eines an die Batterie angeschlossenen Starhilfekabels leistet, haftet. Auch dort wurde das Vorliegen eines Auftrags im Ergebnis bejaht, aber ebenfalls ein konkludenter Haftungsausschluss angenommen.

bb) Exkurs: Haftung im Gefälligkeitsverhältnis

Haftung im Gefälligkeitsverh.

Obwohl die Haftung i.R.e. Gefälligkeitsverhältnisses selbstverständlich keinen Primäranspruch darstellt, wird sie aufgrund der Zusammengehörigkeit mit dem soeben behandelten Fragenkomplex im Folgenden kurz erläutert.

(1) Anspruchsgrundlage

Differenzierung

Während weder aus dem reinen Gefälligkeitsverhältnis des alltäglichen Lebens noch aus dem Gefälligkeitsverhältnis im rechtsgeschäftlichen Bereich Primäransprüche resultieren, muss hinsichtlich der Sekundäransprüche differenziert werden. 76

Kündigung zur Unzeit

Da aus dem Gefälligkeitsverhältnis ein Erfüllungsanspruch nicht entsteht, muss der Gefällige - wenn dies schon beim Auftrag gem. § 671 BGB jederzeit möglich ist - seine Zusage zurückziehen können.

Denkbar ist höchstens eine Schadensersatzpflicht bei Kündigung zur Unzeit analog § 671 II S. 2 BGB.

reines Gefälligkeitsverhältnis
⇨ Rspr.: nur Delikt

(a) I.R.v. reinen Gefälligkeitsverhältnissen gewährt die Rechtsprechung Schadensersatz nur aus Delikt. Hieraus ergeben sich wegen der „Schwäche des Deliktsrechts“ etliche Beschränkungen: Haftung nur für Schäden an den durch § 823 I BGB geschützten Rechtsgütern (insbesondere kein genereller Vermögensschutz), die Haftung auch für Vermögensschäden nach § 826 BGB greift nur bei einer vorsätzlichen sittenwidrigen Schädigung, die aus § 823 II BGB nur bei Verletzung eines Schutzgesetzes, und bei Einschaltung von Hilfspersonen besteht schließlich die Exkulpationsmöglichkeit nach § 831 I S. 2 BGB. 76a

⇨ evtl. aber Schuldverhältnis gem. § 311 II Nr. 3 BGB

(b) In Anbetracht dieser Beschränkungen befürwortete früher eine Mindermeinung in der Literatur i.R.v. Gefälligkeitsverhältnissen im rechtsgeschäftlichen Bereich (Gefälligkeitsverhältnisse mit rechtsgeschäftlichem Charakter) die Annahme eines konkludent begründeten Vertrages, der nicht auf Erfüllung, sondern nur auf Schutz- und Erhaltungspflichten gerichtet ist.[67] 76b

65 Life&Law 1998, 573.

66 Vgl. auch NJW-RR 2002, 382.

67 Fikentscher, SchR § 7, 3, S. 23 ff.

Hieraus ergebe sich eine Haftung aus § 280 I i.V.m. § 241 II BGB. Auf der Sekundärebene sei der Rechtsbindungswille nämlich gegeben.

Diese Ansicht hat sich in der Literatur immer mehr durchsetzen können. Auch in der Rechtsprechung waren andere Einzelfälle vorvertraglicher Schuldverhältnisses anerkannt, bei denen weder Vertragsverhandlungen noch eine Vertragsanbahnung vorlag, sog. **geschäftsähnliche Kontakte**. *76c*

⇨ daher prüfen, ob Gefälligkeitsverhältnis mit rechtsgeschäftlichem Charakter vorliegt

Obwohl ein Rechtsbindungswille auf Eingehung eines Gefälligkeitsvertrages fehlt, sind die Beteiligten oft daran interessiert, im Falle der Pflichtverletzung durch eine Seite eine vertragliche Haftung zu begründen. Hierbei handelt es sich um sog. **Gefälligkeitsverhältnisse rechtsgeschäftlicher Art**, Verträge also, die keine Primärpflichten, sehr wohl aber Sekundärpflichten zum Inhalt haben. Maßgeblich ist wiederum der *Rechtsbindungswille*. *76d*

Fraglich ist allerdings, ob nach der Modernisierung des Schuldrechts das Gefälligkeitsverhältnis mit rechtsgeschäftlichem Charakter als Schuldverhältnis i.S.d. § 280 I BGB anerkannt werden kann.

Teilweise wird vertreten, dass das Gefälligkeitsverhältnis mit rechtsgeschäftlichem Charakter unter **§ 311 II Nr. 3 BGB** („ähnlicher geschäftlicher Kontakt") subsumiert werden kann.[68]

Bei der Verletzung von nicht leistungsbezogenen Pflichten kommt ein Anspruch aus §§ 280 I, 311 II Nr. 3, 241 II BGB in Betracht. § 280 I BGB ist jedoch nicht anwendbar, soweit es um die Gefälligkeit selbst geht, da eine derartige Primärpflicht gerade nicht besteht und dementsprechend auch eine Pflichtverletzung nicht vorliegen kann.

Aus dem Wortlaut „geschäftlich" folgt aber zugleich, dass ein rein sozialer Kontakt nicht ausreicht.[69] Der BGH hat die Frage, ob er - entgegen anders lautender älterer Entscheidungen - seit der Schuldrechtsmodernisierung ein Gefälligkeitsverhältnis mit rechtsgeschäftlichem Charakter anerkennt, zuletzt ausdrücklich offen gelassen.[70]

hemmer-Methode: Diese Frage ist daher nach wie vor höchstrichterlich ungeklärt und umstritten.

Nur wenn ein reines Gefälligkeitsverhältnis ohne Primär- und Sekundärpflichten vorliegt, scheidet die Anwendbarkeit des § 280 I BGB mangels Vorliegens eines Schuldverhältnisses aus.

z.B. Mantafall

Bsp.: *A bittet seinen Freund B, ihm dessen Opel Manta (Sammlerstück, Wert 30 000,- €) am Wochenende zu überlassen. B stimmt zu.* *76e*

Fall 1: *Am Wochenende braucht B ihn jedoch selbst. Hat A einen Anspruch auf Überlassung?*

Fall 2: *A bekommt den Manta und lässt seine Freundin F fahren. Diese baut einen Unfall. Muss A den Schaden ersetzen?*

Lösung Fall 1: Ein Anspruch auf Überlassung (Erfüllungsanspruch) besteht nicht. Insoweit fehlt der Rechtsbindungswille für einen Leihvertrag.

Lösung Fall 2: Ein Anspruch gegen A aus Delikt entfällt, da A nicht gefahren ist und damit keine deliktische Handlung begangen hat. Ein Anspruch aus § 831 BGB für das Delikt von F entfällt, da die Freundin keine Verrichtungsgehilfin des A war.

---

68 So jetzt ausdrücklich **AG Lingen, Life&Law 2010, Heft 8, 571** (Rubrik Recht skurril) = NJW-RR 2010, 757 f. = **juris**byhemmer.

69 Vgl. Palandt § 311 Rn. 24.

70 Vgl. **BGH, Life&Law 2010, Heft 12, 791 ff.** = NJW 2010, 3087 ff. = **juris**byhemmer.

Allerdings besteht ein Anspruch wegen Pflichtverletzung des Gefälligkeitsverhältnisses mit rechtsgeschäftlichem Charakter, §§ 280 I, 311 II Nr. 3, 241 II, 278 BGB. Durch die Überlassung der Sache von bedeutendem Wert, hier 30 000 €, kam ein ähnlich geschäftlicher Kontakt zustande. Innerhalb der Sorgfaltspflichten des A gegenüber B wurde F mit Wissen und Wollen des A tätig, sodass eine Zurechnung gem. § 278 S. 1 Alt. 2 BGB erfolgen kann.

(2) Haftungsmaßstab

Ferner fragt sich, welcher Haftungsmaßstab bei der deliktischen Haftung bei einem Gefälligkeitsverhältnis anzulegen ist. Das Gesetz beschränkt die Haftung bei Gefälligkeits**verträgen** teilweise auf grobe Fahrlässigkeit und Vorsatz (§ 521 BGB für die Schenkung, § 599 BGB für die Leihe) bzw. die in eigenen Angelegenheiten anzuwendende Sorgfalt (§ 690 BGB für die Verwahrung; sog. diligentia quam in suis gem. § 277 BGB).

Beim Auftrag (§§ 662 ff. BGB) und der GoA (§§ 677 ff. BGB, Ausnahme: § 680 BGB) findet sich trotz Unentgeltlichkeit keine Beschränkung. 77

⇨ Haftungsmaßstab: Lit. nimmt Beschränkung auf grobe Fahrlässigkeit an

In der Literatur wird daraus geschlossen, dass die Haftung bei Gefälligkeitsverhältnissen auf grobe Fahrlässigkeit zu beschränken sei, soweit kein auftragsähnliches Treuhandverhältnis bestehe.[71] A maiore ad minus wird der Schluss gezogen, wenn schon der mit Rechtsbindungswillen aufgrund Gefälligkeitsvertrag Handelnde haftungsprivilegiert sei, dann müsse das erst recht für den ohne Rechtsbindungswillen Handelnden gelten.

Das zeigt sich z.B. in folgendem Fall:

Bsp.:[72] *A lässt zu, dass sein Nachbar N seinen Pkw auf seinem Grundstück unterstellt. Der Pkw wird dort durch A beschädigt.*

Da es an einem Verwahrungsvertrag fehlt - der Rechtsbindungswille hinsichtlich einer Verpflichtung zur Aufbewahrung (vgl. § 688 BGB) ist nicht gegeben -, kommt nach der h.M. nur ein Anspruch aus Delikt in Betracht.

Lit.: a maiore ad minus

I.R.d. Verschuldens stellt sich dann die Frage, ob § 690 BGB analog Anwendung findet. Die Literatur bejaht dies, denn A kann nicht schlechter stehen als derjenige, der zusätzlich die Verwahrung übernommen hat.

Rspr.: kein allg. Grundsatz der Haftungsbeschränkung

Die Rechtsprechung hingegen lehnt eine analoge Anwendung der Haftungsprivilegierung aus den Gefälligkeitsverträgen ab. Hierfür spricht, dass dem Gesetz gerade kein allgemeiner Grundsatz der Haftungsbeschränkung bei unentgeltlichen Verträgen zugrunde liegt. Im Übrigen ist es wenig überzeugend, demjenigen, der keine vertragliche Verpflichtung eingehen wollte, die Privilegien des Vertrages zu gewähren.

Sound: „Keine Rechte ohne Pflichten!"

Der bloß Gefällige haftet demnach auch für leichte Fahrlässigkeit. 78

⇨ aber: stillschw. Haftungsausschluss

Um etwaige Unbilligkeiten zu vermeiden, wurde allerdings von der Rechtsprechung gerade in neuerer Zeit mehrfach die stillschweigende Vereinbarung eines Haftungsausschlusses oder einer Haftungsbeschränkung bzw. ein haftungsbeschränkendes Handeln auf eigene Gefahr (§ 254 BGB) angenommen.[73]

71 Vgl. Medicus/Petersen, BR, Rn. 369.

72 Dazu auch Hemmer/Wüst, Schadensersatzrecht III, Rn. 17 – 24.

73 Vgl. Willoweit, JuS 1986, 96.

Der BGH hat aber regelmäßig nur in den Fällen einen Haftungsausschluss angenommen, in denen dem Schädiger der Versicherungsschutz fehlte. Andernfalls würde der Haftungsausschluss der Versicherung zugutekommen, was von den Parteien aber nicht gewollt sei.

§ 603 S. 2 BGB analog

Der BGH hat im Rahmen einer Gebrauchsüberlassung aus Gefälligkeit auch eine analoge Anwendung des § 603 S. 2 BGB für die Beschädigung des überlassenen Gegenstandes durch einen Dritten, an den der Gegenstand vom Begünstigten ohne Wissen des Gefälligen weitergegeben worden ist, abgelehnt.[74] Bei der Leihe haftet der Entleiher auch für zufällig eintretende Schäden, da sich sein Verschulden nur auf das eigene vertragswidrige Verhalten beziehen muss, das heißt die Weitergabe der Sache an den Dritten.

Haftungsbeschränkung bei Gefälligkeiten des täglichen Lebens für §§ 823 ff.?

e.A.: in **Gesamtanalogie zu §§ 521, 599, 690:** generell Beschränkung auf Vorsatz und grobe Fahrlässigkeit wegen **Unentgeltlichkeit**
a.A.: **volle Haftung**

h.M.: Gesetz sieht für **Auftrag** trotz Unentgeltlichkeit keine Haftungsbeschränkung vor;
daher: darauf abstellen, **welcher (auch ähnliche) Vertragstyp** *vorläge*, wenn RBWille gegeben *wäre*. z.B.:
wenn verwahrungsähnlich: § 690 analog; wenn auftragsähnlich, keine Haftungsbeschränkung!

anderer Ansatzpunkt:
billige Ergebnisse durch **konkl. Haftungsausschluss** (v.a., wenn Schädiger Versicherungsschutz fehlt)

Bsp.:[75] *B hatte sich auf Bitten der Burschenschaft W bereit erklärt, mit einem Traktor samt Anhänger unentgeltlich den Hin- und Rücktransport der Burschen zu einer Maifeier in H zu übernehmen, damit diese auf dem Anhänger Alkohol trinken können.*

Als sich B mit dem landwirtschaftlichen Gespann auf der Rückfahrt von der Maifeier befand, kippte der Anhänger in einer Rechtskurve nach links um. Dabei wurden die auf dem Hänger befindlichen Personen – unter anderem auch K – verletzt.

Laut Sachverständigengutachten wurde das Umkippen des Anhängers durch leicht überhöhte Geschwindigkeit des Gespanns verursacht.

In diesem Fall hat der BGH trotz des bestehenden Versicherungsschutzes eine konkludente Haftungsbeschränkung bejaht.

Die Besonderheit war in diesem Fall, dass sich dort der Unfall, durch den eine Person verletzt worden ist, nicht bei einer normalen Teilnahme am Straßenverkehr ereignet hat, sondern bei einer nach § 21 II S. 2 StVO an sich verbotenen Personenbeförderung auf einem Anhänger.

Da dem Fahrer dies bekannt war, hat er insoweit vorsätzlich gegen das Verbot des § 21 II S. 2 StVO verstoßen, was möglicherweise Regressansprüche des Versicherers auslösen könnte, so dass letztlich eine persönliche Inanspruchnahme des Fahrers nicht von vornherein ausgeschlossen war.

74 BGH, Life&Law 2010, Heft 12, 791 ff. (mit ausführlicher Lösung) = NJW 2010, 3087 ff. = jurisbyhemmer.

75 Vgl. BGH Life&Law 2006, 443 ff. = NJW 2006, 1004 f. = jurisbyhemmer.

Vor diesem Hintergrund kann auch bei Bestehen einer Haftpflichtversicherung ein Haftungsausschluss angenommen werden.

Beachten Sie aber unbedingt, dass sich ein Haftungsausschluss trotz grds. bestehendem Haftpflichtschutz für den verletzten K nur aufgrund der Besonderheiten des Einzelfalles begründen lässt!

Relativ großzügig ist die Rechtsprechung aber dann, wenn dem Schädiger der Versicherungsschutz fehlt.[76]

Lottofall

Bsp.:[77] *Der BGH hatte den Fall einer Lottogemeinschaft zu entscheiden, bei der einem Mitspieler das Ausfüllen und Abgeben des Tippscheins übertragen worden war. Auf die verabredeten Zahlen entfiel ein hoher Gewinn. Unglücklicherweise hatte der beauftragte Spieler jedoch ausgerechnet an diesem Termin die Abgabe des Tippscheins „verschwitzt".* 79

Hier verneinte der BGH das Vorliegen eines unentgeltlichen Gefälligkeitsvertrages mit der Begründung, dass eine entsprechende Vertragsbindung den beauftragten Mitspieler erheblich belasten würde, ohne dass dies durch dringende Interessen des anderen Teils erfordert werde. Das hohe Haftungsrisiko würde niemand vertraglich übernehmen, wenn er es vorher bedacht oder erörtert hätte.

Entgegen der Auffassung des BGH führt hier die Annahme eines Gesellschaftsvertrages zu sachgerechteren Ergebnissen und lässt sich überzeugender begründen. Art und Dauer der Vereinbarung, der von den Mitspielern getätigte regelmäßige Spieleinsatz, die hieraus resultierende Förderung des gemeinsamen Zwecks sowie der dauerhafte Zusammenschluss lassen auf einen entsprechenden Rechtsbindungswillen der Beteiligten schließen. Anspruchsgrundlage für einen Schadensersatzanspruch gegen den Mitspieler ist dann die Pflichtverletzung des Gesellschaftsvertrages, § 280 I BGB. In dem Versäumen der Abgabe des Tippscheins liegt eine sorgfaltspflichtwidrige Schlechtleistung, die grob fahrlässig und darum trotz des Haftungsprivilegs des § 708 BGB schuldhaft (§ 276 I BGB) war.

Jedoch wird man angesichts des existenzbedrohenden Risikos für den beauftragten Mitspieler einen stillschweigenden Haftungsausschluss annehmen müssen. Kein Spieler hätte, wenn das Risiko bedacht worden wäre, ein solches übernehmen wollen. Dieser Haftungsausschluss muss hier ausnahmsweise auch für grobe Fahrlässigkeit gelten.

hemmer-Methode: Der Ausgangspunkt des BGH reduziert den Fall auf ein Problem des Rechtsbindungswillens. Dies entspricht auch dem Grundsatz der Rechtsprechung „möglichst schnell vom Tisch". Denken Sie an die Menge der Entscheidungen, die ein Richter Jahr für Jahr zu fällen hat. Der Student hat aber einen ganz anderen Ausgangspunkt bei der Falllösung. Für ihn gilt: „Probleme schaffen, nicht wegschaffen", das Prinzip der Retardation, d.h. der Verzögerung des Gedankenablaufs. Schon Aesop und Herodot – die die Unerbittlichkeit des juristischen Staatsexamens noch nicht erahnen konnten - dachten klausurtaktisch: Et respice finem - achten Sie darauf, wie der Fall weitergeht, insbesondere auf die möglichen Folgeprobleme.
Nur bei Annahme einer BGB-Gesellschaft „geht der Fall weiter"! Andernfalls können Sie Folgeprobleme, wie den Haftungsmaßstab in der BGB-Gesellschaft gem. § 708 BGB und den konkludenten Haftungsausschluss, nicht ansprechen. Nur dann ist der Fall vielschichtig im Sinne einer Examensarbeit und ermöglicht eine Notendifferenzierung von 0 - 18 Punkten.

z.B. Leihfahrerfall

Bsp.:[78] *Im Transportgeschäft des G ist ein Fahrer ausgefallen. Er bittet daher den T, ihm bei einem dringenden Transport mit der Überlassung eines Fahrers zu helfen. T schickt den F, den er erst seit wenigen Wochen beschäftigt und der noch nie selbstverantwortlich einen LKW gefahren hat. Durch die Unerfahrenheit des F bleibt der LKW des G liegen und muss abgeschleppt werden. G verlangt von T Schadensersatz.* 80

Zu Recht?

76 AG Kaufbeuren in Life&Law 2002, 368 = NJW-RR 2002, 382; BGH VersR, 1980, 384 ff. = **juris**byhemmer.

77 BGH, NJW 1974, 1705 = **juris**byhemmer.

78 BGHZ 21, 102 = **juris**byhemmer; vgl. auch Medicus/Petersen, BR, Rn. 365 ff.

1. Ein Schadensersatzanspruch kann hier nicht darauf gestützt werden, dass der F als Erfüllungsgehilfe (§ 278 BGB) des T eine diesem obliegende Pflicht, nämlich das Führen des LKW, schuldhaft verletzt habe. Denn T schuldete dem G nicht den Transport als solchen; insoweit ist F nicht sein Erfüllungsgehilfe. Eine Haftung unter dem Gesichtspunkt einer Nichterfüllung des Transportvertrages i.V.m. § 278 BGB scheidet daher aus.

2. T könnte dem G aber haften, weil er den F schlecht ausgesucht hat. In Betracht käme ein Schadensersatzanspruch unter dem Gesichtspunkt einer Pflichtverletzung nach §§ 280 I, 662 BGB im Rahmen eines Dienstverschaffungsvertrages.

Hierzu müsste zwischen G und T ein Vertrag über die Überlassung eines zuverlässigen Fahrers zustande gekommen sein. Angesichts der *Unentgeltlichkeit* der zwischen G und T getroffenen Vereinbarung könnte es am *Rechtsbindungswillen* des T fehlen. Ein ausdrücklicher Wille der Beteiligten lässt sich nicht ermitteln. Insbesondere schließt die bloße Unentgeltlichkeit keineswegs aus, dass T mit Rechtsbindungswillen gehandelt hat.

Vielmehr sind i.R.d. Ermittlung eines Rechtsbindungswillens die von der Rechtsprechung entwickelten Indizien heranzuziehen. Maßgeblich ist hier der hohe Wert des zu steuernden Lastwagens und die Gefahr, in die G angesichts der Wichtigkeit des Transports durch die Überlassung eines ungeübten Fahrers geraten konnte. Ein Rechtsbindungswille des T wird daher vermutet.

T hat die ihm obliegende Sorgfaltspflicht, den „verliehenen“ Fahrer gewissenhaft auszuwählen, schuldhaft verletzt. Die Pflichtverletzung steht auch in ursächlichem Zusammenhang mit dem Schaden des G.

T haftet daher dem G aus § 280 I BGB des Dienstverschaffungsvertrages auf Schadensersatz.

Daneben haftet T deliktisch aus § 831 I S. 1 BGB. Mangels sorgfältiger Auswahl kann er sich nicht nach § 831 I S. 2 BGB exkulpieren.

b) Erteilung von Auskünften und Ratschlägen

i.d.R. kein Rechtsbindungswille

Der Konflikt zwischen dem Vertrauen des Erklärungsempfängers und der nicht gewollten Haftung des Erklärenden stellt sich ebenso in den Fällen, in denen ***Ratschläge und Auskünfte*** erteilt werden. Hier spielt die gesetzliche Wertung des *§ 675 II* BGB eine Rolle: Wer einem anderen einen Rat oder eine Empfehlung erteilt, haftet grundsätzlich nur aus Delikt (vor allem bei wissentlich falschem Rat oder unrichtiger Auskunftserteilung ist an eine Haftung aus § 826 BGB zu denken). 81

hemmer-Methode: Lesen Sie die anzuwendenden Vorschriften immer genau. § 675 II BGB hat rein deklaratorischen Charakter und schließt eine vertragliche Haftung, falls tatsächlich ein Auskunftsvertrag zustande gekommen ist, nicht aus. Dies zeigt das Wort „unbeschadet“.

aber: spezielles Beratungs- oder Auskunftsverhältnis

Klausurrelevant ist die Haftung aus einem speziellen *Beratungs- oder Auskunftsverhältnis*. Ein solches Vertragsverhältnis beinhaltet in der Regel die Verpflichtung zur gewissenhaften Erteilung einer Auskunft als Haupt- oder Nebenleistungspflicht; dabei muss der Rechtsbindungswille der Beteiligten die Eingehung einer derartigen Verpflichtung umfassen.

Doch lässt die Rechtsprechung auch eine dauernde Geschäftsbeziehung für die Annahme eines derartigen Auskunftsverhältnisses genügen, selbst wenn sie sich in ihrem vertraglichen Bereich nicht direkt auf die Auskunftserteilung bezieht, sondern nur ein Zusammenhang zwischen der Geschäftsbeziehung und der konkreten Auskunft besteht.

Auskunft als Haupt- o. Nebenleistungspflicht

Unproblematisch sind die Fälle eines ausdrücklichen Beratungs- oder Auskunftsvertrages.

Die Rechtsprechung nimmt jedoch häufig einen konkludenten Vertragsschluss an, indem sie dem bloßen objektiven Inhalt der Vereinbarungen der Beteiligten einen auf Beratungs- oder Auskunftsvertrag gerichteten rechtsgeschäftlichen Willen entnimmt.[79]

konkludenter Vertragsschluss, wenn Auskunft erkennbar bedeutend ist

Ein konkludenter Vertragsschluss ist nach der Rechtsprechung insbesondere anzunehmen, wenn die Auskunft für den Empfänger erkennbar von Bedeutung ist und er sie zur Grundlage wesentlicher Entschlüsse machen will (wirtschaftliches Interesse!). Dies soll selbst für den Fall gelten, dass eine Partei eine rechtsgeschäftliche Bindung ausdrücklich ablehnt: Der Beratende haftet wiederum nicht, wo er will, sondern wo er soll. Der Maßstab zur Feststellung des Rechtsbindungswillens wird hierdurch noch weiter objektiviert[80] und die Annahme eines Rechtsbindungswillens letztlich zur *Wertungsfrage*. 82

Für das Zustandekommen eines Auskunftsvertrages kann es schon genügen, wenn der Anleger einer Anlagevermittlung um einen Beratungstermin bittet und der Anlagevermittler dann Angaben zu der fraglichen Anlage macht.[81]

aber nicht, wenn Erklärender mit Haftung nicht zu rechnen braucht

Nicht schutzwürdig wird das Vertrauen des Erklärungsempfängers dann sein, wenn es nach den Umständen des Einzelfalles auf der Hand liegt, dass der Erklärende mit einer Haftung nicht zu rechnen brauchte. Wird beispielsweise ein Rechtsanwalt während der Freizeit im Sportverein um bestimmte Ratschläge gebeten, so kommt eine vertragliche Haftung i.d.R. nicht in Betracht, sofern der Ratsuchende nicht Klient des Anwalts ist. 83

Bei einem Mandanten kann die Erteilung einer richtigen Auskunft hingegen Gegenstand einer vertraglichen Nebenpflicht i.R.d. **§§ 675 I, 611 BGB (Geschäftsbesorgungsvertrag)** sein und entsprechende Ersatzpflichten unter dem Gesichtspunkt der Verletzung vertraglicher Nebenpflichten auslösen.

hemmer-Methode: Zum Geschäftsbesorgungsvertrag lesen Sie HEMMER/WÜST, Schuldrecht BT II, Rn. 315 ff.

Anders ist zu werten, wenn eine Bank einen Interessenten zwar unentgeltlich über bestimmte Vermögensanlagen informiert, dieser aber deutlich zu erkennen gibt, dass er die besonderen Kenntnisse und Verbindungen der Bank in Anspruch nehmen will und auf die Richtigkeit der Auskünfte vertraut.

Hier nimmt die Bank mit der Aufnahme der Beratung konkludent ein Angebot auf Abschluss eines Beratungs- und Auskunftsvertrages an.[82] Derartige Anlageberatungen unterliegen demnach einer vertraglichen Haftung.

ggfs. Schadensersatzanspruch aus einer Pflichtverletzung des Auskunftsvertrages (§ 280 I BGB) möglich

Anspruchsgrundlage ist in einem solchen Fall § 280 I BGB des Auskunftsvertrages. § 675 II BGB steht dem nicht entgegen, da ein auf einen Vertrag gerichteter Rechtsbindungswille besteht.[83] Zunächst ist daher das Vorliegen des Vertrages zu prüfen.

79 BGH, NJW 1986, 180 = **juris**byhemmer; Palandt, § 675, Rn. 29 f.

80 Vgl. Medicus/Petersen, BR, Rn. 371.

81 Vgl. dazu BGH NJW-RR 2004, 1120 ff.

82 Palandt, § 675, Rn. 29 f.

83 Vgl. auch Palandt, § 675, Rn. 28.

Ein konkludenter Vertragsschluss ist zu bejahen, wenn die Auskunft für den Ratsuchenden von erheblicher Bedeutung und Grundlage wesentlicher Entscheidungen ist. Die Erteilung der Falschauskunft stellt dann die Pflichtverletzung dar, die von der Bank zu vertreten[84] ist und für den Schaden ursächlich sein muss.

hemmer-Methode: Die Bank als solche kann natürlich nicht handeln, die Auskunft wird im Fall entweder vom Filialleiter oder einem Bankangestellten erteilt. Dann müssen Sie deren Handeln/Pflichtverletzung und Verschulden i.R.v. § 280 BGB zurechnen. Handelt der Filialleiter, so kommt wegen seiner zumindest organähnlichen Stellung § 31 BGB (analog) zur Anwendung. Ansonsten erfolgt die Zurechnung über § 278 BGB. Ein Problem mehr im Examen ist der vereinbarte Haftungsausschluss. Während beim Organ wegen § 276 III BGB kein Ausschluss für Vorsatz möglich ist (Organhandeln ist eigenes Handeln der juristischen Person), gilt für den Erfüllungsgehilfen § 278 S. 2 BGB.

c) Erklärungen über Anerkennung einer Schuld

§§ 780, 781 BGB

In Anbetracht der schuldrechtlichen Typenfreiheit können sich die Parteien frei über das *Bestehen oder Nichtbestehen einer Schuld* erklären. Sie können neben bereits bestehenden Schuldverhältnissen neue Schuldgründe schaffen (abstraktes Schuldversprechen, § 780 BGB), sie können eine bereits bestehende Schuld aber auch nur anerkennen. 84

Dabei kann die Anerkennung einer Schuld verschiedenen Inhalt haben:

- ⇨ Sie kann schuldbegründend wirken (konstitutives Schuldanerkenntnis, §§ 780, 781 BGB),
- ⇨ feststellend (deklaratorisches Schuldanerkenntnis) sein
- ⇨ oder lediglich der Beweiserleichterung dienen.

Bei derartigen Feststellungsverträgen muss im Wege der Auslegung ermittelt werden, ob überhaupt eine rechtliche Bindung vorliegt (Frage des Rechtsbindungswillens!). Wird dies bejaht, stellt sich die Frage nach dem Umfang der Bindung.

hemmer-Methode: Sie können beim konstitutiven Schuldanerkenntnis (-versprechen) die §§ 780, 781 BGB immer zusammen zitieren, da der Unterschied zwischen beiden Normen rein sprachlicher Natur ist.

aa) Erklärungen von Unfallbeteiligten

Erklärung von Unfallbeteiligten

Probleme bereiten in diesem Zusammenhang insbesondere die Erklärungen von Beteiligten eines Verkehrsunfalls am Unfallort.

Bsp.: *Regierungsdirektor Ebel hat es eilig: Nach einem ausgedehnten Mittagsmahl nebst „Verdauungsschnäpschen“ fürchtet er, zu spät zu einem Termin zu kommen. In seiner Hektik beachtet er auf der Fahrt zum Dienst ein Vorfahrtsschild nicht und prallt mit Bräsig zusammen, der selbst flott unterwegs war.* 85

Weil er es eilig hat, aber auch, weil er in Anbetracht des zu sich genommenen Alkohols keinen gesteigerten Wert auf ein Zusammentreffen mit dem polizeilichen Unfallkommando legt, unterschreibt Ebel ein ihm von Bräsig vorgelegtes Schriftstück, er allein habe durch sein unachtsames Fahren den Unfall verursacht. Später reut es Ebel: Er findet, Bräsig sei zumindest mitschuldig, fühlt sich aber an seine Erklärung gebunden.

---

84 Beachten Sie die Beweislastumkehr in § 280 I S. 2 BGB!

In Betracht kommt hier je nach Reichweite des Rechtsbindungswillens ein abstraktes Schuldanerkenntnis (§§ 780, 781 BGB), ein deklaratorisches Schuldanerkenntnis oder eine bloße Beweislastverbesserung zugunsten des Bräsig.

abstraktes Schuldanerkenntnis ⇨ Begründung neuer Verpfl.

1. Zu prüfen ist zuerst die Annahme eines *abstrakten oder konstitutiven Schuldanerkenntnisses* (§§ 780, 781 BGB).

Hierzu müsste ein sehr weit gehender Rechtsbindungswille des Ebel vorliegen. Denn durch das abstrakte Schuldanerkenntnis wird eine neue Verpflichtung begründet: Der Bräsig könnte eine Klage allein auf die Erklärung des Ebel stützen.

Ein konstitutives Anerkenntnis ist nur unter strengen Voraussetzungen möglich. Eine entsprechende Erklärung könnte beispielsweise wie folgt lauten: „Hiermit übernehme ich unabhängig von meiner bereits bestehenden gesetzlichen Haftung die vertragliche Haftung aus diesem Schuldanerkenntnis."

nur selten anzunehmen, da entsprechender Rechtsbindungswille i.d.R. fehlt

Die strikten Anforderungen an den Rechtsbindungswillen erklären sich durch die Wirkungen des schuldbegründenden (konstitutiven) Anerkenntnisses: Der Gläubiger muss sich bei der Geltendmachung seiner Forderung nur noch auf das Schuldversprechen berufen. Bestreitet der Schuldner den Rechtsgrund des Anerkenntnisses, muss er es kondizieren, vgl. § 812 I S. 1 Alt. 1 i.V.m. § 812 II BGB, der allerdings rein deklaratorische Wirkung hat und keinen Sonderfall der Leistungskondiktion darstellt, und trägt somit die Beweislast für die Rechtsgrundlosigkeit.[85] Damit wird dem Gläubiger die Durchsetzbarkeit seines Anspruchs bedeutend erleichtert.

Zudem lassen Mängel des vertraglichen Grundverhältnisses die Wirksamkeit des Leistungsversprechens grundsätzlich unberührt. In Ausnahmefällen kann der Schuldner (bei diesbezüglichem Rechtsbindungswillen) nicht einmal kondizieren.[86]

Besondere Gefahren bestehen vor allem dann, wenn das Schuldanerkenntnis, was ohne weiteres möglich ist, ohne den Anspruch aus dem zugrunde liegenden Kausalverhältnis abgetreten wird. Dem Dritten können dann wegen der Abstraktheit Einreden aus dem Kausalverhältnis, insbesondere § 821 BGB, nicht entgegengehalten werden. Auch unterliegt das abstrakte Schuldanerkenntnis unabhängig von der Verjährungsfrist des Kausalverhältnisses der regulären dreijährigen Verjährungsfrist (§ 195 BGB). Ein konstitutives Schuldanerkenntnis wird daher nur selten zu bejahen sein: Insbesondere bei Erklärungen an der Unfallstelle ist ein derart weitreichender Rechtsbindungswille der Parteien regelmäßig *nicht* anzunehmen.

hemmer-Methode: Wenn das konstitutive Schuldanerkenntnis vom Grundgeschäft (zugrunde liegender Forderung) isoliert abgetreten wird, verdoppelt sich die Gläubigerstellung. Es helfen aber §§ 404 ff. BGB.

ggfs. aber deklaratorisches Schuldanerkenntnis gegeben ⇨ kein neuer Schuldgrund

2. Bei der Erklärung des Ebel könnte es sich aber auch um ein so genanntes *deklaratorisches Schuldanerkenntnis* handeln. Dieses begründet zwar im Gegensatz zu einem konstitutiven Anerkenntnis keine neue Verbindlichkeit.

Der Schuldner verpflichtet sich aber, auf alle ihm zum Zeitpunkt der Erklärung bekannten Einreden und Einwendungen zu verzichten, indem er den Anspruchsgrund bestätigt.[87]

Durch das Anerkenntnis soll das Schuldverhältnis insgesamt oder zumindest in einzelnen Teilbereichen dem Streit oder der Ungewissheit entzogen werden.

---

85 Vgl. Jauernig, § 781 Anm. 2 d cc.

86 Vgl. Palandt, § 780, Rn. 13.

87 Also letztlich eine „Verpflichtung zum Verzicht"; Palandt, § 781, Rn. 3.

hemmer-Methode: Die Behauptung, das abstrakte Schuldanerkenntnis sei gefährlicher als das deklaratorische, ist dabei keinesfalls immer zutreffend. Das deklaratorische Schuldanerkenntnis kann durchaus weitreichende Folgen haben; v.a. kann es die Verteidigung im Prozess wesentlich beschneiden. Im Gegensatz zum abstrakten Schuldanerkenntnis ist das deklaratorische Anerkenntnis nicht kondizierbar, so dass der Erklärende es nicht wieder aus der Welt schaffen kann.

⇨ insbes. bzgl. Einwand des Mitverschuldens wichtig

Von Bedeutung kann ein deklaratorisches Schuldanerkenntnis insbesondere bei der Prüfung der Haftungsnorm des § 7 I S. 1 StVG sein, indem dem Unfallbeteiligten der mögliche Einwand des Mitverschuldens nach § 17 StVG abgeschnitten wird. Der Anspruch wird somit unter Beibehaltung des Anspruchsgrundes (§ 7 I StVG) in tatsächlicher Hinsicht wesentlich verstärkt, weil die Fälle der höheren Gewalt (§ 7 II StVG) praktisch betrachtet eher selten sein dürften.

Ob und inwieweit ein Unfallbeteiligter durch ein deklaratorisches Anerkenntnis auf mögliche Einreden oder Einwendungen verzichtet hat, hängt wiederum von einer Auslegung seines Rechtsbindungswillens ab. Hierbei müssen die Interessenlage der Beteiligten, der erkennbare Zweck der Vereinbarung sowie die allgemeine Verkehrsauffassung über die Bedeutung eines entsprechenden Anerkenntnisses gegeneinander abgewogen werden. Der BGH hat mehrfach betont, dass es keine generelle Vermutung zugunsten eines Schuldanerkenntnisses gibt.[88]

Es bedarf vielmehr eines besonderen Anlasses für den Vertrag, beispielsweise eines vorangegangenen Streits oder die Ungewissheit über das Bestehen der Schuld. Insbesondere **bei nicht hinreichend überlegten Erklärungen an der Unfallstelle** dürfte die Annahme eines entsprechenden **Rechtsbindungswillens regelmäßig zu verneinen** sein.[89]

hemmer-Methode: Dies ist der Grundsatz bei den Spontanerklärungen am Unfallort. Es kann im Einzelfall aber auch mal anders sein. Formulierungen wie z.B. „Erklärungen am Unfallort sind Tatsachenanerkenntnisse" sind ganz schwacher juristischer Stil, weil der Verfasser damit zu erkennen gibt, dass er nur Gelerntes wiedergeben, aber nicht den konkreten Fall lösen kann. Solche Arbeiten kommen meist über ein „ausreichend" nicht hinaus. Die Standardkritik in solchen Fällen lautet dann: *„Zu wissenschaftlich"* oder *„Schreiben Sie doch kein Lehrbuch!"*.

e.A.:
Beweislastumkehr
a.A.:
Indizwirkung f. Beweiswürdigung (§ 286 ZPO)

Vielmehr soll die Erklärung, an einem Unfall alleinschuldig zu sein, nach der Rechtsprechung regelmäßig *keinen rechtsgeschäftlichen Charakter,* sondern lediglich eine *Beweislastverbesserung* zur Folge haben. Die Reichweite dieser Beweislastverbesserung (bloße Wissenserklärung) ist umstritten: Teilweise wird eine Beweislastumkehr[90], teilweise eine bloße Indizwirkung bei der freien Beweiswürdigung nach § 286 ZPO[91] befürwortet. Im letzteren Fall kann sich derjenige, der im Widerspruch zu seinem ursprünglichen Verhalten nunmehr seine Schadensersatzpflicht leugnet, mit bloßem Bestreiten begnügen. Dies ist jedoch insofern unbillig, als der andere Teil im Vertrauen auf die Erklärung regelmäßig auf eine Beweissicherung verzichtet haben wird.

Dementsprechend muss der Schuldner auch für den von ihm erzeugten Rechtsschein einstehen und eine Beweislastumkehr hinnehmen.

Jedenfalls braucht der Erklärungsempfänger die anspruchsbegründenden Tatsachen, die er ansonsten zur Durchsetzung seines Anspruches beweisen müsste, nunmehr nur dann zu beweisen, wenn dem Schuldner der Nachweis der Unrichtigkeit gelingt.[92]

---

88 Vgl. BGH, NJW 1982, 996 = **juris**byhemmer; NJW 1984, 799 = **juris**byhemmer.

89 Vgl. Palandt, § 781, Rn. 9.

90 Vgl. Lindacher, JuS 1973, 39, 81; BGH, WM 1974, 410, 411 = **juris**byhemmer.

91 Larenz, SchuldR II, § 65 II; RGRK § 781, Rn. 18.

92 BGH, NJW 1984, 799 = **juris**byhemmer.

hemmer-Methode: Das Schuldanerkenntnis am Unfallort geistert durch sämtliche Justizprüfungsämter. Wichtig ist die richtige Einordnung. Lernen Sie frühzeitig examenstypisch. Erklärt z.B. der Fahrer eines Pkws, der für eine KG unterwegs ist, ein „Schuldanerkenntnis" sowohl für sich als auch für die KG als Halter, so stellt sich zusätzlich das Problem der Vertretungsmacht für die KG. Fehlt es an dieser, denken Sie in diesem Zusammenhang auch an § 139 BGB.

in jedem Fall aber Beweislastverbesserung

Die genannten Prüfungspunkte werden nicht nur bei der Prüfung unüberlegter Erklärungen von Unfallbeteiligten relevant. Vielmehr sind sie immer dann wichtig, wenn die Möglichkeit besteht, dass dem Erklärenden die Berufung auf Einwendungen, Einreden oder Haftungserleichterungen durch ein Anerkenntnis verschlossen sein könnte; vgl. z.B. § 832 I S. 2 BGB: Auch wenn die Eltern eine Eigentumsverletzung durch ihr minderjähriges Kind anerkannt haben, werden sie regelmäßig nicht auf den Einwand verzichten wollen, dass sie ihrer Aufsichtspflicht genügt haben oder dass die Eigentumsverletzung auch bei gehöriger Aufsichtsführung entstanden wäre. Auch hier wird i.d.R. nur eine Beweislastverbesserung greifen.

Ermittlung nach §§ 133, 157: Rechtsbindungswille des Erklärenden?

Konstitut. Schuldanerkenntn.? §§ 780, 781 (AGL!)	Deklarat. Schuldanerkenntn.?
i.d.R. (-): grds. fehlt Wille, eine neue Schuld zu begründen	Verzicht auf bestehende (evtl. künftige) Einwendungen / Einreden (z.B. § 7 II StVG): I.d.R. RBWille auch insoweit (-). Anders nach vorherigem Streit!

i.d.R. bloße **Wissenserklärung** ohne rechtsgeschäftlichen Charakter !
Wirkung: Beweislastverbesserung für Empfänger; str., ob Beweislastumkehr oder nur Indizwirkung (h.M.) i.R.d. § 286 ZPO

bb) Drittschuldnererklärung

ähnlich: Drittschuldnererkl. (§ 840 ZPO)

Eine den genannten Problemkreisen vergleichbare Problematik stellt sich bei der gem. § 840 I S. 1 ZPO zu erteilenden Drittschuldnererklärung im Zwangsvollstreckungsrecht. 86

hemmer-Methode: Allgemeines zur Zwangsvollstreckung:[93] Sie dient der zwangsweisen Durchsetzung von titulierten Leistungsansprüchen (Urteilen und den in § 794 ZPO genannten Vollstreckungstiteln) mit Hilfe staatlicher Zwangsvollstreckungsmaßnahmen. Zu unterscheiden ist zwischen der Zwangsvollstreckung zur Erwirkung der Herausgabe von Sachen (*§§ 883 ff. ZPO*) oder zur Erwirkung von Handlungen, Duldungen und Unterlassungen (*§§ 887 ff. ZPO; wichtigster Fall: Verpflichtung zur Abgabe einer Willenserklärung, § 894 ZPO*) sowie der Zwangsvollstreckung wegen Geldforderungen (*§§ 803 ff. ZPO*).
Der Gläubiger, der einen Titel auf Zahlung einer Geldforderung gegen seinen Schuldner hat, kann auf verschiedene Weise vorgehen. Er kann in die beweglichen Sachen vollstrecken, die sich im Gewahrsam des Schuldners befinden (§§ 808 ff. ZPO). Er kann sich aber auch, soweit vorhanden, an dessen unbewegliches Vermögen halten (*§§ 864 ff. ZPO i.V.m. dem Zwangsversteigerungsgesetz*).
Und schließlich besteht die Möglichkeit, dass der Gläubiger in Forderungen und sonstige Vermögensrechte vollstreckt, die dem Zwangsvollstreckungsschuldner gegen eine andere Person (Drittschuldner) zustehen (§§ 828 ff. ZPO). In diesem Fall wird der Gläubiger ein besonderes Interesse an der Frage haben, welche Erfolgsaussicht eine Klage gegen den Drittschuldner hätte. Er wird keine Forderung pfänden wollen, die mit Vorpfändungen oder Einwendungen belastet ist.

93 Im Rahmen dieses Skripts kann die Zwangsvollstreckung nur in ihren Grundzügen Darstellung finden. Vertiefen Sie diesen examenswichtigen Bereich deshalb anhand Ihres Skripts Hemmer/Wüst, ZPO II.

Wenn der Gläubiger gem. §§ 828 ff. ZPO wegen einer Geldforderung in eine Forderung vollstreckt, die dem Vollstreckungsschuldner gegen den Drittschuldner angeblich zustehen soll, wird er wissen wollen, welche Erfolgsaussicht eine Klage gegen den Drittschuldner hätte.

Aus diesem Grund verpflichtet *§ 840 I ZPO* den Drittschuldner zur Erklärung an den Gläubiger, ob und inwieweit er die Forderung des Schuldners als begründet ansehe und zur Zahlung bereit sei, ob andere Personen Ansprüche auf die Forderung geltend machen und ob diese bereits für andere Gläubiger gepfändet sei.

Die Pflicht zur Erklärung ist in § 840 II S. 2 ZPO mit Schadensersatz bewehrt.

strittig, ob dekl. o. konst. Schuldanerkenntnis

Im Hinblick auf die nach § 840 I Nr. 1 ZPO abzugebende Erklärung, ob der Schuldner die Forderung als begründet anerkenne, ist streitig, ob diese Erklärung als ein abstraktes (konstitutives) oder deklaratorisches Schuldanerkenntnis angesehen werden kann. Für die Annahme eines abstrakten Schuldanerkenntnisses dürfte es in jedem Fall am erforderlichen Rechtsbindungswillen des Drittschuldners fehlen. 87

Dies ergibt sich aus seiner Interessenlage: Der Drittschuldner will mit seiner Erklärung nur der Verpflichtung gem. § 840 I ZPO nachkommen. Keinesfalls will er eine neue Verpflichtung gegenüber dem Pfändungsgläubiger begründen.

i.d.R. dekl. Schuldanerkenntnis oder bloße Wissenserklärung

Ihm dürfte regelmäßig aber auch der Rechtsbindungswille zur Annahme eines deklaratorischen Schuldanerkenntnisses fehlen. Denn die Drittschuldnererklärung soll nicht eine Streitigkeit über das Bestehen der Schuld beenden. Vielmehr verfolgt § 840 I ZPO lediglich den Zweck, dem Gläubiger Klarheit über die Erfolgsaussichten einer Pfändung zu verschaffen.

Deshalb ist mit der h.M. davon auszugehen, dass die Drittschuldnererklärung lediglich eine bloße *Wissenserklärung*, d.h. eine Auskunft, nicht aber eine Willenserklärung darstellt.[94] Hierfür spricht auch die Sanktionierung der Auskunftsverweigerung gem. § 840 II S. 2 ZPO. Die Drittschuldnererklärung führt somit lediglich zu einer Umkehr der Beweislast.[95]

hemmer-Methode: Die Drittschuldnererklärung ist zwar kein Schuldanerkenntnis, sondern nur Wissenserklärung, jedoch genügt für § 212 I Nr. 1 BGB ein tatsächlicher Vorgang, aus dem sich eindeutig das Bewusstsein vom Bestehen der Forderung ergibt. Das gilt auch dann, wenn diese Wissensbezeugung aufgrund einer Auskunftspflicht abgegeben wird.[96]
Verbinden von BGB-AT mit anderen Rechtsgebieten. Auch im Zwangsvollstreckungsrecht müssen Sie BGB-AT-Fragen parat haben. Dem BGB-AT kommt insbesondere die Bedeutung zu, generelle Probleme vor die Klammer zu ziehen. Das isolierte Lernen des BGB-AT hilft - wenn überhaupt - nur für den kleinen Schein.

cc) Erteilung einer Ausgleichsquittung

Spezialproblem: Ausgleichsquittung

Im Arbeitsrecht spielt das Schuldanerkenntnis insbesondere i.R.d. Erteilung einer so genannten Ausgleichsquittung nach Beendigung des Arbeitsverhältnisses eine Rolle.[97] 88

94 Palandt, § 781, Rn. 10.

95 Vgl. BGH, 69, 328.

96 BGH, NJW 1975, 1409 = jurisbyhemmer; RGZ 113, 234 [238 f.] = jurisbyhemmer; BGH, NJW 1978, 1914 f. = jurisbyhemmer.

97 Vgl. dazu ausführlich Hemmer/Wüst, Arbeitsrecht Rn. 612 ff.

Hierunter ist die Erklärung des Arbeitnehmers zu verstehen, dass er auf Ansprüche aus dem Arbeitsverhältnis gegen den Arbeitgeber verzichtet.

maßgebl. ist Reichweite d. Rechtsbindungswillens

In einer derartigen Ausgleichsquittung kann ein Vergleich (§ 779 BGB), ein Erlassvertrag (§ 397 I BGB) oder ein negatives - abstraktes oder deklaratorisches - Schuldanerkenntnis (§ 397 II BGB) liegen.

Ein Schuldanerkenntnis ist insbesondere anzunehmen, wenn die Parteien davon ausgehen, dass keine Forderung mehr besteht oder etwa noch bestehende Ansprüche zum Erlöschen gebracht werden sollen.[98]

Hinsichtlich der Frage, ob und in welchem Umfang ein derartiges negatives Anerkenntnis rechtsgestaltende Wirkungen haben kann, ist wiederum danach auszulegen, wie weit der Rechtsbindungswille des Erklärenden geht.

In Hinblick auf den Umfang bezieht sich die Ausgleichsquittung regelmäßig nicht auf Ansprüche auf Lohnfortzahlung, Ruhegehalt oder Zeugnisse, da diese erst nach Beendigung des Arbeitsverhältnisses fällig werden.[99]

Ein weitergehender Verzicht kommt nach dem BAG zudem nur in Betracht, wenn sich aus den Umständen ergibt, dass der Arbeitnehmer die vollumfängliche Bedeutung seiner Unterschrift erkannt hat und ein dementsprechender Rechtsbindungswille feststellbar ist.

BAG: Verzicht auf Kündigungsschutz nur nach Kündigung mögl.

Einen Sonderfall bildet der Verzicht auf Kündigungsschutz. Nach h.M. ist er erst nach der Kündigung zulässig.[100]

Erteilt der Arbeitnehmer eine Ausgleichsquittung erst nach Erhebung einer Kündigungsschutzklage, erstreckt sich sein Rechtsbindungswille regelmäßig nicht auf das Versprechen, die Klage zurückzunehmen. Der Verzichtswille muss aus der Urkunde eindeutig hervorgehen. Nach der jetzigen BAG-Rechtsprechung wird auch vor einer Klageerhebung das Recht, Kündigungsschutzklage zu erheben, durch die Quittung jeweils nur dann ausgeschlossen, wenn eindeutig hierauf Bezug genommen wird.[101]

Zu beachten ist zudem, dass auf Ansprüche aus einem Tarifvertrag oder aus Betriebsvereinbarungen nicht durch Individualabreden verzichtet werden kann, §§ 4 IV S. 1 TVG, 77 BetrVG i.V.m. § 134 BGB.

Fall:

Bsp.:[102] *Arbeitnehmer Franz Willig wurde gekündigt. Daraufhin erhob er Kündigungsschutzklage. Bei der Aushändigung seiner Arbeitspapiere und des Restlohns legte ihm Arbeitgeber Bruno Mehrwert ein Schriftstück vor, in dem Willig den Empfang der Papiere bestätigte und gleichzeitig folgenden Satz unterschrieb:* ***89***

„Ich erkläre hiermit, keine Rechte mehr aus dem Arbeitsverhältnis und seiner Beendigung zu haben."

Welche rechtlichen Folgen hat diese Erklärung für die Kündigungsschutzklage des Willig?

98 Schaub, § 72 II 2.

99 Vgl. Palandt, § 397, Rn. 10.

100 Vgl. Palandt, vor § 620, Rn. 74.

101 BAG, NJW 1979, 2267 = **juris**byhemmer.

102 BGH, NJW 1979, 2267 = **juris**byhemmer.

Klageverzicht (-), da kein entspr. Rechtsbindungswille

Willig könnte durch die Unterzeichnung auf sein Recht zur Anrufung des Arbeitsgerichtes gem. § 4 I KSchG verzichtet haben. Hierzu müsste in der unterschriebenen Erklärung unmissverständlich zum Ausdruck gekommen sein, dass Willig den Rechtsbindungswillen hat, auf seine Klage zu verzichten.

Nach Ansicht des BAG sind Klageverzichtsvereinbarungen, die im unmittelbaren zeitlichen und sachlichen Zusammenhang mit dem Ausspruch einer Kündigung getroffen werden, als Auflösungsverträge nach § 623 BGB formbedürftig. Die Schriftform wurde aber eingehalten.[103]

⇨ ausdrückl. Erklärung notw.

Der Verzicht muss so formuliert sein, dass der Arbeitnehmer Bedeutung und Tragweite seiner Erklärung erkennt. Eine derart weitreichende Verzichtserklärung würde beispielsweise vorliegen, wenn der Arbeitnehmer erklärt, dass er gegen die Kündigung keinerlei Einwendungen erhebe und von einem möglichen Recht zur Fortsetzung des Arbeitsverhältnisses keinen Gebrauch machen wolle. Ein solcher Verzicht liegt hier mangels ausdrücklicher Erklärung des Willig nicht vor.

Wer sich mit Hilfe einer Kündigungsschutzklage gegen eine Kündigung zur Wehr setzt, wird in der Regel den Wunsch haben, den rechtshängigen Rechtsstreit erfolgreich zu Ende zu führen.[104] Ohne eine entsprechende Gegenleistung des Arbeitgebers dürfte ein Aufhebungsvertrag, der sich darüber hinaus nachteilig auf etwaige Ansprüche des Gekündigten auf Arbeitslosenunterstützung auswirken kann (vgl. § 144 I Nr. 1 SGB III), regelmäßig nicht gewollt sein.

Unwirksamkeit gem. § 307 I S. 1 BGB

Nach Ansicht des BAG ist die vorformulierte Verzichtserklärung aber gem. § 307 I S. 1 BGB unwirksam, da sie den Arbeitnehmer entgegen den Geboten von Treu und Glauben unangemessen benachteiligt.

Die unangemessene Benachteiligung des Arbeitnehmers, der formularmäßig auf die Erhebung einer Kündigungsschutzklage verzichtet, liegt aber in dem Versuch des Arbeitgebers, seine Rechtsposition ohne Rücksicht auf die Interessen des Arbeitnehmers zu verbessern, indem er dem Arbeitnehmer die Möglichkeit einer gerichtlichen Überprüfung der Kündigung entzieht. Die Belange des Arbeitnehmers werden nicht ausreichend berücksichtigt, da diesem durch den Verzicht ohne jede Gegenleistung das Recht einer gerichtlichen Überprüfung der Kündigung genommen wird. In diesem Zusammenhang kann nicht unberücksichtigt bleiben, dass i.R.d. arbeitgeberseitig veranlassten Beendigung von Arbeitsverhältnissen auch der Grundrechtsschutz des Arbeitnehmers aus Art. 12 I GG nicht leer laufen darf.

Ohne eine **Kompensation für** den **Verzicht auf** den eigentlich bestehenden gesetzlichen **Kündigungsschutz benachteiligt der Klageverzicht den Arbeitnehmer regelmäßig unangemessen i.S.v. § 307 I S. 1 BGB**. Der reine Klageverzicht ohne jede arbeitgeberseitige Kompensation (etwa in Bezug auf den Beendigungszeitpunkt, die Beendigungsart, Zahlung einer Entlassungsentschädigung, Verzicht auf eigene Ersatzansprüche, etc.) ist unangemessen.[105]

hemmer-Methode: Angesichts der Tatsache, dass sich der Arbeitnehmer nach Erhalt der Kündigung nicht mehr in einer unterlegenen Drucksituation befindet, hätte man eine unangemessene Benachteiligung auch ablehnen können. Das BAG ist auf diesen Aspekt nicht eingegangen.

⇨ Kündigungsschutzklage (+)

Ergebnis: Die von Willig unterschriebene Erklärung steht einer Weiterverfolgung seiner Kündigungsschutzklage nicht entgegen. Der Willig kann weiter die Feststellung begehren (bei der Kündigungsschutzklage handelt es sich um eine Feststellungsklage nach § 256 I ZPO!), dass das Arbeitsverhältnis durch die Kündigung nicht aufgelöst wurde.

103 Vgl. hierzu BAG, Life&Law 2008, 19 ff. = NZA 2007, 1227 ff. = jurisbyhemmer.

104 BAG, NJW 1977, 1983.

105 BGH, NJW 2015, 1038 ff. = jurisbyhemmer, sowie BAG Life&Law 2008, Heft 4, 281 = NZA 2008, 219 ff. = jurisbyhemmer.

hemmer-Methode: (Für Fortgeschrittene!) Achten Sie auch auf die prozessuale Seite des Falles. Klagerücknahme, Klageverzicht und Prozessvergleich sind Prozesshandlungen, zu deren Wirksamkeit die Prozesshandlungsvoraussetzungen vorliegen müssen. Fraglich ist außerdem, welche Auswirkungen die einzelnen Prozessinstitute auf die Klage haben und wo sie im Klausuraufbau zu verorten sind.
Das *Klagerücknahmeversprechen* hat keine unmittelbare Auswirkung auf die Klage. Wird es nicht eingehalten, berechtigt es allerdings zur Einrede der prozessualen Arglist.
Unmittelbar prozessbeendigend wirkt hingegen die *Klagerücknahme*, die die Rechtshängigkeit der Klage ex tunc entfallen lässt und deshalb in der Zulässigkeit zu prüfen ist. Der Kläger kann die Klage jederzeit erneut anstrengen, vgl. § 269 III S. 1 ZPO.
Im Gegensatz hierzu verzichtet der Kläger durch den *Klageverzicht* endgültig auf die Geltendmachung des Anspruchs. In diesem Fall ergeht ein Verzichts- (Sach-) Urteil.
Der *Prozessvergleich* wiederum beendet das Verfahren ohne Gerichtsentscheidung und hat deshalb auch keine Rechtskraftwirkung.[106]

d) Invitatio ad offerendum

Einen weiteren Fall fehlenden Rechtsbindungswillens stellt die sog. 90
„invitatio ad offerendum“ dar. Hierbei handelt es sich nicht etwa um ein eigenständiges Rechtsinstitut, wie der häufig schlagwortartig gebrauchte terminus vielleicht suggerieren mag. Vielmehr sind alle solchen Konstellationen angesprochen, in denen zur Abgabe eines Angebots aufgefordert wird.

Derjenige, der z.B. ein Zeitungsinserat aufgibt, will sich noch nicht rechtlich binden, da er sich in der Regel seinen Vertragspartner selbst aussuchen möchte. Außerdem könnte sonst eine unbegrenzte Anzahl von Personen einen Vertrag durch bloße Annahmeerklärung zustande bringen. Möglichweise kann der Anbieter aber nicht alle Verträge erfüllen und würde dann den anderen Vertragspartnern auf Schadensersatz haften.

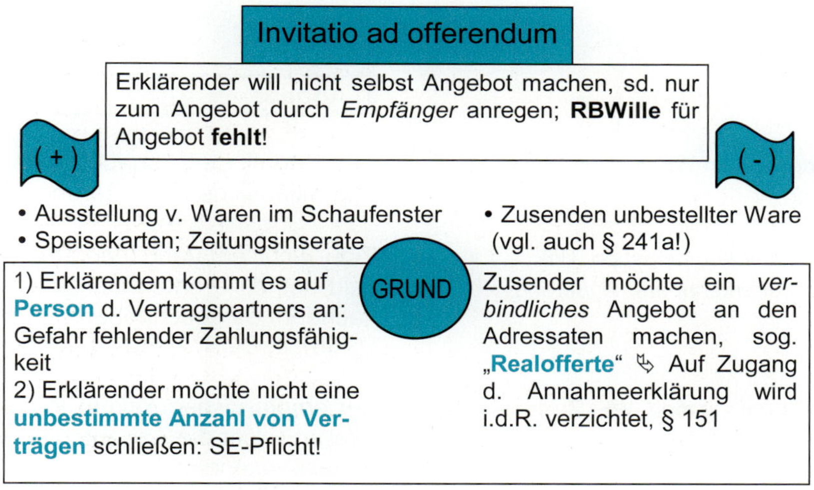

hemmer-Methode: Hüten Sie sich vor pauschalem Zitieren des Begriffs „invitatio ad offerendum“. Richtige Begründung ist allein der fehlende Rechtsbindungswille. So kann und will der Inserierende nicht an alle Zeitungsleser erfüllen. Denken Sie wiederum an den genervten Korrektor: Schlagworte ersetzen keine Begründung!

106 Vgl. zum Ganzen ausführlich Hemmer/Wüst, ZPO I.

3. Wirksamwerden der Willenserklärung

Zeitpunkt des Wirksamwerdens der WE

Bedeutsam ist nicht nur der gewollte und geäußerte Inhalt der Willenserklärung, sondern auch die Frage, wann die Erklärung wirksam wird.

Dieser Zeitpunkt ist in dreierlei Hinsicht wichtig. Er klärt, ob die Erklärung rechtzeitig abgegeben wurde, welcher Vertragspartner das Risiko einer falschen Übermittlung trägt und bis zu welchem Zeitpunkt die Erklärung widerrufen werden kann (vgl. § 130 I S. 2 BGB). 91

§ 130 I S. 1 BGB gilt nur unter Abwesenden

§ 130 I S. 1 BGB regelt nur die Frage, wann eine *empfangsbedürftige Willenserklärung unter Abwesenden* wirksam wird. Entscheidender Zeitpunkt ist der *Zugang* der empfangsbedürftigen Erklärung. Eine Kündigung oder ein Vertragsangebot werden demnach wirksam, wenn sie dem Erklärungsgegner zugegangen sind.

bei Anwesenden gilt § 130 BGB analog

Zur Frage des Zugangs *empfangsbedürftiger* Willenserklärungen *unter Anwesenden* schweigt das Gesetz.

Hier wird § 130 I S. 1 BGB analog angewandt. Eine verkörperte (in einem Schriftstück fixierte), empfangsbedürftige Willenserklärung ist zugegangen, wenn sie dem anwesenden Empfänger übergeben wurde. Für die mündliche Erklärung ist die Vernehmung durch den Empfänger erforderlich.[107]

nicht empfangsbed. WE gesetzlich nicht geregelt

Das Wirksamwerden von *nicht empfangsbedürftigen* Willenserklärungen (z.B. Testamente, Auslobungen) sieht das Gesetz mit Recht als nicht regelungsbedürftig an. Hier ergibt es sich bereits aus der Natur der Sache, dass derartige Erklärungen mit ihrer Abgabe wirksam werden. Auf die Wahrnehmbarkeit für eine bestimmte Person kommt es nicht an. 92

Entscheidend für das Wirksamwerden einer Willenserklärung sind demnach zum einen der Zeitpunkt ihrer Abgabe und zum anderen ihr Zugang. Eine Definition der Begriffe gibt das Gesetz allerdings nicht.

a) Abgabe

Abgabe von WE: willentl. Entäußerung

Der Begriff der Abgabe einer Willenserklärung wird allgemein als „die willentliche Entäußerung in den Rechtsverkehr" verstanden. 93

- *nicht empfangsbed. WE: bei erkennbarer Äußerung*

Eine *nicht empfangsbedürftige Willenserklärung* ist abgegeben, sobald der Wille erkennbar geäußert ist. Ein Testament wird wirksam, nachdem es geschrieben und unterschrieben wurde, die Auslobung, §§ 657 ff. BGB, wenn sie versprochen wurde.

- *empfangsbed. WE: Zugang notw. (§ 130 BGB)*

Bei *empfangsbedürftigen Willenserklärungen* (Kündigung, Vertragsofferte) reicht die Abgabe allein nicht aus, um diese wirksam werden zu lassen. Vielmehr muss die Willenserklärung einem anderen zugehen. Allerdings setzt auch der Begriff des Zugangs voraus, dass die Erklärung zuvor willentlich aus dem Machtbereich des Erklärenden gelangt ist.

Problem: abhanden gekommene WE

An einer „willentlichen Entäußerung in den Rechtsverkehr" fehlt es beispielsweise bei den sogenannten *abhanden gekommenen Willenserklärungen*.

107 Vgl. RGZ 61, 414 [415]; BGH NJW-RR 1996, 641; BGH NJW 1998, 3344; MüKo, § 130 Rn. 27; Soergel, § 130 Rn. 20; Preis/Gotthardt NZA 2000, 348 [351]; zu den Einschränkungen, s.u. Rn. 107.

Bsp.: K erhält von Münzpräger M das schriftliche Angebot einer streng 94
limitierten Münzprägung anlässlich der deutschen Wiedervereinigung zum 3. Oktober 1990. K, der leidenschaftlicher Münzsammler ist, schreibt sofort auf eine Postkarte, dass er das Angebot annehme. Aufgrund des doch sehr hohen Preises kommen ihm jedoch Bedenken. Er beschließt, sich die Sache noch einmal zu überlegen und lässt die Karte auf seinem Schreibtisch liegen. Als er abends nach Hause kommt, findet er die Karte nicht mehr. Es stellt sich heraus, dass sein Sohn die Karte entdeckt und in den Briefkasten geworfen hat, weil er glaubte, K habe dies lediglich vergessen.

h.M.:
kein wirksamer Zugang möglich, da WE (-)

Nach h.M.[108] kann das Schreiben des K dem M hier nicht wirksam zugehen, weil es insoweit bereits an einer willentlichen Entäußerung der Erklärung fehle. Der K habe noch nicht alles getan, damit die Postkarte den Münzhändler erreichen kann. Somit habe er seine Erklärung nicht abgegeben.

a.A.:
wirksame WE (+), aber § 119 BGB analog

Teilweise wird im Schrifttum vertreten, die abhanden gekommene Willenserklärung sei im Interesse des Erklärungsempfängers als wirksam zu behandeln. Der „scheinbar Erklärende" habe jedoch die Möglichkeit, analog § 119 I BGB anzufechten - allerdings mit der Folge der Schadensersatzpflicht nach § 122 I BGB. Denn der Empfänger könne nicht erkennen, ob die Erklärung mit Wissen und Wollen „auf den Weg gebracht" wurde.

Wiederum andere verneinen zwar die Wirksamkeit der Willenserklärung, halten jedoch den (scheinbar) Erklärenden in analoger Anwendung des § 122 I BGB bzw. aus §§ 280 I, 311 II BGB (c.i.c.) zum Ersatz des Schadens verpflichtet, den der Empfänger im Vertrauen auf die Gültigkeit der Erklärung erlitten hat.

aber h.M.:
Schadensersatz nur, wenn obj. sorgfaltswidrig

Gegen die Annahme der Wirksamkeit der Willenserklärung und damit das Entstehen von Primärpflichten spricht, dass fahrlässiges Verhalten grundsätzlich nur zu Schadensersatzansprüchen führt.

hemmer-Methode: Ähnlich gelagert ist die Problematik auch bei der Anscheinsvollmacht. Nach der h.M. soll hier aber das bloß fahrlässige Verhalten des Vertretenen eine Erfüllungshaftung hervorrufen können. Die Gegenmeinung gelangt mit obigem Argument, dass fahrlässiges Verhalten nicht zum Entstehen eines Vertrages führen könne, nur zu einer Schadensersatzpflicht aus §§ 280 I, 311 II BGB (c.i.c.).

Die von der Gegenmeinung geforderte Schadensersatzpflicht ist jedoch angesichts der parallel gelagerten Problematik beim Erklärungsbewusstsein nur bei einem *objektiv sorgfaltspflichtwidrigen Verhalten* des (scheinbar) Erklärenden angebracht. Im vorliegenden Fall hängt der Sorgfaltspflichtvorwurf und damit die Frage nach einer Schadensersatzpflicht davon ab, ob es in der Familie des K üblich ist, dass der Sohn auf dem Schreibtisch liegende Schriftstücke zur Post bringt, oder ob es sich um eine außergewöhnliche Eigenmächtigkeit des Sohnes gehandelt hat.

Abhandenkommen: WE gelangt **ohne den Willen** des Erklärenden in den Rechtsverkehr (z.B.: Ehefrau wirft auf Schreibtisch liegende Bestellkarte in Briefkasten)

h.M.: Abgabe einer WE **(-)**, da keine **willentliche** Entäußerung durch Erklärenden in den Rechtsverkehr

a.A.: Hätte Erklärender Abhandenkommen vermeiden können: WE wirksam, aber anfechtbar

Haftung des Erklärenden aus:
- **h.M.: § 311 II i.V.m. § 280 I (c.i.c.)**
- *a.A.: § 122 analog (Verschulden nicht erforderlich)*
- *evtl. Haftung über Grundsätze der Duldungs- / Anscheinsvollmacht*

108 Vgl. Rüthers, S.152; BGHZ 65, 14 = **juris**byhemmer.

bei Änderung des Willens vor Zugang
⇨ § 130 II BGB analog

Achtung: Der Fall, dass der Erklärende nach Abgabe der Erklärung, aber vor ihrem Zugang beim Erklärungsempfänger seinen Willen ändert, ist im BGB nicht geregelt. Eine solche Willensänderung muss jedoch unbeachtlich bleiben. Dies ergibt sich aus dem Rechtsgedanken des § 130 II BGB: 95

Wenn schon das Ableben oder die Geschäftsunfähigkeit des Erklärenden ohne Einfluss auf die Wirksamkeit seiner Erklärung bleibt, muss dies erst recht für bloße innerliche Willensumbildungen gelten, vgl. auch § 116 S. 1 BGB. Der Erklärende hat nur die Möglichkeit, seine Erklärung zu widerrufen. Ein solcher Widerruf muss dem Erklärungsgegner jedoch vor oder gleichzeitig mit der Willenserklärung zugehen, § 130 I S. 2 BGB.

> ***Bsp.:*** *A gibt dem B einen Brief, mit dem er beim X-Versand 20 Rollen Klebeband bestellt. B soll den Brief zur Post geben. Als B schon aus dem Hause ist, ruft ihm der A hinterher, er solle den Brief nicht einwerfen, da er sich die Bestellung zwischenzeitlich anders überlegt habe. B, der schon zu weit entfernt ist, um den A zu hören, wirft den Brief ein. X verlangt schließlich nach erfolgter Lieferung Bezahlung.*
>
> Anspruchsgrundlage des X-Versands könnte § 433 II BGB sein, wenn der Kaufvertrag mit A wirksam zustande gekommen ist.
>
> Fraglich ist jedoch, ob überhaupt ein wirksames Angebot des A erfolgt ist. Eine wirksame Abgabe der Willenserklärung ist zwar erfolgt, jedoch hatte A seine Absicht vor Zugang der Willenserklärung wieder geändert.
>
> Der Umstand, dass sich die Meinung des A nach Abgabe, aber vor Zugang der Willenserklärung geändert hat, ist aber analog § 130 II BGB unbeachtlich. Auch ein Umkehrschluss zu § 130 I S. 2 BGB ergibt, dass die Willenserklärung, soweit sie nicht rechtzeitig widerrufen wird, unabhängig vom eventuell geänderten Willen des Erklärenden wirksam wird. Die Willenserklärung des A konnte somit wirksam zugehen. Ein vorheriger oder gleichzeitiger Widerruf des A ist nicht erfolgt. Ein wirksames Angebot des A liegt damit vor.
>
> Die Annahme des X-Versands konnte auch nach § 151 BGB konkludent durch Zusendung der Ware erfolgen.

hemmer-Methode: Häufiger Fehler! § 151 S. 1 BGB macht nicht die Annahme, sondern nur deren Zugang beim Antragenden überflüssig. Der Annahmewille muss aber in irgendeiner Weise nach außen erkennbar betätigt werden. § 151 BGB ist damit kein Fall des rechtlich relevanten Schweigens (vgl. auch Rn. 140)!
Lesen Sie hierzu BGH in Life&Law 2004, 73 ff. = NJW 2004, 287 ff.

> Ein Kaufvertrag ist somit zustande gekommen. Mithin besteht der Anspruch aus § 433 II BGB.[109]

b) Zugang

aa) Zugang verkörperter Willenserklärungen unter Abwesenden

Zugang bei Abwesenden:
⇨ Herrschaftsbereich u. gewöhnliche Kenntnisnahme

Auch für den *Begriff des Zugangs* fehlt eine gesetzliche Definition. Nach allgemeiner Meinung ist eine *empfangsbedürftige Willenserklärung unter Abwesenden* zugegangen, wenn sie so in den Herrschaftsbereich des Empfängers gelangt ist, dass dieser unter normalen Umständen von ihr Kenntnis erlangen kann und dies nach den Gepflogenheiten des Verkehrs von ihm erwartet werden darf.[110] 96

109 Zu dem Fall, dass der Rückruf ggü. B als Widerruf der Botenstellung ausgelegt werden kann und damit nur eine Scheinübermittlung vorläge vgl. Thiele/Fezer, S.27 ff.

110 RGZ 99, 22, 23; BGHZ 67, 271, 275 = jurisbyhemmer; Palandt, § 130, Rn. 5.

Dass er *tatsächlich* von ihr Kenntnis nimmt, ist *nicht erforderlich.*[111]

Machtbereich erfasst auch Empfangsvorrichtungen

Zum Bereich des Empfängers gehören auch die von ihm zur Entgegennahme von Erklärungen bereitgestellten Einrichtungen wie Briefkästen. Vollendet ist der Zugang aber erst, wenn die Kenntnisnahme durch den Empfänger möglich und nach der Verkehrsanschauung zu erwarten ist. *97*

Beispiel

Bsp.: *Am 31.12.2013 läuft die Frist für die Ausübung eines Verlängerungsrechts des Mieters ab. Dieses Optionsrecht wird mit Schreiben vom 31.12.2013 ausgeübt, welches der Mieter um 15.50 Uhr in den Briefkasten der vermietenden Hausverwaltungsgesellschaft geworfen hat. Der Vermieter meint, dass das Schreiben erst am 02.01.2014, mithin verspätet zugegangen ist.*[112] *Der Mieter ist der Ansicht, der 31.12. sei ein ganz-normaler Geschäftstag.*

Der BGH hat zu Recht einen Zugang am 31.12.2013 verneint.

Es kommt nämlich darauf an, ob im Zeitpunkt des Einwurfs des Briefes in den Briefkasten nach der Verkehrsanschauung, ohne Berücksichtigung der individuellen Verhältnisse des Empfängers, noch mit einer Leerung am selben Tag zu rechnen war.[113] Dies war jedoch nicht der Fall. Dabei kann dahinstehen, ob im geschäftlichen Verkehr ein Brief, der während der Geschäftszeiten in den Briefkasten geworfen wird, in jedem Fall zugegangen ist, weil die Post AG und andere Dienstleister zwischenzeitlich Briefe nicht nur vormittags zustellen, oder ob eine entsprechende Verkehrsanschauung nicht besteht.[114]

Denn der Zugang einer Willenserklärung erfolgt jedenfalls nicht mehr am selben Tag, wenn er nach Schluss der Geschäftszeiten in den Briefkasten eines Betriebs eingeworfen wird. In diesem Fall kann mit einer Leerung des Briefkastens am selben Tag nicht gerechnet werden. So aber liegt der Fall hier. **In einem Bürobetrieb wird nämlich am Silvester nachmittags üblicherweise nicht mehr gearbeitet**, sodass kurz vor 16.00 Uhr mit einer Briefkastenleerung am selben Tag nicht mehr zu rechnen ist.

Daran ändert auch nichts der Umstand, dass die streitgegenständliche Verwaltungsgesellschaft auf ihren Geschäftsbriefen angibt, an Werktagen außer freitags von 14.00 Uhr bis 17.00 Uhr Sprechzeiten abzuhalten. Dieses Schreiben schafft beim Empfänger kein Vertrauen darauf, dass in der genannten Firma entgegen der allgemeinen Übung auch am Nachmittag des 31.12. gearbeitet werde.

Zu prüfen sind für den Zugang jeweils zwei Fragen:

Berücksichtigung der Verkehrssitte

(1) Ist die Willenserklärung in den **Machtbereich** des Empfängers gelangt? *98*

(2) Bestand für den Empfänger unter Berücksichtigung der Verkehrssitte die Möglichkeit, von der Erklärung Kenntnis zu nehmen?

Werden *beide* Fragen bejaht, ist die Willenserklärung zugegangen.

schriftliche WE: grds. mit Aushändigung

Verkörperte, meist also schriftlich fixierte *Willenserklärungen,* gehen unter Berücksichtigung der genannten Kriterien grundsätzlich mit der Aushändigung an den Empfänger zu. Zu dem Machtbereich des Empfängers gehören auch die von ihm zum Empfang von Erklärungen bereitgehaltenen Einrichtungen wie der Briefkasten oder ein Postschließfach.

111 Larenz, § 21 II b m.w.N.

112 BGH, Life&Law 2008, Heft 4, 286 = NJW 2008, 843 = **juris**byhemmer.

113 Vgl. BGH, NJW 2004, 1320 (1321) = **juris**byhemmer.

114 Vgl. Palandt, § 130 BGB, Rn. 6.

Bsp. 1: Der Einwurf in einen Postbriefkasten bewirkt den Zugang in dem Zeitpunkt, in dem nach der Verkehrsanschauung mit der nächsten Leerung zu rechnen ist. Der nachts eingeworfene Brief geht daher erst am nächsten Morgen oder mit Beginn der Geschäftsstunden zu. 98a

Bsp. 2: Ein Fax geht nicht bereits in dem Moment zu, in welchem es am Empfängergerät ausgedruckt wird, sondern erst dann, wenn nach den Gepflogenheiten der Verkehrsanschauung der Empfänger sich Kenntnis vom Inhalt verschaffen konnte (also z.B. zu den Bürozeiten).[115] 98b

Bsp. 3: Auch bei der Benutzung von Postschließfächern ist auf den üblichen Abholtermin abzustellen. Bei der Einlegung von Post in ein Postschließfach geht der Brief dem Inhaber an dem Tage zu, an dem nach der Verkehrsanschauung mit einer Abholung zu rechnen ist. Auf eine verspätete Kenntnis wegen verzögerter Leerung kann er sich dann nicht berufen. Unter gewöhnlichen Umständen wird ein Postfach täglich oder doch jedenfalls in kurzen zeitlichen Abständen geleert. 98c

Bsp. 4: Will ein Arbeitgeber einem der deutschen Sprache nicht kundigen Gastarbeiter eine Kündigung zustellen, so ist bei der Frage nach dem Zugang eine angemessene Frist für die Inanspruchnahme eines Dolmetschers hinzuzurechnen.[116] 98d

Bsp. 5: Eine WE geht der GmbH auch dann zu, wenn das Schriftstück in ein privates Postfach ihres Geschäftsführers gelegt wird. Nach § 164 III BGB genügt der Zugang an einen Empfangsvertreter; bei einer GmbH ist dies insbesondere der Geschäftsführer als ihr gesetzlicher Vertreter (§ 35 GmbHG). Es reicht daher aus, dass die Zugangsvoraussetzungen in der Person des Geschäftsführers erfüllt sind, ohne dass es weiter darauf ankommt, ob diesen die Willenserklärung, wie üblich, innerhalb des Geschäftsbetriebs der GmbH oder ausnahmsweise in seiner privaten Sphäre erreicht. Entscheidend für eine wirksame passive Stellvertretung ist allein, dass der Empfänger insoweit Vertretungsmacht hat.[117] 98e

Empfangsbote

⇨ lesen Sie dazu schon jetzt die Randnummer 202 und 203!!!

Die Aushändigung der verkörperten Willenserklärung muss nicht unbedingt an den Empfänger selbst erfolgen. Auch Familienangehörige, Hausangestellte, Wohnungsmitbewohner, Angestellte im Geschäftsbetrieb, Partner von nichtehelichen Lebensgemeinschaften und ähnliche Personengruppen können als empfangsberechtigt angesehen werden, sofern diese Personen für die Inempfangnahme als geeignet erscheinen (sog. ***Empfangsboten***).[118] 98f

Eine verkörperte Willenserklärung, die gegenüber einem Empfangsboten abgegeben wird, geht dem Empfänger in dem Augenblick zu, in dem nach dem regelmäßigen Verlauf der Dinge mit der Weiterleitung an den Empfänger zu rechnen ist.[119] Der Empfangsbote wird daher teilweise auch als „menschlicher Briefkasten“ bezeichnet!

hemmer-Methode: Wird ein Dritter in den Übermittlungsvorgang eingeschaltet, müssen Sie sauber unterscheiden, in welcher Funktion der Dritte tätig wird. Hiervon hängt der Zeitpunkt, in dem die Willenserklärung zugeht, ab. 98g
Während beim *Empfangsboten* Zugang in dem Moment anzunehmen ist, in dem mit der Möglichkeit der Weiterleitung an den Empfänger zu rechnen ist, ist bei der Einschaltung eines *Empfangsvertreters* im Augenblick des Zugangs beim Empfangsvertreter die Erklärung auch dem Empfänger zugegangen, vgl. § 164 III BGB! Auf eine tatsächliche Kenntnisnahme durch den Empfänger kommt es schon wegen § 166 I S. 1 BGB nicht an.

115 Vgl. dazu BGH NJW 2004, 1320 f. = **juris**byhemmer.

116 LAG, Hamm NJW 1979, 2488; Palandt, § 130, Rn. 6.

117 BGH Life&Law 2004, 73 ff. = NJW 2003, 3270 f. = **juris**byhemmer; MünchKomm/Schramm, BGB, 4. Aufl., § 164 Rn. 133; s. ferner Staudinger/Schilken, BGB, Neubearbeitung 2001, § 164 Rn. 22.

118 BAG, Life&Law 2011, Heft 9, 623 ff. = ZIP 2011, 1108 ff.

119 BGH, NJW RR 1989, 758 = **juris**byhemmer.

Anders verhält es sich beim *Erklärungsboten*, der z.B. immer dann anzunehmen ist, wenn an einen nicht geeigneten Empfangsboten übermittelt wurde. Hier ist Zugang erst bei der tatsächlichen Weiterleitung an den Empfänger gegeben. In welcher Eigenschaft der Dritte tätig wird, bestimmt sich nach dem äußeren Erscheinungsbild. Ausführlich hierzu vgl. Rn. 202, 203 in diesem Skript.

ausr.: Möglichkeit d. Kenntnisnahme

Auf die tatsächliche Kenntnisnahme durch den Erklärungsempfänger kommt es für die Frage des Zugangs nicht an. Auf ein Hindernis aus „seinem“ Bereich kann er sich nicht berufen. **99**

Auch eine Kündigungserklärung, die einem Arbeitnehmer während seines Urlaubs in den Briefkasten geworfen wird, ist zugegangen. Denn hier bestand nach der Verkehrsanschauung die Möglichkeit der Kenntnisnahme.[120]

Dies gilt auch, wenn dem Erklärenden die Abwesenheit des Arbeitnehmers bekannt war; eine andere Beurteilung lässt sich nur ausnahmsweise unter Berücksichtigung des Grundsatzes von Treu und Glauben (§ 242 BGB) rechtfertigen.[121]

hemmer-Methode: Diese Rspr. könnte zu einem Missbrauch durch den Arbeitgeber führen. Der Arbeitgeber könnte nämlich dem Arbeitnehmer bewusst in dessen Urlaub kündigen, um ihn so an der Einhaltung der Fristen für einen etwaigen Kündigungsschutzprozess zu hindern.
Das BAG wirkt einem derartigen Missbrauch allerdings entgegen, indem es eine auf diese Weise unverschuldet verspätet erhobene Kündigungsschutzklage unter den Voraussetzungen des § 5 KSchG nachträglich zulässt;[122] ausführlich HEMMER/WÜST, Arbeitsrecht, Rn. 88 ff.

bb) Zugang gegenüber nicht voll Geschäftsfähigen

§ 131 I BGB bei Geschäftsunfähigen

Für den Zugang **bei Geschäftsunfähigen** ist **§ 131 I BGB** zu beachten, wonach die Willenserklärung erst wirksam wird, wenn sie dem gesetzlichen Vertreter zugeht. Für diese sog. „Passivvertretung“ genügt der Zugang gegenüber einem Elternteil, vgl. § 1629 I S. 2 HS 2 BGB. **100**

Es genügt hierfür nicht, dass die Willenserklärung faktisch in den Herrschaftsbereich des gesetzlichen Vertreters gelangt. Die Erklärung muss vielmehr auch an ihn gerichtet oder zumindest für ihn bestimmt sein.[123] Bei verkörperten Willenserklärungen müssen diese insbesondere an den gesetzlichen Vertreter adressiert sein.

hemmer-Methode: Für die aktive Vertretung ordnet § 1629 I S. 2 HS 2 BGB dagegen Gesamtvertretung an.
Für Routinegeschäfte des alltäglichen Lebens ist aber davon auszugehen, dass sich die beiden Elternteile gegenseitig (zumeist stillschweigend) Einzelvollmacht erteilt haben. Dies ist dann aber kein Fall des § 1629 I S. 2 BGB.
Beispiel: Die Mutter lässt vom Kinderarzt eine Grippeimpfung beim Kind durchführen.[124]
Nicht von einer stillschweigenden Bevollmächtigung erfasst ist allerdings die Zustimmung der Mutter zu einem „Zungen-Piercing“ für die zwölfjährige Tochter. Hier muss auch die Zustimmung des Vaters vorliegen.

120 BAG, NJW-Spezial 2012, 594 = jurisbyhemmer; BAG, NJW 1989, 606 = jurisbyhemmer.

121 Palandt, § 130, Rn. 5.

122 BAG, NJW 1989, 606 ff. = jurisbyhemmer.

123 BAG, NZA 2011, 340 ff. = jurisbyhemmer; BAG NZA 2011, 872 ff. = jurisbyhemmer; BAG, Life&Law 2012, Heft 6, 398 ff.

124 Da das Kind i.d.R. krankenversichert ist, handelt es sich bei Verträgen mit einem Arzt nicht um einen Vertrag zwischen der Mutter (bzw. dem Vater) und dem Arzt zugunsten des Kindes, sondern um einen Vertrag des durch die Eltern vertretenen Kindes mit dem Arzt. Die Rechnung wird bei Privatpatienten folgerichtig auch auf das Kind ausgestellt und nicht auf die Eltern!

§ 131 II BGB bei beschränkt Geschäftsfähigen

Nach **§ 131 II BGB** hängt der Zugang einer rechtlich nicht nur vorteilhaften Willenserklärung **beim beschränkt Geschäftsfähigen** von der Einwilligung des gesetzlichen Vertreters ab. 100a

Bringt die Erklärung dem Minderjährigen dagegen lediglich einen rechtlichen Vorteil (oder ist sie rechtlich neutral; s.o.), so geht die Erklärung dem Minderjährigen selbst wirksam zu, § 131 II S. 2 Alt. 1 BGB.

Gleiches gilt, wenn der Minderjährige mit Einwilligung der gesetzlichen Vertreter handelt, § 131 II S. 2 Alt. 2 BGB.

> ***Bsp.:*** *Ein Angebot zum Abschluss eines Vertrages geht dem Minderjährigen daher auch ohne Zustimmung der Eltern wirksam zu, da der Zugang den Minderjährigen in die rechtlich vorteilhafte Position versetzt, dieses anzunehmen.*
>
> *Dass die Annahme evtl. rechtlich nachteilig ist, spielt für den wirksamen Zugang keine Rolle.*

Wird durch Erklärung gegenüber einem beschränkt Geschäftsfähigen (K) ein Vertragsangebot angenommen und ist den Eltern diese Annahmeerklärung des V nicht zugegangen so stellt sich folgendes Problem:

Die Eltern könnten zwar die ***abgegebene*** Willenserklärung des K (das Angebot gegenüber V) gem. §§ 108 I, 184 I BGB genehmigen[125], jedoch käme dadurch kein wirksamer Vertrag zustande, da die Annahme des V dem K nicht zugegangen ist und es für den Zugang an einer dem § 108 BGB entsprechenden Norm fehlt.

Damit § 108 BGB aber nicht leer läuft, lässt der BGH auch die **Genehmigung des Zugangs** zu.[126] Damit ist die Annahme des V dem K wirksam zugegangen (str.).

hemmer-Methode: Beachten Sie nochmals, dass ein Angebot einem Minderjährigen gem. § 131 II S. 2 BGB wirksam zugeht, da ein Vertragsangebot völlig unabhängig von seinem Inhalt dem Minderjährigen die rechtlich vorteilhafte Möglichkeit gibt, den Vertrag zustande zu bringen. Wenn der Vertrag selbst nachteilig ist, dann ist der Minderjährige bei der Abgabe der Annahmeerklärung bereits über §§ 107 ff. BGB geschützt.

cc) Grundsätze der Zugangsvereitelung

Der Empfänger einer Willenserklärung kann sich nach Treu und Glauben nicht auf den verspäteten Zugang der Willenserklärung berufen, wenn er die Zugangsverzögerung selbst zu vertreten hat. Er muss sich dann so behandeln lassen, als habe der Erklärende die entsprechenden Fristen gewahrt.[127] 101

Wer auf Grund bestehender oder angebahnter vertraglicher Beziehungen mit dem Zugang rechtserheblicher Erklärungen zu rechnen hat, muss geeignete Vorkehrungen treffen, dass ihn derartige Erklärungen auch erreichen.[128]

Tut er dies nicht, so wird darin vielfach ein Verstoß gegen die durch die Aufnahme von Vertragsverhandlungen oder den Abschluss eines Vertrags begründeten Sorgfaltspflichten gegenüber seinem Partner gesehen.

---

125 Den Vertrag können sie nicht genehmigen, da nur Willenserklärungen bzw. geschäftsähnliche Handlungen genehmigt werden können.

126 Str.; vgl. BGHZ 47, 352 [358] = **juris**byhemmer.

127 Vgl. Palandt, § 130, Rn. 18.

128 BGHZ 137, 205 = **juris**byhemmer.

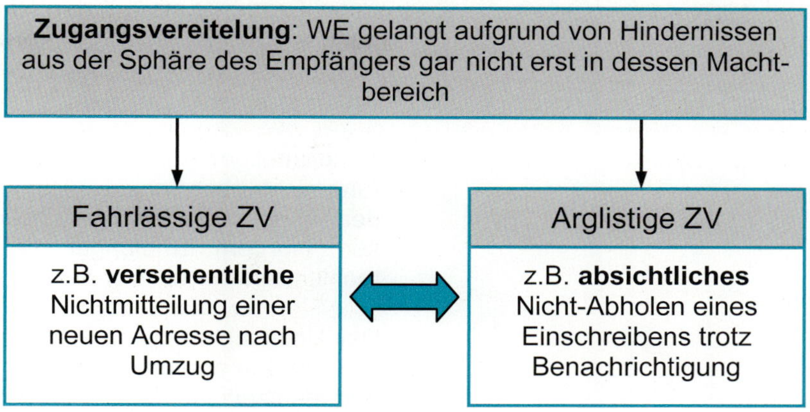

(1) Fahrlässige Zugangsvereitelung

fahrlässige Zugangsvereitelung

Geht eine Willenserklärung aufgrund *fahrlässiger Zugangsvereitelung* (z.B. plötzlicher Umzug des langjährigen Geschäftspartners ohne Bekanntgabe der neuen Adresse) nicht zu, so ist zu fragen, ob eine Willenserklärung, die an die alte Adresse geschickt wurde, noch rechtzeitig wirksam werden kann. **101a**

Auch bei schweren Sorgfaltsverstößen kann der Adressat nach Treu und Glauben regelmäßig aber nur dann **so behandelt werden, als habe ihn die Willenserklärung rechtzeitig erreicht**, wenn der Erklärende *alles Erforderliche und ihm Zumutbare getan* hat, damit seine Erklärung den Adressaten erreichen konnte.[129]

Wird die Adresse ausfindig gemacht, muss die Willenserklärung erneut unverzüglich abgesendet werden.

Die Erklärung geht dann erst mit dem zweiten Schreiben zu. Doch muss sich der Empfänger nach Treu und Glauben so behandeln lassen, als wäre die Willenserklärung bereits mit dem ersten Schreiben zugegangen.

hemmer-Methode: Bei fahrlässiger Zugangsvereitelung muss der Absender die Zustellung erneut vornehmen, um sich nach § 242 BGB auf den fiktiven Zugang durch den ersten Zustellungsversuch berufen zu können.

(2) Arglistige Zugangsvereitelung

arglistige Zugangsvereitelung

Fraglich ist, ob der Absender auch dann die Zustellung nochmals versuchen muss, wenn der Empfänger den Brief ungeöffnet wegwirft. Und was gilt, wenn der Empfänger den Zugang der Erklärung absichtlich vereitelt, indem er sich etwa weigert, eine schriftliche Kündigungserklärung entgegenzunehmen. Kann der Arbeitnehmer, der weiß, dass ein Einschreibebrief seine Kündigung enthält und diesen trotz ordnungsgemäßer Benachrichtigung nicht abholt, später geltend machen, die Kündigung sei nicht rechtzeitig zugegangen? **102**

Sicher nicht, denn der Grundsatz von *Treu und Glauben* hindert ihn, die arglistige Zugangsvereitelung zum Nachteil des Erklärenden geltend zu machen.

129 Vgl. zuletzt BAG NZA 2006, 204 ff. = **juris**byhemmer; besprochen in JA 2006, 567 ff.

früher: Zugangsfiktion

Unter Bezugnahme auf den Rechtsgedanken der §§ 162, 815 BGB hat das Reichsgericht[130] den rechtzeitigen Zugang der Willenserklärung im Wege der *Fiktion* unterstellt, sofern der Empfänger arglistig war.

heute h.M.: Wahlrecht des Absenders

Nach heutiger Auffassung wird ein rechtzeitiger Zugang der Erklärung nicht mehr fingiert. Vielmehr liegt es in der Hand des Erklärenden, ob er seine Erklärung gelten lassen will. Will er sie gelten lassen, ist dem Empfänger die Berufung auf die Verspätung als rechtsmissbräuchlich verwehrt.[131] **103**

Der Unterschied zur fahrlässigen Zugangsvereitelung liegt also darin, dass ein erneuter Zustellungsversuch entbehrlich ist, um sich auf den rechtzeitigen Zugang zu berufen.

hemmer-Methode: Problematisch ist, ob die Grundsätze zur Zugangsvereitelung auch dann Anwendung finden, wenn nicht der Adressat selbst, sondern sein Empfangsbote die Annahme verweigert hat.
Dieses Handeln darf - anders als beim Empfangsvertreter (vgl. Wertung der §§ 164 III, I, 166 I, 278 BGB) - dem Adressaten nach h.M. aber nur dann zugerechnet werden, wenn er darauf überhaupt Einfluss hatte. Zugang liegt danach nur vor, wenn der Empfangsbote im Einvernehmen mit dem Empfänger/Adressat bewusst die Entgegennahme verweigert und damit den Zugang vereitelt hat.[132]
Merke also: Der Empfänger muss sich das Verhalten seiner Empfangsvertreter zurechnen lassen, aber nicht das seiner Boten.

Fahrlässige Zugangsvereitelung

- Zugang erst (+), wenn tatsächlich erfolgt; Zugang muss also nachgeholt werden
- Empf. muss sich bzgl. des *Zeitpunkts* des Zugangs dann aber nach § 242 so behandeln lassen, als wäre Zugang schon im ZP der Zugangsvereitelung erfolgt!

Arglistige Zugangsvereitelung

Heute h.M.: Wahlrecht des Erklärenden, ob er die Erklärung gelten lassen will
↳ Berufung des Empfängers auf Verspätung wäre rechtsmissbräuchlich, § 242 (**keine** erneute Zusendung erforderlich)

Bsp.: *Vermieter V kündigt seinem Mieter M mit Einschreiben vom 1. Januar 2006 zum 31. März 2006. Da M nicht zu Hause ist, hinterlässt der Postbote am 2. Januar 2006 einen entsprechenden Benachrichtigungszettel. Diesen findet M, macht aber keine Anstalten, den Brief beim Postamt abzuholen, da er dessen Inhalt bereits ahnt. Am 6. Januar 2006 trifft V den M und spricht ihn auf die Kündigung an.* **104**

Als M den Erhalt des Schreibens leugnet, drückt V ihm eine Kopie des Kündigungsschreibens in die Hand. Es kommt zum Prozess, M beruft sich auf die Nichteinhaltung der Kündigungsfrist durch V.

Gem. § 573c I S. 1 BGB ist die Kündigung einer Wohnraum-Miete nur bis zum dritten Werktag eines Monats für den Ablauf des übernächsten Monats zulässig. Die Kündigungserklärung vom 6. Januar wäre dem M für den Kündigungstermin 31. März nicht mehr rechtzeitig zugegangen. Außerdem würde eine Kopie dem Schriftformerfordernis des § 568 I BGB gem. § 126 I BGB nicht genügen.[133]

130 RGZ 58, 408.

131 BAG NZA 2003, 719 = JuS 2003, 1244 = **juris**byhemmer; BGH, LM zu § 130 Nr.1; Larenz, AT 21 II b.

132 Vgl. Palandt, § 130, Rn. 16.

133 Vgl. Palandt, § 126, Rn. 7.

Möglicherweise ist es M jedoch verwehrt, sich auf den verspäteten Zugang zu berufen. Dies wird allgemein angenommen, wenn die Verursachung der Verspätung auf ein vom Empfänger selbst geschaffenes Hindernis zurückzuführen ist. Ein solches Hindernis liegt hier vor. Zwar bewirkte das Hinterlassen des Benachrichtigungszettels durch den Postboten allein noch keinen Zugang des Kündigungsschreibens.[134]

Den ordnungsgemäß benachrichtigten M traf jedoch die Obliegenheit, die abholbereite Einschreibsendung abzuholen. Da er dies unterließ, muss er sich nach Treu und Glauben so behandeln lassen, wie wenn die Erklärung vom 6. Januar rechtzeitig zugegangen wäre.[135]

Die Kündigung durch V ist demnach rechtzeitig erfolgt; auf die von ihm selbst verursachte Verspätung des Zugangs kann sich M nicht berufen.

hemmer-Methode: Bei der Klagefrist nach § 4 KSchG ist dies nach BAG aber anders zu behandeln; dort greift diese Fiktion grds. nicht ein.[136]
Begründung: Die Fiktion nach § 242 BGB wegen Zugangsverzögerung dient dazu, dem Kündigungsempfänger durch Anwendung des Rechtsgedankens aus § 162 BGB *einen Vorteil zu nehmen*, den er durch eine treuwidrige Verzögerung des Kündigungszugangs erlangt hat.
Dagegen entscheidet sich die Frage, unter welchen Umständen der Kündigungsempfänger nach Treu und Glauben *das Recht verliert*, die Unwirksamkeit der Kündigung im Klagewege *geltend zu machen*, nach dem allgemeinen Grundsatz der Verwirkung, der nach so kurzer Zeit noch nicht eingreifen kann.
Andernfalls würde der Arbeitgeber nicht nur keinen Nachteil haben, sondern sogar *einen Vorteil*: Eine möglicherweise nicht wirksame Kündigung würde gem. §§ 4, 7 KSchG als **wirksam fingiert werden. Die Fiktion würde also praktisch über ihr Ziel, Nachteile zu vermeiden, weit hinausschießen.**

dd) Zugang nicht verkörperter Willenserklärungen unter Abwesenden

mündl. WE: auch Mittelsperson möglich

Nicht verkörperte (also mündliche) *Willenserklärungen unter Abwesenden* können ebenfalls durch die Einschaltung von Mittelspersonen zugehen. 105

Erklärungsbote

Einmal kann sich der Absender sog. *Erklärungsboten* bedienen.

Empfangsbote

Auf der Seite des Empfängers können wiederum *Empfangsboten* eingeschaltet sein; z.B. wird der Hausangestellten mündlich ein Vertragsangebot zur Weiterleitung aufgetragen.

Der Empfangsbote muss in diesem Fall nicht geschäftsfähig sein. Jedoch wird für eine wirksame Übermittlung die geistige Fähigkeit zur Wiedergabe vorausgesetzt.[137]

Zugegangen ist die gegenüber einem Empfangsboten abgegebene Willenserklärung auch hier in dem Augenblick, in dem nach dem regelmäßigen Lauf der Dinge mit einer Weitergabe zu rechnen war. Übermittelt der Empfangsbote die mündliche Erklärung verspätet, falsch oder überhaupt nicht, geht dies zu Lasten des Empfängers.[138]

134 BGH, VersR, 1971, 762; BGH Life&Law 1998, 297 ff.

135 Vgl. BGHZ 67, 277 = **juris**byhemmer; BAG, NJW 1963, 554 = **juris**byhemmer; Medicus/Petersen, BR, Rn. 50.

136 BAG NZA 1996, 1227 [1228] = **juris**byhemmer - zum Fall eines erst mit einer Woche Verzögerung bei der Post abgeholten Einschreibens; bei Palandt, § 130, Rn. 18 ist diese enorm wichtige Ausnahme inzwischen kurioserweise nicht mehr erwähnt.

137 RGZ 60, 334, 336 f.

138 Palandt, § 130, Rn. 9.

⇨ kein Zugang, wenn Bote erkennbar ungeeignet

Kein wirksamer Zugang ist gegeben, wenn der Erklärende erkennen musste, dass der Bote zur Weiterleitung nicht geeignet oder nach der Verkehrsanschauung nicht ermächtigt war.

Bsp.: *Die zu überbringende Erklärung wird dem Kind des Empfängers, seiner Putzfrau oder einem im Garten tätigen Arbeiter aufgetragen.*

Hier kann man aber den Übermittler als *Erklärungsboten* des Absenders ansehen. Sein Verhalten wird dann dessen Risikosphäre zugerechnet.

hemmer-Methode: Merken Sie sich: Empfangsbote ist, wer *bereit, geeignet, ermächtigt* ist, die Erklärung entgegenzunehmen.

ee) Zugang unter Anwesenden

Zugang unter Anwesenden: § 130 BGB analog

Zur Frage, wann eine *empfangsbedürftige Willenserklärung unter Anwesenden* zugegangen ist, schweigt das Gesetz. Nach allgemeiner Ansicht wird § 130 I S. 1 BGB analog angewandt (s.o. Rn. 91). **106**

Zugang verkörperter WE

Eine *verkörperte Willenserklärung unter Anwesenden* ist demnach zugegangen, wenn sie dem anwesenden Empfänger übergeben wurde.

Sonderfall: Formbedürftige Willenserklärung

Sieht das Gesetz für eine Willenserklärung die Schriftform vor, so muss nach allgemeiner Meinung die im Original unterschriebene Erklärung zugehen.[139] **106a**

Für den Zugang einer verkörperten Erklärung unter Anwesenden ist die Aushändigung und Übergabe des Schriftstücks in der Weise erforderlich, dass der Empfänger in die Lage versetzt wird, vom Inhalt der Erklärung Kenntnis zu nehmen.[140]

Das Gesetz will sicherstellen, dass in Fällen einer empfangsbedürftigen Willenserklärung erst mit rechtzeitiger Informationsmöglichkeit des Empfängers die Willenserklärung auch wirksam wird.

Mit der Übergabe des Schriftstücks ist dem grundsätzlichen Interesse an rechtzeitiger Information, auf dem das Zugangserfordernis beruht, genüge getan.[141]

Für den Zugang eines Schriftstücks unter Anwesenden ist damit ausreichend, wenn dem Adressaten das Schriftstück nur zum Durchlesen überlassen wird, es sei denn, dem Empfänger ist die für ein Verständnis nötige Zeit nicht verblieben.[142]

Für den Zugang einer schriftlichen Kündigungserklärung unter Anwesenden ist daher nicht darauf abzustellen, ob der Empfänger die Verfügungsgewalt über das Schriftstück **dauerhaft** erlangt hat.[143]

Wird dem Empfänger eine Erklärung heimlich zugesteckt oder untergeschoben, bewirkt dies keinen Zugang. Auch die bloße Unterzeichnung der Erklärung in Gegenwart des Empfängers reicht nicht aus. Vielmehr muss er grundsätzlich das angebotene Schriftstück willentlich in seine Verfügungsgewalt bringen.

139 Der Zugang einer kopierten Unterschrift (z.B. Fax) reicht daher nicht aus, wenn das Gesetz Schriftform (§ 126 BGB) vorsieht.

140 RGRK § 130 Rn. 32; Erman, § 130 Rn. 17; MüKo, § 130 Rn. 27.

141 Larenz/Wolf Allgemeiner Teil des Bürgerlichen Rechts 9. Aufl. § 26 Rn. 11.

142 Soergel, § 130 Rn. 20.

143 Vgl. dazu BAG Life&Law 2005, 518 ff. = NZA 2005, 513 ff.

Bsp.:[144] *Gläubiger G will bei S eine Darlehensforderung eintreiben. Er erklärt sich zur weiteren Stundung bereit, wenn sich F, die Ehefrau des S, verbürgt. F unterzeichnet daraufhin eine Bürgschaftsurkunde. In diesem Augenblick erschießt sich S im Nebenzimmer. G entfernt sich bestürzt, ohne die Urkunde mit sich zu nehmen. Diese bleibt später verschwunden. Als G aus der Bürgschaft vorgehen will, wendet F ein, dass ihre Bürgschaftserklärung dem G nicht zugegangen sei.* 107

Zwischen G und F ist kein wirksamer Bürgschaftsvertrag, § 765 I BGB, zustande gekommen, da G die Erklärung der F nicht zugegangen ist.

Die Vorschrift des § 130 I BGB findet auch auf verkörperte Willenserklärungen unter Anwesenden Anwendung.

Demzufolge wäre die Erklärung der F dem G erst zugegangen, wenn dieser die tatsächliche Verfügungsgewalt über die Bürgschaftsurkunde erlangt hätte.[145]

Zugang nicht verkörperter WE

Auch beim Zugang *nicht verkörperter (mündlicher) Erklärungen unter Anwesenden* ist der Grundgedanke des § 130 I S. 1 BGB heranzuziehen. Voraussetzung der Wirksamkeit der Willenserklärung ist also der Zugang.

Am Telefon gemachte Erklärungen werden dabei wie nicht verkörperte Willenserklärungen unter Anwesenden behandelt (vgl. § 147 I S. 2 BGB). Die Frage, wann in diesem Fall Zugang anzunehmen ist, wird jedoch kontrovers diskutiert.

m.M.:
reine Vernehmungstheorie

Nach der *reinen Vernehmungstheorie* erfolgt der Zugang erst dann, wenn die Erklärung tatsächlich vom Empfänger akustisch richtig vernommen worden ist.

Nach dieser Ansicht trägt das Übermittlungsrisiko allein der Erklärende. Mangelnde Sprachkenntnisse oder die Folgen von Taubheit oder Schwerhörigkeit gehen dabei nach der sog. *strengen Vernehmungstheorie* stets zu seinen Lasten.

Eine mündliche Erklärung unter Anwesenden oder am Telefon ist daher nach der reinen Vernehmungstheorie nicht zugegangen, wenn der Empfänger statt der 300 die Zahl 20 versteht; notfalls muss der Erklärende eben nachfragen.

h.M.: eingeschr. Vernehmungstheorie

Im Interesse des Verkehrsschutzes und einer angemessenen Risikoverteilung bedarf aber die Vernehmungstheorie einer *Einschränkung* (Objektivierung). Eine nicht oder falsch verstandene Erklärung ist deshalb nach der herrschenden *eingeschränkten Vernehmungstheorie* dann wirksam zugegangen, wenn der Erklärende damit rechnen konnte und durfte, richtig und vollständig verstanden zu werden.

Versteht der Empfänger deshalb 20, obwohl deutlich 300 gesagt wurde, so ist nach der h.M. auch die falsch verstandene Erklärung wirksam zugegangen mit dem Inhalt 300. Es besteht aber die Möglichkeit der Anfechtung.

Angefochten wird dann vom Empfänger seine aufgrund des falsch verstandenen Angebots abgegebene Annahmeerklärung.

Hat beispielsweise der Erklärende zu 300 € angeboten, der Empfänger aber 20 € verstanden, so unterliegt er, wenn er dieses Angebot mit einem „Ja“ annimmt, bei dieser Erklärung einem Inhaltsirrtum, der gem. § 119 I Alt. 1 BGB zur Anfechtung berechtigt.

144 RGZ 61, 414.

145 Vgl. RGZ 61, 414; Medicus/Petersen, BR, Rn. 47.

hemmer-Methode: Auch wenn Ihnen der Meinungsstreit nicht bekannt ist, hilft wiederum die sog. „Aristotelische Mitte“. Es bestehen drei Möglichkeiten: Abstellen auf den Erklärenden (subjektiv) oder den Empfänger (objektiv), und der „goldene Mittelweg“ (subjektiv-objektiv), d.h. womit konnte und musste der Erklärende rechnen. Theorien sind oft gar nicht so kompliziert, wie sie zu sein scheinen. Werden Sie beim Gedanken an Theorienstreite nicht schwach. Lernen Sie mit gesundem Menschenverstand. Letztlich geht es um gerechte Risikoverteilung. Es gilt: Denken statt Auswendiglernen!

bei geschäftsähnlichen Handlungen entspr. Anwendung der Vorschriften über WE

Achtung: Bei sogenannten *geschäftsähnlichen Handlungen*, deren Rechtsfolgen kraft Gesetzes eintreten, können die allgemeinen Vorschriften über die Wirksamkeit von Willenserklärungen entsprechend angewandt werden. Rechtsgeschäftsähnliche Handlungen sind z.B. Mahnung (§ 286 I S. 1 BGB), Fristsetzung (z.B. § 281 I BGB), Aufforderungen zur Genehmigung (§§ 108 II, 177 II, 1366 III, 1369 III BGB), Mitteilungen (§ 171 BGB) und Anzeigen (§§ 149, 409 BGB). 108

Bsp.: *S schuldet G aus Darlehensvertrag (§ 488 BGB) 20.000.- €. Die Forderung war bereits am 04.06. fällig. Am 08.06. fordert G den S mündlich zur sofortigen Zahlung auf. Ist S in Verzug geraten?* 109

Da die Zahlung fällig war, könnte S durch Zugang der Mahnung analog[146] § 130 I S. 1 BGB am 08.06. in Verzug geraten sein. Auf den Verzugsbeginn bei einer Mahnung wird aber § 187 I BGB analog angewendet, sodass Verzug erst am 09.06. eintrat (strittig).

C. Die Geschäftsfähigkeit als Voraussetzung rechtlicher Bindungen

hemmer-Methode: Die Geschäftsfähigkeit kann wegen der Möglichkeit der Genehmigung des gesetzlichen Vertreters dazu führen, dass der Vertrag von Anfang an wirksam ist. Dann besteht von vornherein der Primäranspruch. Insoweit passt die Geschäftsfähigkeit zum vorliegenden Band. Verweigert der gesetzliche Vertreter die Genehmigung, wird der Vertrag endgültig unwirksam. Dann handelt es sich um einen gescheiterten Primäranspruch, vgl. hierzu auch das Skript Hemmer/Wüst, BGB-AT II.

Recht auf eigenverantwortl. Gestaltung v. Rechtsverhältnissen

Die Rechtsfolgen einer Willenserklärung treten ein, weil sie vom Handelnden gewollt sind. Die Privatautonomie gibt ihm als Ausdruck der allgemeinen Handlungsfreiheit, Art. 1 I und 2 I GG, das Recht zu einer eigenverantwortlichen Gestaltung seiner Rechtsverhältnisse und legt ihm andererseits die Verantwortung für den objektiven Bedeutungsgehalt seiner Erklärungshandlungen auf. Der Erklärende muss sich an seiner Erklärung festhalten lassen. 110

Vorauss.: Geschäftsfähigkeit

Voraussetzung hierfür ist allerdings, dass der Erklärende überhaupt zu einem verantwortlichen, rechtsgeschäftlichen Handeln in der Lage ist. Nur dann können ihm seine Erklärungshandlungen zugerechnet werden, nur dann kann er aktiv am Rechtsleben teilhaben. Die Fähigkeit, durch Willenserklärungen Rechtsfolgen herbeizuführen, wird als *Geschäftsfähigkeit* bezeichnet.

nach dem BGB grds. alle Menschen, aber Ausnahmefälle

Das BGB sieht grundsätzlich alle Menschen als geschäftsfähig an. Deshalb enthält es in den §§ 104 ff. BGB keine Vorschriften über die Geschäftsfähigkeit, sondern regelt nur die Ausnahmefälle der *Geschäftsunfähigkeit* (§§ 104, 105 BGB) und der *beschränkten Geschäftsfähigkeit* (§§ 106 ff. BGB). 111

---

146 Im Fall wäre dann sogar von einer doppelten Analogie auszugehen, da sowohl für die Mahnung als geschäftsähnliche Handlung, als auch für die mündliche Erklärung § 130 BGB analog angewandt wird, vgl. dazu schon oben Rn. 92.

I. Die Geschäftsunfähigkeit

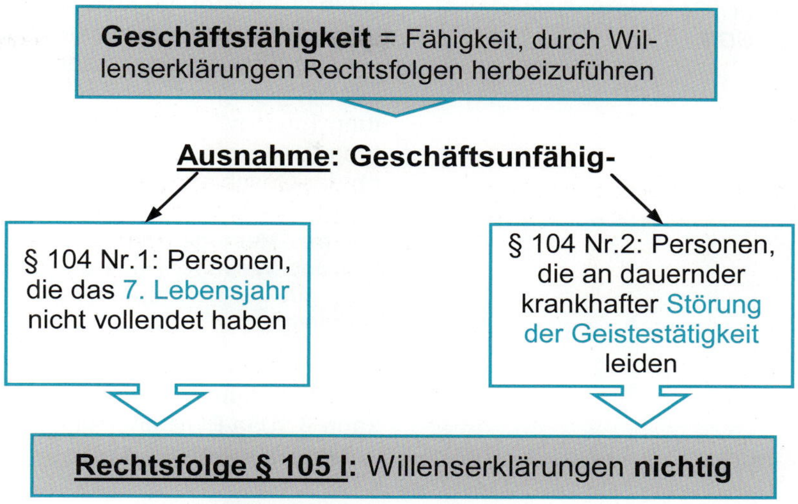

1. Allgemeines

Geschäftsunfähigkeit nach § 104 BGB

Geschäftsunfähig ist nach § 104 BGB, wer das siebte Lebensjahr nicht vollendet hat (§ 104 Nr. 1 BGB) oder wer an einer dauerhaften krankhaften Störung der Geistestätigkeit leidet (§ 104 Nr. 2 BGB). 112

⇨ nach § 105 I BGB nichtig

Eine Willenserklärung, die von einem Geschäftsunfähigen abgegeben wurde, ist gem. § 105 I BGB nichtig. Dasselbe gilt gem. § 105 II BGB für eine im Zustand der Bewusstlosigkeit oder einer vorübergehenden Störung der Geistestätigkeit abgegebene Willenserklärung.

guter Glaube an Geschäftsfähigkeit ist nicht geschützt

Der gute Glaube an die Geschäftsfähigkeit wird nicht geschützt.[147] Es gibt keine Ersatzpflicht für den Vertrauensschaden des Erklärungsgegners. Die Gefahr, die dem Geschäftsverkehr z.B. durch einen unerkannt Geisteskranken droht, wird im Interesse eines unbedingten Schutzes des Geschäftsunfähigen hingenommen.

auch partielle Geschäftsfähigkeit möglich

Achtung: Auch ein Geisteskranker kann in lichten Momenten die volle Geschäftsfähigkeit besitzen! Das ergibt sich aus § 104 Nr. 2 BGB, der die Geschäftsunfähigkeit an einen die „freie Willensbetätigung ausschließenden Zustand" anknüpft. In manchen Fällen kann dem Geschäftsunfähigen die Geschäftsfähigkeit auch nur für einen bestimmten Kreis von Rechtsgeschäften fehlen.[148] 113

In diesen Fällen der sog. *partiellen Geschäftsunfähigkeit* ist der Geschäftsunfähige nicht schlechthin von der Teilnahme am Rechtsverkehr ausgeschlossen, sondern nur für den bestimmten Kreis von Geschäften, auf die sich die krankhafte Störung der Geistestätigkeit bezieht (z.B. keine Befugnis zur Prozessführung bei Querulantenwahn; krankhafte Eifersucht in Fragen der Ehe).

h.M.: keine relative Geschäftsunfähigkeit

Eine *relative Geschäftsunfähigkeit*, beschränkt auf besonders schwierige Geschäfte, wird im Gegensatz hierzu aus Gründen der Rechtssicherheit abgelehnt.

147 BGH, ZIP 1988, 831 = **juris**byhemmer.

148 Vgl. BGHZ 18, 184 = **juris**byhemmer; BGHZ 30, 117 = **juris**byhemmer.

2. § 105a BGB

Geschäfte des täglichen Lebens volljähriger Geschäftsunfähiger, ***§ 105a BGB***

aa) Mit Wirkung zum 01.08.2002 ist § 105a BGB in Kraft getreten. Nach dieser Vorschrift, die durch das „OLG-Vertretungsänderungsgesetz“ ins BGB eingefügt wurde[149], sind Geschäfte des täglichen Lebens, die ein volljähriger Geschäftsunfähiger mit geringwertigen Mitteln bewirken kann, in Ansehung von Leistung (und evtl. Gegenleistung) als wirksam anzusehen, wenn Leistung (und ggfs. Gegenleistung) bewirkt sind. Unerheblich ist dabei, ob der Geschäftsunfähige als Käufer oder Verkäufer auftritt. *113a*

hemmer-Methode: Es bleibt damit zwar grundsätzlich bei der Nichtigkeit des Vertrags. Nach der Erbringung von Leistung und Gegenleistung gilt der Vertrag jedoch in Ansehung eben dieser Leistungen als wirksam.

Auf Minderjährige, die gem. § 104 Nr. 1 BGB geschäftsunfähig sind, kann § 105a BGB angesichts des eindeutigen Wortlautes auch nicht analog angewendet werden.[150]

hemmer-Methode: Fraglich ist, ob § 105a BGB auch dann eingreift, wenn zwei volljährige Geschäftsunfähige miteinander einen alltäglichen Vertrag schließen. Dies ist etwa dann denkbar, wenn der Geschäftsunfähige dem unerkannt geisteskranken Nachbarn einen Teebeutel abkauft. Man wird diese Frage bejahen können, da Schutzzweckerwägungen nicht entgegenstehen.

§ 105a S. 1 BGB gilt jedoch nicht, wenn dadurch eine erhebliche Gefahr für die Person oder das Vermögen des Geschäftsunfähigen besteht, § 105a S. 2 BGB.

hemmer-Methode: Dadurch wird der aus § 1903 I BGB bekannte Grundgedanke übernommen, dass der Betreute unter Umständen vor sich selbst geschützt werden muss. Ein denkbares Anwendungsbeispiel könnte der Kauf billiger, aber gefährlicher Feuerwerkskörper darstellen bzw. der Kauf von Alkohol durch einen Alkoholkranken.[151]

sachlicher Anwendungsbereich des § 105a BGB

bb) Der sachliche Anwendungsbereich fordert zum einen, dass es sich um ein Geschäft des täglichen Lebens handelt. Insoweit wird man sich an der zu § 1903 III S. 2 BGB entwickelten Kasuistik orientieren können, in der es um die Entbehrlichkeit des Einwilligungsvorbehalts bei alltäglichen Geschäften des Betreuten geht. *113b*

hemmer-Methode: Unter den Begriff des Geschäfts sind Verträge zu subsumieren. Einseitige Rechtsgeschäfte dürften wohl nicht erfasst sein.

Für die Bewirkbarkeit mit *geringfügigen Mitteln* stellt die amtliche Begründung im Interesse der Rechtssicherheit auf das durchschnittliche Preis- und Einkommensgefälle und nicht auf die individuellen Vermögensverhältnisse beim Geschäftsunfähigen ab.

Die Bewirkung von Leistung und Gegenleistung muss so erfolgen, wie eine wirksame Erfüllung vorzunehmen wäre. Auf die Wirksamkeit der Erfüllung, die dem Geschäftsunfähigen bislang nicht möglich war, kommt es nicht an, da ansonsten die Vorschrift leer laufen würde.

---

149 Diese Neuregelung im Recht der Geschäftsfähigkeit, mit der die soziale Integration erwachsener, geistig behinderter Menschen gefördert werden soll, befand sich zunächst in einer ausführlicheren Variante mit drei Absätzen im Diskussionsentwurf über das Antidiskriminierungsgesetz (jetzt Allgemeines Gleichbehandlungsgesetz (AGG); im Schönfelder abgedruckt unter Nr.34).

150 Vgl. Palandt, § 105a Rn. 2.

151 Vgl. Palandt, § 105a Rn. 5 mit weiteren Beispielen.

Bei gegenseitig verpflichtenden Verträgen müssen sowohl die Leistung als auch die Gegenleistung bewirkt werden, bevor die Wirksamkeitsfiktion des § 105a BGB eingreift.

hemmer-Methode: Dies kann in Vorleistungsfällen zu Wertungswidersprüchen führen. Kauft der Geschäftsunfähige beispielsweise[152] ein im Schaufenster ausgestelltes Buch und übereignet sofort das Geld, vereinbart aber mit dem Verkäufer, dass das Buch erst zwei Wochen später abgeholt werden soll, so kann der Verkäufer anschließend die Übereignung des Buchs noch mit Hinweis auf die Nichtigkeit des Vertrages (§ 105 I BGB) verneinen. Dies ist mit dem Schutzzweck des Gesetzes kaum zu vereinbaren, insbesondere dann, wenn das Geschäft für den Geschäftsunfähigen wirtschaftlich vorteilhaft war. Andererseits kann man angesichts des eindeutigen Gesetzeswortlauts nicht allein auf die Leistungserbringung durch den Geschäftsunfähigen abstellen.

Rechtsfolgen:

cc) Die interessanteren Fragen der Neuregelung liegen auf der Rechtsfolgenseite.

Vertrag bleibt nichtig

(1) Das Gesetz spricht davon, dass Leistung und Gegenleistung nach ihrer Bewirkung als wirksam gelten. Es soll also nicht zu einer Heilung des gesamten obligatorischen Vertrages kommen. Dieser bleibt vielmehr nichtig[153] (sog. *„partielle Wirksamkeitsfiktion“*). 113c

<u>aber</u>: partielle Wirksamkeitsfiktion bzgl. Leistung und Gegenleistung ⇨ Rückforderungsausschluss

Es wird lediglich die Wirksamkeit der Leistungserbringung fingiert. Die Neuregelung ordnet also, wie sich auch aus ihrer Begründung ergibt[154], lediglich einen **Rückforderungsausschluss** der bewirkten Leistung und Gegenleistung an.

Problem: vertragliche Folgeansprüche ?

Andere vertragliche Ansprüche, wie etwa Schadensersatz, sollen nicht begründet werden.

jedenfalls nicht zu Lasten des Geschäftsunfähigen

> ***Bsp.:*** *Der geschäftsunfähige V verkauft Vogelfutter für 3,- €, mit dem der Käufer seine wertvollen, exotischen Singvögel füttert, nachdem V behauptet hatte, das Futter eigne sich auch für exotische Singvögel.*
>
> Der Käufer kann nach der Konzeption des § 105a BGB den V nicht auf mehrere hundert Euro Schadensersatz nach §§ 437 Nr. 3, 280 I BGB in Anspruch nehmen, wenn seine Singvögel mangels Eignung des Futters verenden.
>
> Um dieses Ergebnis zu erzielen, hätte es allerdings nicht einer partiellen Wirksamkeitsfiktion bedurft. Selbst bei einem Wirksamwerden des gesamten Vertrags wäre eine Haftung des Geschäftsunfähigen infolge seiner Deliktsunfähigkeit nach §§ 276 I S. 2, 827 S. 1 BGB nicht in Betracht gekommen.

hemmer-Methode: Bereits jetzt umstritten ist die Frage, ob wenigstens *zugunsten* des volljährigen Geschäftsunfähigen vertragliche Folgeansprüche (Rücktrittsrecht wegen Schlechterfüllung; Schadensersatzansprüche etc.) bestehen können, wenn sich der Geschäftsunfähige in der Rolle des Käufers befindet.
Die in der Literatur zum Teil vertretene überzeugende Ansicht bejaht dies[155] und kommt damit zu einer *„halbseitigen Wirksamkeit“* des alltäglichen Vertrages *„zu Gunsten des Geschäftsunfähigen“.*[156]

dingliche Rechtslage

(2) Unklar ist die Auswirkung des § 105a BGB auf die dingliche Rechtslage. Nach bisherigem Recht war der Geschäftsunfähige nicht nur unfähig, einen wirksamen Verpflichtungsvertrag zu schließen, sondern konnte diesen auch nicht wirksam erfüllen, da er weder die Leistung übereignen noch die Übereignung der Gegenleistung annehmen konnte. 113d

152 Vgl. Casper in NJW 2002, 3425 [3426].

153 A.A. ohne Begründung Palandt, § 105a Rn. 6.

154 BT-DR 14/9266, S. 43.

155 Vgl. Casper in NJW 2002, 3425 [3427 re.Sp.].

156 A.o. auch Palandt, § 105a Rn. 6.

Dass sich die Fiktionswirkung des § 105a BGB im Ergebnis auch auf das Erfüllungsgeschäft beziehen muss, dürfte aber unstreitig sein. Der Zweck der Regelung würde nämlich ausgehebelt, wenn zwar die bereicherungsrechtlichen Rückabwicklungsansprüche ausgeschlossen sind, der Verkäufer vom geschäftsunfähigen Käufer aber weiterhin nach § 985 BGB den gekauften und bezahlten Gegenstand herausverlangen könnte.

Fraglich ist aber, ob infolge der in § 105a BGB enthaltenen Fiktion nur der dingliche Herausgabeanspruch gegenüber dem jeweiligen Vertragspartner ausgeschlossen ist, oder ob der Geschäftsunfähige nach der Neuregelung nunmehr seinem Kontrahenten wirksam Eigentum verschaffen kann.

> ***Bsp.:*** *Der Geschäftsunfähige tauscht seine CD gegen ein Buch. Die CD wird bei seinem Vertragspartner gestohlen. Kann nach der Sicherstellung der Beute der Geschäftsunfähige, den das Tauschgeschäft inzwischen reut, Herausgabe der CD verlangen?*
>
> Wird nur das Nichtbestehen des Herausgabeanspruchs fingiert, so bleibt der Geschäftsunfähige Eigentümer der CD und kann sie vom Dieb herausverlangen.
>
> Geht man hingegen von einer dinglichen Wirkung aus, so könnte nur der andere Teil die Herausgabe verlangen, da ihm die CD infolge der Anwendung des § 105a BGB auf das Erfüllungsgeschäft wirksam übereignet worden ist.
>
> Letzteres dürfte allein sachgerecht sein. Denn es kann nicht angehen, dass der Geschäftsunfähige die gestohlene CD zwar beim Dieb herausverlangen kann, aber nicht seinerseits das erhaltene Buch herausgeben muss oder infolge des Diebstahls den Tauschvertrag noch rückabwickeln kann.
>
> Die dingliche Wirkung folgt zwanglos aus dem allgemeinen Fiktionsverständnis.

(3) Änderungen ergeben sich durch § 105a BGB auch besitzrechtlich. *113e*

Während nach bisherigem Recht der Geschäftsunfähige zwar seinem Kontrahenten Besitz verschaffen konnte, da auch der Geschäftsunfähige einen natürlichen Besitzwillen bilden kann, war es aber Dritten unmöglich, Gegenstände, die ein Geschäftsunfähiger aus der Hand gegeben hatte, nach § 932 BGB gutgläubig zu erwerben. Diese gelten vielmehr als abhanden gekommen, da der Geschäftsunfähige nach überwiegender Ansicht zu einer freiwilligen Besitzaufgabe i.S.d. BGB wegen deren rechtsgeschäftlicher Wirkung nicht in der Lage sei.[157]

Übereignet der Geschäftsunfähige nunmehr im Rahmen eines alltäglichen Geschäfts einen Gegenstand, so wird man selbst dann von einer freiwilligen Besitzaufgabe auszugehen haben, wenn man entgegen der hier vertretenen Auffassung eine Anwendung des § 105a BGB auf das dingliche Erfüllungsgeschäft verneint.[158]

hemmer-Methode: § 105a BGB wirft mehr Fragen auf, als mit dieser Vorschrift gelöst wurden. Aus diesem Grund wird diese Norm im Examen künftig sicherlich eine gewisse Rolle spielen, da sowohl auf vertraglicher als auch auf sachenrechtlicher Ebene Klausurprobleme konstruiert werden können, mit denen man das Verständnis dieser neuen Vorschrift abprüfen kann.

157 Hemmer/Wüst, Sachenrecht II, Rn. 79.

158 Vgl. Casper in NJW 2002, 3425 [3428 li.Sp.].

3. Die Betreuung Volljähriger, §§ 1896 ff. BGB

Betreuungsgesetz

Bis zum 31.12.1991 war auch derjenige geschäftsunfähig, der gem. § 104 Nr. 3 BGB a.F. entmündigt war. 114

Die Entmündigung wurde aber als Stigmatisierung und Bevormundung verstanden und deshalb mit Wirkung zum 01.01.1992 durch das Betreuungsgesetz, das flexibler und individueller den Bedürfnissen des Betreuten Rechnung tragen soll, abgeschafft. Unterschieden wird nunmehr zwischen Betreuung mit und ohne Einwilligungsvorbehalt (vgl. § 1903 BGB).

Die Anordnung der Betreuung als solche hat dabei auf die Geschäftsfähigkeit des unter Betreuung Gestellten keinen Einfluss.

hemmer-Methode: I.R.d. einfachen Betreuung ohne Einwilligungsvorbehalt ergeben sich mögliche Problemfelder für die Klausur, wenn Betreuer und Betreuter beide vollwirksam handeln können.
Letztlich ist das Gesetz zwar gut gemeint, aber nicht ganz durchdacht. Zu unterscheiden sind sich widersprechende Verpflichtungs- und Verfügungsgeschäfte. Sich widersprechende Verpflichtungsgeschäfte können zu Schadensersatzansprüchen des Vertragspartners führen.
Bei sich widersprechenden Verfügungen gilt das Prioritätsprinzip des Sachenrechts (§ 185 II S. 2 BGB): Nur die frühere Verfügung ist wirksam. Beachten Sie im Übrigen auch die Ausführungen in Hemmer/Wüst, BGB-AT II, Rn. 19 ff.

Betreuung mit Einwilligungsvorbehalt, § 1903 BGB

Wird (ausnahmsweise) ein Einwilligungsvorbehalt angeordnet, so ist der Betreute gem. § 1903 I S. 2 BGB weitgehend einem beschränkt Geschäftsfähigen gleichgestellt (vgl. dazu Rn. 115 ff.). 114a

⇨ WE dann wirksam, wenn rechtl. vorteilhaft, sonst schwebend unwirksam (§§ 107, 108, 1903 BGB)

Willenserklärungen, die für den beschränkt Geschäftsfähigen oder Betreuten unter Einwilligungsvorbehalt nicht *lediglich rechtlich vorteilhaft* sind, kann er allein nicht rechtswirksam abgeben, § 107 BGB bzw. § 1903 III S. 1 BGB. Sie bedürfen der Zustimmung des gesetzlichen Vertreters bzw. Betreuers, die vorweg als Einwilligung (§ 183 BGB) oder nachträglich als Genehmigung (§ 184 BGB) erteilt werden kann.

Bis zur Erteilung der Genehmigung ist das durch den beschränkt Geschäftsfähigen oder Betreuten unter Einwilligungsvorbehalt abgeschlossene Rechtsgeschäft *schwebend unwirksam*, § 108 I BGB; eine Ausnahme von diesem Grundsatz macht für den Betreuten § 1903 III S. 3 BGB hinsichtlich der geringfügigen Angelegenheiten des täglichen Lebens, die dieser wirksam vornehmen kann.

Ansonsten tritt mit der Verweigerung der Genehmigung die endgültige Unwirksamkeit ein.[159] Der Geschäftspartner des Minderjährigen oder Betreuten unter Einwilligungsvorbehalt kann seine Leistungen nur über Bereicherungsrecht gem. §§ 812 ff. BGB zurückverlangen und muss dabei auch das Risiko einer möglichen Entreicherung tragen, § 818 III BGB.

hemmer-Methode: Denken Sie bei der Frage der Entreicherung im Sinne von § 818 III BGB auch an § 819 I BGB! Umstritten ist dabei, auf wessen Kenntnis für die Frage der Bösgläubigkeit abzustellen ist. Die h.M. zieht bei der Leistungskondiktion, weil es sich hierbei in der Regel um die Rückabwicklung rechtsgeschäftlicher Vermögensverschiebungen (Vertragsähnlichkeit!) handelt, die gesetzlichen Vertreter heran. Dagegen ist bei der Eingriffskondiktion wegen der Deliktsähnlichkeit auf § 828 III BGB entsprechend abzustellen.

159 Palandt, § 108, Rn. 3.

Probleme ergeben sich beim Zusammentreffen von Betreuung unter Einwilligungsvorbehalt mit § 104 Nr. 2 BGB. 114b

Zusammentreffen von Einwilligung gem. § 1903 I BGB mit § 104 Nr. 2 BGB

§ 104 Nr. 2 BGB wird nicht von § 1903 I BGB überwunden. War also der Betreute im Zeitpunkt der Abgabe der Willenserklärung nicht im Vollbesitz seiner geistigen Fähigkeiten, so ist seine Erklärung gem. § 105 BGB nichtig. Hieran kann auch die Einwilligung des Betreuers nichts mehr ändern, da diese nur über die schwebende Unwirksamkeit hinweghelfen kann, die Folge des Einwilligungsvorbehalts ist.

hemmer-Methode: Im Unterschied zur alten Rechtslage muss jedoch jetzt in jedem Einzelfall von demjenigen, der sich auf die Nichtigkeit beruft, die mangelnde Einsichtsfähigkeit des Betreuten bewiesen werden; früher führte die Entmündigung automatisch zu dieser Rechtsfolge.

Die Mitwirkung des Betreuers kann somit beim Vertragspartner das Vertrauen in die Wirksamkeit eines gem. §§ 104 Nr. 2, 105 BGB nichtigen Vertrages wecken. Die Literatur wirft deshalb dem Gesetzgeber (!) „Täuschung des Rechtsverkehrs" vor.[160] Denkbar ist zwar eine Umdeutung der Einwilligung des Betreuers in ein neues Vertragsangebot. Probleme gibt es aber dann, wenn diese „Genehmigung" nur dem Betreuten gegenüber erklärt wird (dann allenfalls eine Übermittlung an den Vertragspartner durch den Betreuten als Boten möglich). Außerdem hätte diese Umdeutung weiter gehende Folgen als die tatsächlich erklärte Einwilligung und verstieße hiermit gegen die Grundprinzipien des § 140 BGB.

hemmer-Methode: Sie sollen mit der hemmer-Methode auch Kritikfähigkeit trainieren. Beziehen Sie deshalb ruhig Stellung, indem Sie die Schwächen des Gesetzes aufzeigen.

II. Die beschränkte Geschäftsfähigkeit

1. Grundsätze

beschr. Geschäftsfähigkeit:

Beschränkt geschäftsfähig sind Minderjährige zwischen 7 bis unter 18 Jahren, §§ 2, 106 BGB.[161] 115

Beschränkt geschäftsfähige Minderjährige sind gem. § 106 BGB nach Maßgabe der §§ 107 ff. BGB beschränkt geschäftsfähig. Die **§§ 107 ff. BGB gelten** dabei grds. **für die Abgabe** einer Willenserklärung durch einen Minderjährigen. **§ 131 II BGB regelt** dagegen den **Zugang** einer Willenserklärung **gegenüber** einem **Minderjährigen**.

Einwilligung, §§ 107, 183 BGB

Willenserklärungen, durch die der beschränkt geschäftsfähige Minderjährige nicht lediglich einen rechtlichen Vorteil i.S.d. § 107 BGB erlangt, bedürfen der Einwilligung (= vorherige Zustimmung, vgl. § 183 BGB) des gesetzlichen Vertreters. Dies sind i.d.R. die Eltern als Gesamtvertreter, § 1629 I S. 2 HS 1 BGB. 116

Genehmigung, §§ 108 I, 184 I BGB

Gibt ein Minderjähriger eine Willenserklärung ohne die erforderliche Einwilligung seines gesetzlichen Vertreters ab, so ist diese schwebend unwirksam, da die gesetzlichen Vertreter die Möglichkeit haben, das Rechtsgeschäft zu genehmigen, vgl. § 108 I BGB.

Mit der Genehmigung (= nachträgliche Zustimmung) wird die Erklärung ex-tunc wirksam, vgl. § 184 I BGB.

160 Coester in Jura 1991, 7.

161 Lesen Sie zum Minderjährigenrecht vertiefend den dreiteiligen Aufsatz von TYROLLER, Ausgewählte Probleme des Minderjährigenrechts in Life&Law 2006, Heft 3 (Seiten 213 bis 218), Heft 5 (Seiten 358 bis 366) sowie Heft 7 (Seiten 498 bis 506).

Aufforderung zur Genehmigung möglich, vgl. § 108 II BGB

Gem. *§ 108 II* BGB kann sich der Vertragspartner innerhalb von zwei Wochen Klarheit über die Bereitschaft der gesetzlichen Vertreter verschaffen, einen genehmigungspflichtigen (nicht lediglich rechtlich vorteilhaften) Vertrag zu genehmigen: Er kann ihn zur Genehmigung auffordern. ***116a***

Macht er von diesem Recht Gebrauch, so wird eine bereits gegenüber dem Minderjährigen erklärte Genehmigung unwirksam und der „Schwebezustand" der zwischenzeitlich ex-tunc wirksam gewordenen Willenserklärung tritt wieder ein, § 108 II S. 1 HS 2 BGB.

Wird die Genehmigung nun nicht (nochmals) erteilt, so gilt diese nach Ablauf von zwei Wochen als verweigert; die Willenserklärung ist (nun endgültig) nichtig.

hemmer-Methode: Als Folge der Wiederherstellung des ursprünglichen Schwebezustands lebt für den Vertragspartner des Minderjährigen auch dessen Widerrufsrecht gem. § 109 I BGB auf.
Sowohl der Vertragspartner als auch der gesetzliche Vertreter sind nun in ihrer Entscheidung wieder völlig frei.
Fordert allerdings der Vertragspartner den gesetzlichen Vertreter allein deshalb zur Genehmigung auf, um anschließend nach § 109 BGB widerrufen zu können, so ist dieses Vorgehen wegen des Verbots des *„venire contra factum proprium"* rechtsmissbräuchlich und damit unwirksam.

Gilt § 108 II BGB analog bei Einwilligung des gesetzlichen Vertreters?

Fraglich ist, ob diese Vorschrift analog anwendbar ist, wenn der gesetzliche Vertreter dem Minderjährigen gegenüber die Einwilligung (= vorherige Zustimmung, vgl. § 183 BGB) erteilt hat. ***116b***

Dies wird von der h.M. zu Recht abgelehnt.[162] Die Interessenlage ist nämlich nicht vergleichbar. Zwar mag der Vertragspartner im Ungewissen sein, ob die Erklärung wirksam ist oder nicht.

Der grundlegende Unterschied ist aber der, dass im Falle der Einwilligung gar kein Schwebezustand vorliegt, sondern die Willenserklärung des Minderjährigen von Anfang an wirksam ist. Außerdem kann der Vertragspartner ja den Vertragsschluss mit dem Minderjährigen ablehnen, wenn dieser keine (schriftliche) Einwilligung seiner gesetzlichen Vertreter vorlegt. Fängt er dagegen nachträglich das Zweifeln an, so ist dies ganz und gar sein Problem.[163]

hemmer-Methode: In verschiedenen Fällen (vgl. § 1643 i.V.m. §§ 1821, 1822 BGB) bedürfen die gesetzlichen Vertreter des Minderjährigen ihrerseits der Genehmigung des *Familiengerichts.*[164]
Achten Sie darauf, dass sich die familiengerichtliche Genehmigung, ähnlich wie das Formerfordernis des § 311b I S. 1 BGB, auch auf Zusicherungen und sonstige Nebenabreden erstrecken muss. Ansonsten ist das Geschäft in der Regel insgesamt unwirksam, vgl. § 139 BGB.

Bevor auf weitere Einzelheiten zur beschränkten Geschäftsfähigkeit eingegangen wird, lösen Sie folgendes Beispiel aus dem Bereich des Minderjährigenrechts (Problem der *Doppelnichtigkeit von Rechtsgeschäften)!* ***117***

auch Doppelnichtigkeit möglich

> **Bsp.:** *Pfiffig hat von Schlaumeier eine seltene Schallplatte von Elton John erworben, die dieser dem Minderjährigen Unreif durch Betrug abgeluchst hatte. Pfiffig wusste von dem Betrug, nicht aber von der Minderjährigkeit des Unreif. Die Eltern des Unreif verlangen die Platte heraus. Mit Recht?*

162 Vgl. MüKo, § 108, Rn. 24; a.A. Palandt, § 108, Rn. 7.

163 So zu Recht Larenz/Wolf, Allgemeiner Teil, 9. Auflage 2004, § 25, Rn. 49.

164 Hierzu unten Rn. 127, 272 ff.

Die Eltern könnten als gesetzliche Vertreter des Unreif (§§ 1626, 1629 BGB) gem. § 985 BGB von Pfiffig Herausgabe der Schallplatte verlangen.

Hierzu müsste Unreif noch Eigentümer der Platte, Pfiffig deren unrechtmäßiger Besitzer sein.

Durch die Übereignung (§ 929 S. 1 BGB) an Schlaumeier hat Unreif nicht das Eigentum an der Schallplatte verloren, da er zum Zeitpunkt der Veräußerung noch minderjährig war, §§ 2, 106 BGB, und es sich bei der Übereignung nicht um ein lediglich rechtlich vorteilhaftes Geschäft handelte. Eine Genehmigung durch die gesetzlichen Vertreter ist nicht erfolgt, §§ 107, 108 I BGB.

Unreif könnte sein Eigentum aber an Pfiffig verloren haben, wenn dieser gutgläubig von Schlaumeier erworben hat, §§ 929, 932 BGB.

Die aus der beschränkten Geschäftsfähigkeit des Unreif entstandene Nichtigkeit der Vorveräußerung kann Pfiffig nicht entgegengehalten werden, da er insoweit gutgläubig war. Der Gutglaubenserwerb scheitert nicht an § 935 BGB. Nach h.M. kommt es bei der Besitzaufgabe auf die natürliche Einsichtsfähigkeit des Minderjährigen im Hinblick auf die Bedeutung des Realakts an.

Diese wird im Regelfall vorliegen. Nur eine Mindermeinung nimmt bei der Besitzweggabe durch Minderjährige generell Abhandenkommen an.[165]

Sein Eigentumserwerb scheitert aber, da in dem Herausgabeverlangen der Eltern gleichzeitig die Anfechtung des Rechtsgeschäfts zwischen Schlaumeier und Unreif wegen arglistiger Täuschung zu sehen ist (§ 123 I BGB) und Pfiffig insoweit bösgläubig ist (§§ 142 II, 932 II BGB). Der Anfechtung, die zur ex-tunc-Vernichtung des Rechtsgeschäfts führt (§ 142 I BGB), steht auch nicht dessen Nichtigkeit nach §§ 106 – 108 BGB entgegen.

Denn die Nichtigkeit eines Rechtsgeschäfts bedeutet nichts anderes als dessen Nichtgeltung im Hinblick auf einen ganz bestimmten Nichtigkeitsgrund (hier: beschränkte Geschäftsfähigkeit). Dies schließt die Geltendmachung weiterer Nichtigkeitsgründe (hier: arglistige Täuschung) nicht aus (sog. Kipp´sche Lehre von der Doppelwirkung im Recht bzw. Lehre von der „Doppelnichtigkeit".[166]

Es ist keinesfalls unlogisch, die Rechtsfolge der Nichtigkeit aus verschiedenen Nichtigkeitsgründen abzuleiten. Im Gegenteil besteht ein Anfechtungsbedürfnis immer dann, wenn der Anfechtungsgrund zu für den Anfechtenden günstigeren Rechtsfolgen führt als der gleichzeitig vorliegende Nichtigkeitsgrund.

hemmer-Methode: Die Anfechtung des nichtigen Rechtsgeschäfts ist also keine bloß theoretische Spielerei: Examenstypische Bedeutung hat sie vor allem wegen § 142 II i.V.m. § 932 II BGB für die Zerstörung der Gutgläubigkeit beim Dritterwerber. Ähnlich führt die Kenntnis der Anfechtbarkeit zur verschärften Haftung des § 819 I BGB, auch wenn das Rechtsgeschäft schon aus einem anderen Grund nichtig war.

Ergebnis*:* Unreif ist Eigentümer der Schallplatte geblieben. Seine Eltern können vom unrechtmäßigen Besitzer Pfiffig Herausgabe nach § 985 BGB verlangen. Es besteht auch kein Zurückbehaltungsrecht, da die Kaufpreiszahlung an den Schlaumeier keine Verwendung i.S.d. §§ 994, 1000 BGB darstellt. Die Kaufpreiszahlung ist keine Aufwendung, die der Sache zugute kommt.

---

165 Vgl. Palandt, § 935, Rn. 3.

166 Kipp in Festschrift für Martitz, 1911, Seite 211 ff.; Palandt, vor § 104 BGB, Rn. 35; vgl. auch Hemmer/Wüst, BGB-AT I, Rn. 428 ff.; zuletzt Schmelz, „Die Lehre von der Doppelwirkung im Recht", in JA 2006, 21 ff.

2. Einseitige Rechtsgeschäfte[167]

einseitiges Rechtsgeschäft: nur vorherige Einwilligung, § 111 BGB

Einseitige Rechtsgeschäfte, z.B. eine Anfechtung oder Kündigung, die 118
für den Minderjährigen nicht lediglich rechtlich vorteilhaft sind, können ohnehin nur mit der *vorherigen Zustimmung (Einwilligung)* der gesetzlichen Vertreter wirksam vorgenommen werden, *§ 111 BGB.* Die nachträgliche Zustimmung (Genehmigung) des gesetzlichen Vertreters vermag das Geschäft *nicht* zu heilen; möglich ist nur eine Neuvornahme.

Ausnahme: Einverständnis des Gegners

Bei *empfangsbedürftigen Willenserklärungen* gelten von diesem Grundsatz jedoch *zwei Ausnahmen.* Zum einen gelten die §§ 108, 109 BGB (Genehmigung möglich) anstelle von § 111 BGB (Unwirksamkeit), wenn der Geschäftsgegner mit der Vornahme des Rechtsgeschäfts ohne die erforderliche Einwilligung einverstanden ist. Begründet wird dies durch eine entsprechende Anwendung von § 180 S. 2 Alt. 2 BGB.[168]

> ***Bsp.:*** *Der Mieter erklärt sich mit der durch den Minderjährigen ausge-* 119
> *sprochenen Kündigung einverstanden. Hier gilt nicht § 111 BGB, sondern in Analogie zu § 180 S. 2 Alt. 2 BGB die §§ 108, 109 BGB. Die Eltern des Minderjährigen können die ausgesprochene Kündigung genehmigen und somit die schwebend unwirksame Kündigung heilen.*

Ausnahme: § 111 S. 2 und S. 3 BGB

Eine weitere Ausnahme gilt, wenn die Einwilligung, also die vorherige Zustimmung, gegenüber dem beschränkt Geschäftsfähigen, nicht aber gegenüber dem Geschäftspartner erklärt wurde.

Hier ist das Rechtsgeschäft nur dann unwirksam, wenn die Einwilligung nicht schriftlich vorgelegt oder vom gesetzlichen Vertreter mitgeteilt wurde und der Geschäftsgegner das Rechtsgeschäft deshalb *unverzüglich* zurückweist, § 111 S. 2/3 BGB.

In analoger Anwendung von § 109 I S. 2 BGB kann die Zurückweisung auch gegenüber dem Minderjährigen erfolgen.[169]

Grundsatz § 111: WE unwirksam ohne Einwilligung des ges. Vertreters

Ausnahmen:

WE nach §§ 108, 109 genehmigungsfähig, wenn Geschäftsgegner mit Vornahme des Rechtsgeschäfts ohne vorherige Einwilligung einverstanden ist: § 180 S. 2 Alt. 2 analog (Schutzwürdigkeitserwägung)	Wenn Einwilligung nur gegenüber beschränkt Geschäftsfähigem erklärt wurde ⇨ WE dennoch unwirksam, wenn Zurückweisung, § 111 S. 2, S. 3 (**Beachten:** Zurückweisung analog § 109 I S. 2 auch gegenüber *Minderjährigem* möglich)

3. Lediglich rechtlich vorteilhaft

rechtl. Vorteil:

Ein *lediglich rechtlich vorteilhaftes Geschäft* liegt für den Minderjäh- 120
rigen dann vor, wenn seine *rechtliche Stellung* verbessert wird.[170] Eine wirtschaftliche Betrachtung findet dabei nicht statt.

167 Hierzu Hemmer/Wüst, BGB AT II, Rn. 29 f.

168 Vgl. Jauernig, § 111 Anm. 2 b aa.

169 Vgl. Jauernig, § 111 Anm. 2 b bb.

170 Std. Rspr.; vgl. BGH, LM § 107 Nr. 7.

Lediglich rechtlich vorteilhaft sind vor allem zwei Gruppen von Geschäften:

⇨ Erwerb von Rechten

⇨ *Der Erwerb von Rechten* durch den Minderjährigen oder der *Verzicht Dritter auf Ansprüche gegen ihn:* z.B. der Eigentumserwerb, die Abtretung einer Forderung an den Minderjährigen, der Erlass einer Forderung, die gegen den Minderjährigen gerichtet war (§ 397 BGB).

⇨ Annahme von Schenkung

⇨ Die zweite, lediglich rechtlich vorteilhafte Fallgruppe ist die *Annahme einer Schenkung* durch den Minderjährigen, da hierdurch regelmäßig keine Verpflichtung des Beschenkten, sondern lediglich eine einseitige Verbindlichkeit auf Seiten des Schenkers begründet wird.

nicht bei persönlicher Verpflichtung

***Problem**: Annahme der Erbschaft*

Die Annahme einer Erbschaft ist für den Minderjährigen nicht ausschließlich rechtlich vorteilhaft, weil mit dem Vermögenserwerb die Haftung für die Nachlassverbindlichkeiten verbunden ist, § 1967 BGB. Sie ist daher ebenfalls zustimmungsbedürftig. 121

hemmer-Methode: Der Anfall der Erbschaft erfolgt allerdings auch ohne die Zustimmung der Eltern, selbst wenn damit die Haftung für Nachlassverbindlichkeiten nach § 1967 BGB verbunden sein sollte. § 107 BGB gilt nämlich nur für rechtsgeschäftliche Erklärungen; bei der Universalsukzession gem. § 1922 BGB handelt es sich aber um einen vom Willen des Erben unabhängigen gesetzlichen Erwerb.

Schenkung

Grundsätzlich ist die Schenkung für den Minderjährigen lediglich rechtlich vorteilhaft, da sie keine Verpflichtung des Beschenkten begründet.

Auch die Annahme einer Zuwendung kann jedoch für den Minderjährigen nicht lediglich rechtlich vorteilhaft sein, wenn sie nämlich mit einer *persönlichen Verpflichtung* verbunden ist.

Dementsprechend bedarf der Minderjährige zu einer Schenkung unter einer Auflage der Zustimmung seines gesetzlichen Vertreters.[171]

Problematisch ist eine Schenkung auch dann, wenn die Übereignung der geschenkten Sache mit rechtlichen Nachteilen verbunden ist. Wegen des Minderjährigenschutzes kann in diesen Fällen die Schenkung nicht grenzenlos zulässig sein. Unter Umständen ist eine solche Schenkung an einen Minderjährigen unwirksam.

nur unmittelbare Nachteile

Diese Fälle dürfen jedoch nicht mit den Fallgestaltungen verwechselt werden, in denen lediglich der geschenkte Gegenstand belastet ist, den Minderjährigen aber keine persönlichen Verpflichtungen treffen.[172]

Die schenkweise Übertragung eines Grundstücks (Miteigentumsanteils), das mit einem Nießbrauch und einem Vorkaufsrecht belastet ist, stellt für den Beschenkten lediglich einen rechtlichen Vorteil dar.

Dies gilt auch dann, wenn an dem Grundstück (Miteigentumsanteil) zugleich mit der Übereignung ein weiterer Nießbrauch und zwei weitere Vorkaufsrechte bestellt werden sollen. Bei einer solchen Schenkung der Großmutter an das vierjährige Enkelkind können die Eltern das Kind vertreten.[173]

171 Palandt, § 107, Rn. 6.

172 Vgl. dazu Röthel/Krackhardt, Lediglich rechtlicher Vorteil und Grunderwerb, in JURA 2006, 161 ff.; Schmitt, Der Begriff der lediglich rechtlich vorteilhaften Willenserklärung i.S.d. § 107 BGB, in NJW 2005, 1090 ff.; Preuß, Das für den Minderjährigen lediglich rechtlich vorteilhafte Geschäft, in JuS 2006, 305 ff.

173 BayObLG, Life&Law 1999, 5 ff.

So ist z.B. die Übereignung eines hypothekarisch belasteten Grundstücks für den Minderjährigen lediglich rechtlich vorteilhaft. 122

Selbst wenn es zu einer Verwertung des Grundstücks kommen würde, würde sich die Zwangsvollstreckung nur auf das Grundstück und damit auf das hinzuerworbene Vermögen des Minderjährigen erstrecken.[174]

bei Schenkung von ges. Vertretern teleologische Reduktion des § 181 BGB

Fraglich ist, ob bei Schenkungen der Eltern als gesetzliche Vertreter ihrer Kinder ein Zustimmungserfordernis besteht. Dies ergibt sich aus folgendem Grund: Die Annahmeerklärung des Schenkungsangebots könnten die Eltern als gesetzliche Vertreter ihres Kindes (§§ 1626 I, 1629 I BGB) abgeben.

Die privatrechtliche oder öffentlich-rechtliche Belastung des Geschäftsgegenstands führt nicht zu einem rechtlichen Nachteil i.S.d. § 107 BGB, denn der Nachteil liegt weder im Rechtsgeschäft selbst, noch trifft er den Erwerber des Gegenstandes als solchen. Vielmehr entsteht der Nachteil unbeeinflussbar vom Willen der Parteien kraft Gesetzes; er knüpft damit allein an die Innehabung des Geschäftsgegenstands, d.h. an einen rechtsgeschäftsneutralen Tatbestand, an.

Hierbei finden über § 1629 II BGB die §§ 1795 II i.V.m. 181 BGB Anwendung. § 181 BGB würde es damit den Eltern verwehren, den Kindern Geschenke zu machen. Dies würde dazu führen, dass jeweils ein Ergänzungspfleger gem. § 1693 i.V.m. § 1909 BGB bestellt werden müsste.

Dies wird durch die teleologische Reduktion des § 181 BGB verhindert. Bei den für den Vertretenen lediglich rechtlich vorteilhaften Rechtsgeschäften ist das Insichgeschäft zulässig. Die Eltern können damit, ohne gegen § 181 BGB zu verstoßen, ihr eigenes Schenkungsangebot für das Kind annehmen.

hemmer-Methode: Es gibt also drei Ausnahmen von § 181 BGB, zwei davon normiert die Vorschrift selbst. So ist ein Insichgeschäft wirksam, wenn:
⇨ eine *Gestattung* durch Gesetz oder von dem Vertretenen gegeben ist (gleichgestellt wird die *Genehmigung* durch den Vertretenen!),
⇨ das Insichgeschäft *zur Erfüllung einer Verbindlichkeit* vorgenommen wird oder wenn
⇨ eine Interessenkollision und Gefährdung des Vertretenen generell ausgeschlossen ist. Diese Ausnahme wird aus der teleologischen Reduktion des § 181 BGB gewonnen. Dies ist insbesondere der Fall, wenn das Rechtsgeschäft für den Vertretenen *lediglich rechtlich vorteilhaft* ist.

Der dingliche Übertragungsakt, z.B. die Auflassung[175], würde dann auch nicht an § 181 BGB scheitern, da dies dann in Erfüllung des Schenkungsvertrags geschieht (vgl. Wortlaut des § 181 BGB).

Dasselbe gilt auch dann, wenn die Eltern die nach § 107 BGB erforderliche Einwilligung zu der Entgegennahme der Auflassung durch den Minderjährigen erteilen, denn die Auflassung dient nur zur Erfüllung der im Schenkungsvertrag begründeten Verpflichtung.

Eine isolierte Betrachtung von Verpflichtungs- und Erfüllungsgeschäft würde hier aber dazu führen, dass auch das rechtlich nachteilige Erfüllungsgeschäft ohne Bestellung eines Pflegers geschlossen werden könnte, indem die Eltern als gesetzlicher Vertreter des Kindes fungieren, was ihnen durch § 181 BGB nicht verwehrt würde (§ 181 BGB a.E.: „in Erfüllung einer Verbindlichkeit"). 123

174 Dies gilt auch dann, wenn die Belastungen den Grundstückswert übersteigen - rechtl., keine wirtschaftl. Betrachtungsweise; vgl. BayObLGZ 1979, 53 = **juris**byhemmer.

175 Problematisch ist auch die Schenkung von Wohnungseigentum, vgl. Rn. 73 und Medicus/Petersen, BR, Rn. 172a.

Bei Schenkungen des gesetzlichen Vertreters muss dementsprechend - um eine Umgehung der §§ 107, 181 BGB zu verhindern - die Frage des rechtlichen Vorteils anhand einer Gesamtbetrachtung von dinglichem und obligatorischem Geschäft beantwortet werden.[176]

Problem: sog. „Danaergeschenke“

hemmer-Methode: Das nachfolgende Beispiel wird auch unter dem Stichwort des sog. *Danaergeschenks* (Trojanisches Pferd) diskutiert. Der Begriff Danaergeschenk stammt aus der griechischen Mythologie. Man versteht darunter in Anlehnung an das Trojanische Pferd der griechischen Danaer ein Geschenk, das sich für den Empfänger als unheilvoll und schadensstiftend erweist. Es handelt sich um Schenkungen, die einen Vorteil versprechen, aber Gefahren mit sich bringen.[177]

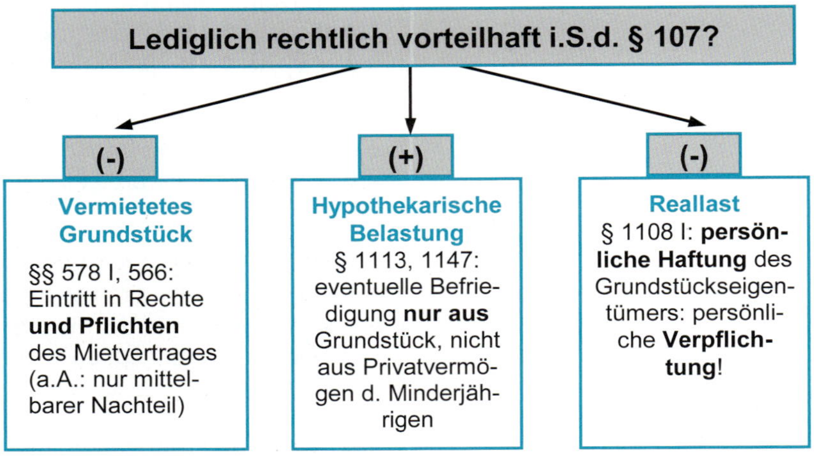

Bsp.**[178]: Vater V schenkt seinem 16-jährigen Sohn S eine Eigentumswohnung, gleichzeitig wird Einigung über den Rechtsübergang erklärt. Notarielle Form wird eingehalten. Gleichzeitig wird aber vereinbart, dass der Sohn in die Gemeinschaftsordnung der Wohnanlage eintreten solle. **Ist S Eigentümer der Wohnung geworden?

Sohn S könnte gemäß §§ 873, 925 BGB, § 4 II WEG[179] Eigentum erworben haben. Durch das sog. „Wohnungseigentum“ wird - abweichend von § 93 BGB - ermöglicht, Eigentum an räumlich bestimmten Teilen eines Hauses zu erwerben, sog. Sondereigentum, vgl. §§ 2, 3 WEG. Die Übertragung von „Wohnungseigentum“ i.d.S. erfolgt gem. § 4 I, II WEG wie die Übertragung von Miteigentumsanteilen an einem Grundstück nach §§ 873, 925 BGB.

dingliche Einigung

a) Dingliche Einigung gem. §§ 4 I, II WEG, 873 I, 925 BGB

Die dingliche Einigung über den Eigentumsübergang gem. § 4 I, II WEG, § 925 BGB könnte unwirksam sein, wenn ein unzulässiges Insichgeschäft vorliegen würde, §§ 1629 II S. 1, 1795 II, 181 BGB. In diesem Fall müsste das Familiengericht gem. §§ 1693, 1909 BGB einen Ergänzungspfleger für S bestellen.

aa) Im vorliegenden Fall könnte bei der dinglichen Einigung im Wege teleologischer Reduktion eine Ausnahme vom Verbot des Selbstkontrahierens bestehen, wenn die Übereignung der Wohnung lediglich rechtlich vorteilhaft war. In diesem Fall scheidet eine Interessenkollision und Gefährdung des Vertretenen denknotwendig aus.

176 BGHZ 78, 34 = **juris**byhemmer.

177 Vgl. dazu auch BGH Life&Law 2005, 203 ff. = NJW 2005, 415 ff. = **juris**byhemmer; vgl. auch Wilhelm, *Das Merkmal „lediglich rechtlich vorteilhaft“ bei Verfügungen über Grundstücksrechte*, in NJW 2006, 2353 ff.

178 BGH, Life&LAW 2011, 135 ff. = NJW 2010, 3643 f. = **juris**byhemmer.

179 Schönfelder Nr. 37.

Ein auf den Erwerb einer Sache gerichtetes Rechtsgeschäft ist für den Minderjährigen nicht lediglich rechtlich vorteilhaft, wenn er in dessen Folge mit Verpflichtungen belastet wird, für die er nicht nur dinglich mit der erworbenen Sache, sondern auch persönlich mit seinem sonstigen Vermögen haftet.

Ob auch die Auflassung einer Eigentumswohnung in diesem Sinne für den Minderjährigen nicht lediglich rechtlich vorteilhaft ist, wird unterschiedlich beurteilt.

(1) Nach e.A. ist der Erwerb einer Eigentumswohnung im Grundsatz lediglich rechtlich vorteilhaft Anders soll dies nur dann sein,

⇨ wenn die Gemeinschaftsordnung erhebliche Verschärfungen zu Lasten des Minderjährigen vorsieht,

⇨ wenn ein Verwaltervertrag besteht und der Minderjährige mit dem Erwerb der Eigentumswohnung in diesen eintritt oder

⇨ wenn die Eigentumswohnung vermietet ist.

(2) Nach der Gegenauffassung kommt es weder auf das Bestehen eines Verwaltervertrags noch auf den genauen Inhalt der Teilungserklärung an. Danach ist der Erwerb einer Eigentumswohnung durch einen Minderjährigen stets als nicht lediglich rechtlich vorteilhaft anzusehen[180], weil der Minderjährige mit dem Erwerb der Eigentumswohnung nicht nur deren Eigentümer, sondern auch Mitglied der Wohnungseigentümergemeinschaft wird. Für deren Verbindlichkeiten hafte er, wenn auch beschränkt auf seinen Anteil, nicht nur mit dem geschenkten Gegenstand, sondern auch mit seinem übrigen Vermögen.

(3) Früher hat der BGH entschieden, dass der Erwerb einer Eigentumswohnung jedenfalls dann als nicht lediglich rechtlich vorteilhaft anzusehen ist, wenn die Gemeinschaftsordnung nicht unerheblich zu seinen Lasten abweicht (BGHZ 78, 28, 32). Ob der Erwerb einer Eigentumswohnung für einen Minderjährigen unabhängig hiervon nicht lediglich rechtlich vorteilhaft ist, weil er durch den Erwerb Mitglied der Wohnungseigentümergemeinschaft wird und für ihre Verbindlichkeiten einzustehen hat, hat er bislang offen gelassen.

(4) Der BGH entscheidet diese Frage nun dahingehend, dass der Erwerb einer Eigentumswohnung für einen Minderjährigen nie lediglich rechtlich vorteilhaft ist. Es kommt weder auf die Ausgestaltung der Teilungserklärung noch darauf an, ob bei Vollzug des Erwerbs ein Verwaltervertrag besteht oder ob die Eigentumswohnung vermietet ist.

Der Erwerb einer Eigentumswohnung ist für den Minderjährigen jedenfalls deshalb nicht lediglich rechtlich vorteilhaft, weil er mit dem Erwerb der Eigentumswohnung nicht nur einen Vermögensgegenstand erwirbt, sondern Mitglied der Wohnungseigentümergemeinschaft wird. Die den Minderjährigen damit kraft Gesetzes treffenden persönlichen Verpflichtungen können nicht als ihrem Umfang nach begrenzt und wirtschaftlich so unbedeutend angesehen werden, dass sie unabhängig von den Umständen des Einzelfalls eine Verweigerung der Genehmigung durch den gesetzlichen Vertreter oder durch einen Ergänzungspfleger nicht rechtfertigen könnten. Denn als Mitglied der Wohnungseigentümergemeinschaft ist der Minderjährige nach § 16 II WEG nicht nur verpflichtet, sich entsprechend seinem Anteil an den Lasten des gemeinschaftlichen Eigentums zu beteiligen. Er muss vielmehr anteilig auch die Kosten der Instandhaltung, Instandsetzung, sonstigen Verwaltung und eines gemeinschaftlichen Gebrauchs des gemeinschaftlichen Eigentums tragen. Diese Kosten können ein je nach dem Alter und dem Zustand des Gebäudes, in dem sich die Eigentumswohnung befindet, ganz erhebliches Ausmaß annehmen. Hinzu kommt, dass der Minderjährige als Wohnungseigentümer nach § 16 II WEG verpflichtet ist, sich durch Sonderumlagen an Wohngeldausfällen zu beteiligen.

180 OLG München, ZEV 2008, 246, 247 = **juris**byhemmer.

Hinzu kommt außerdem, dass der Minderjährige als Wohnungseigentümer nach § 10 VIII S. 1 HS 1 WEG infolge des Erwerbs der Eigentumswohnung kraft Gesetzes den Gläubigern der Wohnungseigentümergemeinschaft für Verbindlichkeiten haftet, die während seiner Zugehörigkeit zur Gemeinschaft entstehen oder während dieses Zeitraums fällig werden. Die Haftung ist zwar der Höhe nach auf einen Betrag begrenzt, der seinem Anteil am Gemeinschaftseigentum entspricht. In diesem Umfang haftet der Minderjährige aber nicht nur mit der ihm geschenkten Eigentumswohnung, sondern auch mit seinem übrigen Vermögen. Es liegt daher nicht anders als bei einem Minderjährigen, dem ein vermietetes oder verpachtetes Grundstück geschenkt werden soll. Auch dessen Erwerb ist für ihn nicht lediglich rechtlich vorteilhaft, weil er mit dem Erwerb des Grundstücks nach § 566 I BGB kraft Gesetzes als Vermieter bzw. Verpächter in das Miet- oder Pachtverhältnis eintritt und als Folge davon die den Vermieter bzw. Verpächter treffenden Verpflichtungen auch unter Einsatz seines übrigen Vermögens zu erfüllen hat.[181]

Zwischenergebnis: Eine Ausnahme vom Verbot des Selbstkontrahierens im Wege der teleologischen Reduktion ist daher abzulehnen.

b) Im vorliegenden Fall könnte V das Insichgeschäft aber in Erfüllung einer (wirksamen) Verbindlichkeit (Schenkung) getätigt haben. In diesem Fall ist das Insichgeschäft ausdrücklich zulässig, § 181 BGB a.E.

aa) Der Schenkungsvertrag wurde gem. § 4 III WEG, § 311b I S. 1 BGB wirksam notariell beurkundet.

bb) Zwar lag auch beim Schenkungsvertrag ein Selbstkontrahieren vor. Da die Schenkung aber lediglich rechtlich vorteilhaft ist, war das Insichgeschäft der Eltern beim Kausalgeschäft zulässig, sodass die Eltern bei der dinglichen Einigung in Erfüllung einer Verbindlichkeit gehandelt haben könnten. Dieses Ergebnis kann nicht richtig sein, da ansonsten die Eltern rechtlich nachteilige Verfügungen im Wege eines Insichgeschäfts vornehmen könnten, wenn als „causa“ ein Schenkungsvertrag vorliegen würde (sog. „**Danaergeschenk**“).

(1) Um dieses erkennbar unrichtige Ergebnis zu vermeiden, wurde früher vom BGH die Frage, ob die Schenkung tatsächlich rechtlich vorteilhaft ist, durch eine **Gesamtbetrachtung des schuldrechtlichen und des dinglichen Vertrages** bestimmt. War also nicht das schuldrechtliche, aber das dingliche Geschäft für den Minderjährigen nachteilig, so sollte damit die Schenkung insgesamt als nicht lediglich rechtlich vorteilhaft zu beurteilen sein. Die Folge hieraus ist, dass die Schenkung unwirksam ist, es somit an einer wirksamen Verbindlichkeit fehlt und damit auch das Insichgeschäft bei der Übereignung nicht zulässig wäre.

(2) Dieser Rechtsprechung, die nur im Ergebnis überzeugt, wurde aber stets zu Recht vorgeworfen, dass sie mit der Gesamtbetrachtung von Verpflichtung und Verfügung das Abstraktionsprinzip in gefährlicher Art und Weise vernachlässige. Die Literatur hat daher die Zulässigkeit eines Insichgeschäfts gem. § 181 BGB a.E. teleologisch eingeschränkt und ein Insichgeschäft in Erfüllung einer Verbindlichkeit nur zugelassen, wenn und soweit das Erfüllungsgeschäft für den Minderjährigen **im Ergebnis** lediglich rechtlich vorteilhaft ist.

(3) Der BGH hat zwischenzeitlich seine **Rechtsprechung zur Gesamtbetrachtung aufgegeben** und folgt nur der zuletzt genannten Ansicht.

b) Ergebnis:

Damit liegt keine Erfüllung einer Verbindlichkeit im Sinne des § 181 BGB a.E. vor, da die Erfüllung im Ergebnis zu einem Nachteil führt. Der Vater konnte daher nicht im Wege des Insichgeschäfts die Eigentumswohnung auf seinen 16-jährigen Sohn übertragen.

181 **BGH, Life&Law 2005, 203 ff.** = NJW 2005, 415 ff. = **juris**byhemmer.

hemmer-Methode: Die Genehmigung der Auflassung durch das Familiengericht ist dagegen nicht erforderlich, da ein *Erwerbs*geschäft keine Verfügung über das Vermögen des Minderjährigen darstellt, die nach §§ 1643 I, 1821 I Nr. 1 BGB genehmigungspflichtig wäre. Es ist auch nicht nach §§ 1643 I, 1821 I Nr. 4 BGB als Verfügung über den Anspruch auf Übereignung genehmigungspflichtig, weil die Erfüllung des Anspruchs des Minderjährigen auf Übereignung von der Norm nicht erfasst wird. Dies entspricht der absolut h.M. und wurde in dieser Entscheidung vom BGH auch ausdrücklich bestätigt.
Ist das schenkweise übereignete Grundstück mit einer Reallast belastet, liegt eine rechtlich nachteilige Übereignung vor, da der Grundstückseigentümer gem. § 1108 I BGB für die während der Dauer seines Eigentums fällig werdenden Leistungen grds. auch persönlich haftet.
Ein weiteres klassisches Beispiel ist die schenkweise Übereignung eines vermieteten Grundstücks an den Minderjährigen. Auch hier liegt eine rechtlich nachteilige Übereignung vor, da der Grundstückserwerber gem. §§ 578 I, 566 BGB kraft Gesetzes Vermieter wird. Durch den Eintritt in das Mietverhältnis trifft den minderjährigen Erwerber nun (z.B.) die rechtliche Verpflichtung, nach § 535 I S. 2 BGB das vermietete Grundstück im vertragsgemäßen Zustand zu erhalten bzw. nach den §§ 536 ff. BGB Gewähr zu leisten.
Das vermietete Grundstück ist häufig Gegenstand von Examensklausuren. Vergegenwärtigen Sie sich an dieser Stelle nochmals die Systematik des Mietrechts: Im Untertitel 1 (§§ 535 bis 548 BGB) ist der Allgemeine Teil des Mietrechts geregelt. Diese Vorschriften kommen für alle Mietverhältnisse zur Anwendung. Im Untertitel 2 (§§ 549 bis 577a BGB) sind die Besonderheiten des Wohnraummietvertrages geregelt. Im Untertitel 3 (§§ 578 ff. BGB) sind Besonderheiten bei Mietverträgen über andere Gegenstände als Wohnraum geregelt. Bei der Grundstücksmiete verweist § 578 I BGB teilweise auf die Vorschriften zur Wohnraummiete, aber eben nur teilweise.

4. Die rechtlich neutrale Willenserklärung

Übereignungen durch den Minderjährigen

Übereignungen durch den Minderjährigen sind grundsätzlich unwirksam, da die dingliche Einigung gem. § 929 S. 1 BGB wegen des damit verbundenen Eigentumsverlusts einen rechtlichen Nachteil i.S.v. § 107 BGB darstellt. **124**

neutrales Geschäft

Verfügt der Minderjährige als Nichtberechtigter über eine fremde Sache, soll nach h.M. die Übereignung jedoch ausnahmsweise wirksam sein, da es sich um ein sog. „neutrales Rechtsgeschäft" des Minderjährigen handele.

Bsp.: *Der streng gläubige 16-jährige Johannes leiht seinem gleichaltrigen Freund Paulus eine Bibel, die ihm seine Eltern zur Kommunion schenkten. Paulus tauscht die Bibel mit dem 13-jährigen Christoph gegen zwei Exemplare der Zeitschrift „Bravo". Als Johannes zufällig die Bibel bei Christoph entdeckt, verlangt er sie heraus. Christoph weigert sich und erklärt, die Bibel gehöre jetzt ihm.* **124a**

Das Herausgabeverlangen des Johannes wäre nach § 985 BGB gerechtfertigt, wenn er noch Eigentümer der Bibel und Christoph deren unberechtigter Besitzer wäre.

Christoph könnte wirksam Eigentum an der Bibel von Paulus erworben haben, § 929 S. 1 BGB (Einigung und Übergabe). Die Übergabe der Bibel ist erfolgt. Christoph und Paulus müssten sich weiterhin über den Eigentumsübergang an der Bibel geeinigt haben. Die Einigungserklärung (Willenserklärung!) auf Seiten des Christoph ist unproblematisch auch ohne Zustimmung seiner gesetzlichen Vertreter wirksam, da die Erlangung des Eigentums an der Bibel lediglich rechtlich vorteilhaft ist, § 107 BGB (abstrakte Betrachtungsweise!).

Für den Paulus wäre die Einigungserklärung aber eigentlich rechtlich nachteilig, da mit ihr der Verlust des Eigentums an der Bibel verbunden wäre. Sie bedürfte der Zustimmung seiner gesetzlichen Vertreter, §§ 107, 108 BGB.

Hier könnte sich aber etwas anderes daraus ergeben, dass Paulus überhaupt nicht Eigentümer der Bibel und darum Nichtberechtigter war. Für den Nichtberechtigten ist die Weiterveräußerung eines Gegenstandes aber nicht rechtlich nachteilig, sondern stellt einen *neutralen Vorgang* dar.

Wendet man § 107 BGB wörtlich an, so müsste die Willenserklärung des Paulus bis zur Genehmigung durch die gesetzlichen Vertreter (dies sind in der Regel die Eltern als Gesamtvertreter, vgl. §§ 1626, 1629 I S. 2 HS 1 BGB) ***schwebend unwirksam*** sein, da die Erklärung nicht lediglich rechtlich vorteilhaft ist, §§ 107, 108 I BGB.

Dementsprechend soll nach der h.M.[182] die dingliche Einigung über fremde Gegenstände als *neutrales Geschäft* zustimmungsfrei sein. Als Argument hierfür kann § 165 BGB dienen: Wenn der Minderjährige Vertreter sein kann, so kann er erst recht eine neutrale Willenserklärung abgeben. Minderjährigenrecht kann keine Anwendung finden, wenn es materiell nicht um Sachen des Minderjährigen geht.

Außerdem ist der Sinn und Zweck des § 107 BGB der Schutz des Minderjährigen. Bei rechtlich neutralen Geschäften geht es materiell-rechtlich nicht um Minderjährigenschutz, da sie dem Minderjährigen weder rechtliche Vor- noch Nachteile bringen. Man könnte daher auch mit einer **teleologischen Reduktion des § 107 BGB** argumentieren.

hemmer-Methode: In diesem Zusammenhang sei auf einen Kardinalfehler hingewiesen: Das neutrale Geschäft darf nicht bei der schuldrechtlichen causa, dem Verpflichtungsgeschäft, diskutiert werden, da dieses die rechtliche Verpflichtung zur Übereignung **begründet und damit stets rechtlich nachteilig ist. Dass der zu übereignende Gegenstand nicht dem Minderjährigen gehört, wird erst bei der Verfügung relevant.**

restriktive Anwendung der Gutglaubensvorschriften

Anders argumentiert die Gegenansicht, die einen Erwerb in restriktiver Anwendung der Gutglaubensvorschriften ablehnt. Der Erwerber soll durch die Gutglaubensvorschriften nur so gestellt werden, wie er stünde, wenn das Vorgestellte den Tatsachen entspräche. ***124b***

Hier erwirbt der Erwerber, weil er gem. § 932 I BGB den Minderjährigen für den Eigentümer hält. In diesem Fall könnte er aber wegen § 107 BGB nur erwerben, wenn der gesetzliche Vertreter der Übereignung zugestimmt hätte. Es ist kein Grund ersichtlich, zu Lasten des bisherigen Eigentümers einen Eigentumserwerb des Erwerbers, der auch bei Richtigkeit seiner Vorstellung nicht erwerben könnte, zu ermöglichen.[183] Diese Ansicht überzeugt.

Ergebnis: Christoph wird dann durch das Tauschgeschäft mit Paulus nicht Eigentümer der Bibel. Johannes kann die Bibel nach § 985 BGB herausverlangen.

hemmer-Methode: Hier ließ sich selbstverständlich auch die h.M. vertreten. Spielen Sie im Kopf den weiteren Ablauf der Klausur durch: Folgen Sie der h.M., dann müssen Sie konsequent weiterprüfen, ob Christoph gutgläubig nach §§ 929, 932 BGB Eigentum erwerben konnte; insbesondere ob die Bibel dem minderjährigen Johannes nicht abhanden gekommen ist (§ 935 BGB, Problem des Abhandenkommens bei Weggabe durch Minderjährigen).
Welcher Meinung Sie folgen, sollte sich grundsätzlich nach dem gestellten Fall richten!
Die Entscheidung wird getroffen je nachdem, auf wen man abstellt. Stellt man das fremde Vermögen in den Vordergrund, dann kein Minderjährigenschutz; stellt man auf den Dritten ab und dessen Vorstellungen, scheitert die Übereignung. Versuchen Sie, sich alle Probleme einer Klausur zu erschließen: Probleme schaffen, nicht wegschaffen! Denken Sie auch daran, dass wegen Gutgläubigkeit des Erwerbers Folgeansprüche gegen den Minderjährigen z.B. gem. § 816 I S. 1 BGB auf Herausgabe des Erlangten entstehen können.

182 Palandt, § 107, Rn. 7; MüKo, § 107, Rn. 16.

183 Vgl. Medicus/Petersen, BR, Rn. 542.

Grundsätzlich (+), teleologische Auslegung von § 107; z.B. Vertretergeschäft, da rechtliche Folgen *nur* den Vertretenen treffen , vgl. §§ 165, 179 III S. 2

(str.) bei unberechtigter **Übereignung** fremder Sachen

h.M.: Übereignung wirksam (z.B. §§ 932 ff.), da für Mj. rechtl. neutral: *Dritter* verliert Recht, nicht *Mj.*! (erst-Recht-Schluss aus § 165)

a.A.: WE unwirksam**:** restriktive Anwendung der Gutglaubensvorschriften: *Wäre* Mj. Eigentümer (wie Erwerber vermutet), *würde* Erwerb an § 107 scheitern!

5. Erfüllung gegenüber einem Minderjährigen

Leistung an Mj. zur Erfüllung einer Forderung

Der strenge Schutz des Minderjährigen vor rechtlichen Nachteilen zeigt sich insbesondere auch dann, wenn an den Minderjährigen zum Zwecke der Erfüllung einer Forderung geleistet wird. 125

Zwei Komplexe sind streng zu unterscheiden: die Frage des Eigentumsübergangs und die der Erfüllungswirkung. Zwar erwirbt der Minderjährige stets Eigentum, da es sich hierbei um einen lediglich rechtlichen Vorteil handelt. Fraglich ist aber, ob hiermit auch die Erfüllungswirkung des § 362 BGB ausgelöst wird.

Nach h.M. fehlt dem Minderjährigen die *Empfangszuständigkeit* zur Entgegennahme der Leistung. Die dahinter stehende Überlegung ist, dass das Erlöschen der Forderung gem. § 362 I BGB für den Minderjährigen rechtlich nachteilig ist.

§ 107 BGB kann allerdings nur analog angewendet werden, da nach der herrschenden Theorie der realen Leistungsbewirkung die Erfüllung als solche kein Rechtsgeschäft ist.

hemmer-Methode: Nur die veraltete Gegenansicht der Vertragstheorie, nach der über die Erfüllungswirkung ein Vertrag geschlossen wird, kommt zu einer direkten Anwendung des § 107 BGB.

Annahme der Leistung, z.B. Übereignung ⇨ rechtlicher Vorteil

⇕

Erfüllung ⇨ **Erlöschen** der Forderung, § 362 I ⇨ **rechtlicher Nachteil**

Vertragstheorie:
Erfüllung setzt Erfüllungsvertrag voraus: **§ 107 (direkt)**; keine Erfüllung ohne gesetzl. Vertreter möglich

h.M.: Theorie der realen Leistungsbewirkung: Erfüllung = Realakt, ⇨ **§ 107 analog** (da kein Rechtsgeschäft): Minderjährigem fehlt die Empfangszuständigkeit für die Annahme der geschuldeten Leistung

D.h.: *Bewirken* der Leistung ist möglich, *Erfüllung* aber nicht!

Bsp.: *Dem Minderjährigen M steht gegen S eine Darlehensforderung in Höhe von 500,- € zu. Nach Aufforderung zahlt S an M, ohne dass dessen gesetzliche Vertreter zustimmen. Sie verweigern auch die Genehmigung des Zahlungsvorgangs. M verlangt erneut Zahlung.* 126

Hier hatte M gegen S ursprünglich eine Darlehensforderung in Höhe von 500,- €, § 488 I S. 2 BGB. Diese Forderung ist nicht gem. § 362 I BGB durch Zahlung erloschen. Denn die Annahme der Leistung war für M nicht lediglich rechtlich vorteilhaft, da sie gleichzeitig zum Erlöschen der Leistungspflicht des Schuldners führte, § 107 BGB (analog). M fehlte die von der h.M. geforderte *Empfangszuständigkeit* zur Entgegennahme des Geldes.[184] S muss noch einmal leisten.

Von der Empfangszuständigkeit ist der *Eigentumsübergang* an den Geldscheinen zu unterscheiden. An diesen erwarb M ohne weiteres Eigentum, da der Erwerb (die Einigung nach § 929 S. 1 BGB) für ihn nur rechtlich vorteilhaft war, § 107 BGB. Dementsprechend kann S im Wege der Kondiktion gegen M einen Gegenanspruch auf Rückübereignung der geleisteten 500,- € geltend machen.

hemmer-Methode: Nicht ganz klar ist, auf welche Rechtsgrundlage der Rückforderungsanspruch gestützt werden kann. Leistet der Schuldner in Übereinstimmung mit dem Gläubiger (Minderjähriger), auch um die Genehmigung des gesetzlichen Vertreters herbeizuführen, so könnte § 812 I S. 2 Alt. 2 BGB zur Anwendung kommen.
Die Erwartung der Genehmigung ist dann nicht nur unbeachtliches Motiv der Leistung, sondern ein über die Erfüllung hinausgehender Zweck i.S.v. § 812 I S. 2 Alt. 2 BGB, wenn der Geschäftspartner Kenntnis der fehlenden Empfangszuständigkeit des Minderjährigen hat.
Vertretbar ist aber auch die Anwendung von § 812 I S. 1 Alt. 1 BGB. Zwar wird nicht sine causa geleistet; der Schuldner leistet ja *mit* Rechtsgrund auf eine bestehende Schuld. Es kann aber keinen Unterschied machen, ob jemand rechtsgrundlos solvendi causa leistet, oder ob nur die Erfüllung nicht eintritt und er deshalb nochmals leisten muss. Allerdings ist die Abgrenzung § 812 I S. 1 Alt. 1 BGB zu § 812 I S. 2 Alt. 2 BGB kaum jemals erheblich. Nur hinsichtlich der Ausschlusstatbestände (§ 814 BGB bezieht sich auf § 812 I S. 1 Alt. 1 BGB, § 815 BGB auf § 812 I S. 2 Alt. 2 BGB) ergeben sich Abweichungen.

Diesen Gegenanspruch kann der Schuldner S im Wege der Aufrechnung gem. §§ 387, 389 BGB gegen den Zahlungsanspruch des M geltend machen.

hemmer-Methode: Denken Sie aber auf jeden Fall an §§ 818 III, 819 I BGB. Abzustellen ist bei der vertragsähnlichen Leistungskondiktion nach h.M. (in der Regel) auf die Kenntnis der Eltern. Fehlt diese, so ist der Minderjährige, wenn er das Geld verbraucht hat, ohne eigene Aufwendungen einzusparen, entreichert. Der Gegenanspruch, und somit auch die Aufrechnung des Schuldners, scheitert dann, d.h. der Schuldner muss erneut zahlen.

6. Partielle Geschäftsfähigkeit

§§ 112, 113 BGB

Durch die *§§ 112, 113* BGB lässt sich die Geschäftsfähigkeit des Minderjährigen in Teilbereichen erweitern.

Partielle Geschäftsfähigkeit:

Erweiterung der an sich beschränkten Geschäftsfähigkeit (§ 106) zur **vollen Geschäftsfähigkeit** für bestimmte Bereiche:

§ 112: selbständige Führung eines Erwerbsgeschäftes
Evtl. Genehmigung des FamG erforderl. gem. §§ 1643 I, 1822 Nr. 3

§ 113: Eingehung eines Dienst- oder Arbeitsverhältnisses
nicht *Ausbildungs*verhältnis i.S.v. § 1 II Nr. 1, 4 BBiG, da nicht Erwerbszweck im Vordergrund steht (h.M.)

184 Vgl. Medicus/Petersen, BR, Rn. 171.

Wurde der Minderjährige zum selbständigen Betrieb eines *Erwerbsgeschäftes* (§ 112 BGB) oder zum Eintritt in ein *Arbeitsverhältnis* (§ 113 BGB; wegen dessen andersartiger Zielsetzung nach h.M. kein Ausbildungsverhältnis!) ermächtigt, so ist er in diesem abgesteckten Bereich *voll* geschäftsfähig. Die Ermächtigung ist vom gesetzlichen Vertreter zu erteilen und bedarf im Fall des § 112 BGB gem. dessen Absatz 1, Satz 1 der Genehmigung des Familiengerichts. *127*

Ermächtigungen nach § 112 BGB werden seit der Herabsetzung des Volljährigkeitsalters nur noch selten erteilt. Dagegen ist § 113 BGB weiterhin von nicht unerheblicher praktischer Bedeutung.

Aufgrund der Ermächtigung kann der Minderjährige diejenigen Rechtsgeschäfte wirksam vornehmen, die mit dem genehmigten Geschäftskreis (eng) zusammenhängen.

hemmer-Methode: Insoweit ist er auch prozessfähig (§ 52 ZPO). So umfasst die Ermächtigung i.R.d. § 113 BGB den Beitritt zu einer Gewerkschaft[185] oder die Einrichtung eines Gehaltskontos.

Dabei erstreckt sich nach h.M.[186] die Ermächtigung aber nur auf Barabhebungen, nicht auf Überweisungen, sowie das Anmieten eines Zimmers am Arbeitsort, wenn dies wegen der Entfernung zum Wohnort der Eltern geboten ist.

hemmer-Methode: Ähnlich wirkt auch der sog. beschränkte Generalkonsens, der sich auf eine Vielzahl von in Zusammenhang stehenden Geschäften erstrecken kann, etwa alle Geschäfte vorzunehmen, die der Schulbesuch in einer anderen Stadt mit sich bringt.

Exkurs

minderjähriger Gesellschafter als Vertreter

Grundsätzlich besteht bei der OHG Einzelvertretungsmacht, vgl. § 125 I HGB. Es stellt sich dann die Frage, ob auch ein minderjähriger Gesellschafter wirksam für die OHG handeln kann. *128*

Nach § 165 BGB wäre diese Frage zu bejahen. Die Norm setzt jedoch voraus, dass nur der Vertretene verpflichtet wird. Bei der Vertretung der OHG verpflichtet der minderjährige Gesellschafter aber nicht nur die Gesellschaft, sondern *gleichzeitig sich selbst* als Gesamthänder, vgl. § 128 HGB.

Wenn der Minderjährige wirksam für die OHG handeln soll, bleibt folglich nur die Möglichkeit einer *Ermächtigung nach § 112 BGB.* Denn in der Teilnahme an einer OHG liegt der selbständige Betrieb eines Erwerbsgeschäfts. Im Einzelfall kann auch in der erforderlichen familiengerichtlichen Genehmigung nach § 1822 Nr. 3 BGB gleichzeitig die Genehmigung nach § 112 BGB liegen.

Dies ist vor allem dann anzunehmen, wenn der durch das Familiengericht genehmigte Gesellschaftsvertrag die Vertretung der OHG durch den Minderjährigen vorgesehen hat.

185 H.M.; vgl. Brill BB 1975, 287.

186 H.M.; vgl. Brill BB 1975, 287;. Palandt, § 113, Rn. 4.

7. Überlassung von Mitteln zur freien Verfügung, § 110 BGB

Spezialfall des § 107 BGB

Trotz § 107 BGB braucht der Jugendliche nicht jedes Mal zu fragen, ob er sich wirksam verpflichten kann. Vielmehr kann die nach § 107 BGB erforderliche Zustimmung auch durch schlüssiges Verhalten erklärt werden, indem die Eltern dem Minderjährigen etwa bestimmte Geldbeträge zur freien Verfügung überlassen. In diesem Fall willigen sie in die Rechtsgeschäfte ein, die der Jugendliche mit den überlassenen Geldmitteln *bewirkt, § 110 BGB*. 129

Auslegung möglich

Die Vorschrift des § 110 BGB ist damit lediglich ein besonderer Anwendungsfall des § 107 BGB: In der Überlassung der Geldmittel liegt eine *konkludente Einwilligung* der gesetzlichen Vertreter.

§ 110 BGB gilt nur i.R.d. Vernünftigen

§ 110 BGB ist daher der Auslegung zugänglich und gilt nur i.R.d. Vernünftigen. Betrügereien werden also von § 110 BGB grds. nicht erfasst.[187]

hemmer-Methode: Im Gegensatz zu den §§ 112, 113 BGB wird die Geschäftsfähigkeit des Minderjährigen durch § 110 BGB jedoch nicht erweitert. § 110 BGB enthält keine Ausnahme von der Regelung des § 107 BGB, sondern stellt lediglich klar, dass die erforderliche Einwilligung auch konkludent oder durch Überlassung der erforderlichen Mittel erfolgen kann.

nicht nur „Taschengeld", sondern jedes Einkommen zur freien Verfügung des Mj.

Die landläufige Bezeichnung von § 110 BGB als *„Taschengeldparagraph"* ist zu eng, da die Vorschrift der rechtlichen Selbstbestimmung des Minderjährigen einen beachtlichen Spielraum gewährt. Denn zu den Mitteln, über die der Minderjährige wirksam verfügen kann, zählt nicht nur das Taschengeld, sondern jedes Einkommen, das dem Minderjährigen mit Einwilligung der Eltern zur freien Verfügung überlassen ist. Darunter fallen auch Unterhaltszuschüsse der Eltern, der aus einer Ferienarbeit erzielte Lohn, Geschenke Dritter oder öffentlich-rechtliche Geldleistungen wie BAFöG.

bei § 110 BGB maßgeblich „bewirkt"

Die konkludente Einwilligung des § 110 BGB ist aber inhaltlich beschränkt. Verträge des Minderjährigen werden nicht bereits mit ihrem Abschluss, sondern erst *bei Erfüllung* wirksam. 130

bei Ratenzahlung erst mit letzter Rate „bewirkt"

Von Bedeutung ist dies insbesondere für Verträge, in denen sich der Minderjährige zu *Ratenzahlungen* verpflichtet. Hier wird der Vertrag erst mit Zahlung der letzten Rate wirksam.

> **Bsp.:** *Der Minderjährige M erhält von seinen Eltern ein monatliches Taschengeld von 100,- €. Nachdem er 500,- € angespart hat, kauft er sich ein Mountainbike zum Preis von 1.500,- €, wobei er die fehlenden 1.000,- € in 100,- €-Raten „abstottern" soll.* 131
>
> Hier wird der Kaufvertrag über das Fahrrad erst mit Zahlung der letzten Rate wirksam. Dies ergibt sich bereits aus dem Wortlaut des § 110 BGB: Die Leistung muss „bewirkt" (erfüllt) sein, um zu vermeiden, dass der Minderjährige zunächst Schuldner wird und so sein Vermögen in Gefahr bringt.
>
> Etwas anderes gilt nur dann, wenn der gesetzliche Vertreter seiner Einwilligung einen weiter gehenden Inhalt dahingehend gegeben hat, dass der Vertrag bereits vom Abschluss an wirksam sein soll (*Generaleinwilligung*). Hierfür müssen allerdings konkrete Anhaltspunkte vorliegen.[188]

Surrogatgeschäfte

Im Wege der Auslegung ist schließlich zu ermitteln, ob von der generellen Einwilligung, die in der Überlassung der Mittel zum Ausdruck gekommen ist, auch Geschäfte über das *Surrogat* gedeckt werden.

187 MüKo § 110, Rn. 3.

188 Palandt, § 110, Rn. 1.

Dies ist in der Regel dann anzunehmen, wenn auch das zweite (Surrogat-) Geschäft bereits mit dem von den Eltern überlassenen Geld hätte bewirkt werden können.

Beispiele hierfür sind der Tausch eines Mofas, das mit überlassenen Geldmitteln erworben wurde, gegen ein Fahrrad, oder der Kauf eines Loses aus überlassenen Mitteln, mit dem der Minderjährige einen hohen Geldbetrag gewinnt, von dem er sich wiederum ein Motorrad kauft. Hier dürfte das erste Rechtsgeschäft (Tausch Mofa/Fahrrad) noch mitkonsentiert sein; der Kauf des Motorrads sicherlich nicht.

D. Zustandekommen und Inhalt des Vertrages

Vertrag ist Hauptform des Rechtsgeschäfts

Bereits an anderer Stelle wurde der Begriff des Vertrages als *einverständliche Regelung eines Rechtsverhältnisses* definiert. *Der Vertrag ist die Haupterscheinungsform des Rechtsgeschäfts.* Das unserer Rechtsordnung zugrunde liegende Prinzip der *Privatautonomie* überlässt es dem Einzelnen, seine Lebensverhältnisse i.R.d. Rechts eigenverantwortlich zu gestalten. Das wichtigste Mittel hierzu ist der Vertrag: Er regelt, was zwischen den Parteien rechtens sein soll.[189] 132

Zustandekommen v.a. im BGB AT geregelt

Im Vergleich zur überragenden Bedeutung des Vertrages befasst sich der Allgemeine Teil des BGB nur lückenhaft mit seiner Problematik. Die §§ 145 ff. BGB behandeln im Wesentlichen nur den Vertragsschluss, wobei keineswegs alle Detailfragen erfasst sind. Andererseits bedarf es für einen Teil der beim Vertragsverhältnis auftauchenden Fragen keiner speziellen Regelung.

Aus seiner Rechtsnatur als zweiseitiges Rechtsgeschäft folgt nämlich, dass die allgemeinen Grundsätze über Rechtsgeschäfte und Willenserklärungen auch für Verträge gelten.

Zustandekommen durch zwei übereinstimmende WE

Ein Vertrag kommt durch den Austausch von zwei übereinstimmenden Willenserklärungen zustande. Eine Partei gibt ein Angebot ab (das Gesetz nennt dies in den §§ 145 ff. BGB „Antrag“), der Vertragspartner muss die *Annahme* erklären, wobei beide Erklärungen miteinander korrespondieren müssen. Die Parteien müssen sich über die wesentlichen Vertragsbestandteile *(essentialia negotii)* wie die verkaufte Ware oder den zu zahlenden Preis geeinigt haben.

I. Das Angebot

Angebot: einseitige empfangsbed. WE

Das *Angebot* auf den Abschluss eines Vertrages (Offerte, Antrag) stellt eine einseitige, *empfangsbedürftige Willenserklärung* dar, die gem. § 130 I BGB mit ihrem Zugang wirksam wird. 133

Gegenstand und Inhalt des Vertrages müssen im Angebot so *bestimmt* oder *bestimmbar* angegeben werden, dass die Annahme durch ein bloßes „Ja“ erfolgen kann.

Der Rechtsbindungswille des Anbietenden muss aus dem Angebot hervorgehen.

Der Anbietende ist gem. § 145 BGB an seinen Antrag gebunden. Die Bindungswirkung tritt allerdings nur ein, wenn sich der Antragende selbst durch seine Erklärung bereits binden wollte oder wenn der Empfänger die Erklärung nach Treu und Glauben mit Rücksicht auf die Verkehrssitte (§§ 133, 157 BGB!) als verbindliches Angebot auffassen durfte.

189 Vgl. § 311 I BGB: „Zur Begründung eines Schuldverhältnisses durch Rechtsgeschäft sowie zur Änderung des Inhalts eines Schuldverhältnisses ist ein Vertrag zwischen den Beteiligten erforderlich, soweit nicht das Gesetz ein anderes vorschreibt.“

1. Merkmale

essentialia negotii

Das Erfordernis der *Bestimmtheit bzw. Bestimmbarkeit* verlangt, dass das Angebot die wesentlichen Vertragspunkte des angestrebten Vertragstypus beinhalten muss. Inhaltlich unbestimmte Äußerungen wie: „ich wäre nicht abgeneigt, eines der bei ihnen ausgestellten Möbelstücke zu kaufen" können vom Erklärungsempfänger nicht als Angebot aufgefasst werden. *134*

Das Angebot muss zwar nicht alle, wohl aber die wesentlichen Punkte des Vertrages - die sogenannten *essentialia negotii* - enthalten oder zumindest bestimmbar machen. Fehlt z.B. die Angabe des Kaufpreises, liegt kein wirksames Angebot vor. Der Preisvorschlag und damit das Angebot soll dann i.d.R. vom Käufer kommen. Anders ist es, wenn der Verkäufer „zum Ladenpreis" verkaufen möchte. Hier ist der Kaufpreis bestimmbar; es liegt ein wirksames Angebot vor.

hemmer-Methode: Tipp: Wenn das Angebot mit einem einfachen „Ja" angenommen werden kann, dann enthält es in der Regel die essentialia negotii.

Hinreichende Bestimmtheit
Angebot muss inhaltlich so bestimmt sein, dass es durch ein bloßes „Ja" angenommen werden kann

⇩

Die **wesentlichen Vertragspunkte** des jew. Vertrages (sog. *essentialia negotii*) müssen sich aus Angebot zumindest per **Auslegung** (§§ 133, 157) ermitteln lassen
z.B. beim Kaufvertrag: Kaufgegenstand, Vertragspartner, Kaufpreis.

Ausnahmen möglich:

Ausnahmsweise kann in einigen Fällen trotz eines unvollständigen Antrags ein wirksames Angebot vorliegen: *135*

- ⇨ Ergänzung durch gesetzliche Regelung, §§ 612, 632 BGB
- ⇨ Einigung über Bestimmbarkeit und Möglichkeit der sachgerechten Ergänzung, §§ 315 – 319 BGB
- ⇨ Bestimmungskauf, § 375 HGB
- ⇨ Vertragliche Wahlschuld (z.B. die Verpflichtung, von zwei bestimmten Tieren eines zu liefern: hier ist der Kaufgegenstand hinreichend bestimmt)
- ⇨ Angebot an jedermann[190]

Bezieht sich die Offerte auf einen im Gesetz nicht geregelten Vertrag, so hängt die Unterscheidung zwischen essentialia negotii und darüber hinausgehenden oder ergänzenden Regelungen *(accidentalia negotii)* „in der Luft".

Letztlich muss dann die Bestimmtheit der Offerte immer dann angenommen werden, wenn der Antrag aus der Sicht des Empfängers eine sinnvolle, in sich geschlossene und verständliche Regelung enthält.

190 Hierzu unten Rn. 136.

Dass die Parteien nicht auf die im BGB vorgegebenen Vertragstypen beschränkt sind, ergibt sich aus der Privatautonomie und findet im Gesetz in §§ 241 I und 311 I BGB Ausdruck.

auch invitatio ad incertas personas

Die Offerte muss sich nicht an eine bestimmte Person richten, sondern kann sich auch auf einen *unbestimmten Personenkreis* beziehen *(ad incertas personas)*. Hier hindert die Unbestimmtheit des Adressatenkreises das Vertragsangebot nicht. Das Angebot gilt gegenüber jedermann, der innerhalb einer bestimmten Frist oder solange das Angebot aufrecht erhalten wird, die Annahme erklärt. Ein solches Angebot an jedermann liegt z.B. in der *Aufstellung eines Warenautomaten* (Realofferte) sowie im Betrieb von öffentlichen Verkehrsmitteln.[191] 136

z.B. Automat: Annahme durch Einwerfen der Münze; aber 3 Bedingungen

Durch Einwerfen einer Münze kann es angenommen werden, wobei auf den Zugang der Annahmeerklärung des Kunden nach § 151 S. 1 BGB verzichtet wird.

Das Angebot steht jedoch unter einer dreifachen Bedingung: Es gilt nur, wenn

- die richtige Münze eingeworfen wird,
- Ware vorrätig ist und
- der Automat funktioniert.

Das letzte Kriterium ist erforderlich, um eine Schadensersatzpflicht des Automatenaufstellers bei einer Funktionsstörung zu vermeiden.

Andernfalls würde der Betreiber bei jeder Funktionsstörung auf Schadensersatz wegen Nichterfüllung des Vertrages haften - eine zu weit reichende Konsequenz.[192]

notw. Wille d. rechtl. Bindung

Die Offerte muss den Willen zur rechtlichen Bindung zum Ausdruck bringen. Fehlt dieser Wille - so z.B. bei einer Erklärung an einen *unbestimmbaren Personenkreis* -, liegt aufgrund fehlenden Rechtsbindungswillens lediglich eine *Aufforderung zur Abgabe eines Angebots vor (invitatio ad offerendum)*. Entscheidendes Abgrenzungskriterium zwischen verbindlichem Angebot und unverbindlicher invitatio ad offerendum ist hierbei der *Rechtsbindungswille* des Erklärenden, der anhand des objektiven Erklärungswertes seines Verhaltens zu ermitteln ist. 137

Rechtsbindungswille fehlt bei Schaufenster

Stellt ein Einzelhändler seine Waren im Schaufenster aus, so ist darin, auch wenn die Waren mit einer verbindlichen Preisangabe versehen sind, kein verbindliches Angebot, sondern nur eine invitatio ad offerendum zu sehen.[193]

Der Händler will sich noch nicht endgültig binden, weil sein Vorrat möglicherweise nicht reicht oder er mit einzelnen Kunden nicht kontrahieren möchte. Andernfalls könnten beliebig viele Käufer allein durch ihre Zustimmung einen Kaufvertrag zustande bringen - der Verkäufer liefe Gefahr, schadensersatzpflichtig zu werden, wenn er keinen ausreichenden Vorrat hat.

ebenso Katalogzusendung

Gleiches gilt für die bloße Zusendung von Katalogen und Preislisten, für Zeitungsinserate, Speisekarten oder Ankündigungen von Theatervorstellungen.

---

191 Ganz h.M.; vgl. Brox AT, Rn. 169; Larenz, § 27 I a.

192 Nach Medicus, AT, Rn. 362, soll das Angebot immer zuerst vom Kunden ausgehen; anders aber die ganz h.M.

193 BGH, NJW 1980, 1388.

Auch die Präsentation von Waren im Internet dürfte im Zweifel nur als invitatio ad offerendum aufzufassen sein.[194] Auf der anderen Seite liegt in der unbestellten Zusendung von Waren ein verbindliches Angebot, das durch entsprechende Erklärung angenommen werden kann.[195]

Problem SB-Laden: nach e.A. ist Aufstellen der Ware Angebot

Umstritten ist die Frage, in welchem Zeitpunkt beim ***Kauf in Selbstbedienungsläden*** ein Kaufvertrag zustande kommt. Manche sehen hier bereits in der Aufstellung der Ware das verbindliche Angebot, das der Kunde durch Zahlung an der Kasse annimmt.[196] Im Hineinlegen der Ware in den Einkaufskorb soll wegen der Möglichkeit des Zurücklegens noch keine Annahme zu sehen sein. *138*

a.A.: Vorlegen der Ware an Kasse

Andere werten das Auslegen der Ware lediglich als invitatio ad offerendum, wobei das endgültige Angebot erst beim Vorzeigen der Ware an der Kasse durch den Kunden abgegeben wird. Die Annahme erfolgt nach dieser Ansicht durch die Feststellung des Rechnungsbetrages.[197]

Eine weitere Ansicht unterscheidet zwischen „normaler Ware" und Sonderangeboten, bei denen sich der Kaufmann die Ablehnung von möglichen Angeboten vorbehalten möchte.

bedeutsam bei falscher Warenauszeichnung

Auswirkungen hat die Unterscheidung vor allem bei der falschen Auszeichnung der Ware. Nach der ersten Ansicht kann der Kunde den Vertrag zum falsch angegebenen Preis zustande bringen - dem Kaufmann bliebe nur die Möglichkeit der Anfechtung.

⇨ Lösung über Interessenlage

hemmer-Methode: Stellt sich ein solches Problem in der Klausur, so ist immer nach der Interessenlage und der Schutzwürdigkeit der Beteiligten zu fragen. Lernen Sie, sich „durchzustreiten". Gehen Sie aber mit gesundem Menschenverstand an die Lösung heran! Für die erste Ansicht spricht, dass ein konkreter Kaufgegenstand mit Auszeichnung im Regal liegt. Der Verkäufer hat zu diesem Zeitpunkt auch den Willen zu einer rechtlichen Bindung.
Es ist nicht einzusehen, warum es dem Geschäftsinhaber beim Verkauf von Massenware möglich sein soll, den Vertragsschluss noch bis zur Bezahlung der Ware abzulehnen. Etwas anderes gilt, wenn sich der Verkäufer die Entscheidung vorbehalten hat, indem er etwa bestimmte Waren als Sonderangebot ausgezeichnet hat oder eine Abgabe lediglich in Haushaltsmengen vorgesehen ist.

SB-Tankstelle

Anders als im Supermarkt erfolgt der Vertragsschluss an der ***Selbstbedienungstankstelle*** bereits an der Zapfsäule. *138a*

Nach Ansicht des BGH schließt ein Kunde, der an einer Selbstbedienungstankstelle Kraftstoff in seinen Tank füllt, bereits zu diesem Zeitpunkt mit dem Tankstellenbetreiber einen Kaufvertrag über die entnommene Menge Kraftstoff.[198]

Das Angebot („ad incertas personas", also für einen unbestimmten Personenkreis) ist damit in der betriebsbereiten Zapfsäule als Warenautomaten zu sehen. Die Annahme erfolgt durch das Einfüllen des Benzins in den Tank.

Das Tanken an einer Selbstbedienungstankstelle ist aufgrund der unterschiedlichen Interessenlage nicht mit dem Einkauf in Selbstbedienungsläden vergleichbar.[199]

194 Palandt, § 145, Rn. 2 (noch zu BTX).

195 Vgl. Jauernig, § 145 Anm. 2.

196 Medicus, AT, Rn. 363.

197 Palandt, § 145, Rn. 8; Staudinger, § 145, Rn. 4; Dietrich, Der Betrieb 1972, 958; offen gelassen in BGHZ 66, 55.

198 **BGH, Life&Law 2011, Heft 8, 542 ff.** = NJW 2011, 2871 f. = **juris**byhemmer.

199 OLG Düsseldorf, NStZ 1982, 249; OLG Hamm, NStZ 1983, 266, 267; OLG Koblenz, NStZ 1998, 364; OLG Köln, NJW 2002, 1059 f. = **juris**byhemmer; Palandt, § 145 BGB, Rn. 8; Staudinger, § 145 BGB, Rn. 8; MüKo, § 145 BGB, Rn. 13; Erman, § 145 BGB, Rn. 10.

im Supermarkt kann Ware problemlos zurückgelegt werden

In einem Selbstbedienungsladen kann die vom Kunden aus dem Regal entnommene Ware problemlos wieder zurückgelegt und anschließend an einen anderen Kunden verkauft werden. Nach der Verkehrsanschauung führt deshalb allein die Entnahme der Ware aus dem Regal noch nicht zu den Bindungswirkungen eines Kaufvertrages.

Betanken hingegen ist „unumkehrbarer" Zustand

An der Selbstbedienungstankstelle wird durch das Einfüllen des Kraftstoffs in den Tank hingegen ein praktisch unumkehrbarer Zustand geschaffen, sodass es dem Interesse beider Parteien entspricht, dass bereits zu diesem Zeitpunkt ein Kaufvertrag zustande kommt.

Der redliche Kunde hat ein Interesse daran, den Kraftstoff aufgrund eines - mit dem Einfüllen des Kraftstoffs in den Tank - geschlossenen Vertrages zu erlangen und ihn behalten zu dürfen, ohne dass dies davon abhängt, ob der Tankstellenbetreiber anschließend bereit ist, mit ihm einen Kaufvertrag abzuschließen.

Ebenso hat aber auch der Tankstellenbetreiber bei Abschluss des Tankvorgangs durch das Überlassen des Kraftstoffs bereits die Hauptpflicht des Verkäufers jedenfalls zur Besitzverschaffung (§ 433 I S. 1 BGB) erfüllt und wird hierzu ohne eine vertragliche Bindung regelmäßig nicht bereit sein.

An der Zapfsäule wird außerdem regelmäßig darauf hingewiesen, dass das Eigentum am Treibstoff erst mit der Bezahlung an der Kasse auf den Kunden übergehen soll.[200] Das ist ein eindeutiges Argument dafür, dass der Verkäufer bereits vor Zahlung an der Kasse eine rechtlich erhebliche Erklärung abgibt. Einen Willen zur bedingten Übereignung kann aber nur derjenige haben, der auch eine entsprechende vertragliche Verpflichtung eingegangen ist.

Aus der Sicht eines objektiven Betrachters in der Lage des jeweiligen Erklärungsgegners (§§ 133, 157 BGB) ist damit zum Zeitpunkt der Entnahme des Kraftstoffs durch den Kunden ein Kaufvertrag zu Stande gekommen, ohne dass es hierzu weiterer Willenserklärungen - etwa an der Kasse - bedarf.

2. Bindung an den Antrag

§ 145 BGB: Angebot ist grds. nicht widerrufbar

Gem. *§ 145 BGB* ist der Anbietende an seine Offerte gebunden. *Er kann sie grundsätzlich nicht widerrufen.* 139

Unbeachtlich ist insbesondere der geheime Vorbehalt, das Erklärte nun nicht mehr zu wollen, vgl. § 116 I S. 1 BGB.

Die Bindungswirkung tritt mit dem Zugang des Angebots beim Adressaten ein, es sei denn, diesem geht vorher oder gleichzeitig ein Widerruf zu (§ 130 I S. 2 BGB).

Sie endet mit dem Erlöschen des Antrags, wenn nämlich der Adressat die Offerte ablehnt oder nicht rechtzeitig annimmt, §§ 146 ff. BGB. Keine Erlöschensgründe sind regelmäßig der Tod oder die Geschäftsunfähigkeit des Anbietenden nach Abgabe des Antrags, § 153 BGB (vgl. auch § 130 II BGB).

200 Hierbei wird die dingliche Einigungserklärung des Tankstellenbesitzers als aufschiebend bedingt (§ 158 I BGB) durch die vollständige Bezahlung des Kaufpreises ausgelegt.

hemmer-Methode: Denken Sie in diesem Zusammenhang an den Bonifatius-Fall (RGZ 83, 223): Ein Sterbender übergab Inhaberpapiere, die nach §§ 929 ff. BGB übereignet werden, einem „Boten". Fraglich war, ob der Empfänger nach Übergabe der Inhaberpapiere an ihn Eigentum erworben hat und im Ergebnis die Inhaberpapiere behalten durfte. Die dingliche Einigung und Übereignung wurde wirksam über §§ 130 II, 153, 151 BGB.
Dementsprechend scheiterte ein Anspruch des Erben aus § 985 BGB. I.R.d. verbliebenen Anspruchs aus § 812 BGB scheiterte die Wirksamkeit des Schenkungsvertrages wie bei der dinglichen Einigung nicht daran, dass der Schenker nach Abgabe des Angebots vor dessen Zugang verstarb. Hier half wiederum § 153 BGB i.V.m. § 151 S. 1 BGB, da auf den Zugang der Annahmeerklärung verzichtet werden konnte. Zur Form vgl. aber § 2301 I, II BGB. Vgl. Hemmer/Wüst, Erbrecht, Rn. 139.

Nicht geregelt ist der Fall, dass der Angebotsempfänger stirbt. Hier ist durch Auslegung zu ermitteln, ob auch die Erben das Angebot annehmen können. Im Zweifel ist der Antrag allerdings als erloschen anzusehen.

Dies gilt jedenfalls dann, wenn dem Antragenden die Person seines Vertragspartners nicht gleichgültig ist (z.B. bei Verträgen auf der Grundlage persönlichen Vertrauens wie Darlehens- oder Dienstvertrag).

aber Ausschluss der Bindungswirkung möglich

Durch sogenannte *Freiklauseln* wie „freibleibend", „unverbindlich" oder „ohne Obligo" kann der Anbieter jedoch die Bindungswirkung ausschließen (§ 145 BGB a.E.).

über Auslegung Abgrenzung zu Rücktritt

Hierbei ist jeweils im Wege der Auslegung anhand des Einzelfalls zu ermitteln, ob die Bindung an den Antrag ausgeschlossen wird (d.h. die Unwiderruflichkeit) oder ob sich der Anbietende ein Rücktrittsrecht vorbehält, indem die Bindung an den durch die Annahmeerklärung zustande gekommenen Vertrag ausgeschlossen wird.

Auswirkungen hat diese Unterscheidung für die Beweislage: Wer sich auf das Vorliegen eines Antrags beruft, muss dessen Voraussetzungen beweisen. Wer den Ausschluss der Bindung behauptet, ist für deren Fehlen beweispflichtig.

h.M.:
Angebot mit Freiklausel ist invitatio ad offerendum

Würde durch die genannten Klauseln lediglich die Bindung an den Antrag ausgeschlossen, so könnte der Anbieter nach dem Zugang der Annahmeerklärung nicht mehr widerrufen. Das entspricht aber nicht dem Willen des mit einer Freiklausel Anbietenden. Vielmehr will er sich die letzte Entscheidung über das Zustandekommen des Vertrages vorbehalten - er will also auch nach Zugang der „Annahmeerklärung" einen Vertragsschluss noch ablehnen können. Dementsprechend ist ein **Antrag unter Freiklausel nach h.M.**[201] nicht als Angebot, sondern als **invitatio ad offerendum** zu werten.

Aus seinem Verhalten erwächst dem Erklärenden aber eine Erklärungspflicht: Er muss unverzüglich nach Eingang des Angebots des anderen Teils ablehnen, sein Schweigen gilt sonst ausnahmsweise als Willenserklärung und damit als Annahme.

a.A.:
Widerrufsklausel

Aus dieser Erklärungspflicht folgert eine a.A., dass es sich um mehr handeln muss als eine unverbindliche invitatio ad offerendum. Stattdessen soll ein Angebot unter Ausschluss der Bindungswirkung vorliegen, das auch nach Zugang der Annahme noch unverzüglich widerrufen werden kann.[202] Die Freiklausel hat nach dieser Ansicht die Bedeutung einer Widerrufsklausel.

201 Vgl. Palandt, § 145, Rn. 4; BGH, NJW 1958, 1628.

202 Larenz, § 27 I c; Flume § 35 I c.

⇨ Gesamtumstände beachten!

Im **Einzelfall** ist die Abgrenzung schwierig. Oft kommen noch weitere Anhaltspunkte hinzu. Ergibt sich z.B. bei Betrachtung der gesamten Umstände, dass der sich zuerst Erklärende bereits eine Aufforderung zur Angebotsunterbreitung gemacht hat, so kann die hierauf mit Freiklausel erfolgte Erklärung nicht ihrerseits eine invitatio ad offerendum darstellen.

Hier kommt nur ein Widerrufsvorbehalt in Betracht[203], wobei wiederum umstritten ist, ob ein Widerruf nur bis zur Annahmeerklärung des Empfängers zulässig ist.

Klauseln wie „Lieferung freibleibend", „Lieferungsmöglichkeit vorbehalten", „Preise freibleibend" können auch eine weitergehende Bindung haben, indem sie nicht nur die Bindung an den Antrag beschränken, sondern als *Vertragsinhalt* gewollt sind. Der Vertrag wird hier fest angeboten. Jedoch beschränkt der Anbietende seine Beschaffungspflicht dadurch, dass er sich für den Fall auftretender Lieferschwierigkeiten ein vertragliches Rücktrittsrecht ausbedingt. Bei Eintritt der entsprechenden Umstände kann er sich dann vom geschlossenen Vertrag wieder lossagen.

hemmer-Methode: Anders im Sachenrecht: Gem. § 929 S. 1 BGB müssen sich die Parteien auch noch zum Zeitpunkt der Übergabe „einig" sein (vgl. Wortlaut). Hieraus leitet die h.M. die freie Widerruflichkeit der dinglichen Einigung bis zum Zeitpunkt der Übergabe ab (arg. e contrario §§ 956 I S. 2, 873 II BGB). Erforderlich ist allerdings ein für die andere Seite erkennbares Abrücken von der Einigungserklärung.

II. Die Annahme

1. Die Annahmeerklärung

Annahme: empfangsbed. WE

Die *Annahmeerklärung* ist ebenso wie das Angebot eine *empfangsbedürftige Willenserklärung.* Nur ausnahmsweise, nämlich in den Fällen des *§ 151 BGB*, ist ein *Zugang* der Erklärung nicht erforderlich. 140

§ 151 BGB: nur Verzicht auf Zugang von WE

§ 151 BGB gilt immer dann, wenn nach der Verkehrssitte eine Annahmeerklärung gegenüber dem Anbietenden nicht zu erwarten war oder dieser hierauf verzichtet hat. Auch in den Fällen des § 151 BGB muss allerdings der *Annahmewille eindeutig* nach außen hervortreten.[204] Verzichtet wird nur auf den Zugang dieser Willensäußerung.

§ 151 BGB stellt keinen Fall des rechtserheblichen Schweigens dar!

hemmer-Methode: Häufiger Fehler! § 151 S. 1 BGB macht nicht die Annahme, sondern nur deren Zugang beim Antragenden überflüssig. Der Annahmewille muss aber in irgendeiner Weise nach außen erkennbar betätigt werden.
§ 151 BGB stellt damit keinen Fall des rechtserheblichen Schweigens dar!
Lesen Sie hierzu BGH in Life&Law 2004, 73 ff. = NJW 2004, 287 ff.

In der Regel erfolgt die erforderliche Betätigung des Annahmewillens durch schlüssige Handlungen, die im Gebrauch oder der Zueignung von Sachen, der Überweisung des Kaufpreises oder der Eintragung in das Reservierungsbuch eines Hotels auf das telegrafische Angebot des Gastes liegen können.

---

203 BGH, WM 1984, 838 = **juris**byhemmer; BGH, NJW 1984, 1885 = **juris**byhemmer.

204 Vgl. hierzu auch BGH in Life&Law 1999, 621 ff. (Heft 10).

Wie lange in diesen Fällen das Vertragsangebot angenommen werden kann, richtet sich nach § 151 S. 2 BGB: Maßgeblich ist der dem Antrag oder den Umständen zu entnehmende Wille des Antragenden. § 147 II BGB ist dabei nicht anwendbar. Für die nicht zugangsbedürftige Annahme nach § 151 BGB tritt der Wille des Antragenden an die Stelle des objektiven Maßstabs des § 147 II BGB.[205]

2. Schweigen als Sonderfall

Bloßes Schweigen ist grundsätzlich keine Willenserklärung und demnach auch keine Annahme. Wer schweigt, setzt keinen Erklärungstatbestand. Von diesem Grundsatz gibt es bestimmte Ausnahmen. 141

Ausn.: Parteivereinbarung

So können die Parteien vereinbart haben, dass das Schweigen eines Teils als Annahme gelten soll (sog. „beredtes Schweigen"). Dann liegt in dem Schweigen eine wirkliche „Annahmeerklärung", wenn auch „ohne Worte". Wichtig bei der Verwendung von AGB: Entsprechende formularmäßige Klauseln sind nur in den Grenzen von § 308 Nr. 5 BGB möglich.

a) Zusendung unbestellter Waren, § 241a BGB

Zusendung unbestellter Ware

In der Zusendung unbestellter Waren wird oft ein (konkludentes) Vertragsangebot liegen. Ein Schweigen des Empfängers kann grundsätzlich nicht als Annahme gewertet werden, da dem Empfänger nicht das Schweigen als Erklärungsmittel aufgedrängt werden kann. Es wurde aber auf die Erklärung der Annahme verzichtet (§ 151 BGB!), so dass der Empfänger allein durch eine nach außen hervortretende Annahmehandlung einen Vertragsschluss bewirken kann. 142

Nicht anders zu behandeln ist der Fall, dass der Anbieter bei der unbestellten Zusendung von Ware die *Klausel* verwendet, dass er von einer Annahme ausgehe, sofern nicht binnen einer bestimmten Frist der Zusendung widersprochen wird. Eine solche Klausel ist unwirksam.

hemmer-Methode: Die Zusendung unbestellter Waren schafft examenstypische Folgeprobleme: Es kommt weder ein Kaufvertrag noch ein Verwahrungsvertrag gem. §§ 688 ff. BGB zustande. Der Empfänger kann auch nicht ohne seinen Willen dazu veranlasst werden, dem Anbieter Mitteilung zu machen, dass er die Ware nicht kaufen wolle und sie daher abgeholt werden solle. Typische Examensprobleme können sich vor allem dann ergeben, wenn die Ware bei dem Empfänger untergeht oder beschädigt wird. Die h.M. hilft z.B. i.R.d. §§ 989, 990 BGB bei Beschädigung oder Zerstörung mit einer Haftungsprivilegierung zugunsten des Empfängers über § 300 I BGB analog.

Besonderheit: § 241a BGB

Diese Rechtsfolge (EBV) gilt aber nur dann, wenn nicht der vorrangige § 241a I BGB eingreift: Liefert ein Unternehmer (§ 14 BGB) an einen Verbraucher (§ 13 BGB) unbestellte Waren, so „wird ein Anspruch gegen diesen nicht begründet". Fraglich ist, wie weit diese Rechtsfolge geht. 142a

Würde sich § 241a I BGB lediglich auf vertragliche Ansprüche beschränken, so regelte er etwas ganz Selbstverständliches: Das bloße Schweigen des Verbrauchers führt nicht zu einem Vertragsschluss (Rn. 142).

205 BGH in Life&Law a.a.O.

Dann wäre die Norm überflüssig. Man schließt folglich im Wege einer systemkonformen Auslegung (die übrigens auch durch die Entstehungsgeschichte der Norm getragen wird), dass grundsätzlich auch alle gesetzlichen Ansprüche, d.h. nicht nur diejenigen auf Schadens- und Nutzungsersatz, sondern sogar die Herausgabeansprüche aus §§ 985 und 812 BGB von § 241a BGB erfasst werden.

In letzter Konsequenz hat dies zur Folge, dass der Verbraucher zwar nicht Eigentümer wird, die Sache aber dennoch nach seinem Belieben ge- oder verbrauchen darf. Eigentum und Besitz fallen also dauerhaft auseinander!

hemmer-Methode: Beachten Sie aber auch § 241a II BGB. Demnach greift der Anspruchsausschluss dann nicht, wenn die Lieferung auf einem Irrtum des Unternehmers beruhte und der Empfänger dies erkannte oder hätte erkennen müssen.
Gem. § 241a III BGB darf von den Regelungen dieser Vorschrift nicht zum Nachteil des Verbrauchers abgewichen werden. Die Regelungen finden auch Anwendung, wenn sie durch anderweitige Gestaltungen umgangen werden.

Bsp.: *Jurastudent R hat auf dem Postweg seine bei Händler H bestellte Kaffeemaschine erhalten. Im Lieferumfang ist auch ein unbestellter designgleicher Dosenöffner zum Preis von 12,- € enthalten. Auf dem Lieferschein weist H darauf hin, dass, wenn er nichts mehr von R höre, auch ein Kaufvertrag über den Dosenöffner zustande komme. R will sich nicht darauf einzulassen. Er findet jedoch Gefallen am Dosenöffner und benutzt diesen mehrmals. H verlangt nach gewisser Zeit die Zahlung von 12 €.* **142b**

Abwandlung 1: *Kann H zumindest die Rückgabe des bewusst gelieferten Dosenöffners verlangen?*

Abwandlung 2: *Aufgrund kontinuierlicher von R verschuldeter Falschnutzung des Dosenöffners gibt dieser alsbald „seinen Geist auf". Stehen dem H Schadensersatzansprüche zu?*

Abwandlung 3: *R gibt dem Ersuchen seines guten Freundes F nach und verkauft ihm den Dosenöffner für 8 €. Kann H von R die Herausgabe des Verkaufserlöses verlangen?*

Abwandlung 4: *H fragt sich, ob er, wenn er schon nicht den Verkaufserlös von R bekommen kann, zumindest von F seinen Dosenöffner herausverlangen kann. Was ändert sich an der Fallbeurteilung bei Bösgläubigkeit des F?*

Abwandlung 5: *Wie wäre der Fall zu entscheiden, wenn der H gar nicht Eigentümer der an F verkauften Sache war, sondern ihm lediglich unter Eigentumsvorbehalt geliefert worden war? Hat der Vorbehaltsverkäufer gegen F als Drittem direkt einen Vindikationsanspruch aus § 985 BGB?*

Abwandlung 6: *R feiert sein bestandenes Examen mit ein paar Freunden bei sich zuhause. Aus Unachtsamkeit des Kommilitonen Klemens fällt der Dosenöffner zu Boden und geht zu Bruch. Welche Ansprüche hat H gegen R und gegen K? Welche Ansprüche hat R gegen K?*

Lösung Ausgangsfall

Lösung Ausgangsfall: **142c**

H könnte einen Anspruch aus § 433 II BGB haben. Voraussetzung wäre ein wirksamer Kaufvertrag, § 433 BGB.

Das Angebot des H ist in der Zusendung des Dosenöffners zu sehen, § 145 BGB. R hat dieses Angebot weder ausdrücklich angenommen, noch kann sein Schweigen einer Annahmeerklärung gleichgesetzt werden. Dies gilt trotz ausdrücklichen Hinweises des H, der Vertrag gelte bei Nichtablehnung bzw. Nichtrücksendung als geschlossen.[206]

206 Palandt, § 241 a BGB, Rn. 6; Berger JuS 2001, S.650.

Hier könnte jedoch infolge der alleinigen Ingebrauchnahme des Küchengerätes an eine konkludente Annahmeerklärung unter Verzicht des Zuganges der Annahme zu denken sein, § 151 S. 1 BGB. Da hier eine Lieferung von einem Unternehmer an einen Verbraucher vorliegt, stellt sich die Frage, ob sich aus § 241a BGB nicht etwas anderes ergibt.

Verhindert werden soll, wie der § 241a I BGB eindeutig klarstellt, dass der tatenlos abwartende Verbraucher Ansprüchen des Unternehmers ausgesetzt ist, die unmittelbar „durch die Lieferung" einer unbestellten Sache entstehen können, wie z.B. Ansprüche auf Kaufpreiszahlung bei Untätigbleiben des Verbrauchers.

Mittelbare Rechtsfolgen, also solche, die aufgrund einer zeitlich und sachlich gerechtfertigten Zäsur eindeutig von der Lieferung der Ware getrennt werden können und zudem von einem eigenen unbeeinflussten Handlungswillen getragen werden, sollen grds. nicht durch einen Anspruchsausschluss nach § 241a BGB eingeschränkt werden, solange sie den Verbraucher nicht in wettbewerbswidriger Weise belästigen und nicht mehr mit dem Schutzzweck des § 241a BGB übereinstimmen.

Ob dies der Fall ist, muss für jeden einzelnen Anspruch spezifisch durch Auslegung bestimmt werden.

Der Anspruch auf Kaufpreiszahlung infolge eines konkludenten Vertragsschlusses ist eine mittelbare Rechtsfolge. Er basiert nicht direkt auf der Lieferung, sondern ist abhängig von der selbständigen und nachträglichen Betätigung eines entsprechenden Annahmewillens. Unter Achtung der Privatautonomie darf grds. ein auf diese Weise zustande gekommener Vertrag nicht einfach durch den Ausschlusstatbestand des § 241a BGB ausgeschaltet werden.

Aus diesem Grund bejaht einen M.M. nach wie vor die Möglichkeit einer konkludenten Annahme.[207]

Die absolut h.M. dagegen lehnt über die „ratio" des §" 241a BGB einen Vertragsschluss durch konkludentes Verhalten ab.[208] Diese Vorschrift soll eine Hürde für ungewollte Vertragsschlüsse errichten, sodass eine klare Äußerung des Rechtsbindungswillens des Verbrauchers z.B. durch Begleichung der Rechnung notwendig ist. Ge- und Verbrauch sind hierfür nicht ausreichend.

Nach a.A. ist noch nicht einmal die Geltendmachung eines Anspruches auf Schadensersatz eine konkludente Annahme, da ein Abschluss eines Kaufvertrages allein zur Schadensregulierung nicht im Interesse des Verbrauchers liegen dürfte.[209]

hemmer-Methode: Entsteht dem Verbraucher durch die Lieferung unbestellter Ware ein Schaden, so hat der Verbraucher gegen den Unternehmer nach h.M. einen Anspruch auf Schadensersatz aus §§ 280 I, 311 II Nr. 2 BGB, § 823 I BGB und gegebenenfalls aus § 823 II BGB i.V.m. § 3 UWG bzw. § 9 UWG.

Nach diesen Grundsätzen ist vorliegend ein Vertragsschluss abzulehnen, da der auf einen Vertragsschluss gerichtete Annahmewille nicht vorliegt.

R war zu keinem Zeitpunkt bereit, sich auf einen Vertragsschluss einzulassen und wollte auch den Kaufpreis nicht bezahlen. Des Weiteren ist davon auszugehen, dass R als Jurastudent von der Existenz des § 241a BGB und damit verbunden von seiner umfassenden Nutzungs- und Gebrauchsberechtigung am Dosenöffner wusste. Es wäre eine reine Unterstellung, einen Willen bzgl. eines Vertragsschlusses anzunehmen, obwohl der Betroffene ganz genau weiß, dass er die Sache risiko- und kostenlos benutzen darf.[210]

---

207 Vgl. Casper, ZIP 2000, 1602 [1607].

208 Vgl. Palandt, § 241a BGB, Rn. 6; Czeguhn/Dickmann, JA 2005, 587 [589].

209 Czeguhn/Dickmann, JA 2005, 587 [589].

210 Dazu auch Link in NJW 2003, S. 2811.

Mit anderen Worten: Wer schließt schon einen Kaufvertrag über eine Sache ab, die er auch ohne Gegenleistung benutzen darf?

Mangels Rechtsbindungswillens ist ein Vertragsschluss durch konkludentes Verhalten des R zu verneinen.

hemmer-Methode: Trotz § 241a BGB ist es möglich, einen Vertragsschluss über unbestellte Sachen zustandezubringen. Allerdings ist es bei der Kenntnis der Leistungsadressaten von der Verbraucherschutznorm des § 241a BGB nicht mehr möglich, einfach nur anhand des Gebrauchs der Ware einen entsprechenden Annahmewillen anzunehmen. Ein Vertragsschluss kommt deshalb hauptsächlich nur noch bei ausdrücklicher Annahmeerklärung oder Kaufpreiszahlung in Betracht.

Lösung 1. Abwandlung

Lösung 1. Abwandlung:

a) Ein entsprechender Herausgabeanspruch könnte sich im vorliegenden Fall aus § 985 BGB ergeben.

R hätte zwar ein Übereignungsangebot des H angenommen, da er sich diesbezüglich keiner Verpflichtung aussetzt. Das Zuschicken der unbestellten Ware ist aber erkennbar nur ein bedingtes Angebot zur Übereignung, nämlich unter der aufschiebenden Bedingung des Zustandekommens eines Kaufvertrages, §§ 929 S. 1, 158 I BGB.[211] H ist deshalb Eigentümer geblieben.

R ist unmittelbarer Besitzer und spätestens im Zeitpunkt des Herausgabeverlangens nicht mehr zum Besitz berechtigt, § 986 BGB.

hemmer-Methode: Auch dies ist nicht unumstritten. Nach Ansicht von Palandt, § 241a, Rn. 7 soll § 241a BGB tatsächlich ein Recht zum Besitz geben.

Dies überzeugt keineswegs, da § 241a BGB keine Rechte verleihen, sondern Ansprüche ausschließen soll. Aus diesem Grund lehnt die ganz h.M. das Entstehen eines Rechts zum Besitz auch völlig zu Recht ab.[212]

R kann jedoch gegen den vorliegenden Vindikationsanspruch wirksam eine Einwendung geltend machen.

Wie bereits erwähnt, schließt § 241a I BGB (evtl. ersichtlich aus einem Umkehrschluss aus § 241a II BGB) nicht nur vertragliche, sondern auch alle gesetzlichen Ansprüche aus, die sich unmittelbar aus der Lieferung unbestellter Waren ergeben. Dazu gehört auch der Anspruch aus § 985 BGB.

hemmer-Methode: Der Gesetzgeber hat im Zuge der Normierung des § 241a BGB sämtliche verfassungsrechtlichen Bedenken zurückgewiesen und hält ein dauerhaftes Auseinanderfallen von Eigentum und Besitz für gerechtfertigt.[213]

Ob dies auch für einen lauter bzw. im Verbraucherinteresse handelnden Unternehmer gelten kann, bedarf vorliegend keiner Entscheidung, da hier ein unlauteres wettbewerbswidriges Handeln zu bejahen ist.[214]

b) R hat durch eine Leistung des H einen Gegenstand ohne einen ersichtlichen Rechtsgrund erlangt. Allerdings wird auch eine Leistungskondiktion gem. § 812 I S. 1 Alt. 1 BGB, genauso wie Ansprüche aus der GoA, vom Anwendungsbereich des § 241a BGB erfasst.[215]

---

211 Seien Sie wegen des Abstraktionsprinzips aber vorsichtig mit der Bejahung eines Bedingungszusammenhangs von Causa und Verfügung!!!

212 Deutsch, JuS 2005, 997 [998]; Schwarz, NJW 2001, 1449 [1452]; Link 2003, 2811 [2812].

213 Casper in ZIP 2000, S. 1606; der Autor versucht, über eine teleologische Reduktion des § 241a I BGB einen Anspruch aus § 985 BGB zu gewähren.

214 So die h.M.; vgl. m.w.N. Deutsch in JuS 2005, 997 [998].

215 Ausschluss vertraglicher und gesetzlicher Ansprüche: MüKo, § 241a BGB, Rn. 13.

Lösung 2. Abwandlung

Lösung 2. Abwandlung:

Ein Schadensersatzanspruch des H könnte sich in erster Linie aus den §§ 989, 990 BGB ergeben. Einzig problematisch ist erneut die Frage, ob auch sämtliche Sekundäransprüche unter den Ausschlusstatbestand des § 241a BGB subsumierbar sind.

hemmer-Methode: An dieser Stelle geht es nicht um einen Anspruch, der direkt „durch die Lieferung" hervorgerufen wird. Die Beschädigung der zugestellten Sache ist ein eigenes Ereignis und hat nur mittelbar mit der Lieferung zu tun. Da ein Sekundäranspruch demzufolge nicht unmittelbar vom Wortlaut des § 241a I BGB erfasst wird, ist danach zu fragen, ob der Umfang des Anspruchsausschlusses eher weit auszulegen ist.
***Achtung*: Wer (wenig überzeugend) in § 241a BGB ein RzB i.S.d. § 986 BGB erkennt, der müsste mangels EBV § 823 BGB prüfen.**

Während die teleologische oder verfassungskonforme Auslegung gegen einen Anspruchsausschluss spricht, ist aufgrund der überzeugenderen grammatikalischen, historischen, systematischen, aber auch richtlinienkonformen Gesichtspunkte[216] i.S.d. weiten Auslegung des § 241a BGB zu entscheiden. Nur sie entspricht dem Willen des Gesetzgebers, der eine Sanktion für wettbewerbliches Fehlverhalten erreichen, aber auch den Verbraucher von Pflichten oder Belästigungen, die in jeglichem Zusammenhang mit der ungebetenen Zustellung des Gegenstandes stehen, befreien wollte, sog. umfassender Anspruchsausschluss.

Letzterer kann in tatsächlicher Hinsicht nur dann gewährleistet werden, wenn der Verbraucher die Sache ohne Haftungsrisiko benutzen und unter Umständen sogar wegwerfen darf.[217]

Lösung 3. Abwandlung

Lösung 3. Abwandlung:

Ein (mittelbarer) Anspruch des H gegen den R auf Herausgabe des Verkaufserlöses gem. § 816 I S. 1 BGB, bzw. §§ 687 II S. 1, 681 S. 2, 667 BGB scheidet hier aus. Legt man erneut den reinen Wortlaut i.S.d. allumfassenden Anspruchsausschlusses aus, so müssen auch Erlösherausgabeansprüche, die den Verbraucher zwar nur mittelbar, aber nicht unerheblich belasten, ausgeschlossen werden.[218]

hemmer-Methode: Natürlich ist eine a.A. vertretbar. Der umfassende Anspruchsausschluss erscheint gerade hinsichtlich der Herausgabe des Verkaufserlöses als unbillig.
Das Argument der Intention des Gesetzgebers ließe sich hier durchaus auch in einem anderen Licht beleuchten: Hauptzweck des § 241a BGB soll es eigentlich sein, den Verbraucher vor der Lästigkeit des Aufbewahrens des Gegenstandes und vor wettbewerbswidrigen Übergriffen zu bewahren. Der Verkauf der Ware basiert aber auf Eigeninitiative des Verbrauchers, der just in diesem Moment des Schutzes durch eine Verbraucherschutzvorschrift eigentlich nicht mehr bedarf. Es erscheint außerdem nicht gerechtfertigt, dass sich der Verbraucher als „wirtschaftlicher Eigentümer" den Wert der Sache aneignen kann.

Lösung 4. Abwandlung:

Lösung 4. Abwandlung:

a) H könnte gegen F einen Anspruch aus § 985 BGB haben.

Voraussetzung wäre, dass er noch Eigentümer ist und der F als unmittelbarer Besitzer kein Recht zum Besitz hat, § 986 BGB. Infolge der Tatsache, dass der Versender H trotz Verschickens der Ware zunächst Eigentümer bleibt (s.o.), handelte R insoweit als Nichtberechtigter.

216 Sämtliche Auslegungsmethoden hat Schwarz in seinem Beitrag in Jura 2001 S.361 ff. erläutert.

217 Derselben Ansicht ist auch Berger in JuS 2001, S. 653.

218 Andere Ansicht: Berger JuS 2001,649; Sosnitza BB 2000, 2322.

Ob F nunmehr als Eigentümer in Frage kommt, hängt alleine davon ab, ob er gutgläubig bzgl. des Eigentums des R gewesen ist. Da dies grds. der Fall ist, wird F neuer Eigentümer der Ware, ein Anspruch des H aus § 985 BGB entfällt.

An dieser Stelle muss nun die Frage entschieden werden, ob der Leistende mangels eigener Anspruchsgrundlagen gegen den Dritten, zumindest gegen den Verbraucher, aus § 816 I S. 1 BGB vorgehen kann. Dies ist zu verneinen. Bzgl. der Argumentation kann nach oben verwiesen werden.

b) Ist der Dritte allerdings bösgläubig, kann der Versendende gegen diesen nach § 985 BGB vorgehen. Daran ändert auch die Regelung des § 241a BGB nichts, die auf das Rechtsverhältnis des Unternehmers zum Dritten weder vom klaren Wortlaut noch vom Gesetzeszweck her Anwendung findet.

hemmer-Methode: Hat der Verbraucher die Ware an einen Dritten verschenkt, so kann der Versender die Ware allerdings auch von einem Gutgläubigen zurückverlangen, § 816 I S. 2 BGB![219]

Lösung 5. Abwandlung

Lösung 5. Abwandlung:

Bislang hat sich der Gesetzgeber noch nicht zu dieser Fallkonstellation geäußert. In der Literatur finden sich indessen zwei Erklärungsansätze, die zu genau gegensätzlichen Ergebnissen führen.[220]

Es erscheint billig, Ansprüche Dritter aus § 985 BGB nicht als von § 241a BGB erfasst anzusehen. Neben der Tatsache, dass ein Dritter schon vom Wortlaut nicht erfasst wird, ergibt sich anhand einer restriktiven Auslegung des § 241a BGB unter strenger Berücksichtigung der angestrebten Sanktionsrichtung das Ergebnis, dass nur Ansprüche der Unternehmer ausgeschlossen werden sollen, die im unmittelbaren Verhältnis zum Verbraucher auch tatsächlich wettbewerbswidrig handeln.

Auf Dritte, die nicht auf unlautere Marketingmethoden zurückgreifen und lediglich den absoluten Schutz ihrer Rechtsgüter begehren, dürfen die Rechtsfolgen des § 241a BGB nicht angewandt werden.

hemmer-Methode: § 241a I BGB ist so zu lesen: „...wird ein Anspruch des Unternehmers gegen diesen nicht begründet.“

Für den vorliegenden Fall bedeutet dies Folgendes: Zur Vermeidung der vollständigen Entwertung der Rechte des Eigentumsvorbehaltsverkäufers an seiner Ware muss diesem auch hinsichtlich seines ordnungsgemäßen Verhaltens ein Vindikationsanspruch verbleiben.[221]

Lösung 6. Abwandlung

Lösung 6. Abwandlung:

1. Ansprüche des H gegen R

Aufgrund des umfassenden Haftungsausschlusses kommen keine Ansprüche des H gegen R in Betracht (s.o.).

2. Ansprüche des H gegen den K

Ein Anspruch könnte sich aus § 823 I BGB ergeben. H ist trotz dauerhaften Auseinanderfallens seines Eigentums und des Besitzes weiterhin Eigentümer des Küchengerätes geblieben. Aufgrund einer unachtsamen Handbewegung wurde sein Rechtsgut Eigentum durch den K verletzt. Die haftungsbegründende Kausalität liegt vor, ebenso wie ein rechtswidriges und schuldhaftes Verhalten.

---

219 Vgl. hierzu Sosnitza in BB 2000, S. 2322.

220 E.A.: Berger in JuS 2001, S. 649 ff.; a.A. Krebs in AnwKomm: § 241a BGB, Rn. 18.

221 Vgl. hierzu auch Berger in JuS 2001, S. 653 unter Punkt 2. Wird die Sache jedoch in dieser Fallkonstellation beschädigt, dürfen dem EV-Verkäufer keine Schadensersatzansprüche entstehen, da sonst der Schutz des Verbrauchers durch § 241a BGB völlig entwertet würde.

Als schwierig erscheint einzig die Feststellung eines ersatzfähigen Schadens. Stellt man alleinig auf die nachteilige Veränderung ab, die am verletzten Rechtsgut entstanden ist, so käme man in diesem Fall eindeutig zu einem unmittelbaren Objektsschaden, der bei Zerstörung eines Rechtsgutes und bei Geldersatz sämtliche Wiederbeschaffungskosten umfasst.

Diese Vorgehensweise entspricht aber keineswegs den Besonderheiten des Falles. Zu berücksichtigen ist, dass bei der ungebetenen Zustellung eines Gegenstandes ein vollständiges Nutzungs- und Gebrauchsrecht des Verbrauchers entsteht. Dieses ist, wie oben dargestellt, infolge des umfassenden Anspruchsausschlusses vindikations- und kondiktionssicher, d.h. der Eigentümer kann nur noch formal auf sein Rechtsgut zugreifen.

Da deshalb das Eigentum für ihn in wirtschaftlicher Hinsicht völlig wertlos[222] geworden ist, muss folgerichtig beim Versender das Entstehen eines Schadens verneint werden.

Ein Schaden ist vielmehr bei dem Verbraucher eingetreten. Zwar gibt der § 241a BGB kein Recht zum Besitz (strittig; s.o.). Der Leistungsadressat darf jedoch mit der Sache verfahren, wie er es für richtig hält, d.h. diese also verbrauchen, nutzen oder sie sogar entschädigungsfrei wegwerfen. Durch die Zerstörung ist diese vorteilhafte Vermögensposition an der Sache dem Verbraucher entzogen worden.

I.E. muss festgestellt werden, dass mangels Schadens in der Person des H kein Anspruch gegen den K aus § 823 I BGB besteht.

hemmer-Methode: Aus diesem Grund führt § 241a BGB auch *nicht* zu einer *gestörten Gesamtschuld*, da es an der für die gestörte Gesamtschuld typischen Dreieckskonstellation aus einem Gläubiger, einem privilegierten Schädiger und einem nicht privilegierten Schuldner fehlt.[223]

3. Ansprüche des R gegen den K

Aufgrund dieser Schadenszuordnung könnten dem Verbraucher R Ansprüche aus § 823 I BGB zustehen. Dies ist hier aber bereits deshalb zu verneinen, weil die unbestellt gesendete Sache kein schützenswertes Rechtsgut des R darstellt. Es ist richtig, dass durch den § 823 I BGB auch der Schaden, der durch den Eingriff in das Recht zum Besitz, Gebrauch oder Nutzung verursacht wird, ersetzt werden soll.[224] Damit gewollt ist jedoch, wie schon der Wortlaut aussagt, der Schutz sämtlicher Besitzrechte und nicht des bloßen Besitzes, der wegen § 241a BGB völlig abgelöst von einem Recht am Besitz entstanden ist.

4. Lösungsansatz innerhalb der Literatur

a) Stellungnahmen, wie die Falllösung an diesem Scheideweg vorangetrieben werden könnte, sind innerhalb der Literatur eher selten. Größtenteils wird lediglich festgestellt, dass mangels Schadens kein Anspruch des Unternehmers, mangels Rechtsgutsverletzung kein Anspruch des Verbrauchers besteht.

b) Eine neue Ansicht versucht diesen Fall über die Grundsätze einer Drittschadensliquidation zu lösen. Folge wäre, dass der Unternehmer den Schaden des Verbrauchers liquidieren könnte, diesen Anspruch jedoch an den Verbraucher gem. § 285 BGB analog abtreten müsste. Grds. liegen die Voraussetzungen einer Drittschadensliquidation[225] vor:

- ⇨ H hat als Eigentümer zwar einen Anspruch, aber keinen Schaden, da die Sache für ihn wirtschaftlich wertlos ist,

222 Vgl. Schwarz NJW 2001, 1449 und Link NJW 2003, 2812.

223 Vgl. dazu Mitsch in ZIP 2005, 1017 [1020].

224 Palandt, § 823, Rn. 13.

225 Zu dem Problemfeld der Drittschadensliquidation lesen Sie bitte Hemmer/Wüst Schadensersatzrecht III, Rn. 221 ff.

- ⇨ R als Verbraucher hat, da ihm die Nutzungsrechte zustehen, einen Schaden, jedoch mangels Rechtsgutsverletzung keinen Anspruch,

- ⇨ grds. tritt ein derartiger Schaden beim Eigentümer ein, hat sich aber wegen § 241a BGB rein zufällig auf den Verbraucher verlagert.

Diese Lösung über die Drittschadensliquidation kann jedoch nicht überzeugen. Die Rechtsfolge ist nämlich, dass der Unternehmer verpflichtet ist, seine Ansprüche an den Verbraucher abzutreten. Diese Pflicht kann aber nur aus einem Schuldverhältnis stammen, das zur Leistung verpflichtet.

Zwar entstehet durch die Zusendung unbestellter Ware ein vorvertragliches Schuldverhältnis i.S.d. § 311 II BGB, aus welchem der Verbraucher im Fall einer Schädigung eigene Rechte herleiten kann.

Allerdings begründet das vorvertragliche Schuldverhältnis keine Leistungspflichten, sondern nur nicht leistungsbezogene Schutzpflichten i.S.d. § 241 II BGB.

Eine Pflicht zur Abtretung nach den Grundsätzen der Drittschadensliquidation lässt sich daraus also nicht ableiten.

b) Gesetzliche Erklärungsfiktion des Schweigens

Gesetzliche Erklärungsfiktion des Schweigens

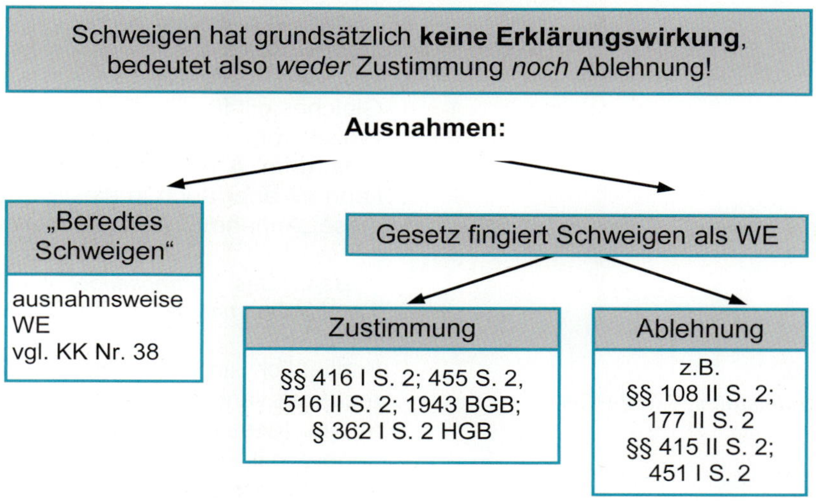

Ausn.: gesetzl. Regelung, z.B. §§ 108, 177 BGB

Zum Teil beruht die Erklärungswirkung des Schweigens auf *ausdrücklicher gesetzlicher Normierung*. Das Gesetz fingiert das Schweigen als Willenserklärung. So gilt gem. den §§ 108 II S. 2, 177 II S. 2, 415 II S. 2 BGB das Schweigen auf die Aufforderung zur Genehmigung als Ablehnung der Genehmigung. In den Fällen der §§ 416 I S. 2, 455 S. 2, 516 II S. 2, 1943 BGB hat das Schweigen ausnahmsweise die Bedeutung einer Genehmigung. 143

In diesen Fällen, in denen dem Schweigen die Bedeutung einer Zustimmung beigelegt wird, finden die Regeln über Willenserklärungen analoge Anwendung. Es ist nämlich nicht einzusehen, warum der Schweigende an sein Schweigen stärker gebunden sein soll als der Erklärende an ein ausdrückliches „Ja".[226] 144

226 Medicus/Petersen, BR, Rn. 54.

Die Nichtigkeit oder die Anfechtbarkeit muss sich aber auf das Rechtsgeschäft beziehen, das durch das Schweigen zustande gekommen ist. Mit anderen Worten: Der Schweigende kann eine Irrtumsanfechtung nicht darauf stützen, dass er die seinem Schweigen gesetzlich beigelegte Wirkung nicht gewollt habe; hierbei würde es sich um einen *unbeachtlichen Rechtsfolgenirrtum* handeln.

Hingegen ist das Schweigen mit Ablehnungswirkung nicht anfechtbar. Eine Anfechtung würde hier auch wenig Sinn machen, da die Anfechtung der Ablehnung noch nicht die Annahme des Angebots bedeuten würde. ***144a***

Ausn.:
§ 242 BGB

Schweigen kann weiterhin nach Treu und Glauben unter Berücksichtigung der Verkehrssitte die Bedeutung einer Willenserklärung haben, wenn für den Schweigenden die Verpflichtung bestanden hätte, sich zu dem Angebot zu äußern. Eine solche Verpflichtung kann sich beispielsweise aus einer dauernden Geschäftsbeziehung ergeben.[227]

Ein anderer Fall, in dem Schweigen nach Treu und Glauben als Willenserklärung ausgelegt werden kann, liegt vor, wenn der Annehmende nur geringfügig zu spät die Annahme ausspricht.[228] ***144b***

Diese gilt gem. § 150 I BGB zwar grds. als neuer Antrag. Bei nur minimalen Abweichungen wird sie aber dennoch nach § 242 BGB als Annahme zu behandeln sein, wenn ihr nicht ausdrücklich widersprochen wird.

> ***Bsp.:*** *A kann das Vertragsangebot des B bis 0.00 Uhr annehmen. Erst um 0.10 Uhr erklärt A die Annahme.*

Gleiches gilt für den Fall, dass die Annahme in äußerst geringfügiger Weise vom Angebot abweicht. Auch diese variierte Annahme gilt grds. gem. § 150 II BGB als neuer Antrag. Nach Treu und Glauben kann es aber auch in diesem Fall geboten sein, das Schweigen auf diese „Annahme" als Willenserklärung zu betrachten.

> ***Bsp.:*** *Das Vertragsangebot des A, den Vertrag über 10.000,- € zu schließen, nimmt B für 10.001,- € an.*

Ausn.:
Handelsrecht, § 362 HGB

Schließlich sind noch die Sonderfälle des *Schweigens im Handelsrecht* relevant. So gilt gem. § 362 HGB das Schweigen eines Kaufmanns (dessen Gewerbebetrieb die Besorgung von Geschäften für andere mit sich bringt) auf einen Antrag über die Besorgung entsprechender Geschäfte als Annahme des Antrags. ***145***

Gem. §§ 75h, 91a HGB gilt, anders als nach § 177 II S. 2 BGB, das Schweigen des unberechtigt Vertretenen als Genehmigung der Vertretung. Auch hier ist es aber wenig sinnvoll, den schweigenden Kaufmann fester zu binden als den sich ausdrücklich Erklärenden. Willensmängel können hier daher ebenso wie bei einer ausdrücklichen Bejahung zur Geltung gebracht werden: Der Kaufmann, der schweigt, weil er vom Inhalt eines Briefes eine falsche Kenntnis hat (und den Antrag so annimmt), kann sein Schweigen nach den allgemeinen Regeln anfechten.

Grd:
Schnelligkeitsbed. des Handelsverkehrs

Eine Einschränkung ergibt sich aber aus dem Bedürfnis des Handelsverkehrs nach schneller Gewissheit über die Entscheidung des anderen Vertragspartners. Die Partei, die auf die Beständigkeit der Antwort ihres Partners vertraut, soll geschützt werden.

227 Std. Rspr.; vgl. Palandt, vor § 116, Rn. 10 m.w.N.

228 Larenz, AT, § 27 II/III.

Aus diesem Grund berechtigt nach wohl überwiegender Meinung ein *schuldhafter Irrtum* weder bei ausdrücklichem „Ja“ noch beim Schweigen zur Anfechtung.[229]

c) Schweigen auf kaufmännisches Bestätigungsschreiben

kaufmännisches Bestätigungsschreiben

Das so genannte *Schweigen auf ein kaufmännisches Bestätigungsschreiben* bildet den wichtigsten Fall rechtserheblichen Schweigens. **146**

Wer auf ein kaufmännisches Bestätigungsschreiben schweigt, muss den Vertrag so hinnehmen, wie ihn der Inhalt des unwidersprochenen Bestätigungsschreibens angibt. Das Schweigen auf das Bestätigungsschreiben gilt kraft Gewohnheitsrecht als Zustimmung. Zu unterscheiden sind das deklaratorische und das konstitutive Bestätigungsschreiben.

Meist werden zwischen den Beteiligten telefonische, mündliche oder telegrafische Verhandlungen vorausgegangen sein, wobei etwaige Unklarheiten über das Ergebnis durch das Bestätigungsschreiben ausgeräumt werden sollen. Dabei hat das Schreiben nur deklaratorische Wirkung, wenn beide Parteien sich darüber einig sind, dass ein Vertrag bereits geschlossen wurde.

Seltener ist das konstitutive Bestätigungsschreiben, durch das der Vertrag erst zustande kommt. Voraussetzung ist, dass die Parteien nach mündlichen oder telefonischen Vertragsverhandlungen kurz vor dem Abschluss standen, d.h. Abschlussreife vorlag.

Die Voraussetzungen für die Rechtsfolge der Genehmigung sind im Einzelnen:

Voraussetzungen

- ⇨ Zwischen den Beteiligten müssen mündliche Verhandlungen vorausgegangen sein, deren Ergebnis das Schreiben als endgültigen Vertragsschluss wiedergibt.[230]
- ⇨ Das Bestätigungsschreiben muss eindeutig abgefasst und unmittelbar nach den Vertragsverhandlungen abgesandt worden sein.
- ⇨ Der Bestätigende muss gutgläubig hinsichtlich des Inhalts des KBS sein; die Bösgläubigkeit eines Vertreters wird analog § 166 I BGB zugerechnet
- ⇨ *Der Empfänger des Schreibens muss nicht zwingend Kaufmann i.S.d. HGB sein.* Es soll jedenfalls ausreichen, dass der Empfänger „in größerem Umfang am Verkehrsleben teilnimmt“.[231]
- ⇨ Bei der Qualifikation des Absenders kann ein großzügigerer Maßstab als beim Empfänger angelegt werden; ihm wird ja keine Pflicht auferlegt. Voraussetzung ist, dass er wenigstens ähnlich einem Kaufmann am Geschäftsleben teilnimmt.[232]
- ⇨ Schließlich darf dem Bestätigungsschreiben nicht *„unverzüglich“* widersprochen worden sein, wobei an Kaufleute strenge Anforderungen zu stellen sind.[233]

---

229 Vgl. Medicus/Petersen, BR, Rn. 58; BGH, NJW 1972, 45 = **juris**byhemmer für das kaufmännische Bestätigungsschreiben.

230 BGH, NJW 1972, 820 f. = **juris**byhemmer.

231 Z.B. ein Architekt; vgl. OLG Köln, OLGZ 1974, 8 ff.

232 BGHZ 40, 42 = **juris**byhemmer; nach Flume § 36, 2 soll sogar jedermann genügen.

233 RGZ 105, 389: Widerspruch innerhalb von acht Tagen nach Eingang des Schreibens ist verspätet.

Wirkung des KBS

Das kaufmännische Bestätigungsschreiben hat die Funktion, die Vertragsbedingungen zu fixieren. Der Vertrag gilt als mit dem Inhalt des unwidersprochenen Bestätigungsschreibens geschlossen.

KBS: Voraussetzungen

Persönlicher Anwendungsbereich:

- **redlicher** (nicht argl.) Absender = Kaufmann bzw. nimmt **wie Kaufmann** am Geschäftsleben teil; a.A.: Privatmann genügt (str.)!
- Empfänger = Kaufmann bzw. nimmt **wie Kaufmann** am Geschäftsleben teil (h.M.)

Sachlicher Anwendungsbereich:

- vorangegangene **Vertragsverhandlungen**, die **aus der Sicht** des Abs. zu Vertragsschluss geführt haben (ansonsten Auftragsbestätigung!) (tats. Vertrags*schluss* nicht nötig! KBS konstitutiv)
- KBS **eindeutig** und **unmittelbar** im Anschluss an Verhandlungen
- KBS nimmt auf **Verhandlungen Bezug** und **weicht** hiervon **nicht** so **schwerwiegend ab**, dass mit Genehmigung nicht gerechnet werden könnte
- Empfänger **widerspricht nicht** unverzüglich (§ 121 I S. 1), also schweigt

Nach Ansicht des BGH gilt dies auch, wenn ein Vertreter ohne Vertretungsmacht einen Vertrag abgeschlossen hat und dieser anschließend dem Vertretenen mittels Bestätigungsschreiben mitgeteilt wird.

Das Schweigen des Empfängers macht den zunächst schwebend unwirksamen Vertrag wirksam.[234]

Abgrenzung zur Auftragsbestätigung

hemmer-Methode: Grenzen Sie das KBS immer nach dem objektiven Empfängerhorizont (§§ 133, 157 BGB) von der Auftragsbestätigung ab. Die Auftragsbestätigung ist die, in der Regel schriftliche, Annahme eines Angebots, häufig unter Änderungen, vgl. dann § 150 II BGB. Im Gegensatz zum KBS liegt hier noch kein wirksamer oder zumindest abschlussreifer[235] Vertrag vor.
Deshalb trifft den Anbietenden auch keine Pflicht, auf eine abweichende Auftragsbestätigung zu reagieren. In diesem Fall handelt es sich aus der Sicht des Empfängers gem. § 150 II BGB um ein neues Angebot, das vom Antragenden wiederum angenommen werden müsste. Das Schweigen auf eine solche Auftragsbestätigung bedeutet keine Zustimmung. Als Abgrenzungshilfe kann folgender Gedanke gelten: Bei einem „ja, aber ...“ geht der Bestätigende erkennbar noch nicht davon aus, dass der Vertrag zustande gekommen ist. Dies spricht für § 150 II BGB, das „aber“ deutet auf ein neues Angebot hin.

Von Bedeutung für das Handelsrecht ist schließlich *§ 377 HGB,* durch den die bürgerlich-rechtlichen Mängelvorschriften der §§ 434 ff. BGB beim beidseitigen Handelskauf entscheidend modifiziert werden. Auch hier knüpft das Gesetz *an das Unterlassen einer Erklärung* bestimmte rechtliche Folgen, nämlich die Fiktion der Genehmigung einer mangelhaften Ware, § 377 II HGB. **147**

§ 377 HGB bestimmt für den Käufer die *Obliegenheit* zur Untersuchung der gelieferten Ware und zur Rüge ihrer Mangelhaftigkeit. Hierbei müssen die sogleich erkennbaren Mängel unverzüglich nach der Untersuchung, die erst später erkennbaren Mängel unverzüglich nach ihrer Entdeckung gerügt werden, § 377 I, III HGB.

234 BGH, NJW 2007, 987 ff. = JuS 2007, 779 (781) = jurisbyhemmer.

235 Beachten Sie: Entscheidend ist hier die Sicht der Parteien – der Fall des konstitutiven KBS erfasst ja gerade den Fall, dass objektiv noch kein wirksamer Vertrag geschlossen wurde.

Unterlässt der Käufer die Rüge, so verliert er gem. § 377 II HGB alle Mängelrechte; auch die Einrede des § 320 BGB gegen den Zahlungsanspruch des Verkäufers wird ihm abgeschnitten.

§§ 377 HGB statuiert demnach eine sehr weit reichende Folge für das Ausbleiben einer Erklärung: Wer schweigt, wird bestraft.[236] Die Mängelrechte gehen verloren.

3. Die Annahmefristen

§§ 146 ff. BGB: Annahmefristen

Die Annahme eines Angebots kann grundsätzlich nur erfolgen, solange das Angebot noch gültig und wirksam ist. Hierbei bestimmen die *§§ 146 ff. BGB*, innerhalb welcher Frist das Angebot angenommen werden kann. Im Interesse des Anbieters sind die Fristen knapp bemessen. Denn dieser ist an sein Angebot gebunden und in der weiteren Disposition über den Angebotsgegenstand eingeschränkt. Dann kann er auch eine schnelle Entscheidung erwarten. 148

Anwesende: nur sofort, § 147 BGB

Der *unter Anwesenden gemachte Antrag* kann nur *sofort* angenommen werden, § 147 I BGB. Haben die Parteien ihre Vertragsverhandlungen *am Telefon* geführt, so gilt dies gem. § 147 I S. 2 BGB als Erklärung unter Anwesenden.

Abwesende: § 147 II BGB, solange damit zu rechnen ist

Bei *Erklärungen unter Abwesenden* gilt § 147 II BGB: Das Angebot kann nur solange angenommen werden, wie unter regelmäßigen Umständen mit einer Antwort zu rechnen ist. 149

Abzustellen ist hierbei auf die üblichen Gegebenheiten und Geschäftsgepflogenheiten, wobei die maßgebliche Annahmefrist unter Berücksichtigung der Frist zwischen Absendung und Zugang der Offerte, einer angemessenen Überlegungszeit und einem Zeitraum für die Übermittlung der Annahmeerklärung zu ermitteln ist.

z.B. telegraphisch bei verderblicher Ware

Ein Geschäftsmann, der ein telegrafisches Angebot über leicht verderbliche Südfrüchte erhält, kann bereits an der gewählten Übermittlungsart erkennen, dass das Angebot nur telegraphisch oder vergleichbar schnell angenommen werden kann. Hier sind die Fristen also entsprechend kürzer zu bemessen. Ohnehin steht es dem Anbieter frei, eine kürzere als die gesetzliche Annahmefrist zu bestimmen, § 148 BGB.

4. Verspätete Annahme

§ 150 I BGB ⇨ verspätete Annahme = neues Angebot

Die verspätete Annahme eines Angebots gilt ebenso wie eine Annahme unter Einschränkungen oder Erweiterungen nach § 150 I BGB grundsätzlich als neuer Antrag. Eine Ausnahme gilt gem. § 149 BGB allerdings soweit, als die Annahmeerklärung rechtzeitig abgesandt wurde, aber durch bestimmte, dem Antragenden erkennbare und vom Absender nicht zu verantwortende Umstände verspätet eingetroffen ist. 150

Ausn.: § 149 BGB

Hier hat der Antragende die Obliegenheit, dem Annehmenden die Verspätung unverzüglich anzuzeigen. Unterlässt oder verzögert er eine Anzeige, wird die Rechtzeitigkeit der Annahmeerklärung fingiert: Es kommt ein wirksamer Vertrag zustande.

236 Zu den einzelnen Problemen der § 377 HGB vgl. Medicus/Petersen, BR, Rn. 338 ff. sowie Hemmer/Wüst, Handelsrecht, Rn. 330 ff.

§ 150 I: verspätete Annahme gilt als neuer Antrag
Ausnahme: § 149, wenn Annahmeerklärung rechtzeitig abgesandt, aber durch bestimmte, dem Anbieter **erkennbare** und vom Absender **nicht zu verantwortende** Umstände **verspätet** eingetroffen ist

Annahmefrist § 147 (Ausnahme: § 148)

§ 147 I: unter Anwesenden	§ 147 II: unter Abwesenden
Annahme nur **sofort**	Annahme nur bis Zeitpunkt, zu dem sie unter regelm. Umständen noch erwartet werden kann

insbes.: bei unverschuldeter Verspätung

Insbesondere bei geringfügigen oder erkennbar unverschuldeten Verspätungen kann sogar eine erweiterte Auslegung des § 149 BGB auch auf die Fälle des § 150 I BGB geboten sein.

Sofern der Antragende nach den Umständen des Falles verpflichtet war, die Ablehnung einer verspäteten Annahmeerklärung möglichst bald zu erklären, kann sein Schweigen als Annahme des neuen Antrags gewertet werden (s.o. Rn. 144a).

Bsp.:[237] *Der Ehemann der Klägerin hatte am 31. Mai 1949 bei einem Vermittlungsagenten der beklagten Versicherung den Abschluss einer Unfallversicherung beantragt. Der Versicherungsschutz sollte zum 1. Juni 1949 beginnen. Die Prämie für den Monat Juni wurde bezahlt. Das Antragsformular enthielt die Erklärung, dass der Antragsteller sechs Wochen an den Antrag gebunden sei.* **151**

Ein Vertreter der Versicherung erschien am 16. Juli 1949 in der Wohnung der Eheleute und legte die Versicherungspolice vor, traf aber nur die Klägerin an. Da diese die Versicherungsprämie für den Monat Juli nicht zahlte, nahm der Vertreter die Police wieder mit. Mit Schreiben vom 1. September 1949 setzte die Versicherung dem Ehemann eine Frist zur Zahlung der Beiträge für die Monate Juli bis September und wies darauf hin, dass nach Ablauf dieser Frist kein Versicherungsschutz bestehe. Am 2. September 1949 verunglückte der Ehemann tödlich. Die Klägerin verlangt die Auszahlung der Versicherungsprämie.

Der BGH wies darauf hin, dass es bei Versicherungsverträgen auf die exakte Einhaltung der Antragsfrist durch den Versicherer besonders ankomme. Deshalb habe der Antrag des Ehemannes durch die Vorlage der Versicherungspolice am 16. Juli (hätte bis spätestens 12. Juli erfolgen müssen, da die Bindung auf sechs Wochen beschränkt wurde!) nicht mehr angenommen werden können.

Die verspätete Annahme sei jedoch ein neuer Antrag (§ 150 I BGB) und auf diesen Antrag sei durch das Schweigen des Ehemanns der Klägerin der Versicherungsvertrag zustande gekommen, so dass der Klage der Ehefrau stattzugeben war.

5. Sonderprobleme beim Vertragsschluss über das Internet[238]

Bsp.[239]**:** *K erwarb die Zeitschrift BUNTE über die Homepage der B, die mit dem Angebot von Abonnementverträgen im Internet warb. Hierzu veröffentlichte die B die wesentlichen Abo-Bedingungen auf ihrer Homepage und bot Interessenten die Möglichkeit, die Zeitschrift mit Hilfe einer formularisierten E-Mail zu erwerben.* **151a**

237 BGH, NJW 1951, 313 = **juris**byhemmer.

238 Vgl. dazu auch Kimmelmann/Winter, *„E-Commerce: Keine Herausforderung für das BGB! – AG Butzbach, NJW-RR 2003, 54“*, in JuS 2003, 532 ff.; zur Entwicklung des Internetrechts in den Jahren 2001/2002 vgl. Hoffmann, NJW 2002, 2602.

239 OLG München, Urteil vom 25.01.2001 - 29 U4113/00; ZIP 2001, 520 = Life&Law 2001, 386 ff. = **juris**byhemmer.

Machte man von dieser Option Gebrauch, so erhielt man von der B ein Schreiben, in dem sie dem Kunden den Beginn der Lieferung ankündigte und ihn über die Abonnementlaufzeit informierte. Der K hat mit der Klage (u.a.) die Nichtigkeit des Vertrages geltend gemacht. Wie ist die Rechtslage bezogen auf den Vertragsschluss?

(1) Angebot

Bei der Homepage der B, auf der sie anbietet, durch eine formalisierte E-Mail einen Abonnementvertrag über die Zeitschrift „Bunte" zu schließen, könnte es sich um einen Antrag i.S.v. § 145 BGB handeln. Da B sich aber, wie beim klassischen Prospekt- und Versandhandel, durch die Warenpräsentation nicht rechtlich binden wollte, sondern sich eine Lieferung nach Überprüfung ihrer Möglichkeiten und der Bonität der K vorbehalten wollte, hatte sie keinen Rechtsbindungswillen. Daher liegt durch das Anbieten auf der Homepage lediglich eine sog. „invitatio ad offerendum" vor.

Nach a.A.[240] liegt ein bereits rechtlich bindendes Angebot ad incertas personas vor, wenn bei der Präsentation kein entgegenlautender Zusatz erfolgt.

Dies ist jedoch abzulehnen. Man wird von einem solchen Angebot ad incertas personas allerdings nur dann ausgehen können, wenn ein Zusatz so gestaltet ist, dass man von der sofortigen Lieferbereitschaft des Anbieters ausgehen kann.

Auch die sprachliche Fassung von § 312i, j BGB („Bestellung) zeigt, dass der Gesetzgeber selbst von einem kundenseitigen Angebot ausgeht, das der Unternehmer erst noch annehmen kann (oder eben nicht).

Ein Angebot lag also erst durch den Zugang der E-Mail des K an B vor. Diese Mail stellt eine Willenserklärung unter Abwesenden i.S.v. § 147 II BGB dar, deren Zugang dann vorliegt, wenn mit dem Abruf der Nachricht gerechnet werden kann.[241]

Hinweis für Referendare: Zu den Beweisproblemen bei E-Mail und anderen Online-Willenserklärungen lesen Sie den sehr guten Aufsatz von Ernst in MDR 2003, 1091 ff.

(2) Annahme

Fraglich ist, wann B das Angebot gem. § 147 ff. BGB angenommen hat.

Bei einer Onlinebestellung handelt es sich grundsätzlich um eine Erklärung unter Abwesenden gem. § 147 II BGB, da eine unmittelbare menschliche Kommunikation fehlt. Eine Erklärung unter Anwesenden wird nur dann anzunehmen sein, wenn Sender und Empfänger gleichzeitig am Rechner arbeiten.

Eine Annahme liegt also meist im Liefern der Ware bzw. der Zusendung einer Bestätigung. Die Erklärung gilt daher als zugegangen, sobald mit ihrem Abruf gerechnet werden kann. Fraglich ist allerdings, wann mit dem Zugang des Angebotes, d.h. dem Abfragen der Mailbox unter regelmäßigen Umständen, gerechnet werden darf. Bei Privatleuten wird im Gegensatz zu Geschäftsleuten angenommen, dass sie über keine sog. „Flatrates" verfügen, sondern sich jedes Mal kostenpflichtig über das Telefonnetz einwählen müssen, so dass ihnen nur ein wesentlich selteneres Nachprüfen zuzumuten ist als Geschäftsleuten.

Die Annahme lag zu dem Zeitpunkt vor, an dem der K von B ein Schreiben erhielt, in dem er vom Beginn der Lieferung und der Abonnementlaufzeit informiert wurde.

---

240 Mehrings, BB 1998, 2373 [2375] m.w.N.

241 Differenzierend Kimmelmann/Winter in JuS 2003, 532 [534].

6. Versteigerungen über das Internet (sog. „eBay-Verträge")

Der Vertragsschluss bei Internetauktionen gehört mittlerweile zu den Alltagsgeschäften. Nahezu jeder zweite Internet-User hat schon einmal auf Internetplattformen, insbesondere bei **eBay,** an „Versteigerungen" teilgenommen. *151b*

Fraglich ist hierbei insbesondere, wie der Vertragsschluss bei solchen „Versteigerungen" erfolgt.

Bsp.:[242] *eBay führt auf ihrer Web-Site Online-Auktionen durch. Teilnehmen (als Verkäufer oder Käufer) kann nur, wer sich zuvor bei eBay angemeldet und dabei deren AGB´en anerkannt hatte.*[243]

V richtete für den Verkauf eines VW-Passat (Listenpreis ca. 60.000 €) eine Angebotsseite ein. Er legte den Startpreis (10 €), die Schrittweiten der Gebote sowie die Dauer der Auktion fest und gab eine vorgegebene Erklärung ab, in der es unter anderem heißt: „Bereits zu diesem Zeitpunkt erkläre ich die Annahme des höchsten, wirksam abgegebenen Kaufangebotes." Einen Mindestkaufpreis setzte V nicht fest. Die Angebotsseite wurde auf der Web-Site von eBay freigeschaltet.

K gab mit 26.350 € das letzte und höchste Gebot ab. eBay teilte dem Kläger K durch eine E-Mail mit, er habe den Zuschlag erhalten, und forderte ihn auf, sich mit dem Beklagten V in Verbindung zu setzen. Der Kläger hat den Beklagten auf Übereignung des Pkw Zug um Zug gegen Zahlung von 26.350 € in Anspruch genommen.

Zu Recht?

Voraussetzung ist das Bestehen eines Kaufvertrags. Es muss zu einem Vertragsschluss gekommen sein, ohne dass Wirksamkeitshindernisse entgegenstehen.

Verträge kommen zu Stande durch zwei auf den Vertragsschluss gerichtete, einander entsprechende Willenserklärungen, in der Regel durch Angebot („Antrag") und Annahme nach §§ 145 ff. BGB, bei Versteigerungen durch Gebot und Zuschlag (§ 156 BGB).

kein Fall des § 156 BGB

1. Ein **Vertragsschluss nach § 156 BGB scheidet aus**, weil auf das Gebot des K kein Zuschlag erfolgt ist. Die Mitteilung von eBay an den K, er habe den „Zuschlag" erhalten, enthielt keine entsprechende Willenserklärung der eBay und bezog sich auch nicht auf eine solche.

Der Zuschlag als Voraussetzung des Vertragsschlusses gem. § 156 BGB ist nämlich eine Willenserklärung, das heißt die auf die Herbeiführung eines rechtsgeschäftlichen Erfolgs gerichtete Äußerung einer Person.[244]

Die Mitteilung von eBay an den Käufer, dass er der Höchstbietende war und damit die Sache ersteigert hat, stellt aber lediglich eine Wissensmitteilung und damit keinen Zuschlag i.S.d. § 156 BGB dar.

Auch der bloße Zeitablauf, mit dem die Internet-Auktion endet, ist keine Willenserklärung und kann eine solche auch nicht ersetzen.

---

242 Es handelt sich hierbei um den leicht abgewandelten ricardo.de-Fall des BGH aus Life&Law 2002, 152 ff. = NJW 2002, 363 ff.; besprochen von Lettl in JuS 2002, 219 ff.

243 **§ 10 Nr. 1 der AGB von eBay: Auktion, Auktion mit Sofort-Kaufen-Option, Multiauktion und Angebot an unterlegene Bieter:**
[1]Stellt ein Anbieter auf der eBay-Website einen Artikel im Angebotsformat Auktion ein, gibt er ein verbindliches Angebot zum Abschluss eines Vertrags über diesen Artikel ab. [2]Dabei bestimmt der Anbieter einen Startpreis und eine Frist (Angebotsdauer), binnen derer das Angebot per Gebot angenommen werden kann. [3]Der Bieter nimmt das Angebot durch Abgabe eines Gebots über die Bieten-Funktion an. [4]Das Gebot erlischt, wenn ein anderer Bieter während der Angebotsdauer ein höheres Gebot abgibt. [5]Bei Ablauf der Auktion oder bei vorzeitiger Beendigung des Angebots durch den Anbieter kommt zwischen Anbieter und Höchstbietendem ein Vertrag über den Erwerb des Artikels zustande, es sei denn der Anbieter war gesetzlich dazu berechtigt, das Angebot zurückzunehmen und die vorliegenden Gebote zu streichen. [6]Nach einer berechtigten Gebotsrücknahme kommt zwischen dem Mitglied, das nach Ablauf der Auktion aufgrund der Gebotsrücknahme wieder Höchstbietender ist und dem Anbieter kein Vertrag zustande. [7]Anbieter und Höchstbietender können sich einigen, dass ein Vertrag zustande kommt.

244 BGHZ 149, 129, 134 m.w.N. = **juris**byhemmer.

Mit der Festlegung der Laufzeit der Internet-Auktion bestimmt der Verkäufer gem. § 148 BGB eine Frist für die Annahme seines Angebots durch den Meistbietenden. Die vertragliche Bindung beruht nicht auf dem Ablauf dieser Frist, sondern auf den - innerhalb der Laufzeit der Auktion wirksam abgegebenen - Willenserklärungen der Parteien.

Anmerkung: Aus diesem Grund hat der BGH auch konsequent den Ausschluss des Widerrufsrechts nach § 312d IV Nr. 5 BGB nicht auf die Verkäufe bei eBay angewendet.[245]
Kauft also ein Verbraucher (§ 13 BGB) von einem Unternehmer (§ 14 BGB) - z.B. von einem sog. „Powerseller"[246] - bei eBay eine Ware ein, so kann er diesen Fernabsatzvertragsabschluss gem. § 312d BGB widerrufen. Durch die Verneinung einer Versteigerung und des damit einhergehenden Widerrufsrechts eines Verbrauchers wird das System des eBay-Kaufes letztlich völlig unterwandert. Möchte ein Bieter die Ware unbedingt erwerben, so kann er völlig risikolos einen sehr hohen „Mondpreis" bieten, um bei Auktionsende sicher der Höchstbietende zu sein. Risikolos ist dies aus zwei Gründen: Zum einen ist der gebotene Höchstpreis nicht der Kaufpreis. Dieser liegt nämlich lediglich einen Erhöhungsschritt über dem Meistgebot des Höchstbietenden. Sollte dies dem „Spaßbieter" trotzdem zu hoch sein, so kann dieser nach der Rechtsprechung zum anderen von seinem Widerrufsrecht gem. § 312d I BGB Gebrauch machen.[247]
Die Vorschrift des § 312d IV Nr. 5 BGB wird mit Wirkung zum 13.06.2014 durch das Gesetz zur Umsetzung der Verbraucherrechterichtlinie durch § 312g II Nr. 10 BGB n.F. ersetzt. Das Widerrufsrecht bei Fernabsatzverträgen steht künftig in § 312g I BGB n.F.

§§ 145 ff. BGB gelten auch bei Internetauktionen

2. Ein Vertrag könnte jedoch **nach den allgemeinen Vorschriften der §§ 145 ff. BGB** zu Stande gekommen sein.

a) Außer Frage steht, dass das online abgegebene Höchstgebot des K eine wirksame, auf den Abschluss eines Kaufvertrages mit dem Beklagten V gerichtete Willenserklärung darstellt.

b) Problematisch ist aber, ob auch auf Seiten des V eine entsprechende Willenserklärung vorliegt. Diese könnte darin liegen, dass V die von ihm eingerichtete Angebotsseite für die Versteigerung seines Pkw mit der (ausdrücklichen) Erklärung freischaltete, er nehme bereits zu diesem Zeitpunkt das höchste, wirksam abgegebene Kaufangebot an.

Ob das Einstellen bei eBay als Verkaufsangebot oder als vorweg erklärte Annahme des abgegebenen Höchstgebots anzusehen ist, ist umstritten.

aa) Die überwiegende Rechtsprechung sieht im Einstellen und in der Freischaltung einer Online-Auktion bei eBay durch V ein rechtsverbindliches Angebot zum Abschluss eines Kaufvertrages, vgl. auch § 10 Nr. 1 S. 1 eBay-AGB.

K hat als „Ersteigerer" dieses Angebot durch sein Höchstgebot angenommen (vgl. § 10 Nr. 1 S. 3 eBay-AGB), und zwar unter der auflösenden Bedingung, dass kein anderer Bieter während der Laufzeit ein höheres Gebot abgibt (vgl. § 10 Nr. 1 S. 4 eBay-AGB).[248]

bb) Teilweise wird auch vertreten, dass im Einstellen und Freischalten einer Online-Auktion bei eBay noch kein Verkaufsangebot liegt.[249]

245 Vgl. BGH Life&Law 2005, 93 ff. = ZGS 2005, 30 ff. = NJW 2005, 53 ff. = **juris**byhemmer.

246 Das Amtsgericht Radolfzell und das OLG Koblenz haben entschieden, dass derjenige, der über eBay immer wieder Dinge verkauft, darunter manchmal mehrere gleichartige Geräte, und sich selbst als „Powerseller" bezeichnet, gewerblich handelt und damit Unternehmer ist, vgl. AG Radolfzell in NJW 2004, 3342 f. sowie OLG Koblenz in NJW 2006, 1438 = **juris**byhemmer.

247 So überzeugend Knuth, „Das neue Widerrufsrecht 2010 – ein Weg zu mehr Rechtssicherheit?", ZGS 2010, Heft 6, 253 (256).

248 Vgl. KG Berlin, NJW 2005, 1053 [1054]; LG Berlin, NJW 2004, 2831 [2832]; AG Menden, NJW 2004, 1329 f.; OLG Hamm, NJW 2001, 1142 ff.: **alle Entscheidungen = juris**byhemmer.

249 Vgl. dazu Life&Law 2002, 152 ff.

Nach dieser Ansicht enthält die Freischaltung allerdings die verbindliche Erklärung des V, dass er bereits zu diesem Zeitpunkt das höchste wirksam abgegebene Kaufangebot annehmen werde (vorweggenommene Annahme). Das Höchstgebot des K wäre nach dieser Ansicht demnach das Verkaufsangebot gewesen.

hemmer-Methode: Auch diese Konstruktion ist in gleichem Maße vertretbar. Entscheidend ist nicht die Reihenfolge, vielmehr kommt es darauf an, ob überhaupt zwei Willenserklärungen vorliegen.
Das entspricht auch § 9 Nr. 3 der allgemeinen Geschäftsbedingungen von eBay, wonach mit dem Ende der Laufzeit der Online-Auktion oder im Fall der vorzeitigen Beendigung durch den Anbieter zwischen diesem und dem Meistbietenden ein Kaufvertrag zustande kommt.

verbindliches Angebot (+)

cc) Letztlich kann es im Ergebnis - weil für die Rechtsfolgen ohne Bedeutung - dahin gestellt bleiben, ob die Willenserklärung des V als Verkaufsangebot und das spätere Höchstgebot des K als dessen Annahme zu qualifizieren sind oder ob, wie es der Wortlaut der von V abgegebenen Erklärung nahe legt, die Willenserklärung des V eine vorweg erklärte Annahme des von K abgegebenen Höchstgebots darstellt.

Beide Konstruktionen sind denkbar und in gleichem Maße vertretbar. Entscheidend ist nicht die Reihenfolge, vielmehr kommt es darauf an, ob überhaupt zwei Willenserklärungen vorliegen. Dies ist seitens des Beklagten nicht unproblematisch.

Jedenfalls ist die von V abgegebene Erklärung in Verbindung mit der zugleich bewirkten Freischaltung seiner Angebotsseite eine auf den Verkauf des angebotenen Pkw gerichtete Willenserklärung und nicht lediglich eine unverbindliche Aufforderung zur Abgabe von Angeboten (invitatio ad offerendum).

An einer rechtsverbindlichen Erklärung bestehen daher keine Zweifel.

beim Online-Shop nur invitatio ad offerendum

Unterschied zum Online-Shop: Wie beim Katalog-Versandhandel handelt es sich auch bei einer Ware, die in einem Online-Shop „angeboten“ wird, mangels Rechtsbindungswillen, an jeden Interessenten erfüllen zu wollen, lediglich um eine unverbindliche „invitatio ad offerendum“.

Bei der Würdigung der von V bewirkten Freischaltung seiner Angebotsseite im Verhältnis zu K ist nicht allein auf den Inhalt der Angebotsseite, der bei der Online-Auktion auf dem Bildschirm erscheint, abgestellt, sondern die Erklärung einbezogen, welche V bei der Freischaltung abzugeben hatte, um die Freischaltung zu bewirken, und die V durch Anklicken der entsprechend vorformulierten Erklärung bei der Freischaltung auch tatsächlich abgegeben hat.

Diese ausdrückliche Erklärung des V, die zwar auf der Angebotsseite selbst nicht erschien, aber eBay als Empfangsvertreter des K zugegangen ist, stellte in Verbindung mit dem Inhalt der Angebotsseite, auf den sie sich bezog, die auf den Abschluss des Kaufvertrags mit dem Meistbietenden gerichtete Willenserklärung des V dar.

Die Willenserklärung des V war auch hinreichend bestimmt. Zwar richtete sie sich an eine nicht konkret bezeichnete Person (ad incertam personam). Sie genügte aber dem Bestimmtheitserfordernis, weil zweifelsfrei erkennbar war, mit welchem Auktionsteilnehmer der Beklagte abschließen wollte, nämlich (nur) mit dem, der innerhalb des festgelegten Angebotszeitraumes das Höchstgebot abgab.

dd) Unerheblich ist, ob sich V bei Abgabe seiner Willenserklärung und Freischaltung der Angebotsseite des verbindlichen Charakters seiner Erklärung bewusst war.

Trotz fehlenden Erklärungsbewusstseins (Rechtsbindungswillens, Geschäftswillens) liegt eine Willenserklärung vor, wenn der Erklärende - wie der V - bei Anwendung der im Verkehr erforderlichen Sorgfalt hätte erkennen und vermeiden können, dass seine Äußerung nach Treu und Glauben und der Verkehrssitte als Willenserklärung aufgefasst werden durfte.[250]

Ein für den Empfänger nicht erkennbarer Vorbehalt, sich nicht binden zu wollen, ist unbeachtlich (§ 116 BGB). Dem Erklärenden verbleibt nur die Möglichkeit einer Anfechtung seiner Willenserklärung nach §§ 119 ff. BGB in den dort bestimmten Grenzen.

Zwischenergebnis: Damit fehlt es auch nicht am subjektiven Tatbestand. Es liegt mithin auch eine Willenserklärung seitens des V vor.

hemmer-Methode: Die Freischaltung der Angebotsseite bei einer Internetauktion stellt damit ein verbindliches Verkaufsangebot oder eine verbindliche antizipierte Annahme des Höchstgebots dar.
Die Abgabe des Höchstgebots durch einen Bieter ist als Annahme bzw. als Angebot zu sehen.
An die Erklärungen sind die Beteiligten gebunden, und zwar auch schon vor dem Ende der Auktionszeit.[251]
Auch die Einstellung eines Artikels in die Internetseiten von eBay unter Wahl der Option „Sofortkauf" stellt ein verbindliches Angebot des Verkäufers dar.[252]

c) Die wechselseitigen Erklärungen der Parteien sind der eBay als Empfangsvertreter der Parteien (§ 164 III BGB) jeweils zugegangen und damit wirksam geworden (§ 130 I S. 1 BGB).

Dadurch ist der Kaufvertrag zwischen den Parteien nach §§ 145 ff. BGB zu Stande gekommen.

Irrtum des eBay-Verkäufers bei Einstellung des Angebots ⇨ nach BGH ist Angebot nicht bindend

§ 10 Nr. 1 S. 5 der eBay-AGB´en räumt dem Anbietenden unter der dort genannten Voraussetzung das Recht ein, sein Angebot vor Ablauf der festgesetzten Auktionszeit zurückzunehmen, und regelt, dass bei einer berechtigten Rücknahme des Angebots kein Vertrag zustande kommt. *151c*

Dies soll nach den eBay-AGB´en der Fall sein, wenn sich der Anbietende bei der Abgabe einer Willenserklärung in einem nach den Anfechtungsregeln des BGB relevanten Irrtum befand.

Nach Ansicht des BGH kommt auf der Grundlage dieser Regelungen kein Kaufvertrag zustande, sofern der Anbietende gesetzlich dazu berechtigt war, sein Angebot zurückzuziehen. Denn **aufgrund der genannten Bestimmungen ist** das **Angebot des Verkäufers** aus der Sicht der an der Auktion teilnehmenden Bieter (§§ 133, 157 BGB) **dahin zu verstehen**, **dass es unter dem Vorbehalt einer berechtigten Angebotsrücknahme steht**.[253]

hemmer-Methode: Die Rechtsprechung ist nicht überzeugend. Das Gesetz sieht im Falle eines Irrtums das Recht zur Anfechtung innerhalb der Frist des § 121 BGB vor. Durch die eBay-AGBen wird aber im Falle eines Irrtums ein Recht begründet, das Angebot zurückzuziehen. Dies führt rechtlich dazu, dass das Angebot gar nicht verbindlich war. Der sich irrende Verkäufer muss also gar nicht anfechten, sondern er kann das Angebot einfach zurückziehen. In dieser Konsequenz hat der Käufer auch keinen Anspruch auf Schadensersatz gem. § 122 I BGB. Dies überzeugt wiederum nicht, sodass zumindest eine analoge Anwendung des § 122 I BGB angedacht werden müsste.

---

250 BGHZ 91, 324 = **juris**byhemmer; BGHZ 109, 171 [177] = **juris**byhemmer.

251 OLG Oldenburg in Life&Law 2005, 795 ff. = NJW 2005, 2556 f. = **juris**byhemmer; vgl. auch AG Menden in NJW 2004, 1329 f. = **juris**byhemmer.

252 Vgl. AG Moers in NJW 2004, 1330 f. = **juris**byhemmer; zur Widerrufsfrist in diesen Fällen vgl. LG Kleve, ZGS 2007, 439 f. = **juris**byhemmer.

253 **BGH, Life&Law 4/2014, 241 ff.** = **juris**byhemmer.

Handeln unter fremdem (Mitglieds)Namen

Wer bei einer Internet-Auktion die Kennung (sog. „Mitgliedsname") eines anderen benutzt, handelt „unter" fremdem Namen und nicht in fremdem Namen (vgl. hierzu Rn. 215 ff.). **151d**

In diesen Fällen wird entweder der Handelnde selbst verpflichtet oder aber es gelten die §§ 164 ff. BGB analog. Letzteres ist anzunehmen, wenn das Auftreten des Handelnden auf eine bestimmte Person hinweist und der Vertragspartner der Ansicht sein durfte, ein Vertragsschluss komme mit dieser Person (dem Namensträger) zustande.

Das OLG München[254] und der BGH[255] haben wegen des guten Rufs eines Mitgliedsnamens, der durch das eBay-Punktesystem entsteht, zu Recht entschieden, dass ein Handeln unter fremdem Mitgliedsnamen zur analogen Anwendung der §§ 164 ff. BGB führt. Erfolgt also die Willenserklärung mit Einwilligung des wahren Inhabers der verwendeten Kennung, kommt ein Geschäft des Namensträgers zustande. Die fehlende Einwilligung kann jedoch auch über Rechtsscheinsgrundsätze überwunden werden.

hemmer-Methode: Nach Ansicht des AG Bremen[256] haftet derjenige, der es einem Dritten durch Fahrlässigkeit ermöglicht, auf dem eigenen PC unter Verwendung seines Benutzernamens *und* seines Passworts an einer eBay-Versteigerung teilzunehmen, nach Rechtsscheinsgrundsätzen.
Nach Ansicht des OLG Köln genügt dies für die Zurechnung nach Rechtsscheinsgrundsätzen noch nicht; zumindest nicht generell.[257]
Auch das OLG Hamm ist der Ansicht, dass die Grundsätze der Anscheins- bzw. Duldungsvollmacht nicht verwirklicht sind, wenn der vermeintliche Käufer seine Zugangsdaten fahrlässig einem Dritten zugänglich gemacht hat. Daher muss er sich ein Handeln des Dritten unter seinem Namen nicht zurechnen lassen.[258]
Dieser Ansicht hat sich auch der BGH angeschlossen. Ohne Vollmacht oder nachträgliche Genehmigung des Inhabers eines eBay-Mitgliedskontos unter fremdem Namen abgegebene rechtsgeschäftliche Erklärungen sind dem Kontoinhaber nur unter den Voraussetzungen der Duldungs- oder der Anscheinsvollmacht zuzurechnen. Für eine Zurechnung reicht es nicht bereits aus, dass der Kontoinhaber die Zugangsdaten nicht hinreichend vor dem Zugriff des Handelnden geschützt hat. Die Rechtsgrundsätze der Anscheinsvollmacht greifen in der Regel nur dann ein, wenn das Verhalten des einen Teils, aus dem der Geschäftsgegner auf die Bevollmächtigung des Dritten glaubt schließen zu können, von einer gewissen Dauer und Häufigkeit ist.
Bei einem mit einer Identitätstäuschung verbundenen Handeln unter fremdem Namen ist bei Anwendung dieser Grundsätze auf das Verhalten des Namensträgers abzustellen.[259]
In diesen Fällen haftet der („vollmachtlos") Handelnde dem anderen Vertragsteil analog § 179 I BGB auf Erfüllung oder Schadensersatz.[260]

Grobes Missverhältnis von Wert und Preis

Bei einer Internetauktion rechtfertigt ein grobes Missverhältnis zwischen dem Maximalgebot eines Bieters und dem (angenommenen) Wert des Versteigerungsobjekts nicht ohne weiteres den Schluss auf eine verwerfliche Gesinnung des Bieters.[261] **151e**

Bei einer Onlineauktion kann aus einem deutlich unter dem Wert des angebotenen Gegenstands liegenden Gebot des Bieters noch nicht auf dessen verwerfliche Gesinnung geschlossen werden.

254 OLG München, NJW 2004, 1328 f. = jurisbyhemmer.
255 BGH, Life&Law 2011, Heft 9, 615 ff. = ZIP 2011, 1108 ff. = jurisbyhemmer.
256 AG Bremen, NJW 2006, 518 f. = jurisbyhemmer.
257 OLG Köln, NJW 2006, 1676 f. = jurisbyhemmer.
258 OLG Hamm, Life&Law 2007, Heft 9, 585 ff. = NJW 2007, 611 f. = jurisbyhemmer.
259 BGH, Life&Law 2011, Heft 9, 615 ff. = ZIP 2011, 1108 ff. = jurisbyhemmer.
260 Diese Entscheidung des OLG München wurde geprüft im Ersten Bayerischen Staatsexamen 2005 / II in der 2. Klausur.
261 **BGH, Life&Law 7/2012, 469 ff.** = jurisbyhemmer; **BGH, Life&Law 2/2015, 145 f.** = jurisbyhemmer.

Zwar ist der Kaufpreis für den Bieter durch den von ihm eingegebenen Höchstpreis zunächst nach oben begrenzt. Es macht jedoch gerade den Reiz einer (Internet-)Auktion aus, mit der Abgabe eines zunächst niedrigen Gebots die Chance wahrzunehmen, den Auktionsgegenstand zum „Schnäppchenpreis“ zu erwerben, während umgekehrt der Anbieter die Chance wahrnimmt, durch den Mechanismus des Überbietens am Ende einen für ihn vorteilhaften Kaufpreis zu erzielen.

Für den Bieter kann es daher durchaus taktische Gründe geben, zunächst nicht sein äußerstes Höchstgebot anzugeben, sondern - etwa kurz vor Ablauf der Auktion - noch ein höheres Gebot zu platzieren, zu dem er indes keine Veranlassung hat, wenn er sich zu diesem Zeitpunkt aufgrund des Auktionsverlaufes bereits Chancen ausrechnen kann, den Gegenstand zu dem von ihm zunächst gebotenen Höchstpreis zu erwerben.

Der Kaufvertrag ist daher nicht nach § 138 I BGB nichtig.

Exkurs Nr. 1: Werden die AGB´en von eBay Vertragsinhalt des Kaufvertrages zwischen „Versteigerer“ und „Ersteigerer“?

Fraglich ist, ob die AGBen von eBay zwischen dem Verkäufer als Verwender und der anderen Vertragspartei bei Abschluss des Vertrages gelten. *151f*

Einbeziehungslösung (M.M.)

Die **Einbeziehungslösung** kommt zu dem Ergebnis, dass die eBay-AGB auch im Verhältnis der Teilnehmer untereinander gelten. Hauptsächlich wird dies damit begründet, dass sich die Vertragspartei, die bei eBay eine Sache zum Verkauf einstellt, die AGB von eBay „zu eigen macht“ und damit als „Quasi-Verwender“ auftritt.[262]

Auslegungslösung (h.M.)

Nach der **Auslegungslösung** gelten die eBay-AGB nicht für die Verträge zwischen den Teilnehmern untereinander. Sie sind aber zur Auslegung des zwischen diesen abgeschlossenen Vertrages heranzuziehen, da beide Parteien durch ihre Anmeldung bei eBay wissen, dass auch jeweils die andere Seite die eBay-AGB akzeptiert hat.[263]

Der **BGH hat sich** inzwischen dieser **Auslegungslösung** ausdrücklich **angeschlossen**[264], was er in der vorliegenden Entscheidung erneut bestätigt. Da die Allgemeinen Geschäftsbedingungen jeweils nur zwischen eBay und dem Inhaber eines Mitgliedskontos vereinbart worden sind, kommt diesen **keine unmittelbare Geltung** zwischen Anbieter und Bieter zu. Sie können aber für die Auslegung der vor ihrem Hintergrund erfolgten Erklärungen Bedeutung gewinnen.

Der objektive Erklärungsinhalt der Willenserklärungen (§§ 133, 157 BGB) bei Abschluss des Kaufvertrages im Rahmen der bei eBay durchgeführten Internetauktion richtet sich daher auch nach den Bestimmungen in den Allgemeinen Geschäftsbedingungen von eBay, denen die Parteien vor der Teilnahme an der Internetauktion zugestimmt haben.

Für gewerbliche Verkäufer stellt sich daher die Frage, ob es möglich und sinnvoll ist, diese Geschäfte mit **eigenen** Allgemeinen Geschäftsbedingungen durchzuführen.

262 Vgl. Lettl, Versteigerung im Internet, JuS 2002, 219 ff.

263 AG Moers in NJW 2004, 1330 f. = **juris**byhemmer; vgl. auch OLG Hamm, NJW 2001, 1142 f. = **juris**byhemmer.

264 BGH, Life&LAW 2011, Heft 9, 615 ff. = NJW 2011, 2421 ff. = **juris**byhemmer; BGH, NJW 2011, 2643 f. = **juris**byhemmer.

Neben der grundsätzlichen Verpflichtung zu einer ordnungsgemäßen Anbieterkennzeichnung und einer Widerrufsbelehrung ist es nach der bisher bekannten Rechtsprechung sehr wohl möglich, eigene Verkaufsbedingungen zu stellen, die dann wirksam in den Vertrag zwischen dem Verkäufer und dem Käufer mit eingebunden werden.

Die Einbeziehung von zusätzlichen Vertragsbedingungen wird im Übrigen aus § 9 Nr. 1 S. 3 der eBay-AGBen deutlich. Dort heißt es: „Das Angebot richtet sich an den Bieter, der während der Laufzeit der Online-Auktion das höchste Gebot abgibt und etwaige zusätzlich festgelegte Bedingungen im Angebot (z.B. bestimmte Bewertungskriterien) erfüllt."

Dies verdeutlicht, dass es selbstverständlich dem Anbietenden möglich ist, noch zusätzliche Vertragsbedingungen mit einzubeziehen.

Die AGB des Verkäufers setzen sich aber nicht so ohne weiteres durch, da sie für den Käufer oft überraschend sind, § 305c I BGB.[265]

Exkurs Nr. 2: Kann eine Internet-Auktion ohne Vorliegen eines Anfechtungsgrunds wegen Unmöglichkeit aufgrund Diebstahls vorzeitig beendet werden?[266]

Fraglich ist aber, ob nach den sog. „eBay-Grundsätzen" eine Rücknahme des Angebots zulässig ist. *151g*

§ 10 Nr. 1 S. 5 eBay-AGB

§ 10 Nr. 1 S. 5 der eBay-AGB[267] räumt dem Anbietenden unter der dort genannten Voraussetzung das Recht ein, sein Angebot vor Ablauf der festgesetzten Auktionszeit zurückzunehmen, und regelt, dass bei einer berechtigten Rücknahme des Angebots kein Vertrag zustande kommt.

Aufgrund dieser Bestimmung könnte das **Verkaufsangebot** des Beklagten aus der Sicht der an der Auktion teilnehmenden Bieter (§§ 133, 157 BGB) dahingehend zu verstehen sein, dass es **unter dem Vorbehalt einer berechtigten Angebotsrücknahme** steht.

Ein Vorbehalt, der die Bindungswirkung des Verkaufsangebots einschränkt, verstößt nicht gegen die Grundsätze über die Bindungswirkung eines Angebots (§§ 145, 148 BGB), sondern ist zulässig. Gemäß § 145 BGB kann der Antragende die Bindungswirkung seines Angebots ausschließen.

hemmer-Methode: Ein klassischer Fall ist hier die Formulierung „Angebot freibleibend".

Ebenso kann er sie einschränken, indem er sich den Widerruf vorbehält.

265 Vgl. dazu Heiderhoff, *„Die Wirkung der AGB des Internetauktionators auf die Kaufverträge"*, ZIP 2006, 793 [798].

266 Zur vorzeitigen Beendigung von Online-Auktionen am Beispiel von eBay lesen Sie zur Vertiefung AG Garmisch-Partenkirchen, Life&Law 2011, Heft 6, 377 ff.; BGH, Life&Law 2011, Heft 10, 704 ff. = NJW 2011, 2643 ff. = **juris**byhemmer; Wackerbarth/van der Hoff in ZGS 2005, 216 ff.

267 **§ 10 Nr. 1 der AGB von eBay: Auktion, Auktion mit Sofort-Kaufen-Option, Multiauktion und Angebot an unterlegene Bieter:**
[1]Stellt ein Anbieter auf der eBay-Website einen Artikel im Angebotsformat Auktion ein, gibt er ein verbindliches Angebot zum Abschluss eines Vertrags über diesen Artikel ab. [2]Dabei bestimmt der Anbieter einen Startpreis und eine Frist (Angebotsdauer), binnen derer das Angebot per Gebot angenommen werden kann. [3]Der Bieter nimmt das Angebot durch Abgabe eines Gebots über die Bieten-Funktion an. [4]Das Gebot erlischt, wenn ein anderer Bieter während der Angebotsdauer ein höheres Gebot abgibt. [5]Bei Ablauf der Auktion oder bei vorzeitiger Beendigung des Angebots durch den Anbieter kommt zwischen Anbieter und Höchstbietendem ein Vertrag über den Erwerb des Artikels zustande, es sei denn der Anbieter war gesetzlich dazu berechtigt, das Angebot zurückzunehmen und die vorliegenden Gebote zu streichen. [6]Nach einer berechtigten Gebotsrücknahme kommt zwischen dem Mitglied, das nach Ablauf der Auktion aufgrund der Gebotsrücknahme wieder Höchstbietender ist und dem Anbieter kein Vertrag zustande. [7]Anbieter und Höchstbietender können sich einigen, dass ein Vertrag zustande kommt.

Fraglich ist, ob im vorliegenden Fall einer eBay-Internetauktion ein derartiger Vorbehalt zu bejahen ist. Die Formulierung in § 10 Nr. 1 S. 5 der eBay-Allgemeine Geschäftsbedingungen ***„es sei denn, der Anbieter war gesetzlich dazu berechtigt, das Angebot zurückzunehmen und die vorliegenden Gebote zu streichen“*** ist auslegungsbedürftig.

Bei der Auslegung von § 10 Nr. 1 S. 5 eBay-AGB ist zunächst vom Wortlaut auszugehen. Dabei darf aber nicht stehen geblieben werden. Für das Verständnis dieser Bestimmung durch die Auktionsteilnehmer sind auch und gerade die erläuternden Hinweise von eBay zu der Frage, unter welchen Voraussetzungen ein Recht zur vorzeitigen Angebotsbeendigung besteht, von Bedeutung. Diese Erläuterungen über die „Spielregeln“ der Auktion, die jedem Auktionsteilnehmer zugänglich sind, beeinflussen das wechselseitige Verständnis der Willenserklärungen der Auktionsteilnehmer und sind deshalb auch maßgebend für den Erklärungsinhalt des Vorbehalts einer berechtigten Angebotsrücknahme, unter dem jedes Verkaufsangebot gemäß § 10 Nr. 1 S. 5 eBay-AGB steht.

Unter Berücksichtigung dieser Hinweise ist die Bezugnahme in § 10 Nr. 1 S. 5 eBay-AGB auf eine **„gesetzliche“** Berechtigung zur Angebotsbeendigung nicht im engen Sinn einer Verweisung nur auf die gesetzlichen Bestimmungen über die Anfechtung von Willenserklärungen (§§ 119 ff. BGB) zu verstehen.

In den Hinweisen von eBay zur Angebotsbeendigung wird auch der Verlust des Verkaufsgegenstandes, worunter auch ein Diebstahl fällt, als rechtfertigender Grund für eine vorzeitige Angebotsbeendigung aufgeführt.

§ 10 Nr. 1 S. 5 eBay-AGB ist hinsichtlich der Bezugnahme auf eine „gesetzliche“ Berechtigung zur Angebotsbeendigung **daher lediglich unscharf formuliert** und **erfasst** deshalb nach Ansicht des BGH **auch** den **Fall des Diebstahls** der angebotenen Sache.

Aus den Hinweisen zur Auktion ist damit für alle Auktionsteilnehmer ersichtlich, dass der Anbieter berechtigt ist, das Verkaufsangebot wegen Diebstahls der Sache zurückzuziehen, und dass sein Angebot unter diesem Vorbehalt steht. Auch für den Kläger war das Verkaufsangebot des Beklagten so zu verstehen.

hemmer-Methode: Das Urteil des BGH überzeugt nicht. Grundsätzlich stellt die Freischaltung der Angebotsseite bei einer Internetauktion ein verbindliches Verkaufsangebot dar. An die Erklärungen sind die Beteiligten gebunden, und zwar auch schon vor dem Ende der Auktionszeit. Es ist daher überzeugender, die Regelung in den eBay-AGB nur als einen Hinweis auf die in den §§ 119 ff. BGB vorgesehenen Anfechtungsmöglichkeiten zu verstehen.

Exkurs Ende

III. Dissens

zu unterscheiden sind offener und versteckter Dissens

Von einem *Dissens* wird gesprochen, wenn die für den Vertragsschluss erforderliche Einigung bewusst oder unbewusst fehlt. Geregelt ist der Dissens in den *§§ 154, 155 BGB,* wobei zwischen dem *offenen* und dem *versteckten Dissens* unterschieden wird. Haben sich die Parteien über den Inhalt eines Vertrags noch nicht vollständig geeinigt und sind sie sich dieses Mangels bewusst *(offener Dissens)*, ist der Vertrag gem. § 154 BGB im Zweifel noch nicht zustande gekommen. 152

Glaubten die Vertragspartner irrtümlich, sich vollständig einig zu sein *(versteckter* Dissens*)*, gilt der Vertrag nach § 155 BGB nur dann, wenn er auch ohne Einigung über den offenen Punkt abgeschlossen worden wäre.

aber: grds. Vorrang d. Auslegung

153 Eine Anwendung dieser Regeln kommt aber *nur dann* in Betracht, wenn der Einigungsmangel nicht im Wege der ergänzenden Vertragsauslegung behoben werden kann.

z.B. Totaldissens

154 Insbesondere in den Fällen, in denen sich die Parteien über wesentliche Vertragsteile, die essentialia negotii, nicht geeinigt haben (Totaldissens), ergibt sich bereits aus den allgemeinen Regeln, dass hier überhaupt kein Vertrag zustande gekommen ist.

hemmer-Methode: Auf die §§ 154, 155 BGB muss nicht zurückgegriffen werden, sie erfassen nur die fehlende Einigung über Nebenpunkte.[268]

§§ 154, 155 regeln nur den Dissens bzgl. sog. **accidentialia** negotii, also bzgl. **Nebenpunkten**; ein Dissens bzgl. der **essentialia** negotii hat **immer** die **Unwirksamkeit** des Vertrages zur Folge!

Bei Dissens bzgl. accidentialia negotii ist zu differenzieren:

Offener Dissens, § 154	**Versteckter Dissens, § 155**
Im Zweifel Vertrag **nicht wirksam** geschlossen	Im Zweifel Vertrag **wirksam geschlossen**, soweit Einigung reicht

Wesentliche Vertragsteile sind dabei in jedem Fall die Hauptleistungspflichten der Parteien wie die Gebrauchsüberlassung bei der Miete oder die Gattung der Ware beim Kauf.

Vorrang der Auslegung

Weiterhin ist kennzeichnend für den Dissens, dass die nach §§ 133, 157 BGB *ausgelegten Willenserklärungen* der Parteien nicht übereinstimmen. Antrag und Annahme müssen objektiv mehrdeutig sein.

155 ***Bsp.:** Mietet A schriftlich eine „Parterre-Wohnung" in einer Gegend, in der darunter das erste Stockwerk verstanden wird, so muss er seine Erklärung anfechten, wenn er eigentlich eine im Erdgeschoss liegende Wohnung wollte. Ein Dissens liegt nicht vor, da die Auslegung ergibt, dass darunter das erste Stockwerk zu verstehen ist. Der A hätte sich mit dem Sprachgebrauch der Gegend, in der das Rechtsgeschäft gelten soll, vertraut machen müssen.*

Ebenso verhält es sich in den Fällen, in denen jemand in Ostpreußen „Fichtenholz" bestellt und damit Rottanne meint, während ihm Kiefern geliefert werden, oder in denen ein Ausländer einen ihm fremden Ausdruck in einem hier nicht gebräuchlichen Sinne benutzt. Überall liegt ein einseitiger Irrtum und kein Dissens vor.

hemmer-Methode: Diese Beispiele zeigen, dass ein Dissens in der Praxis sehr selten vorkommen wird, da in der Regel schon die vorher vorzunehmende Auslegung zum Erfolg führt. Denken Sie daran: Wie konnte und durfte der Empfänger die Erklärung verstehen, §§ 133, 157 BGB; nicht maßgeblich ist, wie er sie tatsächlich verstanden hat. Seien Sie daher in der Klausur vorsichtig mit der Bejahung eines Dissens.

268 A.A. Palandt, § 154, Rn. 1 a.E. und § 155, Rn. 1, sowie OLG Oldenburg in DB 1996, 2534, die zumindest § 154 I BGB auf den offenen Dissens über essentialia negotii anwenden, dagegen (so wie hier vertreten) § 155 BGB nicht. Grund: Fehlt eine Einigung über die essentialia negotii, kann auch die Auslegungsregel des § 155 BGB den Vertrag nicht wirksam machen.

1. Offener Dissens

Kenntnis v. unvollst. Einigung ⇨ offener Dissens

Für den Fall, dass sich die Parteien erkennbar noch nicht vollständig geeinigt haben, enthält § 154 BGB die Auslegungsregel, dass der Vertrag *im Zweifel* nicht geschlossen sein soll. Die Regel ist also unanwendbar, wenn sich die Parteien trotz der noch offenen Punkte vertraglich binden wollten. 156

Ein entsprechender Wille dürfte immer dann gegeben sein, wenn im beiderseitigen Einvernehmen mit der Durchführung des unvollständigen Vertrages begonnen wurde[269] oder das Vertragsverhältnis trotz der Kündigung, die von einem Teil ausgesprochen wurde, fortgesetzt wird.

Es ist aber auch möglich, dass die Parteien den noch offenen Punkt einem weiteren, ergänzenden Vertrag vorbehalten.[270]

2. Versteckter Dissens

irrtüml. Annahme d. Einigung ⇨ versteckter Dissens

§ 155 BGB regelt den Fall, dass die Parteien glauben, vollständig einig zu sein, während dies in Wahrheit nicht zutrifft. Hier gilt das Vereinbarte nur dann, wenn anzunehmen ist, dass der Vertrag auch ohne den Nebenpunkt geschlossen worden wäre. Das ist erfahrungsgemäß umso eher der Fall, je bedeutungsloser der versteckte Einigungsmangel ist. 157

verschuldeter Dissens

Hat eine Partei den Einigungsmangel und damit das Scheitern des Vertragsschlusses verschuldet, so haftet sie nach h.M.[271] aus c.i.c. (§ 280 I i.V.m. § 311 II BGB) auf das Vertrauensinteresse.

beiderseits verschuldeter Dissens

Bei beiderseitigem Verschulden soll § 254 BGB gelten, und nicht etwa § 122 II BGB.[272] Dies ist jedoch abzulehnen, da sich jeder Erklärende beim Wort nehmen und gefallen lassen muss, dass seine Erklärung so verstanden wird, wie sie allgemein aufgefasst wird. Andererseits muss jeder Teil die Erklärung des Gegners so gegen sich gelten lassen, wie sie nach Treu und Glauben mit Rücksicht auf die Verkehrssitte zu verstehen ist. Folglich ist auch der Dissens jeder Partei gleichermaßen zuzurechnen, was eine Haftung ausschließt.

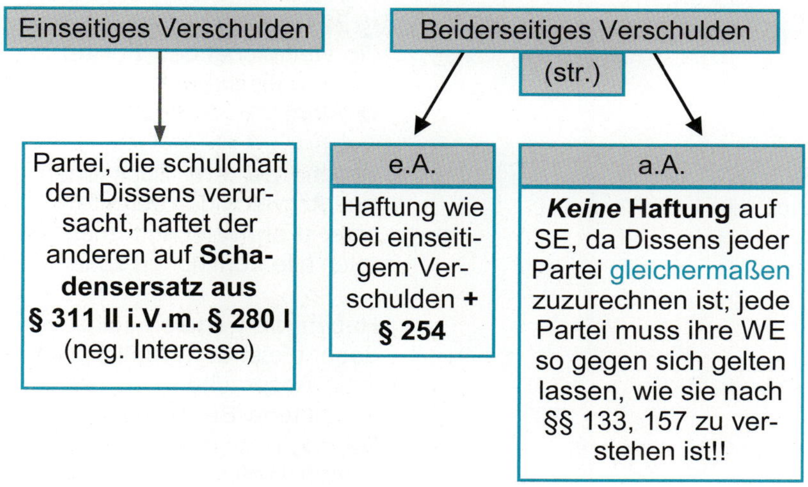

269 BGH, NJW 1983, 1728 = jurisbyhemmer.

270 BGH, 41, 275 f.

271 Seit RGZ 104, 265 ff.

272 Str.; vgl. dazu Palandt, § 155, Rn. 5 a.E.

IV. Formvorschriften

grds. besteht kein Formzwang, aber Ausnahmen

Die Abgabe von Willenserklärungen und der Abschluss von Verträgen sind grundsätzlich *formfrei*. Damit erleichtert das Gesetz den Rechtsverkehr und trägt den Gegebenheiten des modernen Güter- und Leistungsaustausches Rechnung. 158

Nur in Sonderfällen schreibt das Gesetz die Wahrung bestimmter Formvorschriften vor (*gesetzliche Schriftform;* z.B. notarielle Beurkundung beim Grundstückskauf, § 311b I S. 1 BGB; Schriftformerfordernis bei der Bürgschaft, § 766 BGB). Daneben steht es den Parteien frei, eine bestimmte Form zu vereinbaren *(gewillkürte Schriftform)*.

Die Nichtbeachtung der gesetzlichen Form führt gem. **§ 125 S. 1 BGB immer** zur **Nichtigkeit** des Rechtsgeschäfts. Bei der Nichtbeachtung einer gewillkürten Schriftform gilt das Gleiche nur **„im Zweifel", § 125 S. 2 BGB**; hier ist das formbestimmende Rechtsgeschäft auszulegen.[273]

1. Funktionen des Formzwangs

verschiedene Funktionen d. Formzwangs

Der Formzwang erfüllt stets besondere Zwecke. Hierbei werden verschiedene Hauptfunktionen unterschieden. 159

Übereilungsschutz

Einerseits soll der Formzwang vor unbedachten Willenserklärungen schützen. Insoweit hat der Formzwang **Warnfunktion**, dient dem *Übereilungsschutz.* So sollen die Parteien beim Grundstückskauf durch § 311b I S. 1 BGB vor übereilten, unüberlegten und meist folgenreichen Verpflichtungen bewahrt werden.

Beweis

Weiterhin dienen die gesetzlichen Formvorschriften der Klarstellung, der leichteren Beweisbarkeit von Abschluss und Inhalt eines Rechtsgeschäfts. Hier spricht man von der **Klarstellungs- und Beweisfunktion** gesetzlicher Formvorschriften.

Belehrung

Insbesondere durch die Einschaltung eines Notars soll schließlich durch die Formvorschriften eine Belehrung der Parteien über die Folgen der von ihnen geschlossenen Rechtsgeschäfte sichergestellt werden (**Belehrungsfunktion**). So soll z.B. bei einem Erbvertrag (§§ 2274 ff. BGB) durch die Pflicht zur notariellen Niederschrift (§ 2276 BGB) sichergestellt werden, dass die Vertragsparteien über die weitreichenden Folgen aus der erbvertraglichen Bindung sowie die eingeschränkten Möglichkeiten einer Lösung hiervon belehrt werden.

maßgebl.: Schutzzweck der Norm

Welche der drei Funktionen einschlägig ist, richtet sich nach dem Schutzzweck der betreffenden Formvorschrift. In der Regel sind bei einer Formvorschrift mehrere Funktionen kombiniert. Es können auch alle Funktionen zusammentreffen (z.B. § 311b I S. 1 BGB).

Haben die Parteien selbst eine bestimmte Form vereinbart, so wird dabei meist der Wunsch im Vordergrund stehen, bestimmte vertragliche Absprachen klarzustellen bzw. die Voraussetzungen für deren erleichterte Beweisbarkeit zu schaffen. Auf die Wirksamkeit der Erklärung bzw. des Vertrags hätte hier eine Nichtbeachtung der Form keinen Einfluss. Sie würde lediglich die Beweisposition des durch den Formzwang Begünstigten verschlechtern. 160

In anderen Fällen kann die Beachtung der gewillkürten Form Gültigkeitsvoraussetzung für das Zustandekommen des Vertrages sein.

273 Zu den Rechtsfolgen im Einzelnen vgl. unten Rn. 165 f.

Was die Parteien gewollt haben, ist im Wege der Auslegung zu ermitteln.

Unterscheidung von Schutzzweck maßgebl. für Folgen bei Nichtbeachtung

Die Differenzierung nach den Schutzfunktionen des Formzwangs ist keineswegs reiner Formalismus, sondern kann im Einzelfall entscheidende Bedeutung erlangen bei der Frage, welche Folgen sich aus der Nichtbeachtung der Form ergeben. Ein extrem lehrreicher Fall hierzu findet sich bei BGH NJW 1996, 1960 ff. im Zusammenhang mit dem Auftrag zu einem Grundstückserwerb.[274]

Soll die einschlägige Formvorschrift z.B. auch vor Übereilung schützen (Warnfunktion), so bleibt dies nicht ohne Einfluss auf einen zwischen den Parteien abgeschlossenen *Vorvertrag*.

In diesem Fall (z.B. bei einem Vorvertrag über einen Grundstückskauf § 311b I S. 1 BGB) ist auch der Vorvertrag formbedürftig. Denn andernfalls gäbe bereits der formlos mögliche Vorvertrag einen klagbaren Anspruch auf den Abschluss des Hauptvertrages über das Grundstück - der Warnfunktion wäre nicht Genüge getan. Der Formzwang des Hauptgeschäfts könnte über einen formlos bindenden Vorvertrag „umschifft“ werden.

Soll die Formvorschrift demgegenüber lediglich Beweiszwecken **161**
dienen (Beweisfunktion), muss sie zumindest beim Abschluss des Vorvertrages nicht gewahrt sein. Der Beweis kann nämlich auch mit dem formgültigen Hauptvertrag geführt werden. Dementsprechend sind Vorverträge zum Abschluss eines Tarifvertrages (§ 1 II TVG) oder zum Abschluss von längerfristigen Mietverträgen (§ 550 BGB) formlos möglich.

2. Die verschiedenen Formerfordernisse

unterschiedl. Arten der Schriftform

Das BGB kennt unterschiedliche Arten von Formvorschriften. Als **162**
wichtigste sind die gesetzliche und gewillkürte Schriftform (§§ 126, 127 BGB), die öffentliche Beglaubigung (§ 129 BGB) und die notarielle Beurkundung (§§ 128, 127a BGB) zu nennen. Relativ neu sind die qualifizierte elektronische Form (§ 126a BGB) und die Textform nach § 126b BGB.

Den weitestgehenden Formzwang statuiert § 128 BGB: Bei der notariellen Beurkundung müssen alle Erklärungen der Parteien vom Formzwang umfasst sein. Demgegenüber erstreckt sich die Beglaubigung bei § 129 BGB nur auf die geleistete Unterschrift.

Wichtigste Arten des Formzwangs im BGB (ansteigend nach Erfordernissen)

§ 126b Textform:	**§ 126 Schriftform:**	**§ 126a elektronische Form:**	**§ 129 öffentliche Beglaubigung:**	**§ 128 notarielle Beurkundung:**
eigenhändige Unterschrift entbehrlich	eigenhändige Unterschrift unter schriftlich fixierten Text (§ 127)	elektronisches Textdokument mit <u>qualifizierter</u> elektronischer Signatur	der Echtheit der Unterschrift, nicht des Inhalts! durch Unterschrift des Notars	von Antrag und Annahme; durch Notar, beachte §§ 8 ff. BeurkG (§ 127a im Prozess)

274 Eine Falllösung hierzu finden Sie in JuS 1998, L 44 ff. Diesen Fall sowie die Kritik von Armbrüster in JuS 1998, 1072 sollten Sie einmal lesen!

a) Gesetzliche Schriftform, § 126 BGB

gesetzl. Schriftform (§ 126 BGB) ⇨ eigenhändige Unterschrift

Um die Schriftform nach § 126 BGB einzuhalten, müssen die Parteien eine *eigenhändige Unterschrift* unter einen schriftlich fixierten Text leisten, wobei bei einem Vertrag die Unterschrift der Parteien auf derselben Urkunde erfolgen muss, § 126 II BGB. 163

auch v. Vertreter möglich

Die Voraussetzung der Eigenhändigkeit wurde von der Rspr. schon früh aufgelockert, indem auch die von einem Vertreter mit dem Namen des Vertretenen geleistete Unterschrift zur Erfüllung des Merkmals der Eigenhändigkeit ausreicht;[275] zu den Rechtsfolgen im einzelnen vgl. unten. Nicht ausreichend (Missbrauchsgefahr!) sind demgegenüber Namensstempel, Fernschreiben, Faxe oder Telegramme - hier fehlt es an der Eigenhändigkeit.

hemmer-Methode: Verwechseln Sie diese Problematik nicht mit der Entscheidung des Gemeinsamen Senates der Obersten Gerichtshöfe zu den Formerfordernissen des Prozessrechts.[276]

auch Blankounterschrift möglich

Im Übrigen muss die Unterschrift den Text abschließen, wobei dieses Erfordernis räumlich und nicht zeitlich zu verstehen ist. Die Unterschrift muss unter der Erklärung stehen; in diesem Fall deckt sie auch noch spätere Zusätze oder Abänderungen im Urkundstext. Da das Merkmal der Unterzeichnung keinen zeitlichen Zusammenhang mit der Errichtung des Textes verlangt, genügt auch eine *Blankounterschrift* den Erfordernissen des § 126 BGB, und zwar auch dann, wenn das Blankett später abredewidrig ausgefüllt wird. 164

hemmer-Methode: Fraglich ist, ob der Erklärende ein solches abredewidrig ausgefülltes Blankett gegen sich gelten lassen muss. Der BGH versagt dem Erklärenden die Möglichkeit, sich durch Anfechtung von dem so zustande gekommenen Vertrag zu lösen. Zwar lägen die Voraussetzungen des § 119 I BGB vor, da der Erklärende eine Erklärung dieses Inhalts nicht abgeben wollte.
Durch die Blanketturkunde werde aber ein Rechtsschein hervorgerufen, der analog § 172 BGB nicht rückwirkend durch Anfechtung vernichtbar sei.[277] Dagegen wird in der Literatur zum Teil die Anfechtung mit dem Argument, ein Rechtsscheinstatbestand könne nicht stärker wirken als eine Willenserklärung, zugelassen.

Einheitlichkeit der Urkunde

Das formbedürftige Rechtsgeschäft muss in *einer* Urkunde enthalten sein. Besteht die Urkunde aus mehreren Blättern, muss deren Zusammengehörigkeit erkennbar gemacht werden. Eine körperliche Verbindung der einzelnen Blätter ist dann nicht erforderlich, wenn sich die Einheit der Urkunde aus fortlaufender Paginierung, fortlaufender Nummerierung der einzelnen Bestimmungen, einheitlicher graphischer Gestaltung, inhaltlichem Zusammenhang des Textes oder vergleichbaren Merkmalen zweifelsfrei ergibt.[278]

für durch TarifV angeordnete Schriftform gilt § 125 S. 1 BGB

Die in einem *Tarifvertrag* angeordnete Schriftform stellt ein gesetzliches Formerfordernis i.S.v. § 125 S. 1 BGB dar, weil der Tarifvertrag Rechtsnormqualität hat. 164a

Ein entgegen dem Tarifvertrag formlos abgeschlossener Arbeitsvertrag ist daher grundsätzlich nichtig *(konstitutive Schriftform)*.

anders, wenn nur Beweisfunktion

Etwas anderes gilt dann, wenn die Formvorschriften den Arbeitsvertragsparteien lediglich einen Anspruch auf die schriftliche Fixierung der getroffenen Vereinbarung geben sollen (Beweisfunktion). In diesem Fall könnte auch einem tarifvertraglichen Schriftformerfordernis nur *deklaratorische* Bedeutung zukommen.

275 Vgl. RGZ 74, 69, 72; Jauernig, § 126 Anm. 2 b.

276 NJW 2000, 2340.

277 Vgl. Palandt, §§ 172, 173, Rn. 8.

278 Vgl. hierzu auch BGH, Life&Law 1999, 350 ff. (Heft 6).

b) Gewillkürte Schriftform

bei Parteivereinbarung ⇨ § 127 BGB

Gründet der Formzwang lediglich auf einer Parteivereinbarung, so lockert § 127 BGB die Erfordernisse des § 126 BGB etwas auf. Soweit nicht ein anderer Parteiwille angenommen werden kann, reicht hier die telegrafische Übermittlung aus, § 127 II BGB; gleiches gilt für Fernschreiben, Faxe oder Telekopien. 165

Entbehrlich ist aber nicht die Schriftform überhaupt, sondern nur die Unterschrift, die aber nach BGH[279] zumindest auf dem Original der Telekopie vorhanden sein muss. In Modifikation zu § 126 II BGB können Verträge auch durch Brief oder Programmwechsel zustande kommen, ohne dass Angebot und Annahme in einer einheitlichen Urkunde zusammengefasst sein müssen.

Auch hier ist aber eine Unterschrift auf dem Brief erforderlich, da § 127 II BGB nur § 126 II BGB, nicht aber § 126 I BGB modifiziert.

konkludente Aufhebung der Schriftformklausel

Wichtig: Haben die Parteien bei einer Vereinbarung den gewillkürten Formzwang nicht eingehalten, kann hierin möglicherweise eine stillschweigende, formlos mögliche Aufhebung der Formabrede zu sehen sein. Der vermeintliche Formmangel wäre in diesem Fall unschädlich. 166

Nach der Rechtsprechung[280] ist eine solche stillschweigende Aufhebung der Formabrede immer dann anzunehmen, wenn die Parteien die Maßgeblichkeit der mündlichen Vereinbarung übereinstimmend gewollt haben. Dies soll sogar dann gelten, wenn an den Formzwang überhaupt nicht gedacht wurde.[281]

> ***Bsp.:*** *Vermieter V und Mieter M haben vereinbart, dass alle Änderungen und Ergänzungen des zwischen ihnen geschlossenen Mietvertrages über das an M vermietete Zwei-Zimmer-Apartment der Schriftform bedürfen. Im Mietvertrag ist vereinbart, dass etwaige Nebenkosten-Nachzahlungen hälftig auf die Vertragsparteien verteilt werden. Später vereinbaren V und M mündlich, dass der Verteilungsschlüssel in ein 3/4 zu 1/4 - Verhältnis zu Lasten des M umgewandelt werden soll, da die Höhe der Nebenkosten weit über den erwarteten Beträgen lag. Als V Zahlung verlangt, weigert sich M, den auf ihn entfallenden Mehrbetrag zu zahlen und verweist auf die Schriftformklausel im Mietvertrag.*
>
> Dem erhöhten Zahlungsverlangen des V könnte die Unwirksamkeit der mündlich getroffenen Absprache entgegenstehen. Denkbar wäre aber, dass V und M die zwischen ihnen getroffene Vereinbarung der Form durch die mündliche Absprache wieder aufgehoben haben.
>
> Eine solche Aufhebung ist regelmäßig formlos möglich, wobei dies nach h.M. sogar dann gelten soll, wenn der Vertrag für die Aufhebung der Formabrede ausdrücklich Formzwang vorsieht: Die Parteien können für die Zukunft nicht auf ihre Vertragsfreiheit verzichten.[282]

bei einvernehml. Aufhebung ⇨ hohe Anforderungen

> Die Annahme einer einvernehmlichen Aufhebung der Schriftformklausel liegt hier nahe, da V und M sich vertraglich über die neue Abrechnungsweise geeinigt haben (bei einer Kündigung als einseitiger Erklärung wäre der Fall anders zu beurteilen!). Dem steht nach der Rspr. auch nicht im Wege, dass V und M möglicherweise gar nicht an die Schriftformklausel gedacht haben.
>
> Entscheidend ist, dass die Parteien ihre formlose Vereinbarung neben dem Urkundeninhalt gewollt haben. Hiergegen lässt sich zwar einwenden, dass die beabsichtigte Sicherung des Beweises, die die Parteien mit der Vereinbarung der Schriftformklausel bezweckt haben, durch die mündliche Aufhebung weitgehend an Bedeutung verliere.

279 NJW 1990, 188 = **juris**byhemmer.

280 Vgl. BGH, NJW 1962, 1908 = **juris**byhemmer; BGH, WM 1982, 902 = **juris**byhemmer.

281 BGHZ 71, 161; Hemmer/Wüst, BGB AT II, Rn. 82.

282 Vgl. Palandt, § 125, Rn. 14.

Doch kann dieser Gefahr angemessen begegnet werden, indem man an den Beweis der mündlichen Vereinbarung entsprechend hohe Anforderung stellt.[283]

hemmer-Methode: Anders aber in folgender Fallgestaltung: Ist die Schriftformklausel in AGB niedergelegt und sichert ein Vertreter für den Geschäftsherrn etwas mündlich zu, so ist die Zusicherung wegen fehlender Vertretungsmacht unwirksam. Durch die AGB ist die Vertretungsmacht beschränkt.[284]

anders bei „doppelter Schriftformklausel“

Anders verhält es sich dagegen bei einer Schriftformklausel, die nicht nur Vertragsänderungen von der Schriftform abhängig macht, sondern auch die Änderungen der Schriftformklausel ihrerseits einer besonderen Form unterstellt, indem sie die mündliche Aufhebung der Schriftformklausel ausdrücklich ausschließt, sog. *doppelte Schriftformklausel*.

Eine so formulierte doppelte Schriftformklausel kann dann nicht durch eine die Schriftform nicht wahrende Vereinbarung abbedungen werden. In der Verwendung gerade der doppelten Schriftformklausel wird nämlich deutlich, dass die Vertragsparteien auf die Wirksamkeit ihrer Schriftformklausel besonderen Wert legen.

doppelte Schriftformklausel in Allgemeinen Geschäftsbedingungen unwirksam, § 307 BGB

Allerdings ist eine **uneingeschränkte doppelte Schriftformklausel** in einem Formulararbeitsvertrag **gem. § 307 I S. 2 BGB nichtig**, wenn hierdurch der Eindruck erweckt wird, dass abweichende mündliche Nebenabreden gem. § 125 S. 2 BGB nichtig sind. Dies ist im Hinblick auf den Vorrang der Individualabrede (§ 305b BGB) irreführend und damit als unangemessene Benachteiligung unwirksam.[285]

***Achtung**: nicht in Allgemeinen Geschäftsbedingungen möglich, §§ 305b, 307 BGB*

Merke: Ist die Schriftformklausel für die Änderung eines Vertrages in Allgemeinen Geschäftsbedingungen enthalten, so verstößt dies zum einen gegen den Vorrang der Individualabrede des § 305b BGB und ist zum anderen gem. § 307 BGB unwirksam.[286]

c) Notarielle Beurkundung

notarielle Beurkundung (§ 128 BGB) zu beachten: § 152 BGB

Die notarielle Beurkundung nach § 128 BGB stellt den stärksten Formzwang dar.

§ 128 BGB gilt nur für Verträge, nicht aber, wenn nur die Erklärung eines Beteiligten zu beurkunden ist (z.B. beim Schenkungsversprechen, § 518 I BGB). Ausreichend ist die *sukzessive Beurkundung* oder auch *Stufenbeurkundung:* Es kann zuerst das Angebot und dann die Annahme beurkundet werden, und zwar von verschiedenen Notaren an verschiedenen Orten (vgl. § 152 BGB). 167

aber Vorsicht: ggfs. Anwesenheit beider Part. notw.

hemmer-Methode: In manchen Vorschriften (vgl. §§ 925, 1410, 2276 BGB) schreibt das Gesetz die gleichzeitige Anwesenheit der Parteien vor dem Notar vor. In diesem Fall finden §§ 128, 152 BGB keine Anwendung: Die Parteien müssen sich zum gleichen Notar begeben und ihre Erklärungen gleichzeitig beurkunden lassen. Verlangt das Gesetz zudem die persönliche Anwesenheit (§ 2274 BGB), kommt auch eine Vertretung nicht in Frage!
Zu beachten ist noch, dass gem. § 127a BGB die notarielle Beurkundung bei einem gerichtlichen Vergleich durch die Aufnahme ins Protokoll ersetzt wird.

283 Vgl. Medicus/Petersen, BR, Rn. 187 a.

284 Vgl. Rn. 296 und Rn. 334.

285 BAG, NZA 2008, 1233 ff. = jurisbyhemmer.

286 Palandt, § 307, Rn. 146.

d) Elektronische Form

Relativ neu unter den bürgerlich-rechtlichen Formvorschriften ist die qualifizierte elektronische Form (§ 126a BGB). Sie kann, wenn sich aus dem Gesetz nichts Gegenteiliges ergibt, die Schriftform ersetzen (vgl. § 126 III BGB). *168*

Um § 126a BGB zu genügen, muss der Aussteller der Erklärung neben seinem Namen eine sog. qualifizierte elektronische Signatur hinzufügen. Die Einzelheiten sind im Signaturgesetz geregelt.

e) Textform

Auch die Textform (§ 126b BGB) wurde wie § 126a BGB ins BGB eingefügt, um den modernen Geschäftsbedingungen keine unnötigen Fesseln anzulegen, gleichzeitig aber bestimmte Schutz- und Beweiszwecke (siehe oben, Rn. 159) zu erreichen. *168a*

Entscheidendes Merkmal ist, dass der Inhalt der Erklärung *dauerhaft in Form von Schriftzeichen* verkörpert ist.

Ein dauerhafter Datenträger ist nach § 126b S. 2 BGB jedes Medium, das

1. *es dem Empfänger ermöglicht, eine auf dem Datenträger befindliche, an ihn persönlich gerichtete Erklärung so aufzubewahren oder zu speichern, dass sie ihm während eines für ihren Zweck angemessenen Zeitraums zugänglich ist, und*

2. *geeignet ist, die Erklärung unverändert wiederzugeben."*

> ***Bsp.:*** *Das ist z.B. der Fall bei einer E-Mail, nicht jedoch bei einer Homepage.*

3. Umfang des Formzwangs

Umfang: grds. ganzes RG

Das Formerfordernis erstreckt sich auf das *ganze Rechtsgeschäft*, beim Vertrag also auf alle Abreden, aus denen sich nach dem Willen der Vertragsparteien der Vertragsinhalt zusammensetzen soll. In der Regel sind demnach auch Nebenabreden formbedürftig, wobei im Einzelfall der Zweck der Formvorschrift entscheidet.[287]

> ***Bsp.:*** *V verkauft M ein mit einem Hotel bebautes Grundstück, wobei zugesichert wird, dass aus dem Grundstück regelmäßig jährliche Mieterträge in Höhe von 100.000,- € fließen. Die Zusicherung wird jedoch nicht in die notarielle Urkunde über den Grundstückskauf aufgenommen. Auflassung und Eintragung des M erfolgen plangemäß.*

> Hier bestand zwischen M und V ursprünglich kein wirksamer Kaufvertrag, da sich die Formvorschrift des § 311b I S. 1 BGB auf alle Vertragsbestandteile erstreckt, aus denen sich das schuldrechtliche Veräußerungsgeschäft zusammensetzt.[288] Hierzu zählt vorliegend aber auch die Einigung über die aus dem Grundstück fließenden Erträge. Über § 139 BGB wäre hier der gesamte Kaufvertrag als unwirksam anzusehen, §§ 311b I S. 1, 125 BGB. Durch die erfolgte Auflassung und Eintragung wurde die Formunwirksamkeit jedoch „ex nunc" geheilt, § 311b I S. 2 BGB („wird gültig"). Wenn schon der gesamte Vertrag nach § 311b I S. 2 BGB geheilt werden kann, gilt dies erst recht für Nebenabreden. *169*

287 BGH, NJW 1989, 1484 = **juris**byhemmer; auch Hemmer/Wüst, BGB AT II, Rn. 86.

288 Palandt, § 311b, Rn. 25.

einschränkende Auslegung des § 167 II BGB

Nach h.M. soll sich der Formzwang des § 311b I S. 1 BGB auch auf die Vollmachterteilung auswirken können.[289] Zwar bedarf gem. § 167 II BGB wegen der Abstraktheit der Vollmacht diese nicht der Form des Rechtsgeschäfts, zu dessen Vornahme sie berechtigt. Trotzdem soll entgegen § 167 II BGB die Vollmacht dann formbedürftig sein, wenn bereits durch die Vollmachterteilung eine weitgehende Bindung erreicht wird. Insbesondere gilt dies für die unwiderruflich erteilte Vollmacht. Andernfalls könnte dem Übereilungsschutz und der Warnfunktion nicht ausreichend Rechnung getragen werden.

Formbedürfnis der Zustimmung zu formbedürftigem RG?

hemmer-Methode: Beachten Sie eine ähnliche Konstellation bei der Zustimmung zu einem formbedürftigen Rechtsgeschäft. § 182 II BGB ordnet wie § 167 II BGB an, dass die Vornahme der Zustimmung nicht der für das Rechtsgeschäft bestimmten Form bedarf. Hat also ein Vertreter ohne Vertretungsmacht ein Grundstücksgeschäft getätigt, so kann der Vertretene formlos genehmigen. Anders als bei § 167 II BGB wird von der h.M. für die Zustimmung zu einem formbedürftigen Rechtsgeschäft, selbst wenn eine entsprechende Vollmacht formbedürftig wäre, auch keine Einschränkung des § 182 II BGB vorgenommen. Dies ist insofern vertretbar, als bei der nachträglichen Genehmigung der Schutz vor Übereilung nicht mehr so dringend geboten ist.

bei Verbindung zweier RG. ist GesamtV. formbed.

Verbinden die Parteien mehrere Rechtsgeschäfte, von denen nur eines formbedürftig ist, rechtlich zu einem einheitlichen Rechtsgeschäft (z.B. einen Bauvertrag und einen Grundstückskaufvertrag), so ist dieses einheitliche Geschäft insgesamt formbedürftig.

Anhand von § 139 BGB analog ist dann allerdings zu überprüfen, ob einzelne Rechtsgeschäfte nach dem Willen der Parteien ausnahmsweise wirksam bleiben sollen.

> ***Bsp.:*** *Ein Grundstückskaufvertrag ist formnichtig, wenn der Käufer wusste, dass der Verkäufer den Vertrag nur abzuschließen bereit war, wenn er von Seiten eines wirtschaftlich interessierten Dritten – der später Mieter der Wohnung geworden ist – eine Schwarzgeldzahlung erhält. Denn ein derart zusammengesetztes einheitliches Grundstücksgeschäft bedarf der vollständigen notariellen Beurkundung.*[290]

bei einseitiger Erkl. sind die wesentl. Teile schriftl. zu fixieren

In den Fällen, in denen sich das Formerfordernis nur auf die Erklärung eines Vertragsteils erstreckt (z.B. bei der Bürgschaftserklärung nach § 766 BGB, beim Schenkungsversprechen nach § 518 I BGB), müssen die wesentlichen Teile des beabsichtigten Vertrages wenigstens in hinlänglich klaren Umrissen in dieser schriftlichen Erklärung enthalten sein. Es genügt nicht, wenn der Bürge die vom anderen Vertragsteil vorformulierte Erklärung über seine Verpflichtung mit einem schlichten „Ja" unterschreibt. Vielmehr muss aus seiner Erklärung zumindest der Name des Gläubigers, die Hauptschuld sowie der Wille, sich für fremde Schuld zu verbürgen, hervorgehen. 170

Auch dieses Erfordernis ergibt sich ohne weiteres aus dem Zweck, der mit der Formvorschrift verfolgt wird: Der Bürge soll sich nicht unüberlegt verpflichten (Warnfunktion). Eine Blankobürgschaft ist nun ebenfalls nicht mehr möglich.[291]

4. Rechtsfolgen bei Formmangel, § 125 BGB

bei Nichtbeachtung Nichtigkeit, § 125 S. 1 BGB

Haben die Parteien eine *gesetzliche Formvorschrift* nicht eingehalten, so führt dies gem. § 125 S. 1 BGB zur *Nichtigkeit* des Rechtsgeschäfts. 171

289 Vgl. Palandt, § 311b, Rn. 19.

290 BGH Life&Law 1999, 10 ff.

291 BGH NJW 1996, 1469 = jurisbyhemmer.

Dies gilt selbst dann, wenn die Parteien den zwischen ihnen geschlossenen Vertrag als wirksam behandeln wollen; die Einhaltung der Formvorschriften steht nicht zu ihrer Disposition. Die teilweise Formnichtigkeit wird im Übrigen in der Regel gem. § 139 BGB zur Totalnichtigkeit des gesamten Rechtsgeschäftes führen. Beim Mangel der *gewillkürten Schriftform* wird die harte Nichtigkeitsfolge erheblich abgemildert.

evtl. Ausnahme bei gewillkürter Schriftform, § 125 S. 2 BGB

Gem. § 125 S. 2 BGB tritt die Nichtigkeit „nur im Zweifel" ein: Soll die Formwahrung lediglich der Beweissicherung und der Klarstellung dienen, ist das Rechtsgeschäft auch bei Nichteinhaltung der vereinbarten Form wirksam.[292] Ist hingegen die Form nach dem Parteiwillen Gültigkeitsvoraussetzung, so ist die Erklärung nichtig. Letzteres gilt auch, wenn die gewollte Rechtsfolge auch nach der Auslegung noch unklar bleibt (§ 125 S. 2 BGB: „im Zweifel"). 172

Vor allem aber haben es die Parteien bei der gewillkürten Schriftform in der Hand, den zwischen ihnen vereinbarten Formzwang wieder aufzuheben.[293]

a) Heilung des Formmangels

Heilung ex nunc möglich, z.B. § 311b I S. 2 BGB

Die harte Rechtsfolge der Nichtigkeit einer formunwirksamen Erklärung wird aber in zweierlei Hinsicht abgefedert. So bestimmen zum einen verschiedene Normen, dass das formunwirksame Rechtsgeschäft mit Wirkung für die Zukunft (ex nunc) *geheilt* werden kann. Ein formnichtiger Kaufvertrag wird durch die Auflassung und Eintragung des Käufers im Grundbuch wirksam, § 311b I S. 2 BGB, ein formunwirksames Schenkungsversprechen mit der Bewirkung der schenkweise versprochenen Leistung (§ 518 II BGB), eine nichtige Bürgschaftserklärung mit der Erfüllung der Hauptverbindlichkeit durch den Bürgen (§ 766 S. 3 BGB). 173

hemmer-Methode: Weitere Heilungsmöglichkeiten bestehen nach den § 2301 II BGB; § 1031 VI ZPO; § 15 IV S. 2 GmbHG.

b) Korrektur der Nichtigkeitsfolge über § 242 BGB

Einschränkung nach § 242 BGB, wenn Ergebnisse schlichtweg „unerträglich"

Eine weitere Einschränkung erfährt die harte Nichtigkeitsfolge nach der Rechtsprechung, wenn die Berufung auf den Formmangel unter dem Gesichtspunkt von *Treu und Glauben* (§ 242 BGB) zu *schlechthin unerträglichen Folgen* führen würde. Ein hartes Ergebnis genüge nicht, es müsse vielmehr schlechthin untragbar sein. Nur in diesem Fall wird § 125 BGB durch § 242 verdrängt BGB; das Rechtsgeschäft ist trotz Formmangels gültig.[294] 174

Hierbei ist aber immer eine Abwägung zwischen den Belangen beider Seiten vorzunehmen, da sich das Problem einer Berufung auf § 242 BGB nur dann stellen wird, wenn die Nichtigkeit für eine Partei günstig, die andere Partei aber ungünstig ist. Selbst wenn die Rechtsfolge der Nichtigkeit für eine Partei zu untragbaren Ergebnissen führen würde, kommt eine Verdrängung des § 125 BGB in der Regel nur in Betracht, wenn das Verhalten der anderen Partei hinsichtlich des Formmangels selbst schlechthin untragbar war. Die objektive Verursachung des Formmangels allein (wenn z.B. eine Partei erklärt, der notariellen Beurkundung bedürfe es „ja wohl nicht"), reicht hierfür nicht aus.[295]

292 Vgl. BGHZ 49, 365 ff. = **juris**byhemmer.

293 Vgl. oben Rn. 166.

294 BGH, NJW 1989, 167 = **juris**byhemmer.

295 BGH, NJW 1977, 2072, 2073 = **juris**byhemmer.

Im Allgemeinen ist gegenüber dem Aufweichen gesetzlicher Formerfordernisse über § 242 BGB Zurückhaltung geboten.[296]

Überwindung des Formmangels durch:

Heilungsvorschriften, z.B.:
§ 311b I S. 2: mit Auflassung und Eintragung d. Käufers
§ 518 II: mit Bewirkung der versprochenen Leistung
§ 766 S. 3: mit Erfüllung der Hauptverbindlichkeit

→ Heilung mit Wirkung für die Zukunft (ex nunc)

Korrektur über § 242:

- Arglist
- schlechthin untragbares Ergebnis (vgl. KK Nr. 89)

bei Arglist Erfüllungsanspruch (§§ 242, 826 BGB)

Hat ein Vertragsteil seinen Geschäftspartner *arglistig* über die Formbedürftigkeit des Rechtsgeschäfts *getäuscht* (Fahrlässigkeit genügt nicht!), um so über § 125 BGB der vertraglichen Bindung zu entgehen, gewährt die ganz h.M. dem Getäuschten einen Erfüllungsanspruch, wobei dieser teilweise aus § 826 BGB[297], zum Teil aus § 242 BGB direkt begründet wird. 175

Die Herleitung über § 826 BGB ist allerdings systemwidrig, weil der Anspruch normalerweise nur auf das negative Interesse geht. Dem Schutz des Getäuschten dient weiterhin eine von der h.M. vorgenommene Einschränkung des Erfüllungsanspruchs: Er kann darüber entscheiden, ob er den Vertrag als wirksam behandeln möchte oder nicht.[298]

ansonsten c.i.c. möglich

Hat eine Vertragspartei die Erfüllung der Formvorschrift zwar nicht absichtlich, wohl aber *schuldhaft* vereitelt, hat der Geschäftspartner, der auf die Gültigkeit der Erklärung vertraut hat, einen Ersatzanspruch aus c.i.c. (§§ 280 I, 311 II BGB). 176

Demnach ist der Geschädigte so zu stellen, als ob das schädigende Ereignis nicht eingetreten wäre. Im Regelfall wird es sich bei c.i.c.-typischen Pflichtverletzungen dann eben um das negative Interesse handeln – zwingend ist diese Begrenzung aber nicht.

Wäre das Geschäft ohne die vorvertragliche Pflichtverletzung mit dem vom Geschädigten angestrebten Inhalt zustande gekommen, so gewährt die Rechtsprechung[299] einen Ersatzanspruch auf das positive Interesse (Geldbetrag, der erforderlich wäre, um ein vergleichbares Grundstück zu erwerben).

> ***Bsp.:*** *Immobilienhändler M verkauft K ein Grundstück (Wert 250.000,- €) zum Preis von 210.000,- €. Der Vertragsschluss wird schriftlich niedergelegt. Auf K's Frage, ob denn damit den gesetzlichen Formvorschriften Genüge getan sei, antwortete M, dass man sich die notarielle Beurkundung aus Kostengründen sparen könne. Er werde das Grundstück auflassen und mit der Eintragung des K sei dann der Formmangel geheilt. Hierfür stehe er als Kaufmann ein.*

296 Vgl. auch Medicus/Petersen, BR, Rn. 181; Jauernig, § 125 Anm. 7 c.

297 Vgl. Larenz, I § 10 III.

298 Medicus/Petersen, BR, Rn. 182.

299 BGH, NJW 1965, 812 = **juris**byhemmer.

Später hält er sich nicht an die Abmachung. Kann K Erfüllung des Kaufvertrages verlangen oder hat er wenigstens Schadensersatzansprüche gegen M, wenn er sich ein vergleichbares Grundstück zum Marktpreis verschafft?

1. Anspruch auf Erfüllung

K könnte von M die Übertragung des Eigentums an dem Grundstück verlangen, wenn zwischen beiden ein wirksamer Kaufvertrag zustande gekommen ist, § 433 I S. 1 BGB. Der geschlossene Kaufvertrag ist jedoch gem. § 125 S. 1 BGB nichtig, weil er nicht notariell beurkundet wurde, § 311b I S. 1 BGB. Eine Heilung gem. § 311b I S. 2 BGB ist nicht eingetreten.

K könnte dennoch einen Anspruch aus diesem Vertrag haben, wenn die Formbedürftigkeit wegen § 242 BGB zurücktritt, § 242 BGB also § 125 BGB „überwindet".

Angenommen wird dies bei einer Täuschung über die Formbedürftigkeit oder bei einem schlechthin untragbaren Ergebnis. In der Erklärung, „man könne sich die Beurkundung schenken", liegt noch kein arglistiges Verhalten. Fahrlässigkeit allein genügt aber nicht.

Es liegen auch keine Anhaltspunkte vor, dass dieses (vorläufige) Ergebnis schlechthin untragbar wäre. Um die zwingenden Normen der §§ 125, 311b I BGB nicht leer laufen zu lassen, muss eine solche Bewertung auf absolute Ausnahmefälle beschränkt bleiben. K kann folglich nicht die Übereignung des Grundstücks verlangen.

2. Sekundäransprüche

K könnte gegen M jedoch einen Anspruch aus §§ 280 I, 311 II BGB (c.i.c.) haben, wobei dieser Anspruch aber nicht auf Erfüllung in natura (sonst Umgehung des § 125 BGB), sondern nur auf Schadensersatz lauten kann.

Zwischen K und M haben Vertragsverhandlungen stattgefunden; es bestand also ein vorvertragliches Schuldverhältnis i.S.v. § 311 II BGB. Im Rahmen dieses Schuldverhältnisses nahm M besonderes Vertrauen in Anspruch, indem er eine Art kaufmännisches Ehrenwort abgab und dem K die Auflassung und Eintragung trotz der nicht gewahrten Form versprach. Dieses Vertrauen hat er schuldhaft enttäuscht.[300]

Damit liegt eine rechtswidrige und schuldhafte Pflichtverletzung vor.

Fraglich ist der Umfang des Ersatzanspruchs. Normalerweise erstreckt sich der Schadensersatzanspruch auf den Ersatz des Vertrauensschadens in Geld, umfasst also mithin nur das negative Interesse. Ausnahmsweise erstreckt sich der Ersatzanspruch aber auf das Erfüllungsinteresse, wenn das Geschäft ohne die c.i.c. mit dem vom Geschädigten erstrebten Inhalt zustande gekommen wäre.[301]

So ist nach der Rechtsprechung[302] bei einem wegen Verschuldens des Verkäufers formnichtigen Kaufvertrag Schadensersatz in Höhe des Kaufpreises eines gleichwertigen Grundstücks zu leisten. Damit ist K so zu stellen, dass er sich ein vergleichbares Grundstück beschaffen kann. Da ein gleichwertiges Grundstück auf dem Markt 250.000,- € kosten würde, kann K die Differenz zum vereinbarten Kaufpreis in Höhe von 40.000,- € als Schadensersatz von M verlangen.

300 Beachten Sie die Umkehr der Beweislast hinsichtlich des Vertretenmüssens in § 280 I S. 2 BGB! Grundsätzlich wird vermutet, dass der Schuldner die Pflichtverletzung zu vertreten hat.

301 Kritisch hierzu: Medicus/Petersen, BR, Rn. 184; Jauernig, § 125 Anm. 7 c.

302 BGH, NJW 1965, 812 = **juris**byhemmer.

5. Formbedürftigkeit und „falsa demonstratio non nocet-Regel“

Nach der Auslegungsregel „falsa demonstratio non nocet“ kommt es nicht auf die (versehentliche) Falschbezeichnung eines wesentlichen Vertragsbestandteils an, sondern auf das von den Parteien übereinstimmend tatsächlich Gewollte.[303] 177

Bei einem formbedürftigen Rechtsgeschäft stellt sich dann das Folgeproblem, dass das tatsächlich Gewollte in der vorgeschriebenen Form regelmäßig keine Andeutung findet. Der BGH löst diesen Konflikt dadurch, dass er die von ihm entwickelte sog. **„Andeutungstheorie“ bei** einer **falsa demonstratio** erst **gar nicht anwendet**.

Lösen Sie folgenden Beispielsfall!

„falsa demonstratio“ beim Grundstückskauf

Bsp.: *V verkauft dem K in notarieller Urkunde die Parzelle Nr.185a in der Gemarkung Salem. In Wirklichkeit waren sich beide einig, dass die Parzelle 186a verkauft sein sollte. Später verlangt K von V die Auflassung der Parzelle 186a. Mit Erfolg?*

K könnte von V gem. § 433 I S. 1 BGB die Erklärung der Auflassung bezüglich der Parzelle 186a verlangen, wenn beide einen wirksamen Kaufvertrag hierüber geschlossen hätten.

Die beurkundete, objektiv vorliegende Erklärung bezieht sich aber nur auf die Parzelle 185a. Dennoch ist hier ein wirksamer Kaufvertrag über die beiderseits gewollte Parzelle 186a zustande gekommen, da insoweit das übereinstimmende Verständnis der an einer Erklärung Beteiligten den Vorrang vor der objektiven Auslegung des Rechtsgeschäfts genießt: *„Falsa demonstratio non nocet“*. Bei einem einheitlichen subjektiven Verständnis ist eine Falschbezeichnung unbeachtlich: Nicht die genannte, sondern die beiderseits gewollte Parzelle ist verkauft.

grds. Warnfunktion gewahrt

Hierbei wird auch auf die notwendige Beurkundung (§ 311b I S. 1 BGB) des beiderseits Gewollten verzichtet[304], da zumindest das objektiv Erklärte der Form des § 311b I S. 1 BGB genügt und damit der Warnfunktion der Beurkundung Genüge getan ist.

Fraglich ist in diesem Zusammenhang aber, ob nach der von der Rechtsprechung entwickelten sog. **„Andeutungstheorie“**[305] der Wille der Parteien, das gesamte Ensemble zu verkaufen, in der Vertragsurkunde einen ausreichenden Niederschlag gefunden haben muss.

Dieses Erfordernis **gilt** aber nach Auffassung des BGH **bei** einer **versehentlichen Falschbezeichnung**, wie im vorliegenden Fall, gerade **nicht**.

Hier soll es vielmehr ausreichen, dass das von den Parteien in anderem Sinne verstandene objektiv Erklärte, hier die versehentlich fehlerhafte Bezeichnung des Kaufgegenstands im Vertrag, dem Formerfordernis genügt.[306] Beurkundet ist dann das wirklich Gewollte, nur falsch Bezeichnete.

hemmer-Methode: Die Andeutungstheorie des BGH wird in der Literatur stark kritisiert. Insbesondere sei schwer nachvollziehbar, dass der BGH die Andeutungstheorie zwar bei einer falsa demonstratio nicht anwenden will, aber in allen anderen Fällen der Auslegung eines formbedürftigen Rechtsgeschäftes an ihr festhält.[307]

---

303 BGHZ 71, 243 (247); BGH, NJW 1994, 1528 (1529) = **juris**byhemmer; RGZ 99, 147 (148); Bamberger/Roth, § 133 BGB, Rn. 27; Erman, § 133 BGB, Rn. 17; MüKo, § 133 BGB, Rn. 14; Staudinger, § 133 BGB, Rn. 13.

304 Vgl. BGHZ 87, 150 ff. = **juris**byhemmer.

305 BGHZ 74, 116 (119); BGHZ 87, 150 (154); BGH, NJW 2000, 1569 (1570): **alle Entscheidungen** = **juris**byhemmer; kritisch: MüKo, § 133 BGB, Rn. 57.

306 BGH, Life&Law 2008, Heft 6, 371 ff. = BB 2008, 509 ff. = **juris**byhemmer; BGHZ 87, 150 (155) = **juris**byhemmer; Palandt, § 133 BGB, Rn. 19; Staudinger, § 133 BGB, Rn. 33 f.

307 Vgl. MüKo, § 125 BGB, Rn. 37.

Problem: Beteiligung Dritter

Anders stellt sich die Lage aber dann dar, wenn Dritte beteiligt sind, die das Gewollte nicht erkennen können.

z.B. behördliche Genehmigung

178 **Bsp.:** *Bedürfen nach einer Satzung der Gemeinde Salem Grundstückskaufverträge in dem betreffenden Gemeindegebiet einer behördlichen Genehmigung und beurkunden V und K wiederum übereinstimmend die falsche Parzelle, bleibt der Kaufvertrag auch nach der Erteilung der gemeindlichen Genehmigung unwirksam. In diesem Fall betrifft die Genehmigung nämlich nur die beurkundete Parzelle 185a, nicht aber die beiderseits gewollte Parzelle 186a: Sie ist gegenstandslos.*

bei Grundbucheintragung keine Anwendung

179 Auch auf die *Eintragung des Erwerbers in das Grundbuch* finden die Grundsätze der falsa demonstratio keine Anwendung, da sich der Inhalt von Einigung (Auflassung) und Eintragung entsprechen muss. Haben die Parteien die Auflassung wiederum irrtümlich hinsichtlich der Parzelle 185a erklärt, während sie das Eigentum an Parzelle 186a übertragen wollten, erwirbt K auch durch eine spätere Eintragung ins Grundbuch kein Eigentum an der Parzelle 185a.

Insoweit stimmen Einigung und Eintragung nicht überein: Hinsichtlich eines Grundstücks, das nur scheinbar aufgelassen ist, kann auch die nachfolgende Eintragung keinen Eigentumsübergang bewirken; hinsichtlich des gewollten Grundstücks fehlt zum Eigentumsübergang die Eintragung.

Auch bei der *bewusst falschen, formbedürftigen Erklärung* kann die falsa-demonstratio-Regel keine Geltung beanspruchen.

180 **Bsp. (Schwarzgeschäft):** *In notarieller Urkunde verkauft V ein Grundstück an K. Um Notargebühren und Grunderwerbsteuern zu sparen, beurkunden sie statt des vereinbarten Kaufpreises in Höhe von 150.000,- € nur einen Preis von 80.000,- €. Später weigert sich V, das Grundstück an K aufzulassen. Kann K von V die Erklärung der Auflassung zwangsweise erreichen?*

K könnte V auf Abgabe der Auflassungserklärung verklagen. Mit Rechtskraft des der Klage stattgebenden Urteils würde die Auflassungserklärung des V im Wege der Fiktion als abgegeben gelten, § 894 ZPO. Voraussetzung hierfür wäre allerdings, dass zwischen V und K ein wirksamer Kaufvertrag zustande gekommen ist, aufgrund dessen K die Übertragung des Eigentums an dem Grundstück verlangen kann, § 433 I S. 1 BGB.

Hieran fehlt es aber im vorliegenden Fall. Denn der beurkundete Kaufvertrag über 80.000,- € ist als *Scheingeschäft* nichtig, § 117 I BGB. Zwar gilt gem. § 117 II BGB das gewollte, durch das Scheingeschäft verdeckte Rechtsgeschäft. Voraussetzung hierfür ist allerdings, dass das gewollte Rechtsgeschäft wiederum alle Wirksamkeitsvoraussetzungen erfüllt. Hieran fehlt es aber, da der Kaufvertrag über 150.000,- € nicht notariell beurkundet wurde, § 311b I S. 1 BGB, und eine Heilung nach § 311b I S. 2 BGB mangels Eintragung nicht eingetreten ist.

fehlender Anspruch hindert Entstehung der Vormerkung (Akzessorietät)

181 **hemmer-Methode: Hat der Verkäufer des obigen „Schwarzgeschäfts" in der Vertragsurkunde gleichzeitig die Eintragung einer Auflassungsvormerkung bewilligt und wurde diese in das Grundbuch eingetragen, so ist der Käufer dennoch nicht durch die Vormerkung gesichert. Der BGH verneint die Vormerkungswirkung schon deshalb, weil sich die Vormerkung nur auf das gem. § 117 I BGB nichtige Scheingeschäft beziehe.**
Die Vormerkung bedarf aber aufgrund ihrer Akzessorietät einer wirksamen zu sichernden Forderung. Etwas anderes ergibt sich aber auch dann nicht, wenn man die Vormerkungsbestellung durch entsprechende Auslegung auch auf das verdeckte Geschäft, das mit Eintragung im Grundbuch gem. § 311b I S. 2 BGB wirksam wird, bezieht. Nur das verdeckte Geschäft kann geheilt werden.

Zwar kann gem. § 883 I S. 2 BGB die Vormerkung auch für einen künftigen Anspruch bestellt werden, erforderlich ist dann nach h.M. aber, dass die Entstehung dieses künftigen Anspruchs allein vom Erwerber abhängt. Hier muss aber auch der Verkäufer noch mitwirken, um die Eintragung zu erreichen. Es handelt sich daher um eine bloße Erwerbsaussicht. Trotz der Eintragung ist daher eine Vormerkung nicht entstanden. Die Heilung nach § 311b I S. 2 BGB kann nicht helfen, da sie nach h.M. nur ex nunc (vgl. Wortlaut „wird") wirkt.
Ein weiteres Problem stellt sich, wenn der Käufer in Erwartung der Heilung zahlt (sog. „Vorleistungsfall"). Für die Rückabwicklung ist dann § 812 I S. 2 Alt. 2 BGB heranzuziehen.

E. Stellvertretung

Stellvertretung

Im Rechtsverkehr werden Verträge oft nicht von den Vertragsparteien persönlich abgeschlossen. Häufig handeln auf einer oder auf beiden Seiten Vertreter für die Vertragsparteien. Der Vertreter handelt für den Vertretenen: Dieser wird dadurch entlastet und kann in größerem Umfang am Geschäftsleben teilnehmen. Da die Stellvertretung das Zustandekommen von Verträgen zudem von zusätzlichen Voraussetzungen abhängig macht, stellt sie eine beliebte Klausurthematik dar. 182

I. Abgrenzung zwischen mittelbarer und unmittelbarer Stellvertretung

unmittelbare StellV.: eigene WE; Offenkundigkeit; Vertretungsmacht

Das BGB regelt in den §§ 164 ff. BGB nur die *unmittelbare* (auch: direkte) *Stellvertretung*. Sie ist die eigentliche Form der Stellvertretung des BGB: Nur bei der unmittelbaren Stellvertretung wird der Geschäftsherr durch den Vertreter unmittelbar berechtigt und verpflichtet (sog. *Repräsentationsprinzip*). Die Willenserklärungen des Vertreters wirken ohne weitere Rechtshandlung für und gegen den Geschäftsherren. Der Vertreter wiederum bleibt von dem durch ihn abgeschlossenen Rechtsgeschäft unberührt. Das Geschäft geht sozusagen an ihm vorbei. 183

Damit die Erklärung des Vertreters dem Geschäftsherrn über § 164 I BGB zugerechnet werden kann, müssen drei Voraussetzungen vorliegen:

eigene Willenserklärung

Der Vertreter muss eine *eigene Willenserklärung* abgeben und nicht lediglich eine Erklärung des Geschäftsherrn überbringen.[308]

im fremden Namen

Der Vertreter muss *im fremden Namen* handeln. Er muss also nach außen kenntlich machen, dass er für eine andere Person auftritt.[309]

Vertretungsmacht

Der Vertreter muss schließlich auch mit *Vertretungsmacht* gehandelt haben. Nur im Rahmen seiner Vertretungsmacht kann er den Geschäftsherrn berechtigen und verpflichten.[310]

hemmer-Methode: Unzulässig ist hingegen die sogenannte Verpflichtungsermächtigung; lesen Sie dazu Hemmer/Wüst, Basics Zivilrecht, Rn. 41!

mittelbare StellV.: Rechtsfolgen treffen den Handelnden

Die Figur der **mittelbaren Stellvertretung** ist *nicht* im BGB geregelt. Bei ihr treffen die Folgen des Rechtsgeschäfts zunächst nur den Handelnden. Der Geschäftsherr nimmt an der Rechtsbeziehung zwischen dem Vordermann und dessen Vertragspartner nicht teil. Er wird weder berechtigt, eine Leistung zu fordern, noch aus dem Rechtsgeschäft verpflichtet. 184

308 Abgrenzung zur Botenschaft, Rn. 189 f.

309 Offenkundigkeitsgrundsatz, Rn. 208 f.

310 Rn. 234 f.

Jedoch besteht zwischen Vorder- und Hintermann regelmäßig eine rechtsgeschäftliche Vereinbarung, wonach der Handelnde verpflichtet ist, das durch das Geschäft Erlangte an den Hintermann herauszugeben oder in sonstiger Weise die Rechtsfolgen aus dem geschlossenen Geschäft auf ihn überzuleiten. Wird dem Vordermann eine Sache übereignet, muss er sie also an seinen Geschäftsherrn weiterübereignen, eine erlangte Forderung muss er abtreten. So handelt der Vordermann zwar **im eigenen Namen, aber letztlich im Interesse und für Rechnung des Hintermannes.**[311]

insbes. Kommission

Hauptanwendungsfälle der mittelbaren Stellvertretung sind die *Kommission* (§§ 383 ff. HGB), Geschäfte im Rahmen eines Arbeitsverhältnisses (§§ 611 ff. BGB) sowie der Auftrag, wenn der Arbeitnehmer oder Beauftragte nicht bevollmächtigt ist, sondern im eigenen Namen auftritt (vgl. §§ 667, 670 BGB).

Stellvertretung (Handeln in **fremdem** Namen) wirkt für und gegen den Vertretenen, § 164 I S. 1

⇕

Bei der **mittelbaren Stellvertretung** (nicht gesondert geregelt) wird zunächst nur der unmittelbar Handelnde (Handeln im **eigenen** Namen!) berechtigt und verpflichtet. Der Geschäftsherr nimmt an der Rechtsbeziehung zwischen Vordermann und dessen Vertragspartner nicht teil

aber: im **Innenverhältnis** Anspruch auf Herausgabe des Erlangten an den Hintermann, z.B. Kommission, § 384 II HGB, Auftrag, § 667
bei schuldhafter Unmöglichkeit d. Herausgabe ⇨ SE §§ 280 I, III, 283

wichtig: unterschiedliche Rechtsbeziehungen

Die Unterschiede zwischen unmittelbarer und mittelbarer Stellvertretung zeigen sich in den völlig unterschiedlichen Rechtsbeziehungen der Beteiligten. Folgendes Beispiel soll dies erläutern: 185

Bsp.: *Der bekannte Kunstsammler Feinsinn will in der Galerie des Crisby ein Bild erwerben. Da er sich anhand des Werbekataloges nicht entscheiden konnte, am Tag der Vernissage aber verhindert ist, schickt er seinen Hausdiener Kenner, um das Bild für ihn zu erwerben.* 186

Schaltet Feinsinn den Kenner als Vertreter (also nach den §§ 164 ff. BGB) ein, so entsteht ein Kaufvertrag zwischen Feinsinn und Crisby, soweit Kenner sein Gebot im Namen des Feinsinn und im Rahmen seiner Vertretungsmacht abgibt. Feinsinn kann dann nach § 433 I S. 1 BGB Erfüllung verlangen, wenn Crisby nicht leistet. Erfüllt Crisby gleich nach der Vernissage, kann Feinsinn sogleich Eigentümer nach § 929 S. 1 BGB werden: Kenner muss nur die Einigungserklärung als Vertreter des Feinsinn abgeben und dem Feinsinn auf irgendeine Weise sofort den Besitz am Bild verschaffen.

Hierzu muss Kenner entweder Besitzdiener des Feinsinn sein oder mit diesem ein Besitzmittlungsverhältnis vereinbart[312] haben. Wichtig ist, dass Kenner bei der Übergabe *nicht* als Stellvertreter des Feinsinn handeln kann. Denn Stellvertretung ist bei der Übergabe als Realakt nicht möglich.

hemmer-Methode: Lernen Sie Vertretungsrecht nicht isoliert. Die dingliche Einigung ist Rechtsgeschäft, daher kann der Erwerb für den Hintermann durch Vertretung erfolgen. Unterscheiden Sie hiervon aber die ebenfalls für §§ 929 ff. BGB erforderliche Übergabe.

311 Vgl. Palandt, vor § 164, Rn. 6.

312 Vgl. Palandt, § 929, Rn. 23; bei Hausdienern ist wegen der bestehenden Weisungsabhängigkeit Besitzdienerschaft anzunehmen.

Bei der Besitzerlangung handelt es sich um einen Realakt, bei dem die §§ 164 ff. BGB nicht anwendbar sind. Für den Eigentumserwerb nach § 929 S. 1 BGB ist aber Besitz des Erwerbers nötig. Im Gesetz wird nicht zwischen unmittelbarem und mittelbarem Besitz differenziert, beide Besitzformen genügen dem § 929 S. 1 BGB. Merken Sie sich: Die Hilfsperson kann als Besitzmittler, Besitzdiener oder Geheißperson tätig sein.
Lesen Sie zur Teilnahme von Vertretern bei der Übereignung unbedingt HEMMER/WÜST, Sachenrecht II, Rn. 21, 59 ff.

Will Feinsinn hingegen unbekannt bleiben, weil er z.B. befürchtet, dass Crisby aufgrund eines alten Streites an ihn gar nicht oder nur zu einem überhöhten Preis verkaufen will, bietet sich die mittelbare Stellvertretung an.

Bei ihr kauft Kenner das Bild als Strohmann in eigenem Namen. Feinsinn ist an dem Kaufvertrag zwischen Kenner und Crisby in keiner Weise beteiligt. Er kann aber von Kenner Übereignung verlangen, wenn dies im Innenverhältnis zwischen beiden vereinbart war. Im Innenverhältnis würde hier ein Auftragsverhältnis oder ein Geschäftsbesorgungsverhältnis vorliegen, so dass Feinsinn gem. § 667 BGB die Übereignung des Bildes von Kenner verlangen könnte.

Verlässt sich der Feinsinn nicht auf die Redlichkeit des Kenner, weil er z.B. befürchtet, dass dieser das Bild für sich behalten möchte, kann ihm mit der Rechtsfigur der antizipierten Einigung und des sog. antizipierten Besitzkonstituts geholfen werden.[313]

Hierzu muss er mit dem Kenner, noch bevor er diesen zur Galerie schickt, vorweggenommen die Einigung erklären und vorweggenommen ein Besitzmittlungsverhältnis vereinbaren. Die dingliche Einigung wirkt zwar auch wiederum nur zwischen Crisby und Kenner. Durch die antizipierte Einigung und das Besitzkonstitut wird Feinsinn im Anschluss daran aber ohne weitere Erwerbsakte Eigentümer, sobald das Eigentum auf den Kenner übertragen wurde.

bei antizip. Einigung und Besitzkonstitut Durchgangserwerb (+)

Aber auch bei der antizipierten Einigung mit gleichzeitigem Besitzkonstitut stellt sich das Problem, dass der Vordermann zumindest für eine „juristische Sekunde“ Eigentümer der Kaufsache wird. Es liegt ein sog. *Durchgangserwerb* vor.[314] 187

In dieser „Sekunde“ kann die Kaufsache bei ihm von gesetzlichen Pfandrechten wie beispielsweise dem Vermieterpfandrecht (§ 559 BGB) ergriffen werden. Die mittelbare Stellvertretung birgt daher selbst bei möglichst großer Annäherung an die unmittelbare Stellvertretung größere Risiken für den Hintermann.

Wenn im Folgenden von einer Stellvertretung gesprochen wird, ist nur die unmittelbare gemeint. Denn nur bei ihr treten die Rechtsfolgen des Handelns unmittelbar in der Person des Vertretenen ein. Nur sie ist im Gesetz in den §§ 164 ff. BGB geregelt. Die Voraussetzungen der unmittelbaren Stellvertretung werden nachfolgend eingehend erläutert.

313 Vgl. Palandt, § 930, Rn. 9.

314 Anders dann, wenn z.B. ein Geschäft in Form der Übereignung für den, den es angeht, vorliegt; die Besonderheit liegt dann darin, dass der Auftretende als Vertreter handelt und damit *kein* Eigentumserwerb in Betracht kommt. Es wird nur auf das Handeln im fremden Namen verzichtet. Die Rechtsfolgen der Einigung treffen direkt den Geschäftsherrn.

II. Abgabe einer eigenen Willenserklärung

Vorauss. der StellV.: eigene WE des Vertreters

Die *wirksame Stellvertretung* setzt voraus, dass der Mittelsmann 188
einen eigenen Willen bildet und äußert. Hierzu muss ihm grundsätzlich ein gewisses Maß an Entschließungsfreiheit zustehen, so dass die Willenserklärung als seine eigene erscheint. *Überträgt der Mittelsmann hingegen nur eine bereits vorgegebene und vorformulierte Willenserklärung, liegt nicht Stellvertretung, sondern Botenschaft vor.*

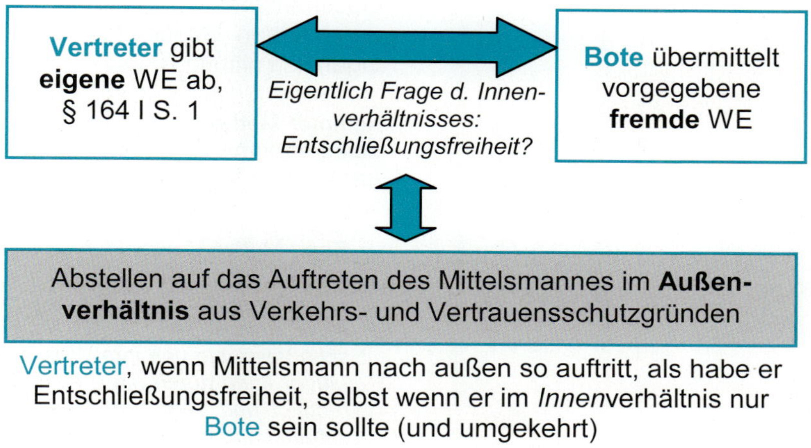

1. Abgrenzung der Botenschaft von der Stellvertretung

Unterschied zu Bote, da hier WE des Geschäftsherrn

Der entscheidende Unterschied zwischen Botenschaft und Stellvertre- 189
tung liegt im Innenverhältnis zwischen dem Geschäftsherrn und der von ihm eingeschalteten Person. Hier ist festgelegt, ob dem Handelnden eigene Entschließungsfreiheit zugestanden wird oder nicht.

maßgebl. erkennbares Auftreten der Mittelsperson

Aus Gründen des *Vertrauens- und Verkehrsschutzes* stellt die h.M.[315] zur Abgrenzung zwischen Botenschaft und Vertretung jedoch nicht auf das Innenverhältnis, sondern auf das *erkennbare Auftreten* des Mittelsmannes ab. Ähnlich wie bei der Auslegung von Willenserklärungen auf den objektiven Empfängerhorizont abzustellen ist, ist hier entscheidend, welchen Eindruck der Geschäftspartner von der Stellung des Handelnden haben durfte.

Tritt der Mittelsmann mit den Worten „Ich überbringe ein Angebot des X" auf, ist er ein Bote. Anders, wenn er sagt: „Ich kaufe im Namen des X". Denn hierdurch gibt er nach außen zu erkennen, dass ihm eine gewisse eigene Entschließungsfreiheit zusteht. Er ist Stellvertreter.

Nach diesem Prinzip sind auch die Fälle unproblematisch zu lösen, in denen sich der Vertreter als Bote oder umgekehrt der Bote als Stellvertreter geriert. Soweit sich der Handelnde im Rahmen seiner Befugnisse hält, wird der Geschäftsherr gleichwohl verpflichtet. Die erteilte Vertretungsmacht ersetzt die fehlende Botenmacht und umgekehrt, sofern der rechtliche Erfolg vom Willen des Geschäftsherrn gedeckt ist. Wollte X eine bestimmte Sache kaufen, so ist ihm die rechtliche Gestaltung und damit die Frage, ob sein Mittelsmann nun als Vertreter oder als Bote aufgetreten ist, regelmäßig egal.

wichtig bei Überschreiten der Befugnisse des Handelnden

Überschreitet der Mittelsmann hingegen seine Befugnisse, so rich- 190
ten sich die Rechtsbeziehungen danach, wie der Handelnde aufgetreten ist.

315 Vgl. BGHZ 12, 334.

Es greifen entweder die Regeln des Boten ohne Botenmacht oder des Vertreters ohne Vertretungsmacht ein. Welche Regeln dies sind, wird unten ausführlich erläutert.

Die Grundregel, dass Botenschaft und Stellvertretung anhand des erkennbaren Auftretens des Handelnden abzugrenzen sind, erfährt in einigen Fallkonstellationen Einschränkungen.

Einschränkung: Geschäftsunfähiger kann kein Vertreter sein (§ 165 BGB)

Einschränkungen sind einmal bei der *Geschäftsunfähigkeit des Mittelsmannes* zu machen. Gem. § 165 BGB kann ein *Geschäftsunfähiger kein Stellvertreter* sein. Dies kann nur der beschränkt oder voll Geschäftsfähige. Lässt der Geschäftsherr ein Geschäft dennoch durch einen Geschäftsunfähigen abschließen, wäre das Geschäft eigentlich nichtig.

hemmer-Methode: Merken Sie sich aber: „Und ist das Kindlein noch so klein, so kann es doch schon Bote sein." Grund: Es handelt sich hier nur um rein tatsächliches, nicht rechtliches Handeln.

Bsp.: *Mutter M schickt ihre vierjährige Tochter T zum nahen Bäcker, wo sie sich verschiedene Bonbons nach eigener Wahl aussuchen soll. Ein wirksames Rechtsgeschäft kann T im eigenen Namen gem. § 105 BGB nicht abschließen, da sie als Minderjährige gem. § 104 Nr. 1 BGB geschäftsunfähig und ihre Willenserklärung darum nichtig ist. Aber auch die Mutter kann durch die Erklärung der Tochter nicht rechtsgeschäftlich berechtigt und verpflichtet werden. Denn gem. § 165 BGB kann ein Geschäftsunfähiger kein Vertreter sein.*

T kann demnach nur Bote sein. Tritt sie im Bäckerladen nun aber mit der ihr von der Mutter zugesprochenen eigenen Entschließungsfreiheit auf, wäre sie eigentlich Vertreter und das Rechtsgeschäft daher nichtig. Nach einer Ansicht ist hier im Wege einer teleologischen Reduktion des § 165 BGB dennoch Vertretungsrecht anzuwenden.[316] Es ist aber wohl sachgerechter, in diesem Fall den Anwendungsbereich der Botenschaft auszuweiten.

Auch wenn T sich die Bonbons selbst aussuchen durfte, ist sie als Botin der Mutter anzusehen. Das Geschäft ist demnach trotz des „äußeren Auftretens" der Tochter als Vertreterin wirksam zustande gekommen.

hemmer-Methode: Letztlich können hier beide Ansichten vertreten werden. Wichtig ist nur, dass die dahinterstehenden Wertungen erkannt werden. Es geht vor allem darum, den Geschäftsunfähigen zu schützen.

wohl aber beschränkt Geschäftsfähiger, §§ 165, 179 III BGB

Der beschränkt Geschäftsfähige kann jedoch gem. § 165 BGB als Vertreter fungieren, denn die Vertretung ist für den Minderjährigen nicht rechtlich nachteilig; sie erweitert seinen Rechtskreis nur. 191

Zum einen trifft die von ihm als Vertreter abgegebene Willenserklärung nicht ihn selbst, sondern den Vertretenen. Zum anderen ist wegen der Regelung des § 179 III S. 2 BGB auch eine Haftung des Minderjährigen als falsus procurator ausgeschlossen. Schließlich ist der Minderjährige auch für den Fall des § 164 II BGB durch die §§ 107 ff. BGB ausreichend geschützt.

Bsp.: *F bevollmächtigt den minderjährigen M, für ihn bei der B-Bank ein Darlehen aufzunehmen. Kann der Vertrag zwischen F und B wirksam zustande kommen?*

1. Abwandlung: *Wie ist es, wenn der F unerkannt geisteskrank war?*

2. Abwandlung: *Bei M tritt der Wille, im Namen des F zu handeln, nicht deutlich hervor.*

316 Medicus, AT, Rn. 885.

Ausgangsfall: Voraussetzung für einen Vertragsschluss zwischen F und B wäre eine wirksame Stellvertretung durch M. Die Erteilung der Vollmacht scheitert nicht an § 131 II S. 1 BGB, da es sich bei der Vollmachterteilung um einen lediglich rechtlichen Vorteil i.S.d. § 131 II S. 2 BGB handelt.

Trotz der Minderjährigkeit des M ist Stellvertretung gem. § 165 BGB zulässig: Zwar gibt der M eine eigene Willenserklärung ab, die Rechtsfolge Darlehensvertrag (§ 488 BGB) tritt aber nur gegenüber dem F ein. Ein Vertrag zwischen F und B kann somit durch den M wirksam geschlossen werden.

In der ersten Abwandlung ist die Bevollmächtigung des M wegen § 105 BGB nichtig. M handelte also bei einer Stellvertretung als falsus procurator mit der Folge, dass er eigentlich gem. § 179 BGB haftbar wäre. Dem steht aber § 179 III S. 2 BGB entgegen.

In der zweiten Abwandlung kann M ebenfalls nicht belangt werden, denn es kann entgegen § 164 II BGB keinen Unterschied machen, ob der M nun bewusst oder unbewusst im eigenen Namen handelte; das von ihm getätigte Rechtsgeschäft ist demnach gem. den §§ 107 ff. BGB schwebend unwirksam.

Ausnahme: Minderjähriger als OHG-Gesellschafter

Eine Einschränkung ergibt sich bezüglich des Minderjährigen aber insoweit, als er als OHG-Gesellschafter nicht nur andere, sondern auch sich selbst verpflichtet (vgl. § 128 HGB). Die Regelung des § 165 BGB allein ist hier zum Schutz des Minderjährigen nicht ausreichend, so dass es einer Genehmigung des gesetzlichen Vertreters gem. §§ 112, 113 BGB bzw. noch der Genehmigung des Familiengerichts bedarf.

Vertreter mit gebundener Marschrichtung

Eine weitere Einschränkung gilt bei dem sog. *Vertreter mit gebundener Marschrichtung.* Auch wenn dem Vertreter nur noch ein sehr geringes Maß an Entschließungsfreiheit zusteht, so dass im Rechtsverkehr oft nicht mehr zu erkennen ist, ob er als Vertreter oder Bote handelt, kann eine Stellvertretung vorliegen. Ein solcher Vertreter, bei dem sich die Vertretung in der Regel auf das bloße Wiederholen von Erklärungen seines Geschäftsherrn beschränkt, wird als *Vertreter mit gebundener Marschrichtung* bezeichnet. 192

z.B. Kaufhauskassierer

Bsp.: *In einem Kaufhaus will die Kaufhausleitung regelmäßig mit jedem paktieren, der unter den durch Preisschild und AGB festgesetzten Bedingungen ein Angebot macht. Der Kaufhauskassierer kann daher weder die Vertragspartner noch den Preis kraft seiner eigenen Entschließungsfreiheit festlegen.*[317] 193

Trotzdem muss der Kassierer hier als Vertreter und nicht als Bote der Geschäftsleitung betrachtet werden. Denn die Direktion des Kaufhauses kann nicht bei jedem Vertragsschluss einen eigenen Willen bilden.

Gerade diesen Rest an Entschließungsfreiheit überträgt sie dem Kassierer, der sie hierin vertritt. Die Vertretung kann sich auch in diesem Fall auf die bloße Wiederholung von Erklärungen des Geschäftsherrn beschränken, ohne dass sie deswegen in Botenschaft umschlägt.

2. Auswirkung der Unterscheidung zwischen Botenschaft und Stellvertretung

Ob der Geschäftsherr sich vertreten lässt oder einen Boten schickt, ist nicht nur eine Frage der Effizienz oder des Vertrauens. Vielmehr bestehen zwischen beiden Rechtsinstituten zum Teil gravierende Unterschiede, auf die im Einzelfall Rücksicht zu nehmen ist. 194

317 Ohnehin kann man hier das Angebot des Kaufhauses bereits im Auslegen der Ware sehen; s.o. Rn. 138.

hemmer-Methode: In der Klausur ist auf die Unterscheidung aber nur einzugehen, wenn der Geschäftsherr sich nicht an den geschlossenen Vertrag halten will. Wurde der von ihm angestrebte rechtliche Erfolg, (z.B. Abschluss eines Kaufvertrages über einen bestimmten Kaufgegenstand) erreicht, so besteht kein Anlass zu langatmigen Erläuterungen.

a) Willensmängel und Wissenszurechnung

Unterscheidung auch wichtig bei Willensmängeln

Unterschiedliche Rechtsfolgen ergeben sich, wenn der Vordermann eine fehlerhafte Willenserklärung abgibt.

z.B. Irrtum des Boten

Bsp.: *Kunstfreund Feinsinn schickt Peter als Boten zur Galerie des Crisby, um ein im Werbekatalog verzeichnetes Bild von Monet für 200.000,- € zu erstehen. Peter, der gerade ein Buch über französische Maler gelesen hatte und nun sehr verwirrt ist, vertauscht die Namen. Er erwirbt den ebenfalls im Katalog erwähnten Manet zu eben diesem Preis. Kann Crisby den Kaufpreis fordern, wenn Feinsinn ihm unmittelbar nach dem Kauf mitgeteilt hat, dass er den Manet nicht wolle?* 195

Crisby könnte gem. § 433 II BGB einen Anspruch auf die Zahlung der 200.000,- € haben.

Hierzu müsste zwischen Feinsinn und Crisby ein wirksamer Kaufvertrag zustande gekommen sein. Peter hat als Bote des Feinsinn eine scheinbar von diesem herrührende Willenserklärung übermittelt, die der Crisby angenommen hat. Demnach liegen zwei übereinstimmende Willenserklärungen vor. Der Peter hat die Erklärung seines Geschäftsherrn jedoch falsch übermittelt. Führt das nun dazu, dass der Vertrag überhaupt nicht zustande gekommen ist? Oder ist der Vertrag zustande gekommen, wobei dem Feinsinn nur die Möglichkeit bleibt, ihn im Wege der Anfechtung wieder zu zerstören?

⇨ Anfechtung nach § 120 BGB

Die Lösung gibt *§ 120 BGB:* Demnach ist eine Willenserklärung, die durch den zur Übermittlung eingesetzten Boten falsch übermittelt wurde, erst einmal wirksam. Sie kann aber wegen der falschen Übermittlung angefochten und damit rückwirkend zerstört werden (§§ 143 I, 142 I BGB).

Da Peter die Willenserklärung des Feinsinn bezüglich des Monet nicht richtig übermittelt hat, kann Feinsinn das Geschäft also nach §§ 120, 119 BGB anfechten. Der Schutz des Rechtsverkehrs geht dem Interesse des Geschäftsherrn insoweit vor. Er ist an seine Willenserklärung gebunden.

Die Anfechtung nach §§ 120, 119 BGB ist zum einen dann möglich (aber auch nötig!), wenn der Bote die Mitteilung falsch wiedergibt oder sich verspricht. Zum anderen kann und muss angefochten werden, wenn der Bote die Willenserklärung dem falschen Empfänger überbringt. Wäre Peter z.B. zur falschen Galerie gegangen und hätte das Angebot des Feinsinn überbracht, wäre ebenfalls ein Kaufvertrag zustande gekommen, den Feinsinn wiederum anfechten müsste.

⇨ SchaErs nach § 122 BGB

In unserem vorliegenden Fall hat Feinsinn rechtzeitig, nämlich „unverzüglich" (§ 121 BGB) angefochten und damit den Kaufvertrag mit Crisby rückwirkend zerstört, §§ 143 I, 142 I BGB. Crisby hat demnach keinen Kaufpreisanspruch gegen Feinsinn nach § 433 II BGB. Er kann aber seinen Vertrauensschaden nach § 122 I BGB geltend machen.

anders:
bewusste Falschübermittlung des Boten

1. Abwandlung: *Wie ist der Fall zu behandeln, wenn Bote Peter* ***bewusst*** *den Manet nennt, da dieser ihm weit besser als der von Feinsinn gewünschte Monet gefällt?* 196

Nach der h.M. greift § 120 BGB nur, wenn der Bote *unbewusst unrichtig* übermittelt hat.[318] Handelt der Bote bewusst wider den Willen des Geschäftsherrn, übermittelt er nicht mehr dessen Willenserklärung. Er gibt vielmehr nur vor, als Bote eines anderen aufzutreten.

318 Vgl. Palandt, § 120, Rn. 3 f.

§ 120 BGB setzt aber schon nach seinem Wortlaut voraus, dass der, von dem die Erklärung stammt, den Boten tatsächlich verwendet haben muss. Die Erklärung des bewusst falsch übermittelnden Boten ist für den Geschäftsherrn unverbindlich; sie wurde ihm quasi „untergeschoben".

⇨ keine WE des Geschäftsherrn

In diesem Fall muss der Feinsinn die Erklärung des Boten Peter nicht einmal anfechten. Es ist gar kein Kaufvertrag zustande gekommen, eine Anfechtung nach § 120 BGB ist nicht erforderlich. Auch in der ersten Abwandlung hat Crisby also keinen Anspruch aus § 433 II BGB.

e.A.:
§ 122 BGB analog

Ein Teil der Literatur will den Geschäftsherrn in diesen Fällen dennoch analog § 122 I BGB auf den Vertrauensschaden haften lassen.[319] Diese Lösung widerspricht jedoch der § 122 BGB zugrunde liegenden Wertung, wonach nur derjenige schützenswert ist, der auf die Erklärung eines anderen vertraut.

dagegen:
Wertung d. § 122 BGB

Eine Erklärung des Feinsinn, auf die der Crisby hätte vertrauen können, lag bei der bewusst falschen Übermittlung durch Peter aber gerade nicht vor. Nicht der Erklärende, sondern der Bote hat durch sein eigenmächtiges Handeln eine Ursache für die Verletzung des Vertrauens gesetzt.

Nur wenn der Geschäftsherr das Vorgehen des Boten durch Kontrollen hätte vorhersehen oder vermeiden können, hat er den Geschehensablauf derart beherrscht, dass eine Haftung gerechtfertigt wäre. Eine solche Haftung kann sich daher nur unter dem Gesichtspunkt einer vorvertraglichen Pflichtverletzung nach §§ 280 I, 311 II BGB (c.i.c.) ergeben.[320]

Dem Geschäftsherrn obliegen gesteigerte Sorgfaltspflichten, einen geeigneten Boten auszuwählen und diesen ständig zu überwachen; verletzt er diese, haftet er – unter der zusätzlichen Voraussetzung des Vertretens – nach c.i.c.

h.M.:
§ 177 BGB analog

Der Bote, der bewusst falsch übermittelt, ist wie ein Vertreter ohne Vertretungsmacht zu behandeln. Für ihn gelten die §§ 177 ff. BGB in entsprechender Anwendung. Crisby kann demnach von Peter Erfüllung oder Schadensersatz wegen Nichterfüllung verlangen.

Feinsinn steht es analog § 177 I BGB jedoch offen, das Geschäft zu genehmigen, wenn ihm daran gelegen ist, doch noch Vertragspartner von Crisby zu werden, weil er z.B. mit diesem in ständigem Geschäftskontakt steht und ihn nicht verärgern will.[321]

Irrtum des GeschHerrn

2. Abwandlung: *Bote Peter ersteigert weisungsgemäß den Monet. Nach dem Kauf wird eine genaue Expertise in Auftrag gegeben. Hierbei stellt sich heraus, dass das Bild, wie unser inzwischen sachkundig gewordener Bote Peter schon beim Kauf geahnt hatte, nicht von Monet, sondern von dem Freizeitmaler Jacques Dubois stammte und daher höchstens zum Materialwert von € 100,- gehandelt wird. Was ist Feinsinn zu raten?* **197**

⇨ Anfechtung nach § 119 BGB

Da Peter die Willenserklärung des Feinsinn durchaus richtig übermittelt hat, scheidet eine Anfechtung nach § 120 BGB aus. Hier liegt vielmehr in der Person des Feinsinn ein Eigenschaftsirrtum i.S.d. § 119 II BGB vor: Die Urheberschaft eines Bildes ist eine verkehrswesentliche Eigenschaft. Fraglich ist indes, ob auf die Vorstellung des irrenden Feinsinn oder auf die des „durchblickenden" Peter abzustellen ist.

Die Lösung ergibt sich allein aus dem Wesen der Botenschaft. Der Bote überbringt lediglich eine Erklärung seines Geschäftsherrn, eine eigene Erklärung gibt er nicht ab. Auf seine Vorstellung kommt es folglich niemals an.

Bei der Botenschaft kann nur wegen eines Irrtums *des Geschäftsherrn* nach § 119 BGB angefochten werden. § 166 I BGB gilt nicht.

319 Vgl. Larenz, § 20 II a, Brox AT, Rn. 369.

320 Palandt, § 120, Rn. 4; Schwung JA 1983, 12, 16.

321 Vgl. Palandt, § 120, Rn. 4; zum Vertreter ohne Vertretungsmacht s.u. Rn. 290.

Feinsinn kann demnach gem. § 119 II BGB anfechten und hiermit den Kaufvertrag wiederum rückwirkend zerstören, §§ 143 I, 142 I BGB. Auch hier besteht kein Zahlungsanspruch des Crisby.

<u>Zusammenfassung</u>: Bei unbewusst falscher Übermittlung durch einen Boten kann gem. § 120 BGB angefochten werden. Bei der Irrtumsanfechtung nach § 119 BGB ist immer auf die Vorstellung des Geschäftsherrn abzustellen. Hat er sich geirrt, kann angefochten werden. 198

anders, wenn Handelnder Vertreter ist

Anders stellt sich die ganze Angelegenheit dar, wenn Peter nicht als Bote, sondern als *Vertreter* des Feinsinn aufgetreten ist.

Bsp.: *Im Ausgangsfall und in der zweiten Abwandlung des Falles tritt Peter jetzt nicht als Bote, sondern als Vertreter mit Generalvollmacht (= berechtigt zur Vornahme aller Rechtsgeschäfte, soweit Vertretung zulässig ist) des Feinsinn auf. Im Ausgangsfall kauft er wiederum den „falschen" Manet, weil er die Namen vertauscht, in der zweiten Abwandlung weiß er zusätzlich, dass das gekaufte Bild nicht von Monet stammt. Feinsinn erklärt wiederum vorsorglich, er fechte die Rechtsgeschäfte an.* 199

In beiden Fällen könnte Crisby wiederum einen Anspruch gegen Feinsinn auf Zahlung der 200.000,- € haben, § 433 II BGB.

In beiden Fällen kam ein wirksamer Kaufvertrag zustande. Peter hat im Rahmen seiner Generalvollmacht eine eigene Willenserklärung abgegeben, die für und gegen den Feinsinn wirkte. Auch hier könnte der Kaufvertrag aber im Wege der Anfechtung rückwirkend vernichtet worden sein, §§ 143 I, 142 I BGB.

Eine Anfechtungserklärung des Feinsinn liegt vor. Fraglich ist, ob ein Anfechtungsgrund gegeben ist.

Willensmängel i.R.d. *Vertretungsrechts* folgen eigenen Regeln. § 120 BGB findet hier weder unmittelbare noch analoge Anwendung.

bei Irrtum des Vertreters Zurechnung über § 166 I BGB

Vielmehr kommt es gem. § *166 I BGB* immer allein auf die *Vorstellungen des Vertreters*, nicht auf die des Geschäftsherrn an, wenn die rechtlichen Folgen einer Willenserklärung durch Willensmängel beeinflusst worden sind. Die Regelung des § 166 I BGB ergibt sich wiederum unmittelbar aus dem Grundgedanken der Stellvertretung: Allein der Vertreter wird im Fall der §§ 164 ff. BGB rechtsgeschäftlich tätig, indem er eine *eigene* Willenserklärung abgibt. Folglich kann es bei der Berücksichtigung von Willensmängeln bei der Abgabe der Erklärung auch nur auf die Vorstellung des Vertreters ankommen.

⇨ Anfechtung des Vertretenen nach § 119 BGB möglich

Feinsinn kann daher nur im Ausgangsfall gem. § 119 I S. 1 BGB wegen eines Inhaltsirrtums seines Vertreters anfechten. In der zweiten Abwandlung ist ihm die Möglichkeit der Anfechtung hingegen verschlossen: Hier unterlag sein Vertreter keinem Irrtum, sondern kannte den Urheber des Bildes. Der Kaufvertrag mit Crisby ist daher unanfechtbar zustande gekommen. Dass Feinsinn dieses Bild nicht wollte, bleibt im Außenverhältnis unbeachtlich. Dies ist eine Folge der erteilten Generalvollmacht. Lediglich im Innenverhältnis kann Feinsinn von Peter Schadensersatz verlangen. Als Anspruchsgrundlage käme beispielsweise eine Vertragsverletzung (§ 280 I BGB) des zwischen Feinsinn und Peter bestehenden Auftragsverhältnisses in Betracht.

hemmer-Methode: Weist Feinsinn den Peter wie im Ausgangsfall an, ihm ein bestimmtes Bild zu kaufen, *ohne* ihm *Generalvollmacht* zu erteilen, ergibt die Auslegung, dass eine Spezialvollmacht zur Vornahme eines bestimmten Rechtsgeschäfts vorliegt. Kauft Peter ein anderes Bild, ist er Vertreter ohne Vertretungsmacht!
Examenstypisch, weil ein Problem mehr: Auch der Vertreter kann anfechten. Und zwar dann, wenn er die entsprechende Vertretungsmacht besitzt, § 164 I BGB. So kann z.B. der Prokurist, §§ 48 ff. HGB, den Vertrag als Vertreter abschließen, sein Irrtum ist maßgeblich, § 166 I BGB, und er hat stets Vollmacht zur Anfechtung, §§ 49 I, 50 HGB.

Zur Berücksichtigung von Willens- und Wissensmängeln i.R.d. Vertretung folgender weiterer Beispielsfall:

Bsp.: *Crisby hat bei einer Vernissage ein Bild unterschlagen. Er bietet es dem Feinsinn zum Kauf an, wobei dieser durchaus weiß, auf welche Weise sein möglicher Vertragspartner in den Besitz des Gemäldes gelangt ist. Feinsinn schickt den gutgläubigen Peter zu Crisby, damit dieser das Bild für ihn erwerbe. Kann Feinsinn Eigentümer des Bildes werden, wenn Peter Vertreter oder Bote ist?* 200

Eigentümer des Bildes kann Feinsinn nur im Wege des gutgläubigen Erwerbs nach den §§ 929, 932 BGB werden, da Crisby nicht berechtigt war, das Eigentum an dem Gemälde auf den Feinsinn zu übertragen.

Die Gutglaubensvorschrift des § 932 I BGB greift jedoch nur, wenn auf die Gutgläubigkeit des Peter abzustellen wäre, da Feinsinn die Herkunft des Bildes ja durchaus kannte.

War Peter *Vertreter,* richtet sich die Lösung nach *§ 166 BGB.* Einschlägig ist zuerst wiederum die Grundregel des § 166 I BGB. Diese Vorschrift sagt nicht nur, dass bei der Berücksichtigung von Willensmängeln immer auf die Person des Vertreters abzustellen wäre, sondern ordnet das gleiche für den Fall an, dass es auf die Kenntnis oder das Kennenmüssen gewisser Umstände ankommt. Gem. § 166 I BGB wäre folglich auf die Kenntnis und damit auf die Gutgläubigkeit des Peter abzustellen.

bei Bösgläubigkeit des Geschäftsherrn gilt § 166 II BGB

Auf diese Weise könnte aber ein bösgläubiger Geschäftsherr das Institut der Stellvertretung dazu ausnutzen, um durch die Einschaltung eines gutgläubigen Vertreters seine eigene Bösgläubigkeit zu überspielen und sich „reinzuwaschen", indem er sich auf den guten Glauben seines Vertreters beruft. Diese Möglichkeit wird durch die Vorschrift des *§ 166 II BGB* verhindert. Demnach kann sich der Geschäftsherr, sofern der Vertreter nach seinen Weisungen gehandelt hat, in Ansehung von Umständen, die er selbst kannte, nicht auf die Unkenntnis seines Vertreters berufen.

hemmer-Methode: Der Begriff der Weisung in § 166 II BGB ist dabei weit auszulegen. Nach Weisung handelt derjenige, der in Ausführung seiner Vertretungsmacht handelt. Bei einer Spezialvollmacht, die sich auf den Abschluss eines genau bestimmten Rechtsgeschäfts bezieht, wird § 166 II BGB daher immer zur Anwendung kommen. Sogar der Fall, dass der Vertretene, trotz Kenntnis und Möglichkeit einzugreifen, untätig bleibt, wird unter § 166 II BGB gefasst.[322]
Examenstypisch ist folgende Fallgestaltung: Auf die Genehmigung eines von einem „falsus procurator" abgeschlossenen und zunächst schwebend unwirksamen Vertrages gem. § 177 BGB durch den Vertretenen findet § 166 II BGB analoge Anwendung. Der Fall der Genehmigung kann nicht anders bewertet werden als die vorherige Erteilung bestimmter Weisungen. Die Willensentscheidung über die Wirksamkeit liegt auch in diesem Fall nämlich nur beim Vertretenen.

Im vorliegenden Fall handelte Peter als Vertreter nach den Weisungen des Feinsinn. Gem. § 166 II BGB kann sich der Feinsinn darum nicht darauf berufen, dass Peter von der Herkunft des Bildes nichts wusste. Entscheidend ist vielmehr seine eigene Bösgläubigkeit. Ein gutgläubiger Erwerb kommt nicht in Frage.

hemmer-Methode: Für den Fall, dass der Peter nicht als Vertreter, sondern als *Bote* aufgetreten ist, ist dieses Ergebnis bereits ohne § 166 II BGB selbstverständlich. Denn hier überbringt Peter lediglich eine Willenserklärung des Feinsinn. Nur Feinsinn handelt rechtsgeschäftlich. Folglich kann es auch nur auf die Kenntnis des Feinsinn ankommen.

322 Vgl. BGHZ 50, 368 = jurisbyhemmer.

Ergebnis*:* Durch die Einschaltung des Peter kann Feinsinn in keinem Fall seine eigene Bösgläubigkeit überspielen. Beim Vertreter ergibt sich dies aus § 166 II BGB, beim Boten aus dem Wesen der Botenschaft. Feinsinn kann nicht gem. den §§ 929, 932 I BGB gutgläubig Eigentum erwerben 201

hemmer-Methode: Für Fortgeschrittene: *§ 166 BGB* ist eine außerordentlich wichtige Norm, da sie in vielen Fällen auch analog angewendet werden kann, z.B. wenn dem Geschäftsherrn die Bös- oder Gutgläubigkeit einer Mittelsperson zugerechnet werden soll. Wichtig ist, dass man sich vergegenwärtigt, dass allein der Mittelsmann rechtsgeschäftlich handelt: Dementsprechend muss es auch auf seinen Willensmangel ankommen. Etwas anderes gilt gem. *§ 166 II BGB* dann, wenn sich der Vertretene durch die Einschaltung des Vertreters „reinwaschen" will. Die Bösgläubigkeit des Vertretenen wirkt sich dann auch auf die Haftung im aufgrund der gescheiterten Übereignung zwischen F und dem wahren Eigentümer entstehenden Eigentümer-Besitzer-Verhältnis aus. Die h.M. wendet für die Frage der Bösgläubigkeit von Hilfspersonen mit Vertreterfunktion i.R.v. §§ 989, 990 BGB nicht § 831 BGB, sondern § 166 BGB analog an.
Damit kommt es grundsätzlich auf die Gut- oder Bösgläubigkeit des Vertreters an, § 166 I BGB. Anders aber, wenn die Voraussetzungen des § 166 II BGB vorliegen: F haftet dann verschärft und kann sich wegen § 166 II BGB in analoger Anwendung nicht auf die Gutgläubigkeit des P berufen.
Beachten Sie aber, dass durch § 166 II BGB die Vorschrift des § 166 I BGB nicht ausgeschlossen wird. Oder mit anderen Worten: Die Bösgläubigkeit des Vertreters wird nach § 166 I BGB auch dann zugerechnet, wenn dieser nach Weisungen des Vertretenen handelt.

§ 166 II BGB analog auch zugunsten des Geschäftsherrn?

Umstritten ist, ob eine Analogie zu § 166 II BGB auch *zugunsten des Geschäftsherrn* möglich ist. Dies ist insbesondere in den Fällen problematisch, in denen sich der Vertretene bei der Vollmachterteilung geirrt hat, der Vertreter aber genau das erklärt, was ihm aufgetragen wurde. In diesem Fall scheidet eine Anfechtung nach § 119 I i.V.m. § 166 I BGB aus: Der Vertreter hat sich nicht geirrt. Fraglich ist dann, ob sich der Vertretene in analoger Anwendung des § 166 II BGB auf seine Willensmängel berufen kann und damit das durch den Vertreter zustande gekommene Rechtsgeschäft anfechten kann.

Dies wird z.T. bejaht: Grundgedanke des § 166 II BGB sei, dass es auf die Person ankomme, bei der die Entschließung für den Vertrag liege, also beim Vertretenen. Gegen diese Ansicht spricht jedoch, dass § 166 II BGB eine Ausnahmevorschrift zum Schutz des Rechtsverkehrs und nicht eine Bestimmung zugunsten des Vertretenen darstellt. Die Analogie würde auch dem Wortlaut des § 166 I BGB und dem dahinter stehenden Repräsentationsprinzip bei der Vertretung widersprechen.

Zusammenfassende Übersicht:

Handlungsspielraum im Innenverhältnis	Auftreten nach Außen aus Sicht des Dritten wie:	Bewusstes Überschreiten/ Abweichen?	Ansprüche gegen den Vertreter bzw. den Boten	Ansprüche gegenüber dem Vertretenen bzw. dem „Hintermann“
(+), d.h. Vertretung gewollt	Vertreter	(+), d.h. Vertreter ist bösgläubig	§§ 177, 179 BGB	c.i.c. bzw. § 831 BGB
(+), d.h. Vertretung gewollt	Bote	(+), d.h. Bote ist bösgläubig	§§ 177, 179 BGB analog	c.i.c. bzw. § 831 BGB
(+), d.h. Vertretung gewollt	Bote	(-), d.h. Bote ist gutgläubig	§§ 177, 179 BGB analog; dem Boten kommt § 179 II BGB zu Gute	c.i.c. bzw. § 831 BGB
(-), d.h. Botenschaft gewollt	Vertreter	(+/-)	§§ 177, 179 BGB, bei unbewusstem Abweichen § 179 II BGB	c.i.c. bzw. § 831 BGB
(-), d.h. Botenschaft gewollt	Bote	(-)	§ 120 BGB	§ 122 I BGB
(-), d.h. Botenschaft gewollt	Bote	(+)	§§ 177, 179 BGB analog	Teilweise § 122 I BGB analog; evtl. auch c.i.c.

b) Wissenszurechnung im Gesellschaftsrecht – Organtheorie

Zurechnung des Wissens der Organe

Im Gesellschaftsrecht stellt sich die Problematik, unter welchen Voraussetzungen sich eine Gesellschaft das Wissen ihrer Geschäftsführungs- und Vertretungsorgane als eigenes Wissen zurechnen lassen muss. Das BGB bestimmt in § 166 I BGB lediglich, dass es im Fall der Vertretung hinsichtlich der Kenntnis oder des Kennenmüssens bestimmter Umstände nicht auf die Person des Vertretenen, sondern auf die des Vertreters ankommt (Repräsentationsprinzip). 201a

Ausgehend von § 166 I BGB und der Organtheorie hat die Rechtsprechung zunächst nur für juristische Personen (rechtsfähiger Verein, AG, GmbH, etc.) besondere Zurechnungsgrundsätze entwickelt, die den Organisationsunterschieden gegenüber natürlichen Personen Rechnung tragen sollten: 201b

⇨ Juristische Personen müssen sich die Kenntnis eines organschaftlichen Vertreters auch dann zurechnen lassen, wenn dieser nicht am Vertragsschluss beteiligt war.

„Ein faules Ei verdirbt den Brei."

Dies gilt sogar dann, wenn das bösgläubige Organ von dem betreffenden Geschäft gar nichts gewusst hat. Es gilt der Grundsatz ***„Ein faules Ei verdirbt den Brei."***

„Einmal gewusst, immer gewusst."

⇨ Auch die Kenntnis eines bereits ausgeschiedenen oder verstorbenen Organmitglieds kann zugerechnet werden, sofern es sich um typischerweise aktenmäßig festgehaltenes Wissen handelt. Es gilt der Grundsatz ***„Einmal gewusst, immer gewusst."***

sog. „Wissenszusammenrechnung"

Man spricht in diesen Fällen von Wissenszusammenrechnung, weil das auf verschiedene Stellen der juristischen Person aufgeteilte Wissen addiert und dieser insgesamt zugerechnet wird.[323] **201c**

Bislang war bereits anerkannt, dass der erste Grundsatz zumindest auch auf Personen*handels*gesellschaften übertragbar ist. Der BGH hat in einer neueren Entscheidung anerkannt, dass dieser Grundsatz auch für die (nicht voll rechtsfähige) Gesellschaft bürgerlichen Rechts gilt.[324]

Der BGH stellt klar, dass die Kenntnis auch derjenigen Mitarbeiter nach § 166 I BGB analog der GbR zuzurechnen ist, die nicht am Vertragsschluss mitgewirkt haben, sofern diese Kenntnisse bei ordnungsgemäßer Organisation *aktenmäßig festzuhalten, weiterzugeben und vor Vertragsschluss abzufragen sind.* Dieser Grundsatz gelte unabhängig von der Organisationsform oder Rechtsfähigkeit der am Rechtsverkehr teilnehmenden Struktureinheit.[325] **201d**

hemmer-Methode: Die Kernaussage der neueren BGH-Entscheidung ist jedoch eine andere: Der BGH stellt klar, dass eine Zurechnung der Kenntnisse eines Mitarbeiters nur zu Lasten der juristischen Person oder nicht rechtsfähigen Organisation erfolgen kann, nicht hingegen zu Lasten ihrer Organe. In dem entschiedenen Sonderfall ging es darum, ob einem Gesellschafter einer GmbH, der *gleichzeitig* Gesellschafter einer GbR war, die ein Grundstück von der GmbH erworben hat, die Kenntnis der Geschäftsführerin der GmbH und damit die Kenntnis der GmbH zugerechnet werden kann. In diesem Fall hätte die GbR über den Gesellschafter Kenntnis von einem Verfügungsverbot gehabt, denn dessen Kenntnis hätte dann wiederum der GbR zugerechnet werden können. Der BGH unterbricht die Zurechnungskette, indem er eine Zurechnung der Kenntnis der Geschäftsführerin an die der GmbH zwar bejaht, eine Zurechnung dieser Kenntnis an ihre Organe aber verneint. Lesen Sie zu dieser klausurrelevanten Variante der Wissenszurechnung Life&Law 2001, 231 ff.

keine Zurechnung bei ausgeschiedenen Gesellschaftern

Ob aber die Kenntnis eines *ausgeschiedenen* Gesellschafters zugerechnet werden kann, ist umstritten, wird aber von der h.M. abgelehnt.[326] **201e**

Die Rechtsprechung hat dies mit dem Argument abgelehnt, dass die Personengesellschaften nicht in dem Maße von den jeweils handelnden Gesellschaftern unabhängig sind, wie juristische Personen von ihren Organvertretern.

Grundgedanke für die Entwicklung dieser Grundsätze war der Verkehrsschutz. Der Vertragspartner einer juristischen Person, die infolge ihrer Organisation das Wissen arbeitsteilig aufspaltet, soll nicht schlechter oder besser stehen, als wenn er mit einer natürlichen Person kontrahiert hätte. Dieser Grundgedanke trifft aber nicht nur auf Organe zu. Die Rechtsprechung hat deshalb die Figur des sog. Wissensvertreters entwickelt.

---

323 Emmerich in JuS 1996, 747.

324 BGH, NJW 2001, 359 = Life&Law 2001, 231 = jurisbyhemmer.

325 BGH, NJW 2001, 359 = Life&Law 2001, 231 (233) = jurisbyhemmer.

326 Palandt, § 166 BGB, Rn. 8; BGH NJW 1995, 2159 = jurisbyhemmer.

Wissensvertreter und Informationsorganisationspflichten

Wissensvertreter ist jeder, der nach der Arbeitsorganisation des Geschäftsherrn dazu berufen ist, im Rechtsverkehr als dessen Repräsentant bestimmte Aufgaben in eigener Verantwortung zu erledigen und die dabei anfallenden Informationen zur Kenntnis zu nehmen und ggf. weiterzugeben, wofür keine Vertretungsmacht erforderlich ist. Eine Wissenszusammenrechnung setzt voraus, dass nach Treu und Glauben eine Pflicht zum Informationsaustausch bestand. **201f**

In einer neueren Entscheidung[327] verwirft der BGH das Kriterium der eigenverantwortlichen Erledigung bestimmter Aufgaben und stellt allein auf die Verfügbarkeit der Informationen ab, die typischerweise aktenmäßig festgehalten werden. Damit erkennt der BGH erstmals Informationsorganisationspflichten parallel zu den Verkehrspflichten an.

Inhalt der Informationsorganisationspflichten

Die Informationsorganisationspflichten gelten für alle juristischen Personen und die vergleichbaren Gesamthandsgemeinschaften. Danach müssen sie die Informationserlangung, -verarbeitung und -weiterleitung so organisieren, dass alle wichtigen Informationen aktenmäßig erfasst und zur rechten Zeit an die richtige Stelle weitergegeben werden. Wird diese Pflicht verletzt, muss sich die Gesellschaft so behandeln lassen, als ob sie das fragliche Wissen in dem entscheidenden Zeitpunkt zur Verfügung gehabt hätte. Damit die Wissenszurechnung aber nicht zur reinen Fiktion wird, müssen folgende zwei Voraussetzungen erfüllt sein: **201g**

typischerweise aktenmäßig festzuhaltendes Wissen

⇨ Es muss sich um Wissen handeln, das aktenmäßig festgehalten („gespeichert") werden musste, weil es zu einem späteren Zeitpunkt noch relevant werden könnte. Zeitpunkt für diese Beurteilung ist die Speicherung. Die Speicherungsdauer richtet sich nach der Wichtigkeit der Information (Frage des Einzelfalles!).

zumutbarer Anlass zur Informationseinholung

⇨ Es muss für den Vertreter ein zumutbarer Anlass bestanden haben, sich des in seiner Organisation gespeicherten Wissens im relevanten Zeitpunkt zu vergewissern.

hemmer-Methode: Diese Grundsätze gelten nur für die *Wissenszusammenrechnung*. Ist der Wissensträger am Geschäft beteiligt, ist die Zurechnung dagegen unproblematisch. Die Informationsorganisationspflichten führen im Ergebnis zu einer Begrenzung der Zurechnung von *Organ*wissen.
Für die Klausur müssen Ihnen die Grundsätze über die Zurechnung von Organwissen daher weiterhin bekannt sein. Auch der Begriff des Wissensvertreters behält bis auf die gemachte Einschränkung seine Bedeutung. In der Klausur gilt es, bei der Prüfung der beiden Voraussetzungen alle Informationen des Sachverhalts zu verarbeiten und daran das Ergebnis auszurichten.
Als Zurechnungsnorm für das Wissen der Gesellschafter kann § 166 I BGB analog herangezogen werden. Die Zurechnung gem. § 166 I BGB ist jedoch in zweifacher Hinsicht problematisch: Erstens unterscheidet diese Norm zwischen der Kenntnis des Vertreters und des Vertretenen und stellt in Absatz II in bestimmten Fällen auf die Kenntnis des Vertretenen ab.
Die Gesellschaft als Vertretene hat aber keine eigene Kenntnis. Zweitens stellt § 166 I BGB darauf ab, dass der Vertreter das Geschäft im Namen des Vertretenen abschließt. Ob das Organ am Rechtsgeschäft mitgewirkt hat, ist jedoch unerheblich.
Aus diesen Gründen wird in der *gesellschaftsrechtlichen* Literatur vertreten, dass die Zurechnung des Organwissens nicht aus § 166 I BGB, sondern aus dem in § 31 BGB ausgedrückten *allgemeinen Rechtsgedanken* abgeleitet werden sollte.[328] Bei Wissensvertretern kann die Zurechnung dagegen nur über § 166 I BGB analog erfolgen.
Bei direkter Beteiligung des Organs an dem Rechtsgeschäft kann § 166 I BGB aber ohne weiteres direkt angewendet werden.

327 BGH NJW 1996, 1340 = **juris**byhemmer, besprochen von Emmerich in JuS 1996, 747.

328 K. Schmidt, Gesellschaftsrecht § 10 V 2b.

c) Zugang

Unterschiede zw. StellV. u. Bote auch bei Zugang von WE

Die Abgrenzung zwischen Botenschaft und Stellvertretung kann auch bei der *Frage des Zugangs von Willenserklärungen* Bedeutung erlangen. Denn der Geschäftsherr kann sich zum Empfang von Willenserklärungen sowohl eines *Empfangsboten* als auch eines sogenannten *Passivvertreters* nach § 164 III BGB bedienen. 202

StellV: Zugang mit Entgegennahme des Vertreters

Wird die zu übermittelnde Willenserklärung gegenüber einem mit Vertretungsmacht ausgestatteten ***Empfangs- bzw. Passivvertreter*** abgegeben, geht sie dem Geschäftsherrn bereits in dem Augenblick zu, in dem der Vertreter die Willenserklärung entgegennimmt (§ 164 III BGB).[329] Die Voraussetzungen des Zugangs müssen in der Person des Vertreters gegeben sein. Auf die Weitergabe an den Vertretenen kommt es nicht an.[330]

Bote: auf gewöhnl. Verlauf der Dinge abzustellen

Eine durch einen ***Empfangsboten*** entgegengenommene Willenserklärung gelangt zwar in den Herrschaftsbereich des Geschäftsherrn. Dieser hat daher auch das Risiko der verspäteten, unrichtigen oder vereitelten Weiterleitung zu tragen.[331] 203

Die Empfangsbotenstellung setzt voraus, dass es sich um eine Person handelt, die regelmäßig **Kontakt zum Machtbereich des Empfängers** hat und auch **aufgrund ihrer Reife und Fähigkeiten geeignet erscheint, Erklärungen an ihn weiterzuleiten**.[332]

Die Eigenschaft, Empfangsbote sein zu können, hängt dabei nicht nur von einer auf eine gewisse Dauer angelegten räumlichen Beziehung zum Adressaten ab, sondern darüber hinaus auch von einer persönlichen oder vertraglichen Beziehung zum Adressaten. Die gefestigte Rechtsprechung[333] und die h.L.[334] erkennen neben Empfangsvertretern auch rechtsgeschäftlich bestellte Empfangsboten und Empfangsboten kraft Verkehrsanschauung an.[335]

hemmer-Methode: Nach der Verkehrsanschauung sind danach die in der Wohnung des Empfängers lebenden erwachsenen Haushaltsmitglieder, insbesondere Ehegatten, Lebenspartner und Partner in einer nichtehelichen Lebensgemeinschaft, als Empfangsboten anzusehen.[336]

Die Willenserklärung ist dem Erklärungsempfänger aber dennoch nicht sofort mit der Übergabe an den Empfangsboten zugegangen. Vielmehr geht die Erklärung erst in dem Zeitpunkt zu, in dem nach dem regelmäßigen Verlauf der Dinge mit einer Weiterleitung durch den Empfangsboten zu rechnen ist.[337]

Wird eine Erklärung gegenüber einem Empfangsboten abgegeben, kommt es nämlich – anders als bei einer Empfangsvollmacht – allein auf die Person des Adressaten an. Erst wenn dieser unter Zugrundelegung gewöhnlicher Übermittlungsverhältnisse die (theoretische) Möglichkeit der Kenntnisnahme hat, ist die an seinen Empfangsboten abgegebene Erklärung zugegangen. Denn der Empfangsbote hat lediglich die Funktion einer **personifizierten Empfangseinrichtung** des Adressaten.

329 Vgl. Palandt, § 130, Rn. 8.

330 BAG, Betrieb 1977, 546.

331 Vgl. Larenz, § 20 II a.

332 MüKo, § 130 BGB, Rn. 5.

333 BGH, NJW 1994, 2613; BSG, NJW 2005, 1303; BAG, NZA-RR 2009, 79 ff.; OLG Köln, MDR 2006, 866: **alle Entscheidungen = juris**byhemmer.

334 MüKo, § 130 BGB, Rn. 25; Palandt, § 130 BGB, Rn. 9 m.w.N.

335 In Bezug auf rechtsgeschäftlich bestellte Empfangsboten lässt sich die Empfangsbotenstellung auf ein argumentum a maiore ad minus zu den §§ 164 ff. BGB stützen, vgl. Joussen, Jura 2003, 577, 578.

336 Joussen, Jura 2003, 577, 578.

337 S.o. Rn. 98 f.

hemmer-Methode: Der Empfangsbote ist quasi der „menschliche Briefkasten" des Geschäftsherrn. Eine durch einen Empfangsboten entgegengenommene Willenserklärung gelangt damit zwar in den Herrschaftsbereich des Geschäftsherrn. Die Willenserklärung ist ihm dennoch nicht sofort mit der Übergabe an den Empfangsboten zugegangen. Vielmehr geht die Erklärung erst in dem Zeitpunkt zu, in dem nach dem regelmäßigen Verlauf der Dinge mit einer Weiterleitung durch den Empfangsboten zu rechnen ist.

Als Übermittlungswerkzeug soll der Empfangsbote die Willenserklärung entgegennehmen und an den Adressaten weiterleiten, also noch eine Tätigkeit entfalten, um dem Adressaten die Möglichkeit der Kenntnisnahme zu verschaffen. Vom Adressaten selbst kann aber erst nach Ablauf der Zeit, die der Empfangsbote für die Übermittlungstätigkeit unter den obwaltenden Umständen normalerweise benötigt, erwartet werden, dass er von der Erklärung Kenntnis nehmen kann.

Auf eine tatsächliche Weiterleitung kommt es für die Bejahung des Zuganges aber nicht an.

hemmer-Methode: Nach Ansicht des BAG ist eine Willenserklärung auch dann in den Machtbereich des Adressaten gelangt, wenn sie einem Ehegatten außerhalb der Wohnung übermittelt wird. An welchem Ort eine Willenserklärung gegenüber einem Empfangsboten abgegeben wird, kann allerdings für den Zeitpunkt des Zugangs der Willenserklärung beim Adressaten von Bedeutung sein.[338]

Erklärungsbote

Wird eine Erklärung gegenüber einer Person abgegeben, die nach der Verkehrsauffassung nicht als Empfangsbote anzusehen ist (z.B. der Nachbar oder ein gerade im Haus tätiger Handwerker), so ist diese Person nur ***Erklärungsbote***. Der Erklärungsbote wird dem Erklärenden zugerechnet. Dieser muss das Risiko der rechtzeitigen und richtigen Übermittlung tragen, da die Willenserklärung erst mit der Übermittlung durch den Erklärungsboten zugegangen ist.[339]

hemmer-Methode: Die Unterscheidung zwischen Empfangsboten und Passivvertreter ist auch für den Zeitpunkt der tatsächlichen Kenntnisnahme entscheidend. Dieser Zeitpunkt ist zum Beispiel für die Bestimmung der Anfechtungsfrist des § 121 BGB („unverzüglich ab Kenntnisnahme") maßgeblich. Bei Übermittlung an den Passivvertreter erlangt der Vertretene im Zeitpunkt der Kenntnisnahme durch den Vertreter selbst Kenntnis (§§ 164 III, 166 I BGB); demnach werden der Zeitpunkt des Zugangs und der tatsächlichen Kenntnisnahme in der Regel zusammenfallen.
Anders beim Empfangsboten: Es geht die Erklärung (erst) in dem Zeitpunkt zu, in dem nach dem regelmäßigen Verlauf der Dinge mit der Weiterleitung an den Adressaten zu rechnen war.

d) Form

Unterschiede Vertreter u. Bote bei der Form

Unterschiede zwischen Vertretung und Botenschaft können sich auch i.R.v. *Formvorschriften* ergeben. 204

Da der Bote keine eigene Willenserklärung abgibt, bedarf die von ihm übermittelte Erklärung des Geschäftsherrn stets der Form, die für das Rechtsgeschäft vorgeschrieben ist. Anders bei der Stellvertretung. Der Stellvertreter gibt eine eigene Willenserklärung ab. Folglich muss seine Erklärung den Formerfordernissen genügen, nicht die Vollmachtserteilung des Vertretenen, § 167 II BGB.

338 BAG, Life&Law 2011, Heft 9, 623 ff. = ZIP 2011, 1108 ff.

339 Vgl. Palandt, § 130, Rn. 9 sowie wiederum oben Rn. 98 f.

So ist z.B. bei der Bürgschaftserklärung gem. § 766 S. 1 BGB Schriftform vorgeschrieben. Mittels eines Boten kann daher nur dann ein Bürgschaftsvertrag zustande gebracht werden, wenn der Bote eine schriftliche Erklärung seines Geschäftsherrn überbringt. Der Stellvertreter hingegen schreibt die Erklärung selbst, wobei es ausreicht, wenn ihn sein Geschäftsherr hierzu mündlich angewiesen hat.

z.B. Bürgschaftserklärung

Bsp.: *Liegt ein wirksamer Bürgschaftsvertrag vor, wenn V im Namen des B schriftlich eine Bürgschaftserklärung gegenüber C abgibt und B diese erst später telefonisch genehmigt? Wie wäre es, wenn V schriftlich erklärt hätte, die Bürgschaftserklärung des B zu überbringen?* 205

Gem. § 766 S. 1 BGB bedarf die durch den Bürgen abgegebene Bürgschaftserklärung der Schriftform. Eine schriftliche Erklärung hat B selbst nicht abgegeben. Er konnte sich aber durch V vertreten lassen. Dies hat er getan, indem er den durch V geschlossenen Vertrag genehmigte; §§ 177 I, 184 I BGB. Diese Genehmigung konnte auch telefonisch erfolgen, da bei der Stellvertretung im Rahmen eines formbedürftigen Rechtsgeschäfts nur die Willenserklärung des Vertreters der Form genügen muss. Die Willenserklärung des Vertreters V genügte dem Schriftformerfordernis.

Die Zustimmung zu einem formbedürftigen Rechtsgeschäft ist aber gem. § 182 II BGB formlos (z.B. durch Telefonanruf) möglich.

Der BGH hat zwar entschieden, dass es der Schutzzweck von § 766 S. 1 BGB erfordert, das Formerfordernis entgegen § 167 II BGB auch auf die Vollmacht zu erstrecken.[340] Dies führt nach h.M. aber nicht zur Formbedürftigkeit der Zustimmung.[341]

Vom Ergebnis nicht anders ist es hingegen in der Abwandlung, in der V als Bote auftrat. Da eine fremde Willenserklärung abgegeben wurde, reicht die Schriftform des V nicht aus. Hier muss die Erklärung des Geschäftsherrn B der Form genügen.

hemmer-Methode: Ähnlich verhält es sich bei der Auflassung. § 925 I S. 1 BGB fordert die gleichzeitige Anwesenheit beider Teile. Gemeint ist aber nicht die persönliche Anwesenheit, so dass sich die Parteien - was in der Praxis üblich ist - vertreten lassen können.
Hingegen ist die durch einen Boten abgegebene Auflassungserklärung ungenügend, da es an der Anwesenheit des Geschäftsherrn i.S.v. § 925 I S. 1 BGB fehlt. Der Bote gibt eben keine eigene Erklärung mit Wirkung für den Geschäftsherrn ab, sondern überbringt nur die Erklärung des Geschäftsherrn.

e) Vertretungsverbote

Bei manchen Geschäften ist Stellvertretung nicht zulässig.

Hierzu zählen vor allem die *höchstpersönlichen Geschäfte,* so beispielsweise die Testamentserrichtung (§ 2064 BGB), der Abschluss eines Erbvertrages (§ 2274 BGB) und die Eheschließung (§ 1311 BGB), nicht jedoch der Abschluss eines Ehevertrages.

Vertretungsverbote bei höchstpersönlichen RGeschäften (§ 1311 BGB)

Die meisten höchstpersönlichen Geschäfte sind zudem an eine besondere gesetzliche Form gebunden (z.B. §§ 2232 ff. und 2276, 1311 BGB). Weiterhin besteht die Möglichkeit, dass die Parteien wechselseitiger Geschäftsbeziehungen die Absprache treffen, im Rahmen ihrer Beziehungen keine Vertretung zuzulassen (sog. gewillkürte Höchstpersönlichkeit). 206

340 BGH NJW 1996, 1469 = jurisbyhemmer.

341 Vgl. Palandt, § 182, Rn. 2 m.w.N.

Zudem gibt es *gesetzliche Vertretungsverbote*: §§ 1641, 1804 BGB. Ein Verstoß gegen diese gesetzlichen Vertretungsverbote führt gem. § 134 BGB zur Nichtigkeit des Rechtsgeschäfts.[342]

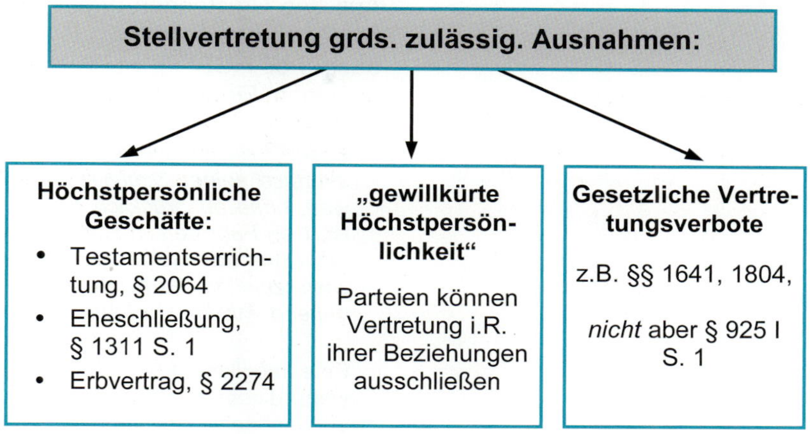

⇨ nur Bote möglich

In all diesen Fällen eines Vertretungsverbotes kann sich der Geschäftsherr nur eines Boten bedienen.

<u>Zusammenfassung</u>: Entscheidendes Kriterium bei der Abgrenzung zwischen Botenschaft oder Stellvertretung ist die Frage, ob der Mittelsmann eine eigene Willenserklärung abgibt (dann Stellvertretung) oder ob er lediglich eine fremde Willenserklärung überbringt (dann Botenschaft). Maßgeblich ist bei der Abgrenzung, wie die Mittelsperson nach außen auftritt (objektiver Empfängerhorizont!). *207*

Die Unterscheidung zwischen Botenschaft und Stellvertretung wirkt sich insbesondere auf folgende Bereiche aus: beim Erfordernis der Geschäftsfähigkeit auf Seiten des Handelnden, bei der fehlerhaften Übermittlung und beim Zugang der Willenserklärung sowie bei formbedürftigen und der Vertretung nicht zugänglichen Rechtsgeschäften.

III. Der Offenkundigkeitsgrundsatz

1. Grundsatz

Handeln in fremdem Namen

Das Handeln des Vertreters wirkt grundsätzlich nur dann für und gegen den Geschäftsherrn, wenn der Vertreter *erkennbar im fremden Namen* auftritt (§ 164 I BGB). *208*

Diese weitere Tatbestandsvoraussetzung der Stellvertretung, wonach sich das Handeln für eine andere Person aus dem Auftreten des Vertreters ergeben muss, bezeichnet man als *Offenkundigkeitsprinzip*. Die Fremdbezogenheit des Geschäfts muss **zum Schutz des Geschäftsgegners** für diesen offenkundig sein. Er muss wissen, mit wem er es zu tun hat, um das Risiko der Durchsetzbarkeit seiner Ansprüche auf Zahlung, Gewährleistung usw. abschätzen zu können.

auch aus den Umständen

Dabei muss der Vertreter nicht ausdrücklich „im Namen des Vertretenen“ handeln, soweit sich aus den Umständen hinreichend genau ergibt, dass er für einen anderen und nicht für sich selbst handelt, § 164 I S. 2 BGB.

342 Vgl. Palandt, § 1641, Rn. 1.

Dem Vertragspartner soll es zumindest im Wege der Auslegung erkennbar heranzuziehender Umstände (§§ 133, 157 BGB) möglich sein, eindeutig zu bestimmen, ob es sich um ein *Eigengeschäft* des Handelnden oder um ein Vertretungsgeschäft handelt.

Aus den Umständen ergibt sich die Offenkundigkeit z.B. beim Verkäufer im Laden (dann z.B. unternehmensbezogenes Geschäft; ggf. auch § 56 HGB[343]), bei Erklärungen auf Firmenpapier, beim Zusatz mit einem Firmenstempel u.Ä.

z.B. Klassenfahrt

Bsp.:[344] *Klassenlehrer Moltke bestellt im Auftrag der Eltern für eine Klassenreise seiner Schulklasse 30 Busfahrscheine beim Reisebüro Fernweh, ohne ausdrücklich darauf hinzuweisen, dass er für die Eltern tätig ist. Den Fahrpreis in Höhe von € 6.000,- sammelt Elternsprecher Untreu ein, ohne das Geld, wie unter den Eltern verabredet, an das Reisebüro weiterzuleiten. Fernweh macht nun seinen Anspruch gegen den Moltke geltend. Mit Aussicht auf Erfolg?* 209

Eine mögliche Klage des Reisebüros gegen Moltke wäre begründet, wenn dieser selbst Vertragspartner geworden wäre. Moltke könnte aber auch für seine Schüler bzw. deren gesetzliche Vertreter gehandelt haben. In diesem Fall wären die Eltern oder die Schüler, gesetzlich vertreten durch die Eltern, richtige Anspruchsgegner.

Voraussetzung hierfür ist aber, dass Moltke offenkundig für seine Schüler bzw. deren Eltern gehandelt hat. Ausdrücklich im Namen der Vertretenen hat er nicht gehandelt, vgl. § 164 I S. 1 BGB. Die Tatsache, dass Moltke für die Eltern und nicht für sich gehandelt hat, könnte sich jedoch *aus den Umständen* (§ 164 I S. 2 BGB) ergeben, unter denen das Geschäft mit Fernweh zustande gekommen ist.

Zu berücksichtigen ist, dass ein Klassenlehrer regelmäßig nur Reisebegleiter ist. Er ist verantwortlich für das Wohlergehen der Kinder, insbesondere für ihre Beaufsichtigung. Ein eigenes Interesse an der Durchführung der Reise mit der Klasse wird ihm aber nicht zu unterstellen sein. Fernweh konnte daher aus den Umstände schließen, dass Moltke nicht im eigenen Namen, sondern im Namen der Vertretenen kontrahierte. Das Offenkundigkeitsprinzip ist gewahrt.

Der Vertrag ist also nicht mit Moltke zustande gekommen. Vielmehr kommen als Vertragspartner die gesetzlichen Vertreter der Kinder[345] oder die Kinder selbst, vertreten durch ihre Eltern, in Betracht. Nach der Verkehrsauffassung ist ersteres anzunehmen. Vertragspartner waren daher die Eltern.

Dass Fernweh kein Interesse daran haben konnte, seinem Geld für jede Fahrkarte einzeln hinterherzulaufen, ist unerheblich. Aus den Umständen war zu schließen, dass Moltke nur als Vertreter handelte. Soweit dies dem Fernweh nicht recht war, hätte er das Geschäft ablehnen müssen.

Ergebnis: Fernweh hat keinen Anspruch gegen Moltke, da dieser als Vertreter handelte. Berechtigt und verpflichtet sind nur die Eltern der Kinder.

Arztbesuch bei Kind, § 328 BGB

hemmer-Methode: Bei der Frage, ob die Stellvertretung offenkundig gemacht wurde, sind sämtliche Umstände des Sachverhalts auszuschöpfen. Schließen beispielsweise die Eltern einen Vertrag über die ärztliche Behandlung ihres Kindes, so spricht ihre gesetzliche Unterhaltspflicht (§§ 1601 ff. BGB) dafür, dass sie einen Vertrag zugunsten ihres Kindes (§ 328 BGB) und nicht einen Behandlungsvertrag in Stellvertretung ihres Kindes geschlossen haben. Berechtigt und verpflichtet aus einem solchen Behandlungsvertrag sind grundsätzlich nur die Eltern. Die Rechtsposition des Kindes ist gestärkt, da es zwar keinen Pflichten ausgesetzt ist, aber ein eigenes Forderungsrecht aus dem Behandlungsvertrag i.V.m. § 328 BGB hat. 210

343 Dazu noch später unten Rn. 229 ff.; zur Abgrenzung von unternehmensbezogenem Geschäft und § 56 HGB vgl. insbesondere die diesbezüglichen Fußnoten.

344 Nach BGH, NJW 1986, 1941 = **juris**byhemmer.

345 I.d.R. nach § 1629 BGB die Eltern, s.u. Rn. 270.

Ein ähnliches Problemfeld stellt sich beim Reisevertrag. Examenstypisch ist die Fallgestaltung, dass z.B. der Vater eine Reise im Reisebüro „für sich und seine Familie" bucht.
Es kommt in Betracht, für die mitreisenden Familienangehörigen einen echten Vertrag zugunsten Dritter anzunehmen (heute h.M.), da auch den Mitreisenden die Reiseleistungen zugutekommen sollen. Denkbar ist aber auch Vertretung der Familienangehörigen, die dann selbst Vertragspartner und damit Reisende i.S.d. § 651a BGB werden. Dritte Möglichkeit: Nur der Vater hat Erfüllungsansprüche und ist Reisender, die Mitreisenden sind auf Sekundäransprüche in Verbindung mit Vertrag mit Schutzwirkung beschränkt. Entscheiden Sie sich nicht vorschnell für Vertretung, es gilt wiederum anders als im wirklichen Leben: „Probleme schaffen, nicht wegschaffen". Der Vertrag zugunsten Dritter oder mit Schutzwirkung zugunsten Dritter ist in der Klausur ein Problem mehr!

2. Rechtsfolgen mangelnder Offenkundigkeit

wenn Offenkundigkeit (-),

Das Offenkundigkeitsprinzip wahrt die Interessen des anderen Vertragspartners. Er wird regelmäßig wissen wollen, mit wem er kontrahiert, um das Risiko der Durchsetzbarkeit von Haftungs- und Erfüllungsansprüchen abschätzen zu können. 211

i. Zw. Eigengeschäft des Vertreters, § 164 II BGB

An diesem Ziel, dem Schutz des anderen Vertragspartners, orientiert sich daher auch die Rechtsfolge mangelnder Offenkundigkeit: Tritt beim Handelnden der Wille, in fremdem Namen zu handeln, nicht erkennbar hervor, wird er *selbst* aus dem von ihm abgeschlossenen Geschäft verpflichtet. Das ergibt sich bereits unmittelbar aus § 164 I BGB und wird von *§ 164 II* BGB dahingehend klargestellt, dass im Zweifel ein Eigengeschäft des Handelnden vorliegt, sofern der Wille, in fremdem Namen zu handeln, nicht hinreichend deutlich hervortritt. Insofern stellt § 164 II BGB eine gesetzliche Auslegungsregel dar.

Anfechtung nicht möglich

Eigenständige Bedeutung erlangt § 164 II BGB dadurch, dass die Vorschrift dem Erklärenden, dessen Willenserklärung als Eigengeschäft zu verstehen ist, die Anfechtung nach § 119 I BGB versagt.[346] Ob der Handelnde das Geschäft für sich wollte oder nicht, bleibt ohne Belang.

Tritt beim Handelnden der Wille, in fremdem Namen zu handeln nicht erkennbar hervor…(d.h.: Offenkundigk. (-)!)

…wird er selbst aus dem von ihm abgeschlossenen Geschäft verpflichtet, **§ 164 II** („Im Zweifel Eigengeschäft" des Vertreters!)

Anfechtung wegen Inhaltsirrtums, § 119 I Alt. 1 (-) □
⇨ § 164 II stellt klar, dass fehlender Wille, im eigenen Namen zu handeln, nur ein unbeachtlicher Rechtsfolgenirrtum ist

Bsp.: *Lehrer Moltke betritt ein Reisebüro und erwirbt eine einzige Fahrkarte, ohne hierbei zu erwähnen, dass er sie für eine bevorstehende Studienreise seines Schuldirektors in dessen Auftrag besorgt.* 212

346 BGH, LM § 517 ZPO Nr. 1.

Da aus dem Verhalten Moltkes in keiner Weise darauf geschlossen werden konnte, dass er als Vertreter handeln wollte, wird er gem. § 164 I und II BGB durch den Beförderungsvertrag selbst berechtigt und verpflichtet. Der Vertragsschluss wird ihm als Eigengeschäft zugerechnet.

Der Regelungsgehalt des § 164 II BGB geht aber über die so erfolgte Zurechnung als Eigengeschäft noch hinaus. Denn Moltke kann die Tatsache, dass er sich nicht selbst verpflichten wollte, auch nicht im Wege der Anfechtung wegen Inhaltsirrtums gem. § 119 I Alt. 1 BGB geltend machen: Der Mangel des Willens, im eigenen Namen zu handeln, kommt nicht in Betracht. Insoweit handelt es sich um einen unbeachtlichen Rechtsfolgenirrtum!

Der Moltke schuldet dem Reisebüro also die Erfüllung des Vertrages. Die Möglichkeit, seine Erfüllungspflicht im Wege der Anfechtung auf den Ersatz des Vertrauensschadens nach § 122 BGB zu begrenzen, versagt ihm das Gesetz durch § 164 II BGB. Die mangelnde Offenkundigkeit der Vertretung geht voll zu Lasten des Handelnden.

hemmer-Methode: Merken Sie sich hierzu die Formulierung von Larenz: „Im Zweifel Eigengeschäft“! § 164 II BGB verdeutlicht letztlich nur, dass der mangelnde Wille, in eigenem Namen zu handeln, unbeachtlicher Rechtsfolgenirrtum ist. § 119 I BGB ist damit durch § 164 II BGB ausgeschlossen. Im Übrigen würde auch eine Anfechtung nicht zur gewünschten Rechtsfolge führen. Denn selbst dann wäre das Geschäft nicht mit dem Hintermann zustande gekommen.
Ähnlich wie bei der Kommission kommt § 164 II BGB Examensbedeutung zu, wenn beim Hintermann, der das Geld oder die Ware gegeben hat, ein Schaden entstanden ist.
Anspruchsberechtigt ist aber wegen § 164 II BGB nur der Vertreter. In Betracht kommt daher die Drittschadensliquidation. Lernen Sie deshalb nicht zu einfach: Viele haben die Drittschadensliquidation nur in den Fällen des Versendungskaufs gelernt. Der Examensfall unterscheidet sich schon wegen der notwendigen Notendifferenzierung vom einfachen Grundfall! „Easy learning“ wird zur Falle.

Handeln nach außen ohne Vertreterwillen

Fraglich ist die Behandlung des umgekehrten Falls i.R.d. § 164 II BGB: Eine Person tritt entgegen ihrem Willen als Vertreter auf, obwohl sie das Geschäft für eigene Rechnung schließen möchte. 213

Bsp.: *Der Antiquitätenhändler Unrat, der nebenher als Angestellter für den Sammel arbeitet, kauft für diesen häufig antiquarische Kunstgegenstände bei Trödler Staub. Eines Tages erfährt Sammel, dass bei Staub ein wertvoller venezianischer Leuchter eingetroffen sei. Er ruft Staub an und teilt ihm mit, dass er den Unrat vorbeischicke, um den Leuchter für sich zu erwerben.* 214

Unrat, selbst stark an dem Gegenstand interessiert, kauft ihn bei Staub, ohne dabei im Namen des Sammel aufzutreten. Gleichzeitig vereinbart er mit Staub, dass er den Leuchter in einigen Tagen abholen werde.

Unrat will den Leuchter für sich selbst erwerben, um damit das Wohnzimmer seiner Schwiegermutter zu schmücken.

Kann Sammel von Staub die Übereignung des Leuchters verlangen?

Sammel könnte einen Anspruch auf die Übereignung des Leuchters gem. § 433 I S. 1 BGB haben. Hierzu müsste zwischen Sammel und Staub ein wirksamer Kaufvertrag zustande gekommen sein.

Da Sammel den Vertrag nicht selbst abgeschlossen hat, kann er nur Vertragspartner sein, wenn er durch Unrat wirksam vertreten wurde.

§ 164 I S. 2 BGB (+), maßgeblich ist obj. Empfängerhorizont

Voraussetzung der Stellvertretung ist, dass Unrat im fremden Namen gehandelt hat (§ 164 I BGB). Dies tat er jedenfalls nicht ausdrücklich, § 164 I S. 1 BGB. Aus dem Umstand, dass Sammel den Staub anrief und sagte, dass er den Unrat - wie bereits häufig geschehen - vorbeischicken werde, um den Leuchter für Sammel zu kaufen, konnte Staub aber schließen, dass Unrat im Namen des Sammel tätig wurde, § 164 I S. 2 BGB. Sein Verhalten ist daher als Fremdgeschäft auszulegen.

Dem steht auch nicht entgegen, dass Unrat nach seinem inneren Willen ein Eigengeschäft schließen wollte. Willenserklärungen sind nach dem objektiven Empfängerhorizont auszulegen (§§ 133, 157 BGB).

Entscheidend ist nicht, was Unrat wollte, sondern wie Staub sein Verhalten und seine Erklärungen unter Berücksichtigung der Verkehrssitte auffassen musste, nämlich als Vertreterhandeln für den Sammel. Der Erklärende trägt das Erklärungsrisiko, wenn sein innerer Wille vom äußerlich Erklärten abweicht. Die Unbeachtlichkeit eines nicht nach außen zu Tage tretenden inneren Vorbehalts ergibt sich auch aus § 116 S. 1 BGB.

Voraussetzung wirksamer Stellvertretung ist weiterhin, dass der Handelnde Vertretungsmacht besaß.[347] Durch die Benachrichtigung des Staub hat Sammel dem Unrat wirksam Außenvollmacht erteilt, § 167 I Alt. 2 BGB. Unrat handelte auch mit Vertretungsmacht.

Demnach ist zwischen Sammel und Staub ein wirksamer Kaufvertrag zustande gekommen.

Möglicherweise kann Unrat diesen Kaufvertrag zwischen Sammel und Staub aber durch Anfechtung wieder beseitigen, um doch noch an den Leuchter heranzukommen, §§ 119 I, 142 I BGB.

Unrat hat sich über die Bedeutung seiner Erklärung geirrt. Er wollte ein Eigengeschäft tätigen. Aufgrund der äußeren Umstände wurde sein Verhalten aber im Sinne eines Fremdgeschäfts für Sammel gedeutet.

Der Anfechtungsgrund des Inhaltsirrtums könnte jedoch durch § 164 II BGB ausgeschlossen sein. Nach seinem Wortlaut erfasst § 164 II BGB nur den Fall, dass der Handelnde sich irrtümlich selbst verpflichtet; dann liegt im Zweifel ein Eigengeschäft des Handelnden vor. In diesem Fall ist die Anfechtung ausgeschlossen.

str., ob § 164 II BGB analog

Streitig ist, ob § 164 II BGB auf den umgekehrten Fall, dass sich der Handelnde selbst verpflichten will, irrtümlich jedoch ein Vertretergeschäft tätigt, analog angewendet werden kann. Nach einer Ansicht ist die analoge Anwendung ausgeschlossen. § 164 II BGB behandle nur einen Ausnahmefall und enthalte daher keine analogiefähige Regel.[348]

hemmer-Methode: Ist ein Fall gesetzlich nicht geregelt, müssen Sie immer an eine Analogie zu bestehenden Vorschriften denken. Voraussetzung der Analogie ist zum einen das Vorliegen einer planwidrigen Regelungslücke, zum anderen muss es sich um miteinander vergleichbare Situationen handeln. Außerdem muss ein Bedürfnis für einen Analogieschluss bestehen.

Wegen der gleichen Interessenlage ist § 164 II BGB nach h.M. jedoch umkehrbar.[349] Der Wille, im eigenen Namen zu handeln, bleibt demnach unbeachtlich, sofern er nicht nach außen zum Ausdruck gekommen ist. Es gilt das objektiv Erklärte.

Dem ist auch zu folgen. Durch die Versagung der Anfechtung seitens des Vertreters kann dieser die für den Vertretenen abgegebene Willenserklärung nicht mehr beseitigen.

Die einzige dem Vertreter hieraus erwachsende Gefahr liegt darin, dass er bei fehlender Vertretungsmacht gem. § 179 I BGB auf Erfüllung oder den Erfüllungsschaden haften muss. Dies entspricht aber gerade seinem Willen: Hätte er wirksam im eigenen Namen gehandelt, bestünde die gleiche Haftungslage für ihn. Unrat ist daher nicht schutzwürdig.

Zu berücksichtigen ist weiterhin, dass der Sammel, wenn der objektiv in seinem Namen auftretende Unrat ohne Vertretungsmacht gehandelt hätte, die Möglichkeit gehabt hätte, das Geschäft nach § 177 BGB an sich zu ziehen. Der Vertrag wäre nur schwebend unwirksam gewesen, so dass sich hieraus für den Sammel kein Nachteil, sondern im Gegenteil eine Möglichkeit ergeben hätte.

347 BGH, LM § 517 ZPO Nr. 1.

348 MüKo, § 164, Rn. 58; Brox, JA 1980, 454.

349 BGHZ 36, 30 = **juris**byhemmer; Palandt, § 164, Rn. 16.

Wenn nun Unrat wie im vorliegenden Fall mit Vollmacht des Sammel gehandelt hat, muss dieser erst recht an dem Geschäft teilhaben können.

h.M. (+), dann Anfechtung (-)

Nach § 164 II BGB analog kann Unrat den Vertrag nicht durch Anfechtung beseitigen. Der Vertrag ist unanfechtbar zwischen Sammel und Staub zustande gekommen. Sammel kann die Übereignung des Leuchters nach § 433 I S. 1 BGB verlangen.

hemmer-Methode: Lernen Sie, juristisch zu argumentieren. Es gibt, da der Fall gesetzlich nicht geregelt ist, nur zwei Möglichkeiten: der innere Wille oder das nach außen Erklärte. Im Sinne einer Verobjektivierung (wie konnte und durfte der Dritte die Erklärung verstehen) wird in der Regel auf den Empfänger abgestellt.

3. Abgrenzung zum Handeln unter fremdem Namen

Handeln unter fremdem Namen

Vom Handeln *in* fremdem Namen ist das *Handeln unter fremdem Namen* zu unterscheiden. Hier tritt jemand unter dem Namen einer anderen Person auf und erweckt dadurch den Anschein, diese andere Person zu sein. 215

str., ob §§ 177 ff. BGB gelten

Fraglich ist, ob das Recht der Stellvertretung, §§ 164 ff. BGB, insbesondere die Regeln über den Vertreter ohne Vertretungsmacht (§§ 177, 179 BGB), hier entsprechend anwendbar ist, so dass ein Fremdgeschäft für den Namensträger vorliegt, oder ob ein Eigengeschäft des Handelnden gegeben ist. Beim Handeln unter fremdem Namen ist danach zu unterscheiden, ob aus der insoweit maßgeblichen Sicht der anderen Partei (vgl. §§ 133, 157 BGB) ein Geschäft des Namensträgers oder ein Eigengeschäft des Handelnden vorliegt.

Die Lösung hängt davon ab, wodurch die Person des Vertragspartners in den Augen des Geschäftsgegners individualisiert wird. Will er mit der konkret vor ihm stehenden Person kontrahieren (dann bloße Namenstäuschung, sog. *Handeln unter falscher Namensangabe*), oder ist ihm ausdrücklich an einem Geschäft mit dem Namensträger gelegen (dann *Identitätstäuschung*)?

(-), wenn Name „Schall u. Rauch"

Bei einem Handeln unter dem Namen einer anderen - existierenden - Person kann der Handelnde selbst berechtigt und verpflichtet sein, wenn sich das getätigte Geschäft aus Sicht der anderen Vertragspartei als Eigengeschäft des Handelnden darstellt, bei diesem also **keine Fehlvorstellung über die Identität des Handelnden** hervorgerufen wird (sog. bloße Namenstäuschung).[350] In diesem Fall ist dem Vertragspartner der Name des Handelnden egal (der Name des Vertragspartners ist „Schall und Rauch"), weil er gerade mit dem kontrahieren will. 216

Die Vorschriften der §§ 164 ff. BGB finden keine (analoge) Anwendung, da sich der Wille der Parteien hier voll verwirklicht. Der Geschäftsgegner will mit dem ihm gegenüber Handelnden kontrahieren und hat keinerlei falsche Identitätsvorstellung. Der Erklärende will niemanden vertreten, sondern sich selbst verpflichten (Kaufvertrag) bzw. – hier von Interesse – selbst übereignen. Die Namensangabe hat nach dem Parteiwillen keine Bedeutung. Es besteht keinerlei Bedürfnis für die Anwendung dieser Vorschriften, da sich der Wille der Parteien hier voll verwirklicht. Der Geschäftsgegner will mit dem ihm gegenüber Handelnden abschließen und hat keinerlei falsche Identitätsvorstellung. Der Erklärende will niemanden vertreten, sondern sich selbst verpflichten. Die Namensangabe hat nach dem Parteiwillen keine Bedeutung.

350 BGH, NJW-RR 1988, 814 = **juris**byhemmer; BGH, NJW-RR 2006, 701 = **juris**byhemmer.

z.B. Hotelzimmermiete unter falscher Namensangabe

Am deutlichsten wird dies im Fall der sofort zu bezahlenden Miete eines Hotelzimmers, wobei der Gast unerkannt bleiben will und deshalb einen unidentifizierbaren Phantasie- oder Allerweltsnamen angibt. Es liegt ein Eigengeschäft des Handelnden vor. Nach dem Parteiwillen, nicht erst über § 179 BGB analog, sollen die Rechtsfolgen nur ihn treffen. Dementsprechend kann der Namensträger das Geschäft auch nicht durch Genehmigung (§ 177 BGB analog) an sich ziehen.

hemmer-Methode: Tritt der Veräußerer eines (unterschlagenen) Kraftfahrzeuges unter dem Namen des Eigentümers auf, wird Vertragspartner des Erwerbers grundsätzlich die unter fremden Namen handelnde Person selbst und nicht der Eigentümer, sofern der Kauf sofort durch Übergabe des Kfz und der Papiere sowie gegen Barzahlung des Kaufpreises abgewickelt wird.
Für den Erwerber ist grundsätzlich nur die Übereinstimmung des Namens des Veräußerers und des aus dem Fahrzeugbrief ersichtlichen Halters von Belang, nicht aber die hinter dem Namen stehende Person. Gibt sich der Veräußerer des unterschlagenen Kraftfahrzeugs unter Vorlage der Fahrzeugpapiere als dessen Eigentümer aus, so begründet dies allein noch keine Identitätsvorstellung des Erwerbers, hinter der die Person des verhandelnden Veräußerers zurücktritt.
Von einer Identitätsvorstellung des Erwerbers kann vielmehr nur dann ausgegangen werden, wenn der Namensträger für den Erwerber eine besondere Bedeutung hatte. Ein solcher Ausnahmefall, der beispielsweise in Betracht käme, wenn kein sofortiger Leistungsaustausch stattfindet oder wenn es sich bei dem Verkäufer um eine bekannte Persönlichkeit handelt (z.B. Papstgolf), liegt hier jedoch nicht vor.
Lesen Sie dazu die examensrelevante Entscheidung des BGH, Life&Law 2013, Heft 8, 557 ff. = NJW 2013, 1946 ff. nach!

anders, wenn Name bedeutend (sog. „Identitätstäuschung")

Anders ist es, wenn der Name auf eine bestimmte andere Person hinweisen soll und der Geschäftsgegner gerade an einem Vertragsschluss mit dieser Person interessiert ist, weil er bestimmte Vorstellungen mit ihr verknüpft, die er für sein Geschäft als vorteilhaft erachtet. So liegt es beim Darlehensgeber, der mit dem angegebenen Namen besondere Kreditwürdigkeit verbindet.

dann §§ 177 ff. BGB analog

Der Geschäftsgegner unterliegt hier einer Identitätstäuschung. Da diese der Handelnde verursacht hat, muss er sich auch so behandeln lassen, als wenn er das Geschäft für den Namensträger abgeschlossen hat.

In diesem Fall sind die Grundsätze über die Stellvertretung (§§ 164 ff. BGB) analog anzuwenden.[351] Das Geschäft wirkt daher analog § 164 I S. 1 BGB für den Namensträger, wenn der Namensträger das Geschäft analog § 177 BGB genehmigt. Handelte der Täuschende ohne Vertretungsmacht und liegt auch keine Genehmigung vor, so ist das Geschäft nichtig und der Handelnde haftet analog § 179 I BGB auf Schadensersatz.[352]

hemmer-Methode: Eine solche Konstellation wurde vom BGH zuletzt bei der Nutzung eines fremden eBay-Kontos bejaht. Werden unter Nutzung eines fremden eBay-Mitgliedskontos auf den Abschluss eines Vertrages gerichtete Erklärungen abgegeben, liegt ein Handeln unter fremdem Namen vor, auf das die Regeln über die Stellvertretung Anwendung finden.

351 Grundlegend BGHZ 45, 193, 195 = **juris**byhemmer.

352 H.M.; vgl. BGHZ 45, 195 = **juris**byhemmer; Larenz, AT § 30 II b; Flume, AT § 44 IV; Palandt, § 164, Rn. 10; für die direkte Anwendung der §§ 177, 179 Medicus/Petersen, BR, Rn. 82; für eine analoge Anwendung spricht jedoch die Abgrenzung zum Handeln im fremden Namen.BGH, NJW-RR 1988, 815 = **juris**byhemmer; BGH, NJW-RR 2006, 701, 702 = **juris**byhemmer.

Für einen potenziellen Vertragspartner sind die auf der Internet-Plattform eBay abrufbaren Angaben zur Person und Anschrift des Kontoinhabers ausschlaggebend für den Abschluss eines Kaufvertrages. Insbesondere wegen des guten Rufs eines Mitgliedsnamens, der durch das eBay-Punktesystem entsteht, führt ein Handeln unter fremdem Mitgliedsnamen daher zur analogen Anwendung der §§ 164 ff. BGB.[353]
Lesen Sie zum Vertragsschluss bei eBay nochmals Rn. 151b.

<u>Abgrenzung nach Vorstellung des **Geschäftsgegners**:</u>

Handeln unter falschem Namen	**Handeln unter fremdem Namen**
Wenn Name des Handelnden egal ⇨ **Namenstäu-**	Wenn für ihn Person d. Namensträgers entscheidend ⇨ **Identitätstäuschung**
z.B. Einbuchung an Hotelrezeption mit falschem Namen „Müller“	*z.B. der arme A täuscht vor, der reiche R zu sein, um Darlehen aufnehmen zu können*

Eigengeschäft des Handelnden ⇨ der wahre Namensträger kann Geschäft *nicht* gem. § 177 I an sich ziehen	Bei **Vertretungsmacht** des Handelnden ⇨ §§ 164 ff. analog, Fremdgeschäft für wahren Namensträger	**Ohne Vertretungsmacht** ⇨ Namensträger kann Geschäft an sich ziehen gem. § 177 I analog; sonst Haftung des Handelnden, § 179 analog

***Bsp.:** In der Galerie des Crisby hängt ein neues Bild, das der Crisby dem ihm nur dem Namen nach bekannten Feinsinn telefonisch anbietet. Trug bekommt von dem Geschäft Wind und möchte das Bild selbst erwerben; er weiß aber, dass Crisby nur an den „Kenner“ Feinsinn verkaufen möchte.* 217

Um dennoch an das Bild zu kommen, betritt er die Galerie und stellt sich als Feinsinn vor. Der neue Verkaufsvertreter Tumb ist sehr erfreut, die Bekanntschaft des großen Kunstkenners zu machen und bietet Trug das Bild sogleich zum Vorzugspreis an. Dieser kauft es und verspricht, es gleich am nächsten Tag abholen zu lassen.

Kann Feinsinn an das Bild gelangen?

Identitätstäuschung

Feinsinn hat gegen Crisby einen Anspruch auf Übereignung des Bildes gem. § 433 I S. 1 BGB, wenn ein wirksamer Kaufvertrag zwischen beiden zustande gekommen ist.

Fraglich ist, ob die Erklärung des Trug für den Namensträger Feinsinn wirkt. Die Lösung hängt davon ab, ob der Name oder die handelnde Person im Vordergrund stand. Hier wollte Crisby *nur* mit dem ihm zumindest dem Namen nach bekannten Feinsinn abschließen; die handelnde Person stand im Hintergrund. Es liegt eine Identitätstäuschung vor. Die Vorschriften des Vertretungsrechts gelten entsprechend. Handelt der „Vertreter“ ohne Vertretungsmacht, kann der Namensträger gem. § 177 I BGB analog genehmigen und somit das Geschäft als eigenes gelten lassen.

Nach erfolgter Genehmigung wäre Feinsinn Vertragspartner des Crisby und könnte die Übereignung des Bildes gem. § 433 I BGB verlangen.

353 BGH, **Life&Law 11/2011, 615 ff.** = ZIP 2011, 1108 ff. = **juris**byhemmer.

4. Einschränkungen des Offenkundigkeitsprinzips

In einigen Fällen besteht kein schutzwürdiges Interesse des Geschäftspartners an der Offenlegung der Vertretung. In diesen Fällen wird der Hintermann Vertragspartner, obwohl sich die Fremdbezogenheit des Geschäfts entgegen der Regel des § 164 I BGB weder aus der Aussage des Handelnden noch aus den Umständen entnehmen lässt. 218

hemmer-Methode: Dieses Ergebnis wird durch teleologische (telos = griechisch, Sinn und Zweck) Reduktion des § 164 I, II BGB gewonnen und beruht letztlich auf Praktikabilitätserwägungen zur Erleichterung des alltäglichen Rechtsverkehrs.

a) Verdecktes Geschäft für den, den es angeht

verdecktes Geschäft für den, den es angeht

Vor allem bei *Bargeschäften des täglichen Lebens* ist es dem Geschäftsgegner in der Regel *gleichgültig*, mit wem er kontrahiert. So ist die Kaufhausleitung nicht daran interessiert, ob eine Haushälterin für sich oder ihren Dienstherrn erwirbt, den Tankstellenpächter interessiert es nicht, ob der Chauffeur für seinen Chef oder sich selbst tankt. 219

Wirkung für u. wider Dritten

Beim verdeckten Geschäft für den, den es angeht, wirkt das Geschäft trotz fehlender Offenkundigkeit für den ungenannten Dritten. Voraussetzung hierfür ist allerdings, dass der Handelnde (die Haushälterin, der Chauffeur) die Fremdwirkung wollte und dass dem Geschäftsgegner die Identität seines Vertragspartners gleichgültig ist. Ferner muss Vertretungsmacht vorliegen. Verzichtet wird nur auf die Offenkundigkeit.

Schutzzweck v. § 164 I BGB bleibt gewahrt

Soweit eine Seite nur als Vertreter auftreten will, die andere an der Offenlegung jedoch kein Interesse hat, widerspricht es nicht dem Schutzzweck des § 164 I BGB, ein Vertretungsgeschäft zu bejahen, ohne dass die Vertretung offengelegt wurde.

Ob ein Verstoß gegen das Offenkundigkeitsprinzip vorliegt, ist somit an dem schutzwürdigen Interesse des Geschäftsgegners zu beurteilen. Kann ihm die Fremdwirkung gleichgültig sein, ist das Geschäft mit dem Hintermann des Vertragspartners zustande gekommen.

Der Verkäufer, der die Kaufsache aushändigt und dafür sofort den Kaufpreis erhält (Bargeschäft des täglichen Lebens), hat regelmäßig kein schutzwürdiges Interesse an der Person des Hintermanns oder auch nur daran, dass es einen solchen gibt. Er hat seinen Kaufpreis erhalten und braucht sich daher über die Liquidität seines Vertragspartners keine Gedanken zu machen.

da teleologische Reduktion des § 164 I BGB

Konstruktiv stellt das Geschäft für den, den es angeht, somit eine *teleologische Reduktion* des § 164 I BGB dar.

vornehmlich dingl. Bedeutung

Das verdeckte Geschäft für den, den es angeht, findet hauptsächlich beim *Eigentumserwerb* Anwendung. Im Schuldrecht ist es selbst bei Bargeschäften des täglichen Lebens umstritten[354], sollte aber in der Klausur bei Vorliegen seiner Voraussetzungen bejaht werden.

Funktion: kein Durchgangserwerb des Mittelsmannes

Auf der dinglichen Ebene gestattet das verdeckte Geschäft für den, den es angeht, den direkten Eigentumserwerb des Hintermannes nach § 929 S. 1 BGB, ohne dass dieser selbst benannt wird. 220

354 Vgl. Palandt, § 164, Rn. 8.

Mit Einigung und Übergabe der Sache an den Handelnden erwirbt der Hintermann unmittelbar Eigentum (die Konstruktion wird auch Übereignung für den, den es angeht genannt); der Durchgangserwerb beim Vertreter wird so vermieden. Durchgangserwerb tritt, wie bereits oben erläutert wurde, im Fall der Übereignung durch antizipiertes Besitzkonstitut und antizipierte Einigung für eine „juristische Sekunde" ein, so dass die Kaufsache beim Strohmann mit einem Pfandrecht belastet werden kann.

Das gleiche Risiko geht der Geschäftsherr ein, wenn er seinem Vertreter das Recht zum Selbstkontrahieren gibt[355], damit dieser die Sache erst selbst erwirbt und dann gleich weiter an den Geschäftsherrn überträgt.

In der Praxis hat die Vermeidung des Durchgangserwerbs zwar wenig Bedeutung, da sich dieser Zeitraum auf die „juristische Sekunde" beschränkt; die Gefahr, dass die verkaufte Sache z.B. mit einem Vermieterpfandrecht nach § 562 BGB belastet wird, wird beim Direkterwerb jedenfalls völlig ausgeschlossen.

hemmer-Methode: Wiederum gilt: Die „Übereignung für den, den es angeht", hilft nur bei der dinglichen Einigung über das Erfordernis „in fremdem Namen" (§ 164 I S. 1 BGB) hinweg.
Voraussetzung des Eigentumserwerbs ist weiterhin, dass der Hintermann Besitz erhält, entweder im Wege eines Besitzmittlungsverhältnisses oder durch den Handelnden in seiner Eigenschaft als Besitzdiener oder durch Organbesitz. Vermeiden Sie isoliertes Lernen! Lernen Sie in examenstypischen Konstellationen.

Da das verdeckte Geschäft für den, den es angeht, eine Durchbrechung des Offenkundigkeitsgrundsatzes aus § 164 I BGB darstellt, ist bei seiner Anwendung Zurückhaltung zu üben. 221

alle sonstigen Voraussetzungen notwendig

hemmer-Methode: Wichtig ist, dass die Rechtsfigur des Geschäfts für den, den es angeht, nur über die fehlende Offenkundigkeit hinweghelfen kann. Die weiteren Voraussetzungen der Stellvertretung, „eigene Willenserklärung des Vertreters" und „Vertretungsmacht", müssen selbstverständlich vorliegen.

b) Offenes Geschäft für den, den es angeht

offenes Geschäft für den, den es angeht

Beim offenen Geschäft für den, den es angeht, wird der Handelnde offenkundig für einen Dritten tätig, benennt diesen aber nicht. Im Gegensatz zum verdeckten Geschäft weiß der Vertragspartner, dass der Handelnde nicht sich selbst, sondern einen anderen verpflichtet. 222

keine Ausnahme vom Offenkundigkeitsprinzip

Das offene Geschäft für den, den es angeht, stellt daher keine Ausnahme vom Offenkundigkeitsgrundsatz dar.

Vielmehr liegt eine nach der h.M. zulässige *Stellvertretung unter Offenhaltung der Person des Vertretenen* vor, sog. „offene Stellvertretung". Der Geschäftspartner wird hierdurch nicht benachteiligt: Es ist seine Entscheidung, ob er ein solches Geschäft eingehen will oder nicht.

Ähnlich liegt der Fall beim *Vorbehalt einer späteren Benennung des Geschäftspartners.* Aus dem Grundsatz der Privatautonomie folgt, dass sich die Vertragsparteien schon vertraglich binden können, obwohl die essentialia negotii, die grundlegenden Bestandteile des Vertrages, erst später festgelegt werden sollen. 223

355 § 181 BGB, vgl. hierzu unten Rn. 277 f.

subj. Unbekannter

Das gilt auch für das Offenlassen des Vertragspartners, wenn der Vertrag auf einer oder auf beiden Seiten durch einen Vertreter des noch Unbenannten geschlossen wird.

Dabei ist zu unterscheiden: Ist der Unbenannte nicht dem Vertragspartner, wohl aber dem Vertreter bekannt (sog. subjektiv unbekannter oder unbenannter Vertragspartner), ist der Vertrag sogleich wirksam. Es genügt, dass die Person des Vertretenen bestimmbar ist.

obj. Unbekannter

Ist der Vertragspartner dagegen objektiv unbekannt, so wird der Vertrag erst bei seiner Beteiligung *ex nunc* wirksam. Eine Rückwirkung der Bestimmung des Vertragspartners scheidet aus.[356]

Voraussetzung für die Gültigkeit eines solchen Vertrages ist jedoch, dass festgelegt wurde, wie und insbesondere durch wen die noch unbenannte Partei benannt werden soll. Obliegt die Bestimmung dem Vertreter und gelingt es ihm nicht, innerhalb der vertraglich festgelegten Frist den Vertragspartner zu benennen, haftet er entsprechend § 179 BGB wie ein Vertreter ohne Vertretungsmacht.[357]

Bsp.: *Kenner kauft unter dem Vorbehalt der späteren Benennung des Vertragspartners ein Seegrundstück von Fisch. Kann er schon vor der Benennung des Erwerbers die Erklärung der Auflassung nach § 925 BGB verlangen?* 224

Gem. § 433 I S. 1 BGB muss der Verkäufer dem Käufer das Eigentum an dem Kaufgegenstand verschaffen. Das Eigentum an einem Grundstück geht mit der Erklärung der Einigung in der hierfür vorgeschriebenen Form (Auflassung, § 925 BGB) und der Eintragung des Käufers in das Grundbuch auf diesen über. Voraussetzung für das Verlangen des Kenner, die Auflassung zu erklären, wäre das Bestehen eines wirksamen Kaufvertrages.

Hieran fehlt es im vorliegenden Fall. Denn bis zur Benennung des objektiv unbekannten Vertragspartners ist der Kaufvertrag als schwebend unwirksam anzusehen. Die Erfüllung des Kaufvertrages kann erst nach der Benennung des Vertragspartners verlangt werden.

hemmer-Methode: Auch eine zur Sicherung des Anspruchs von F bewilligte Auflassungsvormerkung wäre wegen der Akzessorietät der Vormerkung mangels wirksamen Kaufvertrags nicht wirksam.
Gem. § 883 I S. 2 BGB kann die Vormerkung aber auch künftige oder bedingte Ansprüche sichern. Erforderlich für die Ausdehnung auf einen künftigen Anspruch ist aber, dass dessen Entstehung nur noch vom Erwerber abhängt. Dies ist hier der Fall. Die Benennung des Vertragspartners, durch die der Anspruch auf Übereignung aus § 433 I BGB ex nunc entstehen würde, hängt allein vom Vertreter, d.h. von der Erwerberseite, ab und ist damit unabhängig vom Verkäufer.

Abwandlung: *Schließt Kenner für seinen Geschäftsherrn Feinsinn ab, den er aber nicht bekannt machen will, liegt ein offenes Geschäft für den, den es angeht, vor. Der Kaufvertrag ist nunmehr von Anfang an wirksam.* 225

bei Auflassung ist Vorbehalt der späteren Benennung unzulässig

Fraglich ist hier aber, ob neben dem Grundgeschäft auch die Auflassungserklärung von einem Vertreter ohne Benennung des Vertragspartners erfolgen kann. Zu beachten ist die besondere Lage bei der Auflassung: Sie ist gem. § 925 II BGB bedingungsfeindlich. Die beim Handeln im Namen eines unbestimmten Dritten eintretende Schwebelage verträgt sich jedoch nicht mit dieser Bedingungsfeindlichkeit. Bei der Auflassung ist der Vorbehalt der späteren Benennung daher unzulässig.[358] Also kann auch hier Kenner von Fisch nicht die Auflassung des Grundstücks verlangen, ohne zuvor den Feinsinn als Vertragspartner zu benennen.

356 Vgl. Palandt, § 164, Rn. 1.

357 Palandt, § 164, Rn. 9.

358 Vgl. Palandt, § 925, Rn. 5.

Geschäft für den, den es angeht

offen	verdeckt
Mittelsperson handelt **offenkundig** für einen Dritten, benennt diesen aber nicht ⇨ Geschäftspartner, der sich darauf einlässt, ist nicht schutzwürdig **daher:** Offenkundigkeit (+)	Handelnder **legt *nicht* offen**, dass er für anderen handelt, er will es aber **und** dem Geschäftspartner ist die Identität des Vertragspartners egal ⇨ **Ausnahme** vom Offenkundigkeitsprinzip!
Zulässige Vertretung unter Offenhaltung der Person des Vertretenen	*z.B. Bargeschäfte des täglichen Lebens, bei denen Verpflichtung sofort erfüllt wird*

c) § 1357 BGB

Durch einen Ehegatten getätigte Geschäfte „zur Deckung des angemessenen Lebensbedarfs“ berechtigen und verpflichten grundsätzlich *beide* Ehegatten, § 1357 I S. 2 BGB.[359] 226

überwindet mangelnde Offenkundigkeit & gibt Vertretungsmacht

§ 1357 I BGB hilft sowohl über das fehlende Handeln in fremden Namen, als auch über die fehlende Vertretungsmacht hinweg. Fehlt beides, hat § 1357 I BGB die Funktion einer ausnahmsweise zulässigen gesetzlichen Verpflichtungsermächtigung.

§ 1357 I S. 2 BGB ⇨ gesetzliche Vertretungsmacht

Die sogenannte *Schlüsselgewalt* des § 1357 BGB[360] ist auch ein Fall gesetzlicher Vertretungsmacht, wenn ein Ehegatte im Namen seines Partners handelt, ohne von diesem bevollmächtigt zu sein.

hemmer-Methode: Handelt der Ehegatte im eigenen Namen, wird der andere über die Konstruktion einer gesetzlichen Verpflichtungsermächtigung berechtigt und verpflichtet. Handelt er in fremdem Namen, ist § 1357 BGB ein Fall gesetzlicher Vertretungsmacht. Hat er auch Vertretungsmacht, ist die Prüfung von § 1357 BGB überflüssig. In letzter Zeit wird die Abschaffung von § 1357 BGB diskutiert. Er geht auf die sog. „rollentypische Ehe“ zurück. Damals arbeitete i.d.R. nur der Mann und hatte entsprechendes Vermögen, die Gläubiger der Frau sollten einen solventen Vertragspartner im Ehemann erhalten.

Mitberechtigung und Mitverpflichtung des nicht handelnden Ehegatten auf **schuldrechtlicher** Ebene:

Handeln des Gatten in eigenem Namen: bei Gesch. zur angem. Deckung des Lebensbedarfs *hilft* § 1357 I S. 2 *über fehlende Offenkundigkeit hinweg* ⇨ ausnahmsweise zulässige **gesetzliche Verpflichtungsermächtigung**	**Handeln (auch) in fremdem Namen:** Verpflichtung des Nichthandelnden durch Stellvertretung, auch wenn keine Vollmacht erteilt. § 1357 I S. 2 *hilft über die fehlende Vertretungsmacht hinweg* und wirkt insofern als **gesetzliche Vertretungsmacht**

Besonderheit zum Vertretungsrecht: Geschäftswirkungen treffen daneben den **Handelnden selbst** (Ausn.: § 1357 I S. 2 a.E.)

Da die Geschäftswirkungen auch den Handelnden treffen, ist § 1357 I BGB kein Fall der direkten, echten Stellvertretung. Teilweise wird von Fremdwirkung eigener Art gesprochen.[361] 227

359 Vgl. dazu ausführlich Hemmer/Wüst/Gold, Familienrecht Rn. 95 ff.

360 Siehe oben Rn. 196.

361 Vgl. Medicus/Petersen, BR, Rn. 88.

Will ein Ehegatte entgegen § 1357 I BGB nur sich selbst verpflichten und damit die Mithaftung seines Partners ausschließen, muss er dies vielmehr ausdrücklich klarstellen, § 1357 I BGB a.E. *Das bloße Handeln im eigenen Namen reicht hierzu nicht aus.*[362] Die Haftung tritt auch unabhängig von der Kenntnis des Geschäftspartners, mit einem Verheirateten zu kontrahieren, ein.

Wirkung für und gegen beide Partner

§ 1357 BGB ermöglicht jedem Ehegatten die Geschäftsbesorgung mit Wirkung für und gegen beide Partner, unabhängig von der zwischen ihnen vereinbarten Aufgabenverteilung. Der Wortlaut des § 1357 BGB hat jedoch durch die Reform des Eherechts eine derart unbestimmte Weite erlangt, dass nunmehr praktisch alle Geschäfte i.R.d. verfügbaren Familieneinkommens unter den Tatbestand subsumiert werden können. Der vom Gesetzgeber verfolgte Zweck, jedem Ehegatten Eigenständigkeit der Haushaltsführung zu sichern, wurde damit in einen zu weitreichenden Gläubigerschutz verwandelt. Ihm stehen nunmehr i.R.d. § 1357 BGB stets zwei Schuldner zur Verfügung. *227a*

hemmer-Methode: Anders als der BGH und Medicus[363] können Sie es sich im Examen nicht leisten, § 1357 BGB (und das Geschäft für den, den es angeht) überhaupt nicht zu erwähnen. Es ging um folgenden Fall: Frau F stellt den Jaguar ihres Mannes M beim Einkaufen in der Tiefgarage des W ab, wo er beschädigt wird. W hatte die Haftung ausgeschlossen. Mann M verlangt Schadensersatz. Fraglich war, ob der *vertragliche* Haftungsausschluss auch gegenüber dem Mann wirkt. Dies jedenfalls dann, wenn er Vertragspartner geworden ist. Denken Sie in diesem Fall neben dem Vertretungsrecht gem. §§ 164 ff. BGB (möglicherweise Vertretungsmacht konkludent durch Überlassung des Autos und Parken im Parkhaus als Geschäft für den, den es angeht) immer auch an § 1357 I BGB, der in diesem Fall eine gesetzliche Verpflichtungsermächtigung wäre. Letztlich kann die Frage im Ergebnis dahinstehen, da der Anwendungsbereich des § 1357 BGB eröffnet wäre und M damit in jedem Fall Vertragspartner wäre. Anders als für die Rechtsprechung gilt für Sie das Stilmittel der Retardation: Probleme schaffen, nicht wegschaffen.

restriktive Auslegung

Zur Wahrung seines Regelungszweckes ist daher eine restriktive Auslegung des § 1357 BGB angebracht.[364] Nur solche Geschäfte sind angemessen, für deren Abschluss eine vorherige Abstimmung der Ehegatten gewöhnlich als nicht notwendig angesehen wird und über die i.d.R. auch keine vorherige Abstimmung stattfindet. Über den Familienbedarf hinausgehende Geschäfte fallen nicht hierunter.

Nichteheliche: § 1357 BGB (-)

Auf nichteheliche Lebensgemeinschaften findet § 1357 BGB *keine* analoge Anwendung.[365] Das Familienrecht gilt nicht für Personen, die sich ihm nicht unterwerfen wollen.

Die *Wirkung* des § 1357 BGB ist wie folgt: *228*

⇨ Gesamtschuldner

Die Ehegatten haften für die Verpflichtungen, die ein Ehegatte zur Deckung des angemessenen Lebensbedarfs eingeht, als *Gesamtschuldner* nach §§ 427, 421 BGB. Der Gläubiger kann von jedem Erfüllung verlangen. Abreden über die Aufgabenverteilung zwischen den Ehegatten sind dann beim Ausgleich im Innenverhältnis zu berücksichtigen.

Ehegatte minderjährig

Ist einer der Ehegatten minderjährig, so wird nur der andere Ehegatte über § 1357 BGB verpflichtet. Die Heirat führt nicht zum Verlust der Minderjährigenrechte, die Gesamtschuld entfällt.

---

362 Vgl. § 1357 I S. 2 BGB a.E.; BGHZ 94, 1 = jurisbyhemmer; BGH, NJW 1985, 1394 = jurisbyhemmer.

363 Medicus/Petersen, BR, Rn. 14.

364 Palandt, § 1357, Rn. 14.

365 Zur Verfassungsmäßigkeit dieser Ungleichbehandlung vgl. BVerfG NJW 1990, 175 = jurisbyhemmer.

Mitgläubiger

Wird ein Ehegatte durch das Geschäft eines anderen gem. § 1357 I S. 2 BGB berechtigt, ist streitig, ob Gesamtgläubigerschaft nach § 428 BGB oder Mitgläubigerschaft nach § 432 BGB zwischen ihnen eintritt. Bei § 432 BGB gilt: Jeder Ehegatte ist klageberechtigt, kann die Leistung aber nur an beide Ehegatten gemeinsam verlangen.[366]

Erfüllung durch Leistung an nur einen Ehegatten wäre nur dann gegeben, wenn dieser befugt ist, für den anderen mit Erfüllungswirkung tätig zu werden, z.B. durch Vertretungsrecht gem. §§ 164 ff. BGB (wobei dann möglicherweise wieder § 1357 I BGB gilt, wobei ein automatischer Miteigentumserwerb abgelehnt wird, dazu gleich unten).

Einfacher ist § 428 BGB. Erfüllung tritt dann schon ein, wenn nur an einen der Ehegatten geleistet wurde.[367] Welche der beiden Gläubigergemeinschaften Sie aber im konkreten Fall annehmen, sollten Sie von einer Abwägung sämtlicher Umstände abhängig machen und dabei auch die Klausurtaktik nicht aus den Augen verlieren.

ggfs. §§ 177 ff. BGB entspr.

Überschreitet ein Ehegatte die Grenzen des angemessenen Lebensbedarfs, wird der andere nicht durch § 1357 I BGB mitverpflichtet. Vielmehr gelten die §§ 177, 179 BGB entsprechend, sofern der handelnde Ehegatte seinen Partner auch berechtigen und verpflichten wollte.[368]

keine dingliche Wirkung

Der BGH lehnt die automatische Entstehung von Miteigentum bei § 1357 BGB ab.[369]

§ 1357 BGB gewährt dann nur einen Anspruch auf Einräumung des Miteigentums. Begründet wird dies mit den Grundsätzen des Güterrechts. Gem. § 1363 II BGB bleiben die Gütermassen getrennt. Eine dingliche Beteiligung des einen Ehegatten am Vermögen des anderen findet während des Bestehens der Ehe grundsätzlich nicht statt. Anders entscheidet der BGH bei Hausrat, hier kommt es über das Geschäft für den, den es angeht, zum Miteigentum.

hemmer-Methode: Dieser Gedanke kommt aus der Hausratsverteilung anlässlich der Scheidung. Gemäß § 1568b II BGB sollen während der Ehe angeschaffte Haushaltsgegenstände nämlich als gemeinsames Eigentum angesehen werden, es sei denn, das Alleineigentum eines Ehegatten steht fest.

d) Unternehmensbezogene Geschäfte

unternehmensbezogenes Geschäft

Tritt jemand für einen Gewerbebetrieb auf, so geht der Wille der Vertragsparteien dahin, dass durch das Rechtsgeschäft im Zweifel der *Betriebsinhaber* selbst verpflichtet werden soll.[370] Hierbei handelt es sich eigentlich um einen besonderen Fall des § 164 I S. 2 BGB: Die Fremdwirkung ergibt sich nicht aus dem Erklärten, sondern bereits aus den Umständen des Geschäftsschlusses i.R.d. Gewerbebetriebs.[371] Es handelt sich also nicht um eine Ausnahme zum Offenkundigkeitsprinzip! 229

366 Vgl. Palandt, § 1357, Rn. 23; Medicus/Petersen, BR, Rn. 89: Auch bei Schadensersatzansprüchen, die sich anlässlich von Vertragsverhandlungen ergeben, sind beide Ehegatten als Mitgläubiger berechtigt.

367 So Medicus/Petersen, BR, Rn. 89.

368 Palandt, § 1357, Rn. 18.

369 BGH, NJW 91, 2283 = **juris**byhemmer; Palandt, 1357, Rn. 21.

370 Vgl. BGH, NJW 1984, 1347 = **juris**byhemmer.

371 Vgl. hierzu auch BGH Life&Law 1998, 699 (Heft 11).

z.B. Ladenangestellte

Typisch für diese sog. *„unternehmensbezogenen Geschäfte“* ist der Fall des Ladenangestellten, der an der Ladentheke die gewünschten Waren verkauft. Kein Kunde wird glauben, er müsste (oder könnte) sich z.B. wegen späterer Haftungsansprüche an den Angestellten halten. Nur der Inhaber soll Vertragspartner werden.

Die Unternehmensbezogenheit ist ein so starkes Indiz, dass der Handelnde sogar ausdrücklich darauf hinweisen muss, wenn er ausnahmsweise selbst Vertragspartner sein will.[372]

Vertragspartner jeweiliger Betriebsinhaber bzw. Gewerbebetrieb

Zudem ist beim unternehmensbezogenen Geschäft die Identität des Betriebsinhabers unerheblich: Der Vertrag kommt auch dann mit dem jeweiligen Betriebsinhaber zustande, wenn die Gegenpartei unrichtige Vorstellungen über dessen Person hatte.[373]

Bsp.: *Bonz bestellt im Verkaufszimmer eines kleinen Tabakverarbeitungsbetriebs zwei Tonnen Zigarren. Die Bestellung nimmt Herr Pfeife entgegen, den Bonz für den Inhaber des Betriebes hält. Als die Lieferung nach mehrfacher Mahnung und Fristsetzung ausbleibt, verlangt Bonz Schadensersatz statt der Leistung gem. §§ 280 I, III, 281 BGB. Gegen wen kann er vorgehen, wenn Pfeife sich im Tatsächlichen zutreffend darauf beruft, nur Geschäftsführer der Pfalztabak GmbH & Co KG zu sein und für diese tätig geworden zu sein?* 230

Hier wurde die Pfalztabak GmbH & Co KG durch den Vertrag verpflichtet, da in der Bestellung des Produktes ein unternehmensbezogenes Geschäft liegt.

Bei der Vornahme des Geschäfts war Pfeife nur Vertreter des Betriebsinhabers der GmbH & Co KG und wurde nicht selbst Vertragspartner. Die Vorstellung des Bonz ist unerheblich, so dass Pfeife nicht aus dem Vertrag haftet.

anders bei Rechtsscheinhaftung

Anders ist es nur, wenn Rechtsscheingrundsätze eingreifen.[374] Eine solche Rechtsscheinhaftung besteht, wenn der haftungsbeschränkende Zusatz nicht erkennbar war, weil ohne den GmbH-Zusatz oder unter einer Firma, die diese Gesellschaftsform nicht erkennen lässt, aufgetreten wurde. 231

Zu denken ist in diesem Zusammenhang auch an die Möglichkeit der zusätzlichen persönlichen Haftung des Handelnden (Pfeife) nach Rechtsscheingrundsätzen. Musste Bonz nach dem Verhalten des Pfeife und den Umständen davon ausgehen, dieser selbst sei Inhaber der Firma, unter der er handelt, müsste sich Pfeife auch als Firmeninhaber behandeln lassen. Er haftet für den so veranlassten Rechtsschein. Für eine Rechtsscheinhaftung des Handelnden persönlich soll es nach dem BGH jedoch noch nicht ausreichen, dass bloß i.R.d. mündlichen Vertragsverhandlungen der Firmenzusatz nicht erwähnt wurde.

hemmer-Methode: Denken Sie daran: Rechtsscheingrundsätze kommen i.d.R. nur dann in Betracht, wenn rechtsgeschäftliches Handeln in Frage steht. Bei gesetzlicher Haftung, insbesondere bei §§ 823 ff. BGB, entfällt in der Regel die Rechtsscheinhaftung. Dies ist eine typische Examensfalle, in die man nicht hineintappen sollte. Derselbe Aspekt gilt auch i.R.d. § 15 HGB. Grenzfälle sind unerlaubte Handlungen, die i.R.d. rechtsgeschäftlichen Verkehrs begangen werden (Stichwort: Produzentenhaftung). Für Ansprüche aus c.i.c. gelten die Rechtsscheingesichtspunkte zumeist, da sie in direktem Kontext mit einem Rechtsgeschäft stehen.

372 Von dem unternehmensbezogenen Geschäft ist die Regelung des § 56 HGB zu unterscheiden: § 56 HGB *fingiert* unwiderleglich eine Vertretungsmacht (Baumbach/Duden/Hopt, § 56, Rn. 1); das unternehmensbezogene Geschäft betrifft hingegen die Frage, ob der Vertretene (das Unternehmen) haftet oder wenn dies nicht zutrifft, ein Eigengeschäft in Betracht kommt. Das unternehmensbezogene Geschäft fingiert also gerade keine Vollmacht, sondern es bestimmt die Person, die die Rechtsfolgen treffen.

373 BGH, NJW 1983, 1844 = **juris**byhemmer.

374 Zum Rechtsschein s.u. Rn. 248.

Entscheidend muss aber in jedem Einzelfall sein, ob ein Rechtsschein begründet wurde, auf den der Geschädigte billigerweise vertrauen durfte und dies *auch tatsächlich tat* (Kausalität zwischen Rechtsschein und haftungsbegründendem Ereignis).

e) Vertretung durch Unterschrift mit dem Namen des Vertretenen

Unterschrift mit Namen des Vertretenen

Unterschreibt der Vertreter *mit dem Namen* des Vertretenen, ist fraglich, ob das Geschäft zwischen Geschäftsherrn und Geschäftsgegner wirksam zustande gekommen ist. Aus der Sicht des Geschäftsgegners hat der Vertretene hier die Erklärung selbst abgegeben; die Einschaltung eines Vertreters wurde nicht kenntlich gemacht. 232

e.A.:
StellV unzulässig
Grd.: § 126 I BGB

Aus Gründen des Verkehrsschutzes erachtet Larenz[375] die Stellvertretung auf diesem Weg als unzulässig, da im Allgemeinen im Verkehr die aus der Unterzeichnung hervorgehende Person auch als Aussteller der Erklärung angesehen wird (vgl. § 126 I BGB).

h.M.:
StellV möglich, da Interessen gewahrt

Anders die ganz h.M., nach der der Vertreter auch mit dem Namen des Vertretenen unterschreiben darf.[376] Dem ist auch zu folgen, da die Interessen der Parteien hinreichend gewahrt sind: Aus der Sicht des Geschäftspartners hat der Vertretene die Erklärung abgegeben. Er nimmt daher auch die Erklärung desjenigen an, den er als Vertragspartner will. Auch entspricht die Erklärung dem Willen des Vertretenen, der sie durch seinen Vertreter abgeben lässt. 233

Obwohl die Vertretung nach § 164 I BGB grundsätzlich kenntlich zu machen ist (z.B. „im Auftrag“, „in Vertretung“), ist aus den genannten Gründen heute gewohnheitsrechtlich anerkannt, dass der Vertreter im Namen des Vertretenen unterzeichnen kann, ohne einen Vertretungszusatz zu verwenden.[377] Der Vertretene ist dadurch geschützt, dass im Falle fehlender Vertretungsmacht die Genehmigung verweigert werden kann.

IV. Vertretungsmacht

Vertretungsmacht

Damit das vom Vertreter abgeschlossene Geschäft für und gegen den Geschäftsherrn wirkt, muss der Vertreter neben der Abgabe einer eigenen Willenserklärung und der Wahrung der Offenkundigkeit mit *Vertretungsmacht* gehandelt haben, § 164 I S. 1 BGB. 234

Vertretungsmacht kann durch Gesetz oder durch Rechtsgeschäft entstehen. Sie vermittelt dem Vertreter das rechtliche Können, die Rechtsmacht, den Geschäftsherrn zu verpflichten.

1. Vollmacht

durch RGeschäft ⇨ „Vollmacht“

Wird die Vertretungsmacht durch *Rechtsgeschäft* begründet, bezeichnet sie § 166 II S. 1 BGB als *Vollmacht*. Unterfälle der Vollmacht sind die handelsrechtlichen Vertretungsformen: die Prokura (§§ 48 ff. HGB) und die Handlungsvollmacht (§§ 54 ff. HGB). 235

hemmer-Methode: Häufiger Fehler: § 49 HGB legt nur den gesetzlichen Umfang der Vertretungsmacht fest, setzt aber die wirksame rechtsgeschäftliche Erteilung der Prokura voraus, vgl. § 48 HGB.

375 AT § 21 I a 1.

376 Brox AT, Rn. 257; Soergel, § 126, Rn. 18; siehe auch oben Rn. 163 sowie Hemmer/Wüst, BGB AT II, Rn. 74.

377 Seit RGZ 74, 72.

a) Erteilung

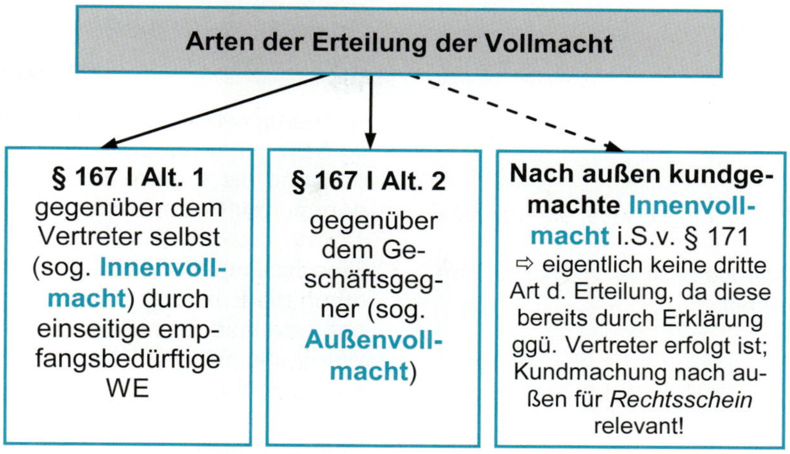

Innenvollmacht

Die Vollmacht kann einerseits als *Innenvollmacht* gegenüber dem Vertreter (§ 167 I Alt. 1 BGB) erteilt werden, z.B. der Vertretene erklärt dem Vertreter: „Hiermit erteile ich dir Vertretungsmacht". Der Geschäftsgegner verlässt sich dann regelmäßig darauf, dass der Handelnde bevollmächtigt ist. 236

Er kann sich jedoch auch beim Geschäftsherrn über die Innenvollmacht erkundigen oder von diesem Mitteilung über die Innenvollmacht erhalten („Hiermit teile ich mit, dass ich dem V (Vertreter) Vollmacht erteilt habe"). Dann liegt eine sog. nach außen *kundgemachte Innenvollmacht* vor (§ 171 I BGB).

Außenvollmacht

Die Vollmacht kann andererseits auch nur gegenüber dem Dritten als *Außenvollmacht* (§ 167 I Alt. 2 BGB) erteilt werden. Der Vertretene erklärt dem Dritten: „Ich erteile hiermit dem V (Vertreter) Vollmacht."

hemmer-Methode: Unterscheiden Sie sorgfältig von der Außenvollmacht die nach außen kundgemachte Innenvollmacht. Beide Rechtsfiguren sind sich nicht unähnlich.
Entscheidender Unterschied ist aber, dass die Kundgabe der Innenvollmacht reine Wissenserklärung ist, während es sich bei der Außenvollmacht um eine rechtsgeschäftliche (Willens-)Erklärung handelt. Dieser Unterschied wirkt sich z.B. bei der Frage der Anfechtbarkeit der Vollmacht aus. So wird von einer Ansicht die Kundmachung streng von der Außenvollmacht unterschieden, die §§ 171, 172 BGB seien Fälle der Rechtsscheinhaftung, die Kundmachung nicht Willenserklärung. Nach a.A. ist die Kundmachung der Außenvollmacht gleichzustellen, so dass auch die kundgemachte Innenvollmacht anfechtbar ist. Außerdem könnte man annehmen, dass für die Kundgabe, anders als für die Erteilung der Außenvollmacht, Geschäftsfähigkeit nicht vorliegen muss. Von der ganz h.M. wird jedoch anders entschieden. Danach ist für die Anwendung der §§ 171 ff. BGB ebenfalls Geschäftsfähigkeit erforderlich. Hiermit wird dem Veranlasserprinzip der Rechtsscheinhaftung Rechnung getragen.

einseitige empfangsbed. WE

In jedem Fall stellt die Bevollmächtigung eine einseitige, empfangsbedürftige Willenserklärung dar.

hemmer-Methode: Die Bevollmächtigung als einseitige empfangsbedürftige WE bedarf keiner Annahme. Daher kann eine Bevollmächtigung auch gegen den Willen des Bevollmächtigten erteilt werden. Diese wirksam erteilte Vertretungsmacht kann dann dazu führen, dass ein Vertrag mit einem Dritten zustande kommt, obwohl der Vertreter für sich selbst handeln will. Tritt der Wille, für sich selbst handeln zu wollen, nicht erkennbar hervor und ergibt sich aus den Umständen ein Handeln in fremdem Namen, so wird der wirksam Vertretene Vertragspartner (es gilt immer das objektiv Erklärte; Umkehrschluss aus § 164 II BGB).

§ 167 II BGB

Die Erteilung der Vollmacht ist gem. *§ 167 II BGB formlos* möglich, auch wenn das Vertretergeschäft formpflichtig ist. 237

Grund für § 167 II BGB ist die freie Widerruflichkeit der Vollmacht gem. § 168 S. 2, 3 BGB.

Ausnahmsweise kann jedoch auch die Bevollmächtigung formpflichtig sein, wenn es der Zweck der einschlägigen Formvorschrift erfordert und die formfreie Bevollmächtigung im Ergebnis zu einer Umgehung der Formvorschrift führen würde.

bei unwiderruflicher Vollmacht Form notwendig

Dies ist insbesondere dann der Fall, wenn sich der Geschäftsherr durch die Erteilung einer *unwiderruflichen* Vollmacht bereits zur Vornahme eines formpflichtigen Geschäfts *bindet*. Hier erfordert es die Warnfunktion der Formvorschrift, auch die Bevollmächtigung der Formpflicht zu unterwerfen.

Eine Vollmacht kann aber nur dann wirksam als *unwiderrufliche* Vollmacht erteilt werden, wenn die Unwiderruflichkeit auch dem wirtschaftlichen oder rechtlichen Interesse des Vertreters dient.[378]

hemmer-Methode: Ein wirtschaftliches Interesse liegt vor, wenn der Vertreter für einen Abschluss eine Provision erhält. Ein rechtliches Interesse stellt die Befreiung des Vertreters vom Verbot des Selbstkontrahierens (§ 181 BGB) dar.

Beispiele

Bsp.: *A bevollmächtigt den B unwiderruflich, sein Grundstück zu verkaufen und die Eigentumsübertragung vorzunehmen. Hier schlägt die Formpflicht des § 311b I S. 1 BGB auch auf die an sich formfreie Bevollmächtigung durch, da andernfalls die Warnfunktion der Formvorschrift ausgehöhlt würde.*[379] 238

Weitere Bspe.: *Vollmacht zur Übernahme bzw. Vervollständigung einer Bürgschaft (wegen § 766 S. 1 BGB).*

Auch die Bevollmächtigung zum Abschluss eines Verbraucherdarlehensvertrages bedarf der Schriftform, § 492 IV S. 1 BGB, wobei hier auch die strengen Anforderungen des § 492 I und II BGB, Art. 247 §§ 6 bis 13 EGBGB zu beachten sind.

Da die dort genannten Erfordernisse dem Darlehensnehmer zumindest dann unbekannt sein werden, wenn er die Vertragsurkunde noch nicht in Händen hält, dürfte die Vertretung in diesem Bereich durch die Neuregelung praktisch wohl so gut wie ausgeschlossen sein.

Rechtsfolge bei einem Verstoß gegen § 492 IV BGB ist die Nichtigkeit der Vollmacht, § 494 I BGB.

Auch eine widerrufliche Vollmacht ist ausnahmsweise formbedürftig, wenn eine der Unwiderruflichkeit gleichstehende (faktische) Bindung vorliegt. Dies kann insbesondere dann der Fall sein, wenn der Bevollmächtigte vom Verbot des § 181 BGB befreit wurde.

Die Befreiung allein genügt aber nicht, es kommt immer auf das der Vollmacht zugrunde liegende Rechtsverhältnis an. Nur wenn ein „unumstößlicher Bindungswille" zum Ausdruck gebracht wurde (z.B. der Erblasser ist schwer erkrankt und es werden deshalb mit der Vollmacht vollendete Tatsachen geschaffen), führt dies zur Anwendung des § 311b I S. 1 BGB.[380]

ebenso § 2 GmbHG

Im Übrigen gibt es einige weniger bedeutende, gesetzlich geregelte Fälle, in denen bereits die Bevollmächtigung entgegen § 167 II BGB formpflichtig ist, so § 2 II GmbHG oder § 135 AktG.

---

378 Palandt, § 168, Rn. 6.

379 Vgl. BGH, IBR 2006, 174 = **juris**byhemmer; siehe auch Palandt, § 167, Rn. 2.

380 Vgl. NJW 1979, 2306 = **juris**byhemmer.

auch Untervollmacht möglich

In der Regel kann nur der Geschäftsherr selbst eine dritte Person bevollmächtigen. Jedoch kann auch ein gesetzlicher Vertreter oder Bevollmächtigter einem Dritten eine *Untervollmacht* erteilen, soweit sich seine Befugnis im Innenverhältnis zum Geschäftsherrn auch hierauf erstreckt. Eine solche Befugnis ist im Regelfall anzunehmen, wenn der Geschäftsherr erkennbar kein Interesse an der persönlichen Ausführung durch den Bevollmächtigten hat.[381] Das Ausmaß der Untervollmacht kann aber in keinem Fall das Ausmaß der Hauptvollmacht überschreiten, von der sie abgeleitet ist. 238a

Haftung des Unterbevollmächtigten

Der Unterbevollmächtigte ist regelmäßig *Vertreter des Geschäftsherrn*. Probleme ergeben sich hier, wenn dem Hauptvertreter im Verhältnis zum Geschäftsherrn die Vertretungsmacht fehlt.

Dann handelt nämlich auch der Untervertreter als falsus procurator, wenn man den Untervertreter als Vertreter des Geschäftsherrn ansieht. Er wird in der Regel allerdings gem. § 179 II BGB wegen fehlender Kenntnis vom Mangel der Vertretungsmacht nur auf den Vertrauensschaden haften.

Um den Untervertreter aber auch vor dieser Haftung zu schützen, wird in der Literatur wie folgt differenziert:[382]

⇨ Deckt der Untervertreter die gestufte Vertretung auf, so haftet er nur für Mängel der Untervollmacht, da der Geschäftspartner bezüglich etwaiger Mängel der Hauptvollmacht nicht schutzwürdig ist.

⇨ Gibt sich der Untervertreter hingegen als Vertreter des Geschäftsherrn aus, so wird dem Interesse des Vertragspartners Vorrang eingeräumt. Er kann bei Fehlen der Hauptvollmacht den Untervertreter aus § 179 BGB in Anspruch nehmen.

Vollm. abstrakt v. zugrunde liegenden RGesch.

Achtung: Bei der Bevollmächtigung ist der *Abstraktionsgrundsatz* besonders zu berücksichtigen. Die Bevollmächtigung ist von dem zugrunde liegenden Rechtsverhältnis zwischen dem Geschäftsherrn und dem Bevollmächtigten (Auftrag, Geschäftsbesorgung) zu trennen. Die Wirksamkeit des Grundverhältnisses hat mit dem Zustandekommen der Vollmacht nichts zu tun. Insbesondere bei der Untervollmacht muss ein Rechtsverhältnis zwischen Geschäftsherrn und Vertreter gar nicht bestehen.[383] 239

beim Erlöschen gem. § 168 S. 1 BGB z.T. akzessorisch

Grundgeschäft und Vollmacht stehen aber dennoch nicht völlig beziehungslos nebeneinander. So richtet sich gem. *§ 168 S. 1 BGB*[384] das Erlöschen der Vollmacht nach dem Grundverhältnis, das auch für den Umfang der Bevollmächtigung von Bedeutung sein kann.

Weiterhin ist die Bevollmächtigung von dem Geschäft zu trennen, das der Vertreter vorgenommen hat. Alle drei Geschäfte - Grundgeschäft, Bevollmächtigung und Vertretergeschäft - folgen ihren eigenen Regeln.[385]

z.B. Mj. als Vertreter

***Bsp.:** Bauer Tumb stellt den minderjährigen Fleiß an, der ihm helfen soll, an der Landstraße Kartoffeln zu verkaufen. Er bevollmächtigt ihn entsprechend. Als Vertreter des Tumb verkauft Fleiß einen Zentner Kartoffeln an einen vorbeikommenden Autofahrer. Kann dieser von Tumb Übereignung verlangen, wenn die Eltern des Fleiß die Genehmigung des Vertrages zwischen Tumb und Fleiß verweigern?* 240

381 BGH, BB 1959, 319.

382 Vgl. Palandt, § 167, Rn. 12.

383 Sog. isolierte Vollmacht, im Gegensatz zur kausalen Vollmacht, bei der ein Grundgeschäft besteht; vgl. Palandt, § 167, Rn. 4.

384 S.u. Rn. 257.

385 Vgl. Soergel, vor § 164, Rn. 50.

Der Autofahrer kann gem. § 433 I S. 1 BGB Übereignung fordern, wenn zwischen ihm und Tumb ein wirksamer Vertrag zustande gekommen ist. Dies ist nur dann der Fall, wenn Fleiß den Tumb wirksam vertreten hat. Voraussetzung hierzu ist (neben der Abgabe einer eigenen WE und der Wahrung des Offenkundigkeitsprinzips) eine wirksame Bevollmächtigung.

Bevollmächtigung ist rechtl. Vorteil

Die **Bevollmächtigung** ist eine einseitige empfangsbedürftige Willenserklärung, die daher mit ihrem Zugang an den Adressaten wirksam wird. Beim Zugang an einen Minderjährigen ist § 131 II BGB zu beachten. Da Fleiß minderjährig ist und eine Einwilligung des gesetzlichen Vertreters nicht vorliegt, ist ihm die Bevollmächtigung gem. § 131 II S. 2 BGB nur dann wirksam zugegangen, wenn sie ihm lediglich einen rechtlichen Vorteil bringt.

Für Fleiß ist die Bevollmächtigung ein rechtlich vorteilhaftes Geschäft, vgl. auch § 179 III S. 2 BGB: Sie erweitert seinen Handlungsspielraum. Auch ohne Zugang an den gesetzlichen Vertreter wurde Fleiß daher wirksam bevollmächtigt.

bzgl. des zugrunde liegenden Vertrags gelten §§ 107, 108 BGB

Dass die Eltern den der **Vollmacht zugrunde liegenden Dienstvertrag** mit Tumb nicht genehmigt haben und dieser daher gem. §§ 107, 108 BGB nichtig ist, berührt nach der Abstraktheit der Vollmacht die Wirksamkeit der Vertretung nicht.

Für das **Vertretergeschäft** des Fleiß mit dem Autofahrer ist seine Minderjährigkeit ebenfalls ohne Belang, § 165 BGB.

Fleiß hat Tumb wirksam verpflichtet, der Kaufvertrag ist wirksam zustande gekommen. Der Autofahrer kann von Tumb die Übereignung der verkauften Kartoffeln gem. § 433 I S. 1 BGB fordern.

b) Umfang

Umfang

Die Vollmacht beschreibt das *rechtliche Können* des Vertreters. Nur soweit sein Handeln durch die Bevollmächtigung gedeckt ist, ist die Stellvertretung wirksam. Überschreitet der Stellvertreter ihre Grenzen, handelt er als Vertreter ohne Vertretungsmacht; das Geschäft wirkt nicht für den Geschäftsherrn. Es greifen dann vielmehr die §§ 177 ff. BGB.[386] 241

Vollmacht durch Innenverhältnis festgelegt

Der Umfang der Vollmacht ist i.d.R. im Innenverhältnis zwischen dem Vollmachtgeber und seinem Vertreter festgelegt. Der Vollmachtgeber kann die Vollmacht auf ein bestimmtes Geschäft beschränken *(Spezialvollmacht)*, auf bestimmte wiederkehrende oder ähnliche Geschäfte *(Art- oder Gattungsvollmacht)* erweitern oder eine Vollmacht für alle Rechtshandlungen *(Generalvollmacht)* erteilen.

Im Zweifel ist der Umfang der Vollmacht durch Auslegung der Erklärung des Vollmachtgebers (§§ 133, 157 BGB) zu ermitteln. Maßgebend ist hierbei stets die Verständnismöglichkeit durch den Erklärungsempfänger: Bei der reinen Innenvollmacht ist somit auf den Vertreter, bei der Außenvollmacht auf den Geschäftsgegner abzustellen.[387]

Zugunsten des Verkehrsschutzes ist jedoch auch dann auf die Verständnismöglichkeit des Geschäftsgegners abzustellen, wenn eine kundgemachte Innenvollmacht vorliegt.[388]

386 Zu den Rechtsfolgen der Vertretung ohne Vertretungsmacht s. unten Rn. 290.

387 BGH, LM § 133 Nr. 18.

388 Hier wirkt sich dann der oben (hemmer-Methode zu Rn. 236) dargestellte Streit aus: Sieht man die Kundgabe als WE, wird sie „normal" nach §§ 133, 157 BGB ausgelegt; fasst man sie als Wissenserklärung auf, so könnte man §§ 133, 157 BGB analog anwenden. Besser erscheint es aber, zwischen der Auslegung der Bevollmächtigung (im Innenverhältnis) und der *Haftung aufgrund von Rechtsscheingrundsätzen* im Außenverhältnis zu differenzieren.

Missbrauch der Vertretungsmacht

In manchen Fällen überschreitet das rechtliche Können des Vertreters sein rechtliches Dürfen. Insbesondere bei der Außenvollmacht kann dem Vertreter im Innenverhältnis weit weniger Freiheit zustehen, als ihm an rechtlichen Möglichkeiten an die Hand gegeben ist. 242

Missbraucht der Bevollmächtigte dann seine Befugnisse *im Rahmen* seiner Vertretungsmacht, wird der Geschäftsherr gleichwohl verpflichtet.[389] Er muss sich an seinen Vertreter halten. Einschränkungen können sich hier aber im Wege der Auslegung ergeben. Außergewöhnliche oder den Vertretenen in besonderem Maße schädigende Geschäfte können auch in diesem Fall möglicherweise nicht mehr von den Grenzen der Vollmacht gedeckt sein; u.U. greifen auch die Regeln über den Missbrauch der Vertretungsmacht ein.[390]

Gesamtvollmacht

Der Geschäftsherr kann die Rechtsmacht seines Vertreters auch ohne Beschränkung der Vertretungsmacht mindern, indem er mehreren Personen gemeinsam Vertretungsmacht erteilt und sie so zu gemeinsamem Handeln verpflichtet *(Gesamtvollmacht)*. Alle Vertreter können den Geschäftsherrn dann nur gemeinschaftlich vertreten und damit verpflichten.[391] 243

Die Gesamtvollmacht kann dabei so ausgestaltet sein, dass zwei Vertreter stets nur gemeinsam (allseitige Gesamtvollmacht) oder ein bestimmter Vertreter zwar allein, ein zweiter aber nur gemeinschaftlich mit dem ersten handeln darf (halbseitige Gesamtvollmacht). Zudem kann ein Vertreter in seinen Handlungen in verschiedener Weise an ein vertretungsberechtigtes Organ einer Handelsgesellschaft gebunden werden.[392]

Umfang Prokura

Für den wichtigsten Fall der handelsrechtlichen Vollmacht, der *Prokura*, wird der Umfang der Vollmacht *durch das Gesetz* bestimmt.[393] 244

⇨ § 49 HGB

Die *Prokura* ermächtigt den Prokuristen gem. § 49 I HGB zu allen Arten von Geschäften und Rechtshandlungen, die der Betrieb eines Handelsgewerbes mit sich bringt. Hierunter sind nicht nur alltägliche Rechtshandlungen, sondern etwa auch die Einstellung von Personal, die Aufnahme von Darlehen, eine Klageerhebung oder die Erteilung von Handlungsvollmachten als Untervollmachten zu verstehen.

Die Prokura ist auch nicht auf die Rechtshandlungen des konkreten Handelsbetriebs, für den der Prokurist arbeitet, beschränkt, sondern ermächtigt zu allen Handlungen, die der Betrieb *irgendeines Handelsgewerbes* mit sich bringen kann.

Nicht von der Prokura umfasst werden insbesondere Rechtshandlungen, die die Organisation des Betriebes betreffen, sog. *Grundgeschäfte*. Die Prokura wird nur für Verkehrsgeschäfte nach außen, nicht aber für die Organisation im Inneren erteilt. So werden vor allem die Einstellung des Betriebes und die Aufnahme von neuen Gesellschaftern durch den Umfang der Prokura nicht mehr gedeckt. Unzulässig sind selbstverständlich auch solche Handlungen, die der Vertretung entzogen sind (z.B. höchstpersönliche Geschäfte).

grds. keine Grundstücksveräußerung u. -belastung

§ 49 II HGB beschränkt die Prokura zudem hinsichtlich der Veräußerung und Belastung von Grundstücken. Sie sind nur wirksam, wenn dem Prokuristen hierzu eine besondere Befugnis erteilt worden ist.

389 Hemmer/Wüst, Handelsrecht, Rn. 106.

390 Vgl. Palandt, § 167, Rn. 7; zum Missbrauch der Vertretungsmacht s.u. Rn. 286.

391 Vgl. Palandt, § 167, Rn. 13.

392 Gemischte Gesamtvollmacht, die i.d.R. nur bei der Prokura vorkommt; vgl. K. Schmidt, HR, § 16 III 3 c cc; im Übrigen Hemmer/Wüst, Gesellschaftsrecht, Rn. 95 ff.

393 Hemmer/Wüst, Handelsrecht, Rn. 84 ff.

Bsp.: *Prokurist Drucks kauft entgegen der Anweisung seines Geschäftsherrn Reich, aber in dessen Namen ein Geschäftsgrundstück zum Kaufpreis von € 200.000,- von Securo. Beim Abschluss des Kaufvertrags und gleichzeitiger Auflassung zahlt Drucks € 50.000,- an. In einem notariell beurkundeten Zusatzvertrag bewilligt er dem Securo für die ausstehende Summe von € 150.000,- eine Restkaufpreisgrundschuld an dem erworbenen Grundstück. Kann Securo die Grundschuld eintragen lassen, nachdem der Reich ins Grundbuch eingetragen wurde?* 245

Securo kann die Grundschuld eintragen lassen, wenn er sich mit Reich wirksam über die Bestellung des Grundpfandrechts geeinigt hat.

Hierzu müsste Drucks den Reich wirksam vertreten haben. Drucks handelte in fremdem Namen, § 164 I S. 1 BGB. Als Prokurist hatte er nach § 49 I HGB auch Vertretungsmacht, Grundstücke für Reich zu erwerben und aufzulassen. Die entgegenstehende Weisung des Reich ist im Außenverhältnis unbeachtlich; hier gilt der Grundsatz von der Unbeschränkbarkeit der Vollmacht, § 50 I HGB.

Die Prokura ist weitergehend als die gewöhnliche Vollmacht völlig unabhängig vom Innenverhältnis! Sie dient der Sicherheit des Rechtsverkehrs bei Handelsgeschäften, bei denen das Risiko einer Vertretung ohne Vertretungsmacht unannehmbar wäre.

Der Prokurist hat immer die Vertretungsmacht, die ihm § 49 I HGB zuweist. Zu beachten ist aber auch hier, dass die Prokura mit Beendigung des Grundverhältnisses (beispielsweise durch Kündigung) nach § 168 S. 1 BGB regelmäßig endet.[394] Solange die Prokura wirkt, kann sich ein Dritter aber i.R.d. § 49 I HGB auf sie berufen.

Merke: Auch im Fall des Betriebsübergangs, vgl. § 613a BGB, erlischt die Prokura. Grund: Der Prokurist steht in einem besonderen Vertrauensverhältnis zum Arbeitgeber.

Die Beschränkung der Vertretungsmacht betrifft nur das Innenverhältnis zwischen Geschäftsherrn und Prokuristen.

hemmer-Methode: Nur ausnahmsweise wird der Vertretene nach den Grundsätzen des Missbrauchs der Vertretungsmacht aufgrund der Beschränkung im Innenverhältnis nicht nach außen verpflichtet. Hier liegen aber im Sachverhalt weder für kollusives Zusammenwirken von Drucks und Securo noch für Evidenz des Vertretungsmissbrauchs Anhaltspunkte vor. Merken Sie sich für die Klausur: Der Vertretene wird bei Missbrauch der Vertretungsmacht gebunden, es sei denn, es liegt Evidenz oder Kollusion vor.

Ausnahme: Grundschuldbelastg.

Die Bewilligung der Grundschuldbestellung durch Drucks könnte aber als Grundstücksbelastung nicht mehr durch die Prokura gedeckt sein, § 49 II HGB.

Ließe man die Verpflichtung jedoch hieran scheitern, könnte das Verbot des § 49 II HGB in Fällen wie dem vorliegenden dennoch leicht umgangen werden. Der Verkäufer des Grundstücks müsste lediglich vor dem Verkauf zu seinen Gunsten eine Eigentümergrundschuld in Höhe des ausstehenden Restkaufpreises bestellen. Der Käufer würde dann das Grundstück, vertreten durch seinen Prokuristen, mit der Grundschuld belastet erwerben, was durch § 49 I HGB auf jeden Fall gedeckt wäre.

Die Unzulässigkeit einer Vertretung durch den Prokuristen bei der Bestellung einer Restkaufpreisgrundschuld wäre demnach ein bloßer Formalismus. Deshalb schränkt die h.M. die Anwendung von § 49 II HGB für den Fall der Bestellung einer Restkaufpreisgrundschuld oder -hypothek ein.[395]

Ergebnis*:* Securo und Reich, vertreten durch Drucks, haben sich wirksam über die Bestellung der Grundschuld geeinigt. Securo kann als Grundschuldgläubiger ins Grundbuch eingetragen werden.

394 S.u. Rn. 258.

395 Vgl. K. Schmidt, HR § 16 III 3 b.

keine rechtsgesch. Begrenzung

Wichtig: Die Prokura kann *nicht* rechtsgeschäftlich eingeschränkt werden, § 50 I HGB. Die einzige Möglichkeit, eine Prokura zumindest funktionell zu beschränken, ist die Erteilung einer Gesamtprokura, § 48 II HGB. Sie wirkt dann wie eine Gesamtvollmacht.[396] 246

Vollmachtgeber muss Kaufmann sein

Erteilt wird die Prokura wie jede Vollmacht durch einseitiges Rechtsgeschäft, und zwar gem. § 48 I HGB durch den Inhaber eines Handelsgeschäfts. Prokurist kann jede natürliche Person sein, nicht aber der Unternehmer selbst.

Eintragung ins Handelsreg.

Gem. § 53 I HGB ist die Erteilung der Prokura ins Handelsregister einzutragen. Die Eintragung ist jedoch keine Wirksamkeitsvoraussetzung. Sie wirkt lediglich *deklaratorisch*.

hemmer-Methode: Die Eintragung kann jedoch im Einzelfall eigenständige Wirkung entfalten. Betreibt der Unternehmer gar kein Gewerbe[397] mehr (§ 1 HGB), erlischt die Kaufmannseigenschaft per se. Damit fehlt der Prokura ihre Grundlage. Das Erlöschen der Prokura ist aber gem. § 53 II HGB eine eintragungspflichtige Tatsache. Wird die Veränderung nicht im Handelsregister eingetragen, so haftet derjenige, in dessen Angelegenheiten die Tatsache einzutragen gewesen wäre, gem. § 15 I HGB. Dies gilt nach h.M. sogar dann, wenn die Voreintragung des Prokuristen gefehlt hat.

§ 54 HGB

Als weitere handelsrechtliche Spezialnorm enthält *§ 54 I HGB* eine gesetzliche Vermutung für den Umfang der Vertretungsmacht. 247

Vermutungsregel

Ist jemand ohne Erteilung einer Prokura zum Betrieb eines Handelsgewerbes *(Generalhandlungsvollmacht)* oder zur Vornahme einer bestimmten, zu einem Handelsgewerbe gehörigen Art von Geschäften *(Arthandlungsvollmacht)* oder zur Vornahme einzelner zu einem Handelsgewerbe gehörenden Geschäfte *(Spezialhandlungsvollmacht)* ermächtigt, so erstreckt sich die Vollmacht gem. § 54 I HGB auf alle Geschäfte und Rechtshandlungen, die der Betrieb eines **derartigen** Handelsgewerbes oder die Vornahme derartiger Geschäfte gewöhnlich mit sich bringt.

Der Unterschied zur Prokura besteht in der Lesart der Worte „eines Handelsgewerbes"; in § 49 I HGB sind sie als „irgendeines", in § 54 I HGB als „dieses einen" zu lesen.

§ 54 III HGB beachten!

Der Geschäftsherr kann jedoch einen abweichenden Umfang der Handlungsvollmacht bestimmen. Allerdings muss der Geschäftsgegner die Abweichung von der Vermutungsregel nicht gegen sich gelten lassen, wenn er sie nicht kannte oder kennen musste, § 54 III HGB. Er genießt Vertrauensschutz: Bei Unkenntnis gilt die Vertretungsmacht im gesetzlich vermuteten Umfang.[398]

c) Die Abgrenzung von Anscheins- und Duldungsvollmacht zur konkludenten Vollmachterteilung

Anscheins- u. Duldungsvollm.

Das Vertrauen des Geschäftspartners in die Vollmacht des Vertreters wird über das Gesetz hinaus geschützt. 248

Rspr. und Lehre haben zu diesem Zweck die Rechtsfiguren der *Anscheins- und Duldungsvollmacht* entwickelt. Diese sind wiederum von der schlüssigen (konkludenten) Bevollmächtigung abzugrenzen.

396 S.o. Rn. 243.

397 Der Fall hat durch die Handelsrechtsreform von 1998 viel von seiner Brisanz verloren. Nun kann eine gewerbetreibende Person nämlich nach § 2 HGB für die Kaufmannseigenschaft optieren, wenn sie überhaupt ein Gewerbe betreibt. Ob dieses den Umfang eines Handelsgewerbes (§ 1 II HGB) erfordert, ist dann unerheblich.

398 Vgl. K. Schmidt, HR § 16 IV 4.

Duldungsvollmacht: bewusstes Dulden

Duldungsvollmacht liegt vor, wenn der Vertretene weiß, dass ein anderer ohne Vollmacht für ihn handelt, aber in zurechenbarer Weise, also trotz entsprechender Verhinderungsmöglichkeit, nichts dagegen unternimmt.[399] *248a*

Der Vertretene muss das Handeln des Dritten also *bewusst* geduldet haben, wobei der Geschäftsgegner diese Duldung als Bevollmächtigung auffassen durfte.[400]

Von der stillschweigenden Vollmacht unterscheidet sich die Duldungsvollmacht dadurch, dass der Vertretene hier *keinen Willen* zur Bevollmächtigung hat.

Zugunsten des redlichen Dritten wird ein Rechtsscheintatbestand gesetzt: Der Duldende wird berechtigt und verpflichtet.

Die Duldungsvollmacht hat deshalb nach h.M.[401] folgende Voraussetzungen:

1. Jemand handelt rechtsgeschäftlich im Namen eines anderen.
2. Der Handelnde besitzt keine - auch nicht stillschweigend erteilte – Vertretungsmacht.
3. Der Vertretene wusste, dass in seinem Namen gehandelt wird und hat dies geduldet.
4. Der Geschäftsgegner vertraute gutgläubig auf den durch das Dulden gesetzten Rechtsschein bestehender Bevollmächtigung, § 173 BGB analog.

Anscheinsvollmacht: Kennenmüssen

Anscheinsvollmacht ist gegeben, wenn der Vertretene das Handeln seines angeblichen Vertreters zwar nicht kennt, es aber bei *pflichtgemäßer Sorgfalt* hätte erkennen oder verhindern können und so in zurechenbarer Weise den Rechtsschein setzt, er habe diesen anderen bevollmächtigt.[402] *248b*

hemmer-Methode: Keine Anscheinsvollmacht soll nach Ansicht des BGH[403] vorliegen, wenn von einem anderen als dem Telefonanschlussinhaber ein R-Gespräch angenommen wird. In vielen Fällen nehmen Kinder derartige Gespräche an, ohne dabei zu wissen, welche Kosten dadurch verursacht werden.
Etwas anderes könne nur dann gelten, wenn von diesem Anschluss R-Gespräche in einer gewissen Dauer und Häufigkeit zuvor anstandslos beglichen worden sind. Bei der erstmaligen Entgegennahme von R-Gesprächen fehle es dagegen am Vertrauenstatbestand.
Lesen Sie dazu vertiefend ZAGOURAS, „Eltern haften für Ihre Kinder? – R-Gespräche zwischen Anscheinsvollmacht, Widerruf und Wucher“, in NJW 2006, 2368 ff.

Der Vertretene muss das Auftreten des Vertreters schon dann gegen sich gelten lassen, wenn er nur leicht fahrlässig gehandelt hat.[404] Er wird wiederum so behandelt, als habe er eine wirksame Vollmacht erteilt.

399 Dies gilt auch, wenn eine Vollmacht zwar erteilt aber unwirksam ist, BGH WM 1996, 2230 = **juris**byhemmer.

400 BGH, NJW 1966, 1915 = **juris**byhemmer; Palandt, § 173, Rn. 10.

401 Im Einzelnen dazu der sehr lehrreiche Aufsatz von Grimme, JuS 1989, L 49.

402 Nach Ansicht des AG Bremen (NJW 2006, 518 f. = **juris**byhemmer) haftet derjenige, der es einem Dritten durch Fahrlässigkeit ermöglicht, auf dem eigenen PC unter Verwendung seines Benutzernamens *und* seines Passworts an einer eBay-Versteigerung teilzunehmen, nach Rechtsscheinsgrundsätzen.

403 BGH NJW 2006, 1971 [1972] = **juris**byhemmer.

404 Std. Rspr.; vgl. BGH, NJW 1981, 1728 = **juris**byhemmer.

Voraussetzungen der Anscheinsvollmacht sind nach h.M.[405] demzufolge:

1. Jemand handelt wiederholt[406] rechtsgeschäftlich im Namen eines anderen.
2. Dem Handelnden ist keine Vertretungsmacht erteilt worden.
3. Es besteht der nach außen erkennbare Anschein einer Vertretungsmacht, der dem Vertretenen zurechenbar ist.
4. Der Geschäftsgegner vertraut gutgläubig auf den bestehenden Rechtsschein, § 173 BGB analog.

hemmer-Methode: Auch wenn die Anscheinsvollmacht gewohnheitsrechtlich anerkannt ist, gibt es durchaus ablehnende Stimmen[407] gegen die weit reichende Folge der Erfüllungshaftung. Bei der Anscheinsvollmacht liege kein einer Vollmachterteilung gleichzusetzendes Verhalten des Vertretenen vor, sondern nur Nachlässigkeit. An ein bloß fahrlässiges Verhalten das Zustandekommen eines Vertrages zu knüpfen, sei aber systemwidrig.
Aus diesem Grund bleibe der Geschäftsgegner auf Ansprüche aus § 179 I BGB gegen den vermeintlichen Vertreter und aus c.i.c. gegen den „Vertretenen" beschränkt. Dagegen wurde eingewandt: Nur das Erfüllungsinteresse entspricht dem gesetzten Rechtsschein. Die bloße Haftung aus §§ 311 II, 241 II, 280 I BGB, die i.d.R. nur auf das negative Interesse geht, schützt den Vertragspartner zu wenig.

h.M.:
Rechtsscheinvollmacht

Anscheins- und Duldungsvollmachten sind nach h.M.[408] *Rechtsscheinvollmachten* und *keine* schlüssigen Bevollmächtigungen. **248c**

Anfechtbarkeit von Duldungs- und Anscheinsvollmacht

Umstritten ist deshalb auch die Anfechtbarkeit von Duldungs- und Anscheinsvollmacht.[409]

Von der wohl h.M. wird allein auf den Rechtsscheincharakter beider Vollmachten abgestellt. Der Rechtsschein lasse sich nicht rückwirkend im Wege der Anfechtung beseitigen.[410]

Z.T. wird aber auch differenziert: Danach soll die *Duldungs*vollmacht selbst anfechtbar sein. Argumentiert wird zum einen mit der Nähe der Duldungsvollmacht zur konkludent erteilten Vollmacht, zum anderen sei nicht einzusehen, warum ein Rechtsschein stärker binden solle als eine entsprechende Willenserklärung. Für die Anscheinsvollmacht wird jedoch auch von dieser Ansicht die Anfechtung weitgehend abgelehnt.

hemmer-Methode: Der Irrtum über die Bedeutung des Duldens berechtigt aber auch nach dieser Ansicht *nicht* zur Anfechtung.[411]

405 Im Einzelnen dazu der sehr lehrreiche Aufsatz von Grimme, JuS 1989, L 49.

406 Palandt, § 173, Rn. 15.

407 Kritisch Flume, § 49 3, 4; Medicus/Petersen, BR, Rn. 100 f.

408 Zum Streitstand im Einzelnen Grimme, JuS 1989, L 49.

409 Auch unten Rn. 265 ff.

410 Str.; Flume, Medicus/Petersen, a.a.O., weisen auf Folgendes in: *„Wer bloß geduldet habe, könne nicht unvermeidlich an die Vollmacht gebunden sein, wenn eine ausdrücklich erteilte Außenvollmacht wegen eines Willensmangels anfechtbar oder nichtig sein könne";* vgl. dazu auch Becker/Schäfer, Die Anfechtung von Vollmachten, in JA 2006, 597 ff.

411 Palandt, § 173, Rn. 13.

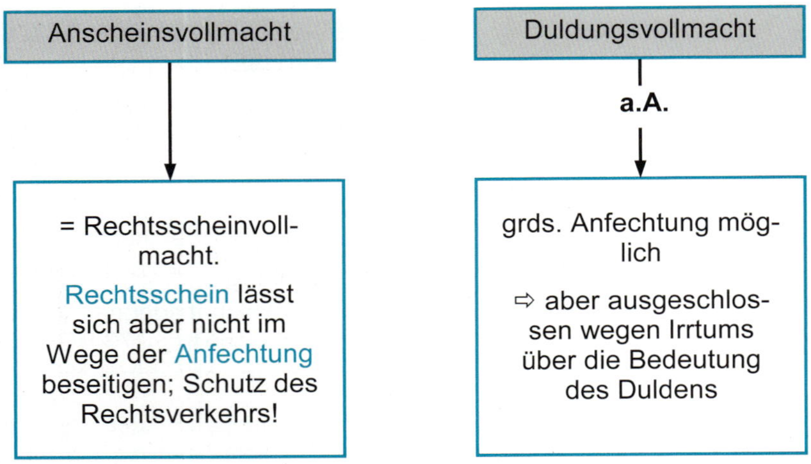

aber Vertrauen v. Geschäftsgegner notwendig

Voraussetzung dafür, dass die Regeln über die Anscheins- oder Duldungsvollmacht eingreifen, ist aber, dass der Dritte auf die Vollmacht *vertraut* haben muss. Ein bösgläubiger Geschäftsgegner, der die mangelnde Vertretungsmacht kannte oder kennen musste, kann sich daher nicht auf den Rechtsschein berufen.[412] Dies folgt aus § 173 BGB analog. **248d**

fortgesetztes Auftreten

In der Regel muss der Vertreter fortgesetzt mit gewisser Dauer oder Häufigkeit auftreten, um von einer Sorgfaltspflichtverletzung des zur Überwachung verpflichteten Geschäftsherrn sprechen zu können. Ausnahmsweise kann aber auch ein einmaliges Tätigwerden ausreichen.

Ladenverkäufer, § 56 HGB

Ein gesetzlich geregelter Fall der Anscheinsvollmacht findet sich für den *Ladenverkäufer* in *§ 56 HGB.*

Bei einer Person, die in einem Laden oder einem offenen Lager angestellt ist, wird das Bestehen der Vertretungsmacht für alle Verkäufe und Empfangnahmen, die in einem derartigen Laden oder Warenlager gewöhnlich geschehen, vermutet. Mangels näherer Anhaltspunkte wird das Bestehen einer Innenvollmacht angenommen.[413] **249**

In Analogie zu § 54 III HGB greift auch § 56 HGB nur bei einem gutgläubigen Geschäftsgegner. Eine Anwendung von § 56 HGB zur Bevollmächtigung *für Ankäufe* des Ladenverkäufers kommt dagegen nicht, *auch nicht analog,* in Betracht.

hemmer-Methode: Wie bei allen Rechtsscheintatbeständen könnte sich die Frage stellen, ob dem Vertragspartner ein Wahlrecht zwischen wirklicher Situation und dem Rechtsscheintatbestand zusteht. Denkbar ist der Fall, dass der Geschäftspartner sich von einem für ihn ungünstigen nach den Grundsätzen der Anscheinsvollmacht zustande gekommenen Rechtsgeschäft lösen will. Ein solches Wahlrecht wird für Anscheins- und Duldungsvollmacht abgelehnt, da sie als Rechtsscheininstitute anerkannt und den §§ 171 ff. BGB gleichgestellt seien. Der Rechtsgedanke des § 15 HGB, bei dem eine Wahlmöglichkeit von der ganz h.M. anerkannt ist, sei als Sonderregel des HGB nicht ins bürgerliche Recht übertragbar.

412 BGH, 82, 1513.

413 Differenzierend K. Schmidt HR § 16 V.

Prokura, §§ 48 ff. HGB

- § 49 I HGB, Ermächtigung zu *allen* Geschäften, die Betrieb (irgend)eines Handelsgewerbes mit sich bringt (Ausnahme: Veräußerung/Belastung v. Grundstücken, § 49 II HGB; Einstellung oder Veräußerung des Betriebes)
- § 50 I HGB, Beschränkung des Umfangs der Prokura im **Außenverhältnis** unwirksam

Handlungsvollmacht, § 54 I HGB

- Bei fehlgeschlagener Prokura von Bedeutung, da bei entsprechendem Parteiwillen Umdeutung möglich, § 140
- Vollmacht umfasst übliche Geschäfte für *bestimmtes* Handelsgewerbe

Ladenverkäufer, § 56 HGB

- gesetzl. geregelter Fall der Anscheinsvollm. (str.), daher böser Gl. schädl.
- „Empfangnahme“: Erfüllung (§ 362 I) ggü. Angestelltem mögl.

d) Rechtsscheinvollmacht aufgrund der Publizitätswirkung des Handelsregisters, § 15 HGB

Das Handelsrecht ist in besonderem Maße darauf angewiesen, dass das Vertrauen in nach außen kundgemachte Tatsachen nicht enttäuscht wird. Diese Vertrauensschutzgesichtspunkte zeigen insbesondere i.R.d. Vertretungsrechts besondere Wirkung und drücken sich in einer Reihe von handelsrechtlichen Sondervorschriften aus. 250

Scheinkaufmann

Zu erwähnen ist hier zum einen die im Anschluss an § 5 HGB entwickelte Figur des *Scheinkaufmanns*: Wer nach außen den Anschein erweckt, er sei Kaufmann (etwa durch Inserate, Werbedrucksachen, die Aufmachung des Geschäftslokals), muss sich von redlichen Dritten so behandeln lassen, als entspreche dieser Schein der Wirklichkeit. 251

Von Bedeutung ist dies insbesondere, wenn der Scheinkaufmann eine *formlose Bürgschaftsverpflichtung* eingeht. Dann kann er sich nicht auf § 766 S. 1 BGB berufen, sondern muss sich wie ein Kaufmann an der formlosen Bürgschaft festhalten lassen, § 350 HGB. Der Gewohnheitsrechtssatz **gilt nur zugunsten Dritter, nicht zugunsten des Kaufmanns selbst**; dem Dritten steht es frei, ob er sich auf die Scheinkaufmannschaft berufen will oder nicht.

§ 15 I/III HGB, negative + positive Publizität

Von weitaus größerer Bedeutung für den Vertrauensschutz ist allerdings die Vorschrift des *§ 15 HGB*.

Hierbei ist zwischen der *negativen Publizität* des Handelsregisters nach *§ 15 I HGB* und seiner *positiven Publizität* nach *§ 15 III HGB* zu unterscheiden.

Gem. *§ 15 I HGB* kann einem redlichen Dritten eine eintragungspflichtige Tatsache nicht entgegengehalten werden, solange die Eintragung ins Handelsregister und die Bekanntmachung der Tatsache nicht erfolgt sind: Dem Schweigen des Handelsregisters darf man trauen.

Es kommt nicht auf den unrichtigen Registerinhalt an, sondern auf das, was das Register verschweigt! Die widerrufene Prokura gilt als fortbestehend, der ausgeschiedene OHG-Gesellschafter haftet weiter, der frühere Inhaber eines Unternehmens wird so behandelt, als sei er noch Eigentümer.

Bsp.: *Jack Hanno tritt als Nachfolger seines verstorbenen Vaters als Komplementär in die Gaststättenbau Hanno & Co. OHG ein. Er beantragt seine Eintragung ins Handelsregister. Der Registerrechtspfleger hält Jack für eine Verstümmelung des altdeutschen Namens Jakob und trägt Jakob Hanno als Nachfolger in das Handelsregister ein. In Wirklichkeit gibt es noch einen anderen Sohn des Verstorbenen namens Jakob, der mit der Firma allerdings überhaupt nichts am Hut hat.* 252

Als erste Amtshandlung entlässt der neue Komplementär Jack einen OHG-Angestellten. Dieser beruft sich auf die Unwirksamkeit der Kündigung. Mit Erfolg?

z.B. unwirksame Kündigung

Nach § 15 I HGB ist die Wirkung des Eintritts des neuen Komplementärs gegenüber dritten Personen so lange gehemmt, wie der Eintritt nicht in das Handelsregister eingetragen und bekannt gemacht wurde oder dem Dritten bekannt ist. War dem gekündigten Angestellten der Eintritt des Jack Hanno in die OHG nicht bekannt, braucht er die Kündigung mangels Eintragung einer eintragungspflichtigen Tatsache (vgl. § 107 HGB) nicht gegen sich gelten zu lassen. Der Angestellte kann aber ebenso auf den durch § 15 I HGB gewährten Schutz verzichten und die Kündigung als wirksam behandeln. Die unwirksame Kündigung ist ein Musterfall der negativen Publizität des Handelsregisters.[414]

Die OHG ist in jedem Fall an die Kündigung gebunden. Durch den Gesellschaftsvertrag wurde Jack Hanno Gesellschafter. In dieser Eigenschaft hat er die OHG als gesetzlicher Vertreter gem. § 125 HGB wirksam vertreten. Die Eintragung seines Eintritts in die OHG hat nur deklaratorische Bedeutung.

Nach h.M.[415] soll der Schutz des § 15 I HGB bei einer Veränderung eintragungspflichtiger Umstände auch dann gelten, wenn die eintragungsbedürftige Tatsache selbst nicht eingetragen wurde.

Widerruf nicht eingetragener Prokura

Bsp.: *Kaufmann K hat dem P Prokura erteilt, diese allerdings nicht ins Handelsregister eintragen lassen. Später widerruft er die Prokura, wobei auch der Widerruf nicht ins Handelsregister eingetragen wird. P hat aber noch Waren beim Lieferanten L bestellt, die K jetzt nicht bezahlen will. Kann L Zahlung verlangen?* 253

L könnte von K die Bezahlung der gekauften Ware gem. § 433 II BGB verlangen, wenn zwischen beiden ein wirksamer Kaufvertrag zustande gekommen ist.

P hat als Vertreter im Namen des K bei L gekauft. Der geschlossene Vertrag könnte aber nach § 177 BGB unwirksam sein, weil der P nach dem Widerruf der Prokura als falsus procurator gehandelt hat. Möglicherweise wird aber das Vertrauen des L in den Fortbestand der Prokura durch § 15 I HGB geschützt. Das Erlöschen der Prokura ist eine eintragungspflichtige Tatsache (§ 53 III HGB). Diese Tatsache wurde nicht eingetragen und bekannt gemacht.

h.M. § 15 I HGB (+)

L wusste beim Vertragsschluss mit P auch nichts vom Erlöschen der Prokura des P. Dabei schadet nur positive Kenntnis, eine Erkundigungspflicht besteht nicht. Gem. § 15 I HGB kann ihm das Erlöschen der Prokura nicht entgegengehalten werden, so dass trotz § 177 BGB ein wirksamer Kaufvertrag zwischen K und L zustande gekommen ist.

Voreintragung nicht erforderl.

Dem steht auch nicht entgegen, dass die Erteilung der Prokura selbst als eintragungspflichtige Tatsache (vgl. § 53 HGB) nicht in das Handelsregister eingetragen wurde. Der Geschäftspartner kann nämlich auch außerhalb des Handelsregisters Kenntnis von der Prokura erlangt haben. Entscheidend ist dann allein das Schweigen des Handelsregisters zum Widerruf der Prokura. Da dieser Widerruf nicht eingetragen und bekannt gemacht wurde, ist L schutzwürdig. 254

414 Vgl. Harms, Handelsrecht, S.68.

415 Vgl. OLG Stuttgart NJW 1973, 806; K. Schmidt, HR § 14 II.

nach a.A. (-), da nicht eingetragen

hemmer-Methode: Merken Sie sich: Hier hat sich die gegenteilige Auffassung nicht durchgesetzt:[416] Wegen Fehlens der Eintragung der Prokura soll kein Vertrauenstatbestand geschaffen worden sein, auf den sich der gute Glaube des L gründen könnte. Deswegen soll § 15 I HGB entfallen.
„Soundwörter" müssen deshalb in der Klausur sein: „Eine Voreintragung ist nicht erforderlich, da auch außerhalb des Handelsregisters eine Kenntniserlangung möglich ist." Diskutiert wird diese Problematik auch unter dem Stichwort „sekundäre Unrichtigkeit" des Handelsregisters!

Wegen seiner Beschränkung auf das Schweigen des Handelsregisters ist der durch § 15 I HGB gewährte Schutz sehr viel enger als etwa der Schutz des Grundbuches. Der gesetzliche Vertrauensschutz bei unrichtigem Registerinhalt beschränkt sich insoweit auf die negative Publizität.

Geschäftsunfähigenschutz vorrangig

***Bsp.:** Der unerkannt geisteskranke Kaufmann K bestellt P zum Prokuristen, wobei die Prokura eingetragen und bekannt gemacht wird. Hier wird ein redlicher Dritter, der im Vertrauen auf die bestehende Prokura mit dem für K handelnden P einen Vertrag schließt, durch § 15 I HGB nicht geschützt. Denn K hat es nicht unterlassen, eine eintragungsbedürftige Tatsache ins Handelsregister einzutragen.* **255**

Weiterhelfen könnte dem Dritten nur § 15 III HGB[417], wobei hier allerdings der Schutz des geschäftsunfähigen K dem Schutz durch § 15 III HGB vorgehen dürfte.[418]

hemmer-Methode: Der Schutz des beschränkt Geschäftsfähigen kann mit dem durch § 15 I HGB bezweckten Schutz gutgläubiger Dritter kollidieren. Examenstypisches Problemfeld ist deshalb, ob § 15 I HGB auch zu Lasten von beschränkt Geschäftsfähigen eingreift.
Generell gilt: Kein Schutz des guten Glaubens an die unbeschränkte Geschäftsfähigkeit. § 15 I HGB verzichtet nach dieser Ansicht auf das ansonsten für die Begründung einer Rechtsscheinhaftung erforderliche Veranlasserprinzip.

Um die durch die Beschränkung des § 15 I HGB auf die negative Publizität gegebene Lücke zu schließen, entwickelten Rspr. und Lehre einen *allgemeinen handelsrechtlichen Vertrauensgrundsatz:*[419]

Danach muss sich derjenige, der durch eine Eintragung ins Handelsregister öffentlich eine Erklärung abgibt und hierdurch einen Rechtsschein veranlasst, an diesem Rechtsschein festhalten lassen. Dasselbe soll für den gelten, der es schuldhaft unterlässt, eine ihn betreffende, unrichtige Eintragung im Handelsregister zu beseitigen.

positive Publizität

Die *positive Publizität* ist in *§ 15 III HGB* geregelt. Ist eine einzutragende Tatsache unrichtig bekannt gemacht, so kann sich ein gutgläubiger Dritter gegenüber demjenigen, in dessen Angelegenheiten die Tatsache einzutragen war, auf die bekannt gemachte Tatsache berufen. **256**

Wie § 15 I HGB gilt auch § 15 III HGB nur für eintragungspflichtige Tatsachen. Wichtig ist, dass der Vertrauensschutz nicht durch die Eintragung im Handelsregister, sondern durch die *öffentliche Bekanntmachung* der unrichtigen Tatsache ausgelöst wird. Nach dem Gesetzeswortlaut würde der Schutz des § 15 III HGB auch dann eintreten, wenn die Bekanntmachung von dem Betroffenen nicht veranlasst wurde oder dieser überhaupt keinen Einfluss auf die Bekanntmachung nehmen konnte.

416 Vgl. Medicus/Petersen, BR, Rn. 105.

417 Sogleich unten Rn. 256 f.

418 Vgl. Medicus/Petersen, BR, Rn. 107; anders K. Schmidt, HR § 14 III.

419 Vgl. K. Schmidt, HR § 14 III m.w.N.

Veranlasserprinzip

Dieser Schutz geht aber zu weit, da er dazu führen kann, dass jemand, der fälschlich ohne eigene Veranlassung als Gesellschafter einer OHG bekannt gemacht wird, in Schulden von unbegrenzter Höhe geraten kann.

Deshalb wird § 15 III HGB von der h.M. einschränkend ausgelegt. Die Vorschrift soll nur gegen denjenigen wirken, der die unrichtige Bekanntmachung veranlasst hat. Aus „heiterem Himmel" sollen die Folgen des § 15 III HGB nicht eintreten: Der fälschlich eingetragene OHG-Gesellschafter, der überhaupt keinen Eintragungsantrag gestellt hat (im obigen Beispielsfall etwa der unbeteiligte Bruder Jakob Hanno), muss sich die Bekanntmachung nicht entgegenhalten lassen.

Wurde hingegen ein Eintragungsantrag gestellt, so ist es gerechtfertigt, den Beantragenden so zu behandeln, als sei die unrichtige Bekanntmachung korrekt. Er hätte es in der Hand gehabt, die Bekanntmachung nach seinem Eintragungsantrag zu kontrollieren.

hemmer-Methode: Entscheidendes Argument ist einmal mehr: Wer den Nutzen hat, muss auch den Schaden tragen. Es geht also schlicht darum, zu *werten*, wer „näher dran ist".
Sie sehen, intelligentes Lernen mit der hemmer-Methode bedeutet eben nicht stupides Faktenpauken, sondern Erkennen der wegweisenden – hinter dem Gesetz stehenden – Interessenkollisionen.

e) Erlöschen

Erlöschen der Vollmacht, § 168 BGB

Das Gesetz regelt das Erlöschen der Vollmacht in § 168 BGB nur unvollständig, indem es auf das zugrundeliegende Rechtsverhältnis (§ 168 S. 1 BGB) oder den isolierten Widerruf der Vollmacht (§ 168 S. 2 BGB) verweist. 257

<u>Die Vollmacht erlischt:</u>

- ⇨ mit dem Ende des ihrer Erteilung zugrunde liegenden Rechtsverhältnisses, § 168 S. 1 BGB
- ⇨ mit dem Widerruf der Vollmacht, falls sie nicht ausnahmsweise unwiderruflich erteilt wurde, § 168 S. 2 BGB;
- ⇨ durch Zeitablauf, wenn sie befristet erteilt wurde;
- ⇨ durch Eintritt einer auflösenden Bedingung, wenn die Vollmacht bedingt erteilt wurde;
- ⇨ durch Zweckerreichung, wenn die Vollmacht nur ein bestimmtes Rechtsgeschäft betroffen hat, sobald das Rechtsgeschäft abgeschlossen oder endgültig gescheitert ist;
- ⇨ durch Eröffnung des Insolvenzverfahrens, § 117 I InsO; und schließlich.

mit Erlöschen des Grundgeschäfts erlischt Vollm., § 168 S. 1 BGB

Ergibt sich aus der Vollmacht selbst kein Anhaltspunkt für den Zeitpunkt ihres Erlöschens, bestimmt sich dieser Zeitpunkt gem. § 168 S. 1 BGB nach dem *zugrunde liegenden Rechtsverhältnis.* Als Erlöschensgründe kommen dann beispielsweise Kündigung, Rücktritt, Erfüllung oder auch der Eintritt einer auflösenden Bedingung im Grundverhältnis in Betracht. 258

hemmer-Methode: Für die isolierte Vollmacht, bei der ja kein Grundgeschäft besteht, sind die Beendigungsgründe des Auftragsrechts analog anzuwenden.[420]

420 Vgl. Palandt, § 168, Rn. 1.

Tod des Vollmachtgebers oder des Bevollmächtigten

Klausurrelevante Besonderheiten können sich beim Tod bzw. der Geschäftsunfähigkeit des Vollmachtgebers oder des Bevollmächtigten ergeben.

Auftrag, §§ 672-674 BGB

Eine Regelung findet sich im Auftragsrecht in *§§ 672 bis 674 BGB* 259
und gilt für die entgeltliche Geschäftsbesorgung nach § 675 BGB entsprechend. Stirbt der *Beauftragte*, erlischt gem. § 673 BGB im Zweifel das Auftragsverhältnis und somit nach § 168 S. 1 BGB die Vollmacht. Diese Vermutungsregel greift aber dann nicht, wenn die Vollmacht lediglich im Interesse des Bevollmächtigten erteilt wurde; sie geht vielmehr auf seine Erben über.[421] Wird der Bevollmächtigte geschäftsunfähig, kann er für einen anderen nicht mehr wirksam Rechtgeschäfte vornehmen. Diese Konsequenz folgt bereits aus § 165 BGB.

Bsp.: *Erteilt der Verkäufer dem Käufer im formgültigen Kaufvertrag über* 260
ein Grundstück (§ 311b I S. 1 BGB) eine Auflassungsvollmacht unter Befreiung von § 181 BGB, dann können nach dem Tod des Käufers seine Erben die Auflassung vor dem Notar nach § 925 I S. 1 BGB erklären und ihre Eintragung ins Grundbuch bewirken. Die Vollmacht wurde nur im Interesse des Bevollmächtigten erteilt und wirkt daher entgegen der Auslegungsregel des § 673 i.V.m. § 168 S. 1 BGB nach dem Tod fort.

transmortale Vollmacht

Stirbt der *Vollmachtgeber* oder wird er geschäftsunfähig, so endet 261
damit nicht ohne weiteres die Vollmacht. Sie bleibt vielmehr im Zweifel über den Tod hinaus bestehen, §§ 672 i.V.m. 168 S. 1 BGB. Eine solche Vollmacht, die über den Tod hinaus bestehen bleibt, heißt *transmortale Vollmacht.* Die Erben des Vollmachtgebers können die Bevollmächtigung aber widerrufen.

postmortale Vollmacht

Soll die Vollmacht erst aufschiebend bedingt mit dem Todesfall zur 261a
Entstehung gelangen (§ 158 I BGB), wird sie als *postmortale Vollmacht* bezeichnet.

Transmortale Vollmacht	**Postmortale Vollmacht**
Vollmacht **bleibt** über den Tod des Vollmachtgebers hinaus bestehen § 672 i.V.m. § 168 S. 1	Vollmacht gelangt erst aufschiebend bedingt mit dem Todesfall zur **Entstehung**, § 158 I

Erben können jedoch Vollmacht **zum Erlöschen bringen**: durch Beendigung des zugrundeliegenden Rechtsverhältnisses, z.B. durch Widerruf des Auftrags, §§ 671, 168 S. 1; oder durch Widerruf der Vollmacht, § 168 S. 2!

Erlischt der Auftrag in anderer Weise als durch Widerruf, gilt er aller- 261b
dings gem. § 674 BGB zum Schutze des Beauftragten als fortbestehend, bis dieser vom Erlöschen Kenntnis erlangt.

Solange gilt auch die Vollmacht als fortbestehend, es sei denn, dass der Dritte das Erlöschen des Auftrags kennt oder kennen muss, § 169 BGB. Beim Erlöschen des Auftrags durch Widerruf bedarf der Beauftragte keines Schutzes - der Widerruf wird ja erst mit Zugang an den Beauftragten wirksam.

421 Palandt, § 168, Rn. 3.

Vertrag zugunsten Dritter auf den Todesfall

hemmer-Methode: Beim Vertrag zugunsten Dritter auf den Todesfall stellt sich häufig das Problem des § 168 S. 1 BGB. Widerruft der Erbe des Vollmachtgebers beim Vertrag zugunsten Dritter den Auftrag gegenüber der Bank, bevor das Schenkungsangebot an den Dritten abgegeben wurde, so erlischt auch nach §§ 671, 168 S. 1 BGB die Vollmacht. Die Bank kann dann an den Dritten kein Schenkungsangebot mehr als Vertreterin des Erben abgeben.

Widerruf

Ein weiterer Erlöschensgrund der Vollmacht ist ihr *Widerruf* (einseitige, empfangsbedürftige Willenserklärung!). Das Gesetz geht in § 168 S. 2 BGB von der freien Widerruflichkeit der Vollmacht aus: Der Widerruf ist weder von der Existenz noch vom Fortbestehen des Grundverhältnisses abhängig. 262

hemmer-Methode: § 168 S. 3 BGB wird beim ersten Lesen oft falsch verstanden. Die Verweisung auf § 167 I BGB hat nicht zur Folge, dass der Widerruf auf dieselbe Art und Weise wie die Erteilung zu erfolgen hat. Es besteht vielmehr *erneut ein Wahlrecht*, d.h. auch die gegenüber einem Dritten erteilte Außenvollmacht kann gegenüber dem Bevollmächtigten widerrufen werden. Zugunsten des Geschäftspartners gilt dann allerdings § 170 BGB.

Ausschluss möglich

Der Widerruf kann jedoch vertraglich ausgeschlossen sein, wobei sich ein derartiger Ausschluss bereits aus den Umständen, insbesondere dem Vertragszweck, ergeben kann. Ein Ausschluss der Widerruflichkeit ist insbesondere anzunehmen, wenn die Vollmacht im Interesse des Bevollmächtigten erteilt wurde.[422] Unwirksam ist der Ausschluss des Widerrufsrechts demgegenüber bei einer Generalvollmacht, bei einer isolierten Vollmacht und bei einer Vollmacht, die ausschließlich im Interesse des Vollmachtgebers erteilt wurde.[423]

Im Übrigen kann auch die unwiderrufliche Vollmacht jederzeit *aus wichtigem Grund* widerrufen werden.[424] Das Gegenstück zum Widerruf der Vollmacht durch den Auftraggeber bildet der Verzicht durch den Beauftragten: Auch dieser ist jederzeit möglich, es sei denn, es ergibt sich aus den Umständen etwas anderes.

Fortwirken, §§ 170-173 BGB

Auch nach dem Erlöschen der Vollmacht kann die Vertretungsmacht fortwirken. Die §§ 170-173 BGB schützen das Vertrauen des Geschäftsgegners in den Bestand der Vollmacht, obwohl diese eigentlich nach § 168 S. 1 BGB oder aus sich heraus bereits erloschen ist.

So bleibt eine *Außenvollmacht* gem. § 170 BGB in Kraft, bis der Vollmachtgeber dem Dritten, gegenüber dem die Außenvollmacht erteilt wurde, ihr Erlöschen angezeigt hat. Entsprechendes gilt gem. § 172 BGB, wenn der Vertreter unter Vorlage einer ihm ausgehändigten *Vollmachtsurkunde* auftritt. Die Vertretungsmacht wirkt bis zur Rückgabe oder Kraftloserklärung der Vollmachtsurkunde. 263

Die nach außen *kundgemachte Innenvollmacht* schließlich erlischt gem. § 171 II BGB erst, wenn sie in derselben Weise widerrufen wird, wie sie erteilt wurde.

gesetzliche Rechtsscheinhaftung

Die §§ 170 bis 173 BGB bilden einen gesetzlich geregelten Fall der *Rechtsscheinhaftung*. Demgemäß greifen sie nach § 173 BGB gegenüber einem *Bösgläubigen* nicht ein, da dieser auf den Rechtsschein des vermeintlichen Vertreters nicht vertrauen durfte.

422 BGH, WM 1985, 647 = **juris**byhemmer.

423 Palandt, § 168, Rn. 6.

424 BGH, WM 1969, 1009 = **juris**byhemmer; dem liegt der Rechtsgedanke der §§ 626, 723 BGB zugrunde, vgl. Larenz, AT, S.570.

Bsp.: *K hat sich auf Anraten seines Anlagevermittlers X eine Eigentumswohnung aufschwätzen lassen. Er erteilte dem X eine umfassende Vollmacht zur Abgabe aller erforderlichen Willenserklärungen. X kaufte daraufhin im Namen des K die Eigentumswohnung und nahm hierfür einen entsprechenden Bankkredit auf. Dabei legte er jeweils die von K unterschriebene Vollmacht vor.* **263a**

Sind die abgeschlossen Verträge wirksam? Auf § 3 des Rechtsdienstleistungsgesetzes (RDG) wird hingewiesen.

Lösung: Da K die Verträge nicht selbst, sondern vertreten durch X abschloss, stellt sich die Frage, ob der X den K wirksam verpflichten konnte, § 164 I S. 1 BGB. Erforderlich ist dafür eine rechtswirksam erteilte Vollmacht.

Verstoß gegen § 3 RDG führt zu § 134 BGB

1. Problematisch ist zunächst, dass der Geschäftsbesorgungsvertrag nach der ständigen Rechtsprechung des BGH nichtig ist.

Nach der ständigen Rechtsprechung des BGH liegt nämlich eine nach § 3 RDG erlaubnispflichtige Besorgung fremder Rechtsangelegenheiten vor, wenn eine geschäftsmäßige Tätigkeit darauf gerichtet und geeignet ist, konkrete fremde Rechtsangelegenheiten zu verwirklichen oder konkrete fremde Rechtsverhältnisse zu gestalten.[425]

Ein ohne diese Erlaubnis abgeschlossener umfassender Geschäftsbesorgungsvertrag ist wegen Verstoßes gegen § 3 RDG i.V.m. § 134 BGB nichtig.

Nichtigkeit erfasst auch Vollmacht ohne „Umweg“ über § 139 BGB

2. Es stellt sich als zweites die Frage, ob diese Nichtigkeit des Geschäftsbesorgungsvertrags auch die Vollmacht erfassen kann.

Dies könnte sich nach § 139 BGB richten, wenn es nach dem erkennbaren Willen der Vertragsparteien entscheidend darauf ankommen sollte, ob Vollmacht und das zugrunde liegende Grundgeschäft zu einer Rechtseinheit zusammengefasst sein sollen. Dies könnte aber zu verneinen sein, denn nach einer Ansicht richtet sich das Verbot aus § 3 RDG nur gegen den Rechtsberater; es soll nicht die Vollmacht erfassen können, da sie als einseitiges Rechtsgeschäft durch den Vertragspartner des Rechtsberaters erteilt wird.

Dieser Ansicht tritt der BGH in nun gefestigter Rechtsprechung entgegen, es soll nicht auf § 139 BGB ankommen. Der Verstoß gegen § 3 RDG i.V.m. § 134 BGB führt unmittelbar und ohne weiteres auch zur Nichtigkeit der Vollmacht.[426]

Entscheidend dafür ist der Schutzzweck aus § 3 RDG, er dient dem Schutz des Rechtssuchenden vor unsachgemäßer Beratung und Vertretung.

Würde die Nichtigkeit nicht auch die Vollmacht erfassen, ginge dieser Schutz praktisch ins Leere. Denn es wäre unvereinbar, den unbefugten Rechtsberater gleichwohl rechtlich in den Stand zu setzen, seine gesetzlich missbilligte Tätigkeit zu Ende zu führen, indem er Rechtsgeschäfte zu Lasten des Geschützten abschließt, und ihn dann allein auf Schadensersatzansprüche gegen den Rechtsberater zu verweisen.

***aber**: dennoch Anwendung von §§ 171, 172 BGB*

3. Die unwirksame Vollmacht könnte aber dennoch als gültig zu behandeln sein, wenn die Grundsätze der §§ 171, 172 BGB greifen würden.

Das Verbot des § 3 RDG richtet sich gegen den Vertreter und soll den Vertretenen schützen, es betrifft damit nur das Innenverhältnis.

---

425 Vgl. BGH Life&Law 2003, 593 ff. = ZIP 2003, 943 ff.; BGH Life&Law 2004, 656 ff. = NJW 2004, 59 ff. und 62 ff.; BGH Life&Law 2004, 728 ff.; BGH NJW 2005, 664 ff.; BGH NJW 2005, 821 ff.; BGH Life&Law 2005, 818 ff. = NJW 2005, 2983 ff.: **alle Entscheidungen = juris**byhemmer.

426 Vgl. BGH a.a.O.

Davon zu trennen ist aber das Außenverhältnis zum Vertragspartner des Vertretenen, es ist nur gerecht, diesem über §§ 171, 172 BGB und die Grundsätze der allgemeinen Rechtsscheinhaftung ebenfalls einen Schutz zu gewähren. Diesen liegt der allgemeine Grundsatz zu Grunde, dass derjenige, der einem gutgläubigen Dritten gegenüber zurechenbar den Rechtsschein einer Bevollmächtigung eines anderen setzt, sich so behandeln lassen muss, als habe er die Vollmacht wirksam erteilt.

Die §§ 171, 172 BGB schützen das Vertrauen auf den mit der Vollmachtsurkunde verbundenen Rechtsschein unabhängig davon, aus welchen Gründen die Bevollmächtigung unwirksam ist.

Es entspricht daher der mittlerweile gefestigten Rechtsprechung des BGH, dass die Vorschriften auf die einem Geschäftsbesorger erteilte Abschlussvollmacht anwendbar sind, wenn dessen Bevollmächtigung, sei es unmittelbar, sei es wegen des Zusammenhangs mit dem Geschäftsbesorgungsvertrag, gegen § 3 RDG verstößt und nach § 134 BGB nichtig ist.[427]

Auch in diesen Fällen ist das Vertrauen des Geschäftsgegners in den durch die Vollmachtsurkunde gesetzten Rechtsschein schutzwürdig. Etwas anderes folgt auch nicht aus der Zielsetzung des Verbots unerlaubter Rechtsbesorgung.

<u>**Ergebnis**</u>**:** Die abgeschlossenen Verträge sind wirksam zustande gekommen.

f) Willensmängel bei der Vollmachtserteilung

Willensmängel bei Vollm.-Erteilung

Hat sich der Vollmachtgeber bei der Erteilung der Vollmacht geirrt (§ 119 BGB) oder wurde er bedroht oder arglistig getäuscht (§ 123 I BGB), so könnte er die Vollmachtserteilung grundsätzlich wie jede Willenserklärung *anfechten.* Gem. § 142 I BGB ist sie dann ex tunc nichtig; sie gilt als nie erteilt. **264**

Über die Anfechtbarkeit besteht allerdings Streit.[428]

Für den Fall, dass das Vertretergeschäft noch nicht vorgenommen wurde, genügt grundsätzlich der Widerruf; anders nur bei der unwiderruflichen Vollmacht, dann bedarf es der §§ 119 ff. BGB.

Problem: Anfechtung der Vollmacht

Die ex-tunc-Wirkung der Anfechtung macht den Vertreter für das von ihm vorgenommene Geschäft nachträglich zum falsus procurator. **265**

Die Anfechtung der Vollmacht wirkt sich also nachteilig für den Geschäftsgegner aus, da dieser das Risiko der Zahlungsunfähigkeit des Vertreters hinsichtlich des Anspruchs aus § 179 BGB zu tragen hat.

Teilweise wird deswegen die rückwirkende Anfechtung der betätigten Vollmacht generell abgelehnt. Zum einen wird als Vergleich die Prozessvollmacht angeführt, die nicht mit ex-tunc-Wirkung anfechtbar ist. Zum anderen wird aus § 166 BGB entnommen, dass es bei Willensmängeln grundsätzlich auf die Person des Vertreters ankomme.

427 Vgl. BGH a.a.O.; zuletzt erneut bestätigt durch Urteil vom 25.04.2006, XI ZR 219/04; Download unter www.bundesgerichtshof.de.

428 Vgl. dazu auch Becker/Schäfer, Die Anfechtung von Vollmachten, in JA 2006, 597 ff.

Könnte der Vollmachtgeber darüber hinaus durch die Anfechtung der Bevollmächtigung das vom Vertreter geschlossene Geschäft zu Fall bringen, so stünde er besser, als wenn er das Geschäft selbst getätigt hätte. Durch die Arbeitsteilung könnte er sich also eine zusätzliche Anfechtungsmöglichkeit schaffen. Hiergegen würden aber schutzwürdige Interessen des Partners sprechen.[429]

h.M.: grds. möglich

Dennoch bejaht die h.M. die Anfechtbarkeit der Vollmachtserteilung. Die Erteilung der Vollmacht stelle ein einseitiges, vom Vertretergeschäft getrenntes Rechtsgeschäft dar, das bei einem Irrtum des Vollmachtgebers auch selbständig angefochten werden könne. Das Risiko der Zahlungsunfähigkeit des Vertreters, mit dem teilweise die Anfechtbarkeit abgelehnt wird, könne bei der Frage des Anfechtungsgegners berücksichtigt werden.

Anfechtungsgegner

Der Anfechtungsgegner bestimmt sich grundsätzlich nach § 143 I u. III BGB. Gem. § 143 III S. 1 BGB müsste die Anfechtungserklärung eigentlich gegenüber dem Adressaten der Bevollmächtigung erfolgen. 266

Nach einer Ansicht ist der Wortlaut des § 143 III S. 1 BGB denn auch so zu verstehen, dass die bei der Erteilung der Vollmacht bestehende Wahlmöglichkeit nach § 167 I BGB auch für die Person des Anfechtungsgegners bestehe und zwar unabhängig davon, wem gegenüber die Bevollmächtigung tatsächlich erfolgt ist.

Dies hätte zur Konsequenz, dass die Vollmacht sowohl gegenüber dem Bevollmächtigten als auch gegenüber dem Geschäftsgegner angefochten werden kann.

Nach anderer Ansicht ist für die Bestimmung der Person des Anfechtungsgegners die tatsächliche Vornahme der ursprünglichen Willenserklärung ausschlaggebend - bei einer Innenvollmacht wäre also der Vertreter der richtige Anfechtungsgegner.[430]

bei betätigter InnenvollM

Für den Fall der bereits betätigten Innenvollmacht bestehen gegen die genannten Lösungen jedoch Bedenken, wenn die Vollmacht durch Anfechtung gegenüber dem Vertreter rückwirkend beseitigt werden könnte.

Hier würde dem Dritten sein schon begründeter Anspruch entzogen, ohne dass er etwas davon erfahren müsste. Auch könnte er vom Geschäftsherr nicht Ersatz des Vertrauensschadens verlangen. Dieser stünde gem. § 122 I BGB nur dem Vertreter zu. Der Geschäftsgegner müsste sich hingegen über § 179 II BGB an den Vertreter halten.

Ggü. beiden anzufechten

Um dieses Ergebnis zu vermeiden, ist die ausgeübte Innenvollmacht *zumindest* **auch** gegenüber dem *Geschäftsgegner* anzufechten. Schließlich bedeutet sie faktisch einen Angriff auf das Geschäft, das mit diesem abgeschlossen wurde.[431] Sie hat zwar den Sinn, die Innenvollmacht zu beseitigen, zielt jedoch auch (in der Mehrzahl der Fälle: vor allem!) auf die Vernichtung des Vertretergeschäfts. Dem muss die Regelung bzgl. des Anfechtungsgegners und damit auch die unmittelbare Ersatzpflicht des Vertretenen aus § 122 I BGB entsprechen. 267

429 Vgl. Brox JA 1980, 449 ff.

430 Palandt, § 167, Rn. 3.

431 Vgl. Medicus/Petersen, BR, Rn. 96.

Problem einer evtl. Anfechtbarkeit: Vertreter wird „ex tunc" (§ 142 I) zum „falsus procurator", an den sich Geschäftsgegner dann halten müsste, § 179 (Liquiditätsrisiko!), anstatt Vertretenen in Anspruch nehmen zu können

e.A.: Anfechtung (-)
- keine zusätzliche Anfechtungsmöglichkeit durch Einschaltung eines Vertreters
- gem. § 166 I kommt es für Willensmängel grds. auf Person d. Vertreters an
- auch keine Anfechtung der Prozessvollmacht mgl.

h.M.: Anfechtung (+)
- Vollmachtserteilung als normales einseitiges Rechtsgeschäft anfechtbar
- **Anfechtungserklärung** *muss zumindest auch* ggü. Geschäftsgegner erfolgen (in Abweichung von § 143 III S. 1) ⇨ dieser erhält dann Direktanspruch gegen Vertretenen aus § 122 neben unsicherem Anspruch aus § 179 gegen Vertreter

str.: kundgemachte Innenvollmacht

Problematisch ist auch die Anfechtung der Kundgabe bei einer *kundgemachten Innenvollmacht*. Teilweise wird die Kundmachung nicht als Willenserklärung, sondern als *Wissenserklärung* angesehen und daher streng von der Außenvollmacht unterschieden. Demnach handelt es sich bei der Verpflichtung des Vertretenen nach §§ 171, 172 BGB um einen Fall der Rechtsscheinhaftung. 268

Bei Rechtsscheintatbeständen wird aber eine Anfechtung des Rechtsscheins verneint, da eine Anfechtung den einmal gesetzten Rechtsschein nicht beseitigen kann.[432]

Nach anderer Ansicht ist die Mitteilung einer Innenvollmacht der Außenvollmacht gleichzusetzen und kann wie diese angefochten werden.

> **Bsp.:** *Einzelhändler Knauser teilt seinem Kunden mit, er habe seinem Laufburschen Völlig Vollmacht zur Abkassierung des geschuldeten Kaufpreises erteilt. In Wirklichkeit meinte Knauser seinen Ladenangestellten Füllig. Kann Knauser seine Mitteilung wegen Irrtums anfechten?*

h.M. (-), da Wissenserklärung

Eine Anfechtung wäre nicht möglich, wenn man die Kundgabe der Bevollmächtigung streng von der Erteilung einer Außenvollmacht trennen und aus diesem Grund als Tatbestand der Rechtsscheinhaftung betrachten würde. Denn ein gesetzter Rechtsschein kann nicht im Wege der Anfechtung beseitigt werden. Hierfür spricht, dass es sich bei der Kundmachung streng genommen nicht um eine Willens-, sondern um eine Wissenserklärung handelt. Es fehlt das auf die Setzung einer Rechtsfolge gerichtete Element.[433]

a.A. (+), wie Außenvollmacht

Auf der anderen Seite ist es sinnlos, den Empfänger einer bloßen Kundmachung nach §§ 171, 172 BGB stärker zu schützen als jemanden, dem gegenüber eine Außenvollmacht erklärt wurde. Deshalb ist es sachgerecht, auch die Anfechtung der Kundmachung zuzulassen, sofern eine erteilte Außenvollmacht selbst anfechtbar wäre. Hier könnte Knauser eine Außenvollmacht anfechten, da er im Erklärungsirrtum handelte (§ 119 I Alt. 2 BGB). Folglich kann er auch die Kundmachung anfechten.

hemmer-Methode: Es gibt einige Standardprinzipien juristischer Argumentation: Man kann ein Problemfeld formell betrachten oder materiell. Formell ist es keine Willenserklärung, sondern eine Wissenserklärung, und damit scheidet die Anfechtung aus. Materiell ist es aber mit der Außenvollmacht vergleichbar. Letztlich müsste der materielle Aspekt überwiegen.

432 Palandt, § 173, Rn. 1.

433 Palandt, § 173, Rn. 1.

Es gibt fast immer eine formelle, am Ordnungsdenken orientierte, und eine materielle, auf die inhaltliche Seite bezogene Betrachtungsweise. Bei den Chinesen ist dies versinnbildlicht in den Figuren Konfuzius (Ordnungsdenker) und Lao Tse (Wahrheitsmensch). Ähnlich strickte Hegel seine Philosophie: These („Das Ding an sich") – Antithese („Der Geist entdeckt sich selbst"), und schließlich erreicht der Weltgeist die ultimative Stufe (Synthese).
Auch formale Aspekte können herangezogen werden, nämlich der Aspekt des a maiore ad minus. Wenn schon derjenige, der eine Willenserklärung (Außenvollmacht) abgibt, diese anfechten kann, muss eine weniger stark wirkende Wissenserklärung (Kundgabe der Vollmacht) erst recht angefochten werden können. Achten Sie immer auf solche Wertungsaspekte! Ergebnisse sind im Examen beim Erkennen der maßgeblichen Aspekte nicht nur zweitrangig, sondern sogar irrelevant. Verlangt wird nur eine juristisch begründete Argumentation.

2. Gesetzliche und organschaftliche Vertretungsmacht

Vertretungsmacht kann durch Rechtsgeschäft verliehen werden. Sie kann aber auch auf *gesetzlichen Vorschriften* beruhen. Der gesetzlichen Vertretung verwandt ist die Vertretung juristischer Personen (bzw. Personengesellschaften) durch ihre *Organe*. Unterschiedliche Rechtsfolgen ergeben sich aus dieser Unterscheidung zwischen gesetzlicher und gewillkürter Vertretungsmacht jedoch nicht.[434] 269

a) Gesetzliche Vertretungsmacht

gesetzliche Vertretungsmacht

Personen, die geschäftsunfähig oder beschränkt geschäftsfähig sind, bedürfen eines gesetzlichen Vertreters, um am Geschäftsverkehr teilnehmen zu können. Die Vertretungsmacht verleiht hier nicht der Vertretene, sondern das Gesetz. 270

z.B. elterliche Sorge

Fälle gesetzlicher Vertretungsmacht bilden die elterliche Sorge für ihre minderjährigen Kinder (§§ 1626, 1629 BGB) und die Betreuung (§§ 1896 ff. BGB), die die Institute der Vormundschaft und der Pflegschaft seit dem 1. Januar 1992 abgelöst hat. 271

Gesamtvertretung

Die gesetzliche Vertretungsmacht der Eltern, die das Kind *gemeinschaftlich aktiv* vertreten (§ 1629 I S. 2 HS 1 BGB), ist im Grundsatz unbeschränkt.

hemmer-Methode: Ist eine Willenserklärung gegenüber dem Minderjährigen abzugeben, so genügt gem. §§ 131, 1629 I S. 2 HS 2 BGB der Zugang gegenüber einem Elternteil. Bei der Passivvertretung besteht daher ein Einzelvertretungsrecht.

Bei gewissen, für den Vertretenen folgenschweren oder besonders riskanten Geschäften ist ihre Vertretungsmacht jedoch eingeschränkt oder gänzlich ausgeschlossen.

§ 1629 II BGB

So bestimmt § 1629 II BGB mit seiner Verweisung auf *§ 1795 BGB,* dass die Eltern ihr Kind in den Fällen nicht vertreten können, in denen auch ein Vormund von der Vertretung ausgeschlossen wäre (wichtigster Fall: § 1795 II BGB - Insichgeschäft!). Bei den genannten Rechtsgeschäften muss gem. §§ 1693, 1909 BGB ein Ergänzungspfleger bestellt werden, um das Kind wirksam zu berechtigen und zu verpflichten.

434 Vgl. Soergel, vor § 164, Rn. 25.

§ 1822 BGB als Beschränkung

Schließlich bedürfen die Eltern gem. § 1643 I BGB als gesetzliche Vertreter ihres Kindes zu den Rechtsgeschäften einer Genehmigung des Familiengerichts[435], bei denen auch ein Vormund der Genehmigung bedürfte. Der Katalog der zustimmungsbedürftigen Rechtsgeschäfte findet sich in den §§ 1821, 1822 BGB. 272

Demnach müssen die Eltern insbesondere für *Grundstücksgeschäfte* (§ 1821 BGB), für Verträge, die auf den Erwerb oder die Veräußerung eines Erwerbsgeschäftes gerichtet sind, für Gesellschaftsverträge zum Betrieb eines Erwerbsgeschäftes (§ 1822 Nr. 3 BGB) sowie für länger laufende Miet-, Pacht- und Lehrverträge (§ 1822 Nr. 5, 6 BGB) die Zustimmung des Familiengerichts einholen, wenn sie solche Verträge im Namen des Kindes abschließen möchten.

hemmer-Methode: Eltern und Kind sind examenstypische Problemfelder im Vertretungsrecht! Denken Sie in diesem Zusammenhang z.B. an Schenkungen der Eltern an ihre Kinder und an § 181 BGB!

Die „Deutschland sucht den Superstar-Fälle"

Unter § 1822 Nr. 5 Var. 3 BGB („anderer Vertrag, durch den der Mündel zu wiederkehrenden Leistungen verpflichtet wird") fallen nach h.M. auch Verträge, durch die Minderjährige über viele Jahre hinweg im Rahmen sog. „Casting-Shows" zu Auftritten verpflichtet werden.

Daher genügt also die Zustimmung der Eltern zu Verträgen ihrer Kindern bei Shows wie „Deutschland sucht den Superstar", „Starduell" etc. dann nicht, wenn die Kinder über ein Jahr nach dem Eintritt der Volljährigkeit immer noch verpflichtet sind.

hemmer-Methode: Wegen der Aktualität ein examenstypisches Problem! Zur Vertiefung hierzu: FOMFEREK, Minderjährige „Superstars" – Die Probleme des § 1822 Nr. 5 BGB, in NJW 2004, 410 ff.

Begründung und Änderung von Gesellschaftsverträgen

Problem: Nach §§ 1643 I, 1822 Nr. 3 BGB ist die familiengerichtliche Genehmigung zu einem *Gesellschaftsvertrag* erforderlich, der zum Betrieb eines Erwerbsgeschäfts eingegangen wird. 273

Nach dem BGH[436] erfasst § 1822 Nr. 3 BGB aber *nicht* die Fälle einer *späteren Änderung des Gesellschaftsvertrags.* Hauptargumente des BGH sind insbesondere der Wortlaut des § 1822 Nr. 3 BGB, der Hinweis auf den außerordentlich einschneidenden Charakter eines Genehmigungszwangs für jede Vertragsänderung und die mit der Einschaltung des Familienrichters in Fragen der kaufmännischen Zweckmäßigkeit unabwendbar verbundenen Verluste an Rechtssicherheit und Praktikabilität.

hemmer-Methode: Insbesondere die letzten Argumente sind durchschlagend. Oft wissen die Gesellschafter selbst gar nicht, dass sie den Gesellschaftsvertrag konkludent, etwa durch eine abweichende Praxis, geändert haben. Die Gefahr, dass wegen der nicht eingeholten familiengerichtlichen Genehmigung die meisten Gesellschaftsverträge fehlerhaft würden, wäre zu groß. Das Erfordernis einer zusätzlichen Genehmigung wäre für den Minderjährigen im Übrigen recht nachteilig: Er würde zu einem fragwürdigen Partner.

Prokuraerteilung bei mj. Gesellschafter

Erteilt die Gesellschaft (z.B. eine OHG), an der auch der Minderjährige beteiligt ist, einem Dritten Prokura, so ist schließlich auch *§ 1822 Nr. 11 BGB nicht anwendbar.* Denn die Prokura wird nicht für den Minderjährigen, sondern für die Gesellschaft erteilt. Diese steht aber - auch wenn ihr ein Minderjähriger angehört - selbst nicht unter Vormundschaft. 274

435 Vor Einführung des KindRG vom 16.12.97 war hierfür das Vormundschaftsgericht zuständig.

436 BGHZ 38, 26 = **juris**byhemmer.

hemmer-Methode: Handeln in einem Klausurfall Eltern für ihre minderjährigen Kinder, sollte der Katalog der §§ 1643, 1821, 1822, 1795 BGB zumindest gedanklich kurz angeprüft werden. Häufig bedürfen Verträge der Eltern für ihre Kinder der Genehmigung! Ein ohne Genehmigung geschlossener Vertrag ist bis zur nachträglichen Genehmigung des Familiengerichts *schwebend unwirksam,* § 1829 I BGB. Möglicherweise ist der Minderjährige in der Zwischenzeit aber auch selbst volljährig geworden. Dann kann er selbst genehmigen, §§ 1643 III, 1829 III BGB („lex specialis" zu § 108 III BGB). Eine solche Genehmigung muss aber zumindest konkludent erteilt werden. Das Erreichen der Volljährigkeitsgrenze führt allein noch nicht zur Genehmigung! Fehlt die Genehmigung, sind die Eltern „falsus procurator"!

Partei kraft Amtes

Für den Testamentsvollstrecker (§§ 2197 ff. BGB), den Nachlassverwalter (§ 1985 BGB) oder den Insolvenzverwalter (§ 56 i.V.m. **§§ 80, 81 InsO**) als *Partei kraft Amtes* gelten die §§ 164 ff. BGB entsprechend.

b) Organschaftliche Vertretungsmacht

organschaftl. Vertr.Macht

Juristische Personen können kraft Gesetzes rechtsgeschäftlich „nur" durch ihre Organe handeln und werden daher auch durch ihre Organe vertreten.[437] Hier spricht man von organschaftlicher Vertretungsmacht. Natürlich ist auch die rechtsgeschäftliche Bevollmächtigung anderer Personen möglich. 275

z.B. GmbH und Verein

Die GmbH wird durch die Geschäftsführer (§ 35 GmbHG), die Aktiengesellschaft (§ 78 I AktG), die Genossenschaft (§ 24 I GenG) und der Verein (§ 26 II) werden jeweils durch ihren Vorstand vertreten.

Ihre Willenserklärungen wirken für und gegen die juristische Person; bei fehlender oder überschrittener Organschaft finden die §§ 177 - 179 BGB Anwendung.

Dabei ist die Vertretungsmacht der Organe einer juristischen Person im Interesse des Verkehrsschutzes grundsätzlich unbeschränkt. Beschränkungen aus der Satzung wirken gegenüber Dritten nur beim Verein (§ 26 I S. 3 BGB), nicht aber bei der AG (§ 82 I AktG), bei der GmbH (§ 37 II GmbHG), bei der OHG (§ 126 II HGB) und beim Komplementär der KG (§§ 161 II, 126 II HGB). Beim Verein gilt dies (ähnlich wie bei § 15 I HGB) aber nur dann, wenn diese Beschränkung im Vereinsregister eingetragen ist, vgl. §§ 64, 68 i.V.m. § 70 BGB (sog. „negative Publizität des Vereinsregisters").

hemmer-Methode: Anders als bei einer Gemeinde, bei der regelmäßig der Bürgermeister vertretungsberechtigt ist, gilt beim mehrköpfigen Verein: Ein Problem mehr! Strittig war, ob beim Verein Mehrheits- oder Gesamtvertretung gilt. Der Gesetzgeber hat dieses Problem inzwischen in § 26 II BGB geregelt und sich für das Mehrheitsprinzip entschieden.

3. § 181 BGB und Missbrauch der Vertretungsmacht

§ 181, Insichgeschäft

Die Ausübung der Vertretungsmacht findet ihre gesetzlichen Grenzen in § 181 BGB und den Regeln über den Missbrauch der Vertretungsmacht. 276

437 Vgl. K. Schmidt, HR § 16 II 1.

a) Insichgeschäfte

gilt für rechtsgeschäftliche und gesetzliche Vertretungsmacht

Die Vorschrift des § 181 BGB beschränkt sowohl die gesetzliche als auch die rechtsgeschäftliche Vertretungsmacht. Gem. § 181 BGB kann der Vertreter im Namen des Vertretenen weder mit sich selbst *(Selbstkontrahieren)*, noch als Vertreter eines Dritten *(Mehrvertretung)* kontrahieren, soweit ihm nichts anderes gestattet ist oder dies zur Erfüllung einer Verbindlichkeit geschieht. 277

Das vom Vertreter abgeschlossene Rechtsgeschäft ist aber nicht völlig, sondern gem. § 177 BGB nur *schwebend unwirksam*. Der Geschäftsherr kann das Geschäft durch Genehmigung an sich ziehen.[438]

Regelungszweck: Vermeidung v. Interessenkollisionen

Regelungszweck des § 181 BGB ist die Vermeidung von *Interessenkollisionen*. Der Tatbestand erfasst aber nur eine beschränkte Anzahl von Fällen, in denen ein Widerstreit der Interessen von Vertreter und Vertretenem auftreten kann.

Bsp.: *Prokurist P ist Angestellter beim Großhandelskaufmann K. Nach Feierabend betreibt er einen kleinen Getränkemarkt. Namens des K möchte er nun bei seinem eigenen Geschäft Ware kaufen.* 278

Damit dieses Vorhaben nicht an § 181 BGB scheitert, bevollmächtigt er den D, das Geschäft auf Seiten des Getränkemarktes vorzunehmen. Kann ein wirksamer Kaufvertrag zustande kommen?

keine Umgehung durch Untervertreter, etc.

Vom Wortlaut her würde ein wirksamer Vertragsschluss nicht an § 181 BGB scheitern, da es insoweit an der Personenidentität auf beiden Seiten fehlt. Aus diesem Grund hat das RG[439] § 181 BGB auf den vorliegenden Fall nicht angewandt. Dabei wird jedoch übersehen, dass die für § 181 BGB kennzeichnende Personenidentität nur durch einen Kunstgriff, nämlich die Zwischenschaltung des D, aufgehoben wurde. An der möglichen Interessenkollision, vor der § 181 BGB schützen soll, ändert sich nichts. Aus diesem Grund ist hier mit der überwiegenden Meinung in der Literatur von einer analogen Anwendung des § 181 BGB auszugehen.[440] Soweit dem P das Insich-Kontrahieren nicht ausnahmsweise gestattet ist, kann kein wirksamer Vertrag zustande kommen.

keine Analogie bei anderen Interessenkollisionen

Andere Interessenkollisionen können nicht im Wege einer Analogie zu § 181 BGB gelöst werden, da § 181 BGB eine *formale Ordnungsvorschrift* ist.[441] Die Vorschrift hat die von ihr angeordnete Begrenzung der Vertretungsmacht im Interesse der Rechtssicherheit bewusst formalisiert. Nicht analogiefähig sind insbesondere die Fälle einer Interessenkollision, bei denen sich von vorneherein verschiedene Personen gegenüberstehen. 279

Bsp.: *Leichtfuß erteilt seiner Lebensgefährtin Lola eine schriftliche Generalvollmacht. Lola übernimmt im Namen des Leichtfuß gegenüber ihrem Gläubiger eine Bürgschaft, weil dieser sich andernfalls nicht länger zu einer Stundung eines ihr gewährten Darlehens bereit erklärt hätte. Als der Gläubiger aus der Bürgschaft gegen Leichtfuß vorgehen möchte, beruft sich dieser auf § 181 BGB. Mit Erfolg?* 280

Voraussetzung für eine Inanspruchnahme des Leichtfuß ist das Vorliegen eines wirksamen Bürgschaftsvertrages zwischen ihm und dem Bürgschaftsgläubiger, § 765 I BGB.

Beim Vertragsschluss wurde Leichtfuß wirksam von Lola vertreten, §§ 164 ff. BGB Diese hatte insbesondere Vertretungsmacht. Auch aus § 181 BGB ergibt sich nichts anderes, da Lola beim Vertragsschluss nicht mit sich selbst, sondern seitens des Leichtfuß mit dem Gläubiger kontrahiert hat.

---

438 Allg. M.; vgl. Palandt, § 181, Rn. 15; BGHZ 65, 125 = **juris**byhemmer.

439 RGZ 108, 405 ff.

440 Vgl. Medicus/Petersen, BR, Rn. 113; OLG Hamm NJW 1982, 1105 = **juris**byhemmer.

441 Vgl. BGHZ 91, 337 = **juris**byhemmer.

z.B. bei anderweitigem Missbrauch d. Vertr.Macht

§ 181 BGB kann auch nicht analog angewandt werden. Zwar können auch in den Fällen, in denen sich von vorneherein verschiedene Personen gegenüberstehen, Interessenkollisionen auf Seiten des Vertreters auftreten. Diese Gefahr für sich genommen reicht nach der h.M. allerdings für eine analoge Anwendung des § 181 BGB nicht aus.[442]

Die Verbürgung oder die Bestellung einer dinglichen Sicherheit für eine Schuld des Vertreters zu Lasten des Vertretenen wird von § 181 BGB nicht erfasst.[443] Der Vertretene wird insoweit nur durch die *Regeln zum Missbrauch der Vertretungsmacht* geschützt.

Zwischen Leichtfuß und dem Gläubiger ist demnach ein wirksamer Bürgschaftsvertrag zustande gekommen.

teleologische Reduktion, wenn nur rechtl. vorteilhaft

In anderen Fällen wird der Tatbestand des § 181 BGB *eingeschränkt*. Die Vorschrift ist nach ihrem Normzweck unanwendbar *(teleologische Reduktion!)*, wenn das Insichgeschäft dem Vertretenen lediglich einen *rechtlichen Vorteil* bringt.[444] Hier ist ein Interessenwiderstreit ausgeschlossen, Belange Dritter werden nicht berührt. 281

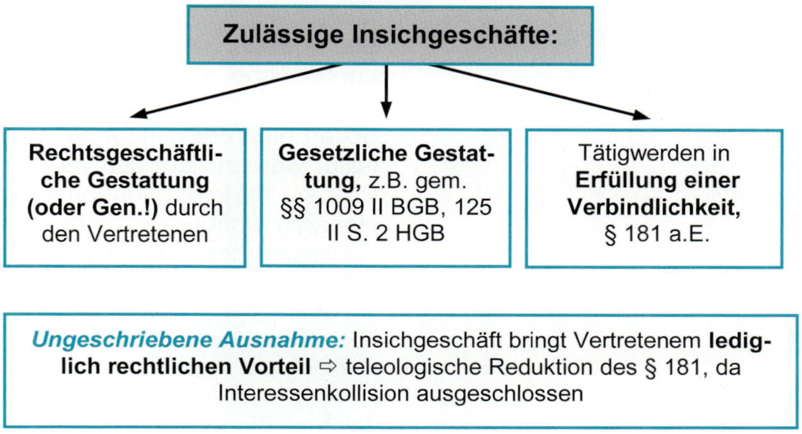

§ 35 III GmbHG

Eine teleologische Reduktion des § 181 BGB hatte die Rspr. auch für den Fall angenommen, dass der geschäftsführende Alleingesellschafter einer Ein-Mann-GmbH mit sich selbst kontrahiert.[445] Auch bei dieser Fallgruppe kann die Zielsetzung des § 181 BGB angesichts der bestehenden Rechts- und Interessenlage niemals zum Zuge kommen. **§ 35 III GmbHG** bestimmt aber in bewusster Abweichung von dieser Rspr., dass § 181 BGB auch für Geschäfte zwischen dem Alleingesellschafter und der Gesellschaft gilt. 282

Gestattung durch Satzung möglich

Das Insichgeschäft ist schließlich *von Anfang an wirksam*, wenn es dem Vertreter gestattet ist oder es ausschließlich in der Erfüllung einer Verbindlichkeit besteht. 283

Die Gestattung kann bereits in der Bevollmächtigung enthalten sein und kann (formfrei) auch durch schlüssiges Verhalten erteilt werden.[446] Organe juristischer Personen (z.B. der GmbH-Geschäftsführer) können durch die Satzung vom Verbot des § 181 BGB freigestellt werden.

442 Vgl. Palandt, § 181, Rn. 14.

443 RGZ 71, 219, 220.

444 BGHZ 59, 236 ff. = **juris**byhemmer; BGHZ 94, 235 = **juris**byhemmer; a.A. noch RGZ 157, 31.

445 BGHZ 56, 97 ff. = **juris**byhemmer.

446 Vgl. die Bspe. bei Palandt, § 181, Rn. 17.

hemmer-Methode: So kann z.B. die Auflassungserklärung an § 181 BGB scheitern, vgl. § 35 III GmbHG, wenn diese von einem Ein-Mann-Gesellschafter vorgenommen wird. Er ist dabei zum einen als Geschäftsführer für die GmbH als Vertreter tätig und zum anderen für sich selbst. Wichtig, s.o.: § 181 BGB ist nicht verletzt, wenn eine entsprechende Gestattung durch die GmbH-Satzung vorlag.
Merken Sie sich zu der ansonsten nicht analogiefähigen Vorschrift des § 181 BGB die zwei anerkannten Ausnahmen: Erweitert wird der Tatbestand durch die Einbeziehung der Untervertretung, eingeschränkt für Fälle, in denen das Geschäft dem Vertretenen lediglich rechtlichen Vorteil bringt.

Exkurs (Gesellschaftsrecht)

ggfs. Betreuer notw.

§ 181 BGB hindert die gesetzlichen Vertreter daran, ihr minderjähriges Kind beim *Abschluss eines Gesellschaftsvertrags* zu vertreten, wenn sie selbst an der Gesellschaft beteiligt sind (§ 181 Alt. 1 BGB; vgl. auch § 1795 II BGB). Insbesondere liegt in der familiengerichtlichen Genehmigung nach § 1822 Nr. 3 BGB keine anderweitige Gestattung nach § 181 BGB. In solchen Fällen ist also die Bestellung eines Ergänzungspflegers nötig, vgl. §§ 1693, 1909 BGB.[447] *284*

Der Betreuer muss dann gem. §§ 1908i I S. 1, 1822 Nr. 3 BGB die erforderliche betreuungsgerichtliche Genehmigung einholen.

Sollen mehrere minderjährige Geschwister an der Gesellschaft beteiligt werden, ist nach h.L.[448] sogar die Bestellung eines eigenen Pflegers für jeden von ihnen notwendig. Denn die Geschwister vereinbaren nicht nur mit ihren Eltern, sondern auch untereinander die Förderung des gemeinsamen Zwecks der Gesellschaft (§ 181 Alt. 2 BGB).

hemmer-Methode: § 181 BGB sollten Sie auch dann ansprechen, wenn abweichend von der gesellschaftsvertraglich angeordneten Gesamtvertretung von der Möglichkeit des § 125 II S. 2 HGB Gebrauch gemacht wird und einem einzelnen Gesamtvertreter alleinige Vertretungsmacht eingeräumt wird.
Bei der Befreiung von der Gesamtvertretungsmacht muss auch der zu befreiende Gesamtvertreter mitwirken. Demnach wäre eigentlich ein Fall unzulässigen Insichgeschäfts gegeben. Hier normiert aber nach h.M.[449] § 125 II S. 2 HGB eine gesetzliche Gestattung i.S.v. § 181 BGB.

b) Missbrauch der Vertretungsmacht

Eine wirksame Vertretung setzt grundsätzlich entsprechende Vertretungsmacht voraus. Fehlt sie oder wird sie überschritten, gelten die Regeln über den Vertreter ohne Vertretungsmacht.[450] *284a*

Verletzt der Vertreter dagegen „nur“ seine Pflichten im Innenverhältnis zum Geschäftsherrn, ist fraglich, ob die Vertretung wirksam ist, also wer das Risiko eines *Missbrauchs der Vertretungsmacht* trägt.

Nach ganz h.M. geht dieser Missbrauch grds. zu Lasten des Vertretenen. Dieser ist weniger schutzwürdig, da er sich dazu entschlossen hat, nicht selbst zu handeln. Da er sich seinen Vertreter selbst ausgesucht hat, geht ein missbräuchliches Verhalten auch grds. zu seinen Lasten.

---

447 Vgl. zum ähnlichen Problem bei der Auseinandersetzung einer Miterbengemeinschaft OLG Jena NJW 1995, 3126 = jurisbyhemmer.

448 Vgl. Hueck, OHG § 6 IV.

449 Vgl. Palandt, § 181, Rn. 16.

450 S.u. Rn. 29 f.

Die Vertretung ist also wirksam und der Vertretene wird Vertragspartner; den Vertragsgegner trifft insoweit keine Überprüfungspflicht.

hemmer-Methode: Da der Vertretene gegen seinen Willen rechtlich verpflichtet wurde, kann er von seinem Vertreter Schadensersatz verlangen.
Als Anspruchsgrundlage kommt § 280 I BGB in Verbindung mit dem der Vertretung zugrunde liegenden Rechtsverhältnis (oft §§ 611, 662 bzw. § 675 BGB) in Betracht.
Handelt der Vertreter vorsätzlich, so ist auch noch an § 826 BGB zu denken.
Ein Anspruch aus §§ 823 II BGB, 266 StGB wird i.d.R. an den sehr strengen Voraussetzungen des § 266 StGB scheitern.

Von diesem Grundsatz gibt es jedoch wiederum Ausnahmen. Insbesondere bei Interessenkollisionen können die gewohnheitsrechtlich verfestigten *Regeln über den Missbrauch der Vertretungsmacht* auch auf das Außenverhältnis zum Geschäftsgegner ausstrahlen. Ausgehend vom obigen Beispiel der Bürgschaftsverpflichtung des Leichtfuß sind folgende Konstellationen zu unterscheiden: **285**

Kollusion ⇨ § 138 BGB a.A.: § 853 BGB

Wirken der Vertreter und der Vertragsgegner *bewusst zum Nachteil* des Vertretenen zusammen, wird dieser trotz bestehender Vertretungsmacht des Vertreters nicht gebunden.

Das bewusste Zusammenwirken in Schädigungsabsicht stellt ein gegen die guten Sitten verstoßendes Verhalten dar (§ 138 I BGB, sog. *Kollusion*), aufgrund dessen der Vertretene nicht verpflichtet werden kann;[451] der Vertrag ist nichtig.

hemmer-Methode: Nach anderer Ansicht kommt der Vertrag wirksam zustande. Gegen eine Inanspruchnahme soll dem Geschäftsherrn aber die Arglisteinrede des § 853 BGB zustehen (§ 826 BGB!).

evidenter Missbrauch ⇨ § 242 BGB

Auch wenn die Voraussetzungen eines kollusiven Zusammenwirkens nicht vorliegen, kann der Vertretene wegen Missbrauchs der Vertretungsmacht nicht in Anspruch genommen werden, wenn der Vertreter von seiner Vertretungsmacht in *ersichtlich verdächtiger Weise* Gebrauch gemacht hat.

Da den Vertragsgegner aber keine Prüfungspflicht trifft, greifen diese Grundsätze nur dann ein, wenn aufgrund massiver Verdachtsmomente eine **objektive Evidenz des Missbrauchs** vorliegt.

Wenn in diesem Fall beim Vertragsgegner begründete Zweifel an der Befugnis des Vertreters für den Abschluss eines derartigen Vertrages entstehen mussten, kann der Geschäftsherr nach der Rspr. einer Inanspruchnahme aus dem geschlossenen Vertrag den *Einwand des Rechtsmissbrauchs (§ 242 BGB)* entgegenhalten.[452] **286**

Bezogen auf das obige Beispiel[453] kann diese zweite Kernaussage der Regeln über den Missbrauch der Vertretungsmacht z.B. dann eingreifen, wenn der Gläubiger mit den Verhältnissen vertraut war und erkannte oder erkennen musste *(Evidenz!)*, dass auf Seiten der Lola die Gefahr einer Interessenkollision bestand und aus diesem Grund ein Missbrauch der Vertretungsmacht nahe lag.

451 RGZ 130, 142.

452 Vgl. BGH, WM 1989, 1069.

453 Rn. 280.

nach a.A. gelten die §§ 177 ff. BGB analog

Nach der wohl überwiegenden Meinung in der Literatur[454] entfällt in dem Fall evidenten Missbrauchs der Vertretungsmacht die vertragliche Bindung. Die §§ 177 ff. BGB gelten jedoch entsprechend. Der Geschäftsherr hat es deshalb in der Hand, ob er das unter Vollmachtmissbrauch abgeschlossene Geschäft gelten lassen möchte oder nicht. Genehmigt er, wird er selbst berechtigt und verpflichtet; andernfalls haftet der Vertreter auf Schadensersatz.[455]

hemmer-Methode: Für die Literatur spricht, dass der Vertretene analog § 177 BGB trotz des Missbrauchs der Vertretungsmacht ein für ihn vorteilhaftes Geschäft an sich ziehen kann.
Nach der Ansicht des BGH ist dies aber auch nicht anders. Diese „flexible Rechtsfolge“ wird nämlich mit § 242 BGB in gleicher Weise erreicht, da die Arglisteinrede nur zugunsten des Vertretenen berücksichtigt wird, der sich hierauf beruft.
Für die analoge Anwendung des § 177 BGB in der Klausur spricht aber, dass Sie hier ein Problem mehr unterbringen können, nämlich ob der Vertretene genehmigt oder nicht!

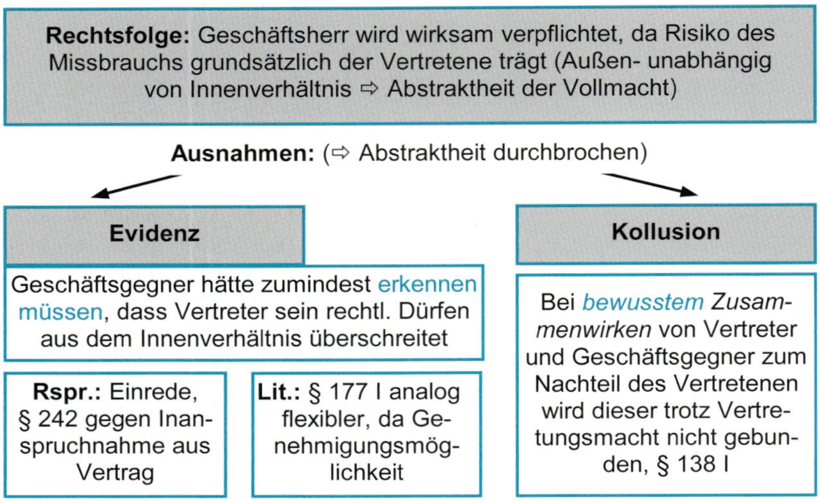

Problem: unbeschränkbare Vertretungsmacht

Fraglich ist, ob eine Einschränkung dieser Grundsätze in den Fällen 287
vorzunehmen ist, in denen das Gesetz *die Unbeschränkbarkeit der Vertretungsmacht* anordnet (z.B. bei der Prokura, vgl. § 50 I HGB, beim OHG-Gesellschafter bzw. beim Komplementär, vgl. §§ 161 II, 126 II HGB, Geschäftsführer einer GmbH, vgl. § 37 II S. 1 GmbHG oder dem Vorstand einer Aktiengesellschaft, § 82 I AktG).

nach zitierter BGH-Rechtsprechung soll bewusstes Handeln zum Nachteil des Vertretenen erforderlich sein

Hier wird teilweise vertreten, dass die Regeln des Missbrauchs der Vertretungsmacht nur dann zur Anwendung gelangen sollen, wenn der Vertreter *bewusst* zum Nachteil des Geschäftsherrn gehandelt hat.[456]

Als Beleg hierfür werden mehrere Entscheidungen des BGH zitiert, in denen dies angeblich so entschieden worden sei.[457]

Die Lehre hat diese Einschränkung stets kritisiert und völlig zu Recht eingewendet, dass der Schutz des Geschäftsgegners maßgeblich und das Verhalten des Vertreters insoweit unbeachtlich sein muss.[458]

454 Vgl. Larenz, § 30 II a; MüKo, § 164, Rn. 102; nach a.A. gilt § 122 BGB analog.

455 S.u. Rn. 294.

456 Palandt, § 164, Rn. 14.

457 Vgl. BGHZ 50, 112 = **juris**byhemmer; BGH NJW 1996, 589 ff.

458 Vgl. Medicus/Petersen, BR, Rn. 117 f.

BGH stellt klar, dass dies nie so entschieden wurde

Mit Beschluss vom 10.04.2006 hat der BGH ausdrücklich darauf hingewiesen, dass er diesen Standpunkt nicht vertritt und auch so nie vertreten habe.[459] 288

Die Grundsätze zum evidenten Missbrauch der Vertretungsmacht setzen auch im Fall des § 37 II GmbHG nicht voraus, dass der Geschäftsführer (bewusst) zum Nachteil der Gesellschaft handelt. Es reicht aus, dass der Geschäftsführer (objektiv) gegen die internen Beschränkungen verstößt.

Der BGH hat dazu bereits früher ausgeführt, dass die von dem Geschäftsführer abgegebene Willenserklärung nach den Grundsätzen des Missbrauchs der Vertretungsmacht unwirksam ist, *„wenn der Geschäftspartner weiß, dass der Geschäftsführer den im Innenverhältnis erforderlichen Beschluss ... nicht herbeigeführt ... hat“*.[460]

Ob das jeweilige Geschäft für die Gesellschaft nachteilig war, hat auch in früheren Urteilen des BGH jeweils keine Rolle gespielt.

Das gleiche gilt für die Entscheidung des BGH vom 23.06.1997[461], in der es darum ging, dass der Geschäftsführer eine interne Beschränkung seiner Geschäftsführungsbefugnis zum Gegenstand des abgeschlossenen Vertrages gemacht hatte, weshalb der Schutzzweck des § 37 GmbHG nicht berührt war.

Entgegen den „Unterstellungen“ im Schrifttum hat der BGH auch im Urteil vom 13.11.1995[462] keinen gegenteiligen Standpunkt eingenommen.

Auch dort heißt es, dass die Grundsätze des Missbrauchs der Vertretungsmacht nur dann eingreifen, wenn der Vertragspartner der Gesellschaft weiß oder wenn es sich ihm aufdrängen musste, dass der Geschäftsführer die Grenzen überschreitet, die seiner Vertretungsbefugnis im Innenverhältnis zur Gesellschaft gezogen sind.

In allen zitierten BGH-Entscheidungen wird lediglich betont, dass die Voraussetzungen eines evidenten Missbrauchs der Vertretungsmacht ***„insbesondere“*** dann in Betracht kommen, wenn das Geschäft für die vertretene GmbH nachteilig ist, weil sich dann dem Vertragspartner ein missbräuchliches Verhalten des Vertretungsorgans aufdrängen muss.

Damit ist aber nicht gesagt, dass ein bewusst nachteiliges Handeln eine tatbestandliche Voraussetzung für die Annahme eines Missbrauchs der Vertretungsmacht sei.[463]

hemmer-Methode: Der BGH hat in diesem Beschluss genau das klargestellt, was die Literatur schon immer gefordert hat:
Die Grundsätze zum evidenten Missbrauch der Vertretungsmacht setzen auch im Fall einer gesetzlich unbeschränkbaren Vertretungsmacht nicht voraus, dass der Geschäftsführer (bewusst) zum Nachteil der Gesellschaft handelt. Es reicht aus, dass der Geschäftsführer (objektiv) gegen die internen Beschränkungen verstößt.

---

459 Vgl. BGH, Beschluss vom 19.06.2006 i.V.m. Hinweisbeschluss vom 10.04.2006 in Life&Law 2006, Heft 10, 657 ff. = NJW 2006, 2776 = ZIP 2006, 1391 = **juris**byhemmer.

460 BGH WM 1988, 704 [706] = **juris**byhemmer; BGH WM 1984, 305 [306] = **juris**byhemmer.

461 BGH ZIP 1997, 1419 ff. = **juris**byhemmer.

462 BGH ZIP 1996, 68 [69 f.] = NJW 1996, 589 ff. = **juris**byhemmer.

463 Etwas anderes ergibt sich auch nicht aus der Entscheidung BGHZ 50, 112 [114] = **juris**byhemmer.

Ob diese erfreuliche Klarstellung dafür sorgen wird, dass die vermeintlich anders lautende BGH-Rechtsprechung aus den Kommentaren verschwindet, bleibt abzuwarten.
Festzuhalten ist, dass in den genannten Entscheidungen der BGH tatsächlich nie die These aufgestellt hat, dass im Falle einer gesetzlich unbeschränkbaren Vertretungsmacht der Vertreter bewusst zum Nachteil des Vertretenen handeln muss. Dies wurde nur zur Untermauerung eines objektiven Evidenzfalles erwähnt. Deutlich wird dies aus der Verwendung des Wortes „insbesondere".

4. Rechtsfolgen beim Handeln ohne Vertretungsmacht

Haftung des falsus procurator

Hat der Vertreter ohne Vertretungsmacht gehandelt, bleiben die Vertretungswirkungen aus. Die Willenserklärungen des Vertreters wirken nicht für und gegen den Vertretenen; das weitere Schicksal des Rechtsgeschäfts entscheidet sich nach den §§ 177 ff. BGB. *289*

a) Rechtsfolgen für das Rechtsgeschäft

schwebende Unwirksamkeit

Rechtsfolge der mangelnden Vertretungsmacht ist nicht die Nichtigkeit des Vertrages; vielmehr ist das Rechtsgeschäft *schwebend unwirksam.* Der Geschäftsherr kann das Geschäft an sich ziehen, indem er es gem. § 177 I i.V.m. §§ 183 ff. BGB *genehmigt*. *290*

Das Geschäft wird dann gem. § 184 I BGB rückwirkend wirksam - das Geschäft kommt zustande, als ob der Vertreter von Anfang an Vertretungsmacht gehabt hätte. Dabei bedarf die Zustimmung nicht der für das Rechtsgeschäft bestimmten Form, § 182 II BGB.

Genehmigung möglich

Die Genehmigung ist eine *einseitige empfangsbedürftige Willenserklärung*, die nicht der Form des zu genehmigenden Rechtsgeschäfts bedarf. Dies gilt auch dann, wenn die Vollmacht ausnahmsweise formbedürftig gewesen wäre.[464] Erklärungsgegner kann bis zur Aufforderung nach § 177 II BGB sowohl der Vertreter als auch der Geschäftsgegner sein.[465]

> **Bsp.:** *Arm will seinem Gläubiger Reich einen Bürgen besorgen. Da er keinen seiner Freunde rechtzeitig antrifft, tippt er selbst eine Bürgschaftserklärung im Namen seines Freundes Bonz, unterschreibt sie in dessen Namen und übergibt sie dem zufriedenen Reich. Noch am selben Tag erzählt er Bonz davon, der mit allem einverstanden ist.* *291*
>
> Hier ist ein wirksamer Bürgschaftsvertrag zwischen Bonz und Reich zustande gekommen. Bei der Abgabe der Bürgschaftserklärung im Namen des Bonz hat der Arm zwar als Vertreter ohne Vertretungsmacht, als falsus procurator, gehandelt. Der Vertrag war deshalb schwebend unwirksam, § 177 I BGB.
>
> Durch seine formlos mögliche Genehmigung, vgl. § 182 II BGB, die sowohl gegenüber Vertreter Arm als auch gegenüber Reich abgegeben werden konnte, hat Bonz den Bürgschaftsvertrag aber rückwirkend (§ 184 I BGB) wirksam werden lassen. Das Geschäft ist zustande gekommen, wie wenn Arm von Anfang an Vertretungsmacht gehabt hätte.

Aufforderung zur Genehmigung

Der Geschäftsgegner kann den Geschäftsherrn gem. § 177 II BGB (lesen!) zur Genehmigung *auffordern*. Genehmigt dieser nicht innerhalb von zwei Wochen, gilt die Genehmigung als verweigert (Sonderfall des Schweigens mit Erklärungswirkung). Das Rechtsgeschäft zwischen beiden Parteien ist dann endgültig unwirksam. *292*

464 BGH, DNotZ 1981, 485 = jurisbyhemmer.

465 Vgl. Palandt, § 178, Rn. 3.

hemmer-Methode: Nach dem Wortlaut dieser Vorschrift obliegt die Zuständigkeit zur Aufforderung dem „anderen Teil", also dem Vertragsgegner des Vertretenen.
Besteht er aus mehreren Personen, so müssen diese sämtlich an der Aufforderung mitwirken, wenn sich nicht aus deren Innenverhältnis, beispielsweise aufgrund bestehender Vertretungsmacht, etwas anderes ergibt.[466]

b) Ansprüche gegen den Vertreter

§ 179 I/II BGB

Verweigert der Vertretene die Genehmigung des vollmachtlos abgeschlossenen Vertrages, haftet der falsus procurator gem. § 179 I BGB. Die Vorschrift begründet eine **Schadensersatzpflicht**[467] unter dem Gesichtspunkt, dass der Vertreter ohne Vertretungsmacht Vertrauen in Anspruch genommen und enttäuscht hat.[468] Nach seiner Wahl kann der Geschäftsgegner vom Vertreter Erfüllung oder Schadensersatz verlangen: 293

Abs. I
⇨ Erfüllung

Fordert er Erfüllung, wird der Vertreter zwar nicht zu seinem Vertragspartner, er hat aber faktisch diese Stellung. Alle Ansprüche aus dem Schuldverhältnis richten sich gegen ihn; er haftet dann ggf. auch wie eine Vertragspartei wegen einer vertraglichen Pflichtverletzung nach §§ 280 ff. BGB auf Schadensersatz.

oder SchaErs im pos. Interesse

Der *Schadensersatzanspruch* nach § 179 I BGB geht auf das *Erfüllungsinteresse.*

Der Vertragspartner wird so gestellt, wie er bei ordnungsgemäßer Vertragserfüllung, also bei wirksamer Vertretung stünde. Der falsus procurator haftet damit gem. § 179 I BGB so, wie der mögliche Vertragspartner haften würde, wenn der falsus procurator Vertretungsmacht gehabt hätte (Hypothese).

Geschuldet wird nicht Naturalrestitution, sondern Geldersatz, wobei sich dieser Geldersatzanspruch auch auf die Kosten erstreckt, die dem Geschäftsgegner aus einem erfolglosen Prozess gegen den Vertretenen entstanden sind.

hemmer-Methode: In der Rechtsprechung ist eine analoge Anwendung des § 179 I BGB in Fällen anerkannt, in denen nicht deutlich gemacht wird, dass für eine GmbH gehandelt wird. Handelt jemand für eine Gesellschaft, ohne durch die Verwendung des Kürzels „GmbH" darauf aufmerksam zu machen, dass sich hinter dem Vertretenen eine Gesellschaft mit beschränkter Haftung verbirgt, wird der Vertragspartner in seinem Vertrauen darauf enttäuscht, mit einem unbegrenzt haftenden Vertretenen kontrahiert zu haben.[469]
Nach Ansicht greift die Haftung nach § 179 I BGB analog ein, wenn für eine Unternehmergesellschaft (haftungsbeschränkt) mit dem unrichtigen Rechtsformzusatz „GmbH" gehandelt wird.[470]

§ 179 II BGB

Hat der Vertreter den Mangel der Vertretungsmacht (schuldlos oder schuldhaft) nicht gekannt, so wird er durch § 179 II BGB in gewissem Umfang geschützt: Seine Haftung mildert sich auf den Ersatz des *Vertrauensschadens (negatives Interesse).*

---

466 So zu dem in § 1829 Abs. 2 BGB geregelten Parallelfall der familiengerichtlichen Genehmigung KGJ 36, A 160; Damrau/Zimmermann, Betreuungsrecht, 3. Aufl., § 1829 Rn. 19; Erman/Holzhauer, BGB, 10. Aufl., § 1829 Rn. 7; MünchKomm-BGB/Wagenitz, 4. Aufl., § 1829 Rn. 27; Soergel/Zimmermann, BGB; 13. Aufl., § 1829 Rn. 14; Staudinger/Engler, BGB [1999], § 1829 Rn. 35; Dölle, Familienrecht, S. 800; Huken, DNotZ 1966, 388, 392 f.; diese h.M. wurde nun vom BGH auf § 177 II S. 1 BGB übertragen, vgl. BGH NJW 2004, 2382 ff. = **juris**byhemmer.

467 BGH, WM 1977, 478 = **juris**byhemmer.

468 Vgl. Palandt, § 179, Rn. 1.

469 BGH, ZIP 2007, 908 ff. = **juris**byhemmer.

470 BGH, Life&Law 2012, Heft 11, 779 ff. = NJW 2012, 2871 ff. = **juris**byhemmer; kritisch hierzu Altmeppen, NJW 2012, 2833 ff.

hemmer-Methode: Wie bei § 122 II BGB ist bei § 179 II BGB die Haftung auf das positive Interesse beschränkt. §§ 122 II, 179 II BGB sind aber die einzigen Fälle, in denen das negative auf das positive Interesse beschränkt ist.

Ausschluss gem. § 179 III BGB

Kannte der Geschäftsgegner den Mangel an Vertretungsmacht oder musste er ihn kennen, fehlt es an einem (schutzwürdigen) Vertrauenstatbestand. Die Haftung des § 179 BGB greift daher gem. § 179 III S. 1 BGB nicht ein. 294

Aufgrund des Minderjährigenschutzes gilt das gleiche zugunsten eines *beschränkt geschäftsfähigen Vertreters*, soweit die Zustimmung seines gesetzlichen Vertreters fehlt, § 179 III S. 2 BGB.

Besserstellung des Geschäftspartners

Umstritten ist, wie weit die Haftung des § 179 BGB gehen soll. Zum Teil wird angenommen, § 179 I, II BGB solle den Geschäftspartner nur so stellen, als hätte der falsus procurator wirksam für den vermeintlichen Geschäftsherrn handeln können. Hätte der Geschäftspartner aus irgendeinem Grund seinen Erfüllungsanspruch auch bei Zustandekommen des Vertrages nicht durchsetzen können, so soll er auch durch § 179 I, II BGB nicht besser gestellt werden. Die h.M. trifft eine solche Unterscheidung wegen des eigenständigen Garantiecharakters des § 179 I, II BGB nicht.

Haftung nach § 179 I bei Vermögenslosigkeit des Geschäftsherrn

(Str.), wenn Geschäftsgegner seinen Vertragsanspruch auch gegenüber Geschäftsgegner faktisch nicht hätte durchsetzen können, *z.B. Vermögenslosigkeit des Vertretenen*

e.A.: § 179 I ist **Garantiehaftung**, für die es auf Verhältnisse des Geschäftsherrn **nicht** ankommt

a.A.: § 179 I ist **Vertrauenshaftung** ⇨ wäre Erfüllungsanspruch gegen Vertretenen nicht durchsetzbar, ist auch die Haftung des Vertreters auf Erfüllung/ SE **ausgeschlossen**

Bsp.:[471] *V hat als falsus procurator einen Vertrag für A mit B geschlossen. A verweigert die Genehmigung nach § 177 I BGB und wird insolvent, noch bevor der Anspruch aus dem Vertrag fällig gewesen wäre. Nunmehr verlangt B von V gem. § 179 I BGB Erfüllung. Mit Erfolg?* 295

Hier hätte der B seinen Erfüllungsanspruch gegen den intendierten Vertragspartner A wegen der zwischenzeitlich eingetretenen Insolvenz nicht durchsetzen können. Aus diesem Grund soll nach einer Meinung in der Literatur[472] auch der Erfüllungsanspruch gegen den falsus procurator V insoweit wegfallen oder gemindert werden, soweit er gegen den Vertretenen undurchsetzbar gewesen wäre. Eine solche Reduktion ist jedoch abzulehnen, da es i.R.d. Garantiehaftung des § 179 I, II BGB nicht auf den Geschäftsherrn ankommt.[473]

hemmer-Methode: Dieses Ergebnis ist schon deshalb sachgerecht, weil der Dritte ja auch das Risiko der Durchsetzbarkeit seiner Ansprüche gegen den vollmachtlosen Vertreter zu tragen hat. Wird dieser insolvent, so hat er ja auch keine Möglichkeit, andere Personen zu belangen.

471 Vgl. Medicus/Petersen, BR, Rn. 120.

472 Vgl. Flume, § 47, 3 b; MüKo, § 179, Rn. 30.

473 Vgl. Medicus/Petersen, BR, Rn. 120; Hilger NJW 1986, 2237.

Voraussetzung der Ansprüche aus § 179 BGB ist aber, dass der abgeschlossene Vertrag bei Erteilung der Genehmigung ansonsten wirksam geworden wäre. Sein Scheitern darf nur auf die fehlende Vertretungsmacht und nicht auf sonstige Unwirksamkeitsgründe zurückzuführen sein. Andernfalls würde der Geschäftspartner besser gestellt, als er ohne das Fehlen der Vertretungsmacht stehen würde.

Eine vergleichbare Interessenlage besteht auch dann, wenn der Vertreter ohne Vertretungsmacht arglistig getäuscht wird. Nach BGH kann der Vertreter zur Abwehr der Haftung aus § 179 I BGB das wegen der arglistigen Täuschung bestehende Anfechtungsrecht selbständig geltend machen.[474]

daneben Ansprüche gegen Geschäftsherrn möglich

Wichtig: § 179 BGB schließt Schadensersatzansprüche des Dritten gegen den Vertretenen nicht aus. Derartige Schadensersatzansprüche können z.B. aus § 831 BGB resultieren, wenn der falsus procurator als Verrichtungsgehilfe des Vertretenen den Geschäftsgegner deliktisch geschädigt hat. Denkbar ist auch eine Haftung des Vertretenen aus c.i.c. (§§ 280 I, 311 II BGB) für die falsche Auswahl oder fehlende Überwachung des falsus procurator oder aus c.i.c. i.V.m. § 278 BGB, wenn er den falsus procurator willentlich in die Vertragsverhandlungen eingeschaltet hat. 296

Schriftformklausel Beschränkung der VMacht?

Ein Sonderproblem ergibt sich, wenn in AGBens steht: „Mündliche Abreden haben ohne schriftliche Bestätigung keine Gültigkeit" und wenn der Angestellte als Vertreter z.B. eine Eigenschaft zusichert.

Fraglich ist dann, ob der Vertreter wegen der Schriftformklausel ohne Vertretungsmacht gehandelt hat, da die AGBen möglicherweise seine Vertretungsmacht beschränken.

In diesen Fällen liegt nicht generell eine unangemessene Benachteiligung des Vertragspartners, die zur Unwirksamkeit nach § 307 I, II BGB führen müsste.[475]

§ 305b BGB greift nicht, da der Vorrang der Individualabrede nur beim Geschäftsherrn gilt.

Eine derartige Beschränkung der Vertretungsmacht ist also (zumindest prinzipiell) möglich. Die Beschränkung greift aber nicht ein, wenn im Außenverhältnis eine unbeschränkte Vertretungsmacht vorliegt. § 177 BGB entfällt damit bei der gesetzlichen Vertretungsmacht, z.B. Prokura (vgl. § 50 I HGB), und bei den Rechtsscheinvollmachten.

474 BGH NJW 2002, 1867 = **juris**byhemmer.

475 Vgl. BGH, NJW 1986, 1809 str.

§ 4 DIE EINBEZIEHUNG ALLGEMEINER GESCHÄFTSBEDINGUNGEN IN DEN VERTRAG

An die inhaltlichen Voraussetzungen eines Vertrages stellt das Gesetz, wie oben gezeigt, nur geringe Voraussetzungen. Es genügt die Bestimmung der vertragswesentlichen Bestandteile, der essentialia negotii. Im Übrigen soll das dispositive Gesetzesrecht die entstehenden Lücken schließen. 297

hemmer-Methode: In diesem Skript wird nur ein relativ komprimierter Überblick über das Recht der Allgemeinen Geschäftsbedingungen dargestellt.
Ausführlicher zum AGB-Recht HEMMER/WÜST, Verbraucherschutzrecht, Rn. 141 ff.

„Kleingedrucktes"

In vielen Fällen haben aber die Parteien ein Interesse daran, vom Gesetz abweichende Regelungen zu treffen, um die oft nicht genügend differenzierte Gesetzessystematik den Erfordernissen des jeweiligen Vertrags anzupassen. Hier liegt der Anwendungsbereich von Allgemeinen Geschäftsbedingungen (AGB). Durch ihre Einbeziehung in den Vertrag wird das dispositive Gesetzesrecht durch Bestimmungen ersetzt, die den *Bedürfnissen des Verwenders* besser entsprechen. Daraus, dass die Vertragsfreiheit nur von einer Partei (dem AGB-Verwender) in Anspruch genommen wird, und der Vertragspartner i.d.R. auf die bloße Abschlussfreiheit beschränkt bleibt, resultieren aber Probleme. In vielen Fällen werden AGB nämlich nicht nur zur zulässigen Differenzierung, sondern auch zur rücksichtslosen, einseitigen Interessenverfolgung missbraucht, was dem Verwender der AGB im Regelfall umso leichter fällt, wenn der Vertragspartner das „Kleingedruckte" nicht zur Kenntnis nimmt. Ihm bleibt ohnehin meist nur die Wahl, die unbilligen AGB zu akzeptieren oder Konsumverzicht zu leisten. 298

AGBG von 1977 zur Wahrung der Vertragsgerechtigkeit

Dem Zweck, auftretende Missstände zu beseitigen und das erforderliche Maß an Vertragsgerechtigkeit wiederherzustellen, diente früher das AGBG von 1977. Mit diesem Gesetz versuchte der Gesetzgeber, einen differenzierten Ausgleich zwischen den (oftmals legitimen) Interessen des Verwenders und dem Schutzbedürfnis des Vertragspartners zu erreichen. 299

weitere Verbraucherschutzgesetze mit zwingendem Recht

Das AGBG war Produkt der geänderten gesellschaftlichen Verhältnisse, die der Massenverkehr mit sich brachte: Eine Seite setzt die Bedingungen, die nach dem Autonomiemodell, wie es das historische BGB als selbstverständlich voraussetzte, an sich von zwei Parteien vereinbart werden sollten.

Das ist ein Phänomen nicht schlicht der Rechtsentwicklung, sondern der modernen ökonomischen Produktions-, Leistungs- und Versorgungsstrukturen. Letztlich führte dies zu einem strukturell bedingten Ungleichgewicht zwischen Unternehmern und Verbrauchern.

Dieser Realität versuchte der Gesetzgeber mit einer Vielzahl von sog. Verbraucherschutzgesetzen (z.B. AbzG, FernabsatzG, VerbrKrG, HausTWG, ProdHaftG, AGBG, TzWrG etc.) zu begegnen. Schutz für den einzelnen Verbraucher gewährten diese Gesetze vor allem dadurch, dass sie verbindliche, materiell wirkende Maßstäbe für die Vertragsgestaltung vorgaben. An die Seite des vom Prinzip der Vertragsfreiheit beherrschten BGB traten also inhaltlich zwingende Normen.

Schuldrechtsreform ⇨ Integration des AGBG in das BGB

Die Vielzahl der außerkodifikatorischen Sondergesetze ließ aber die Übersichtlichkeit des BGB leiden. Aus diesem Grund entschloss man sich im Zuge der zum 01.01.2002 in Kraft getretenen Schuldrechtsreform auch zu einer Neustrukturierung der Verbraucherschutzgesetze: Sehr viele Verbraucherschutzgesetze wurden in das Bürgerliche Gesetzbuch integriert. So erhielt das AGB-Gesetz einen seiner praktischen Bedeutung angemessenen herausgehobenen Standort in den §§ 305 – 311 BGB.[476] 299a

hemmer-Methode: Die Übernahme des AGBG ins BGB erfolgte „en-bloc" und brachte nur wenige inhaltliche Änderungen mit sich. Soweit Neuerungen erfolgten, sind sie meist strukturell, d.h. gesetzessystematisch oder aber durch Änderung in anderen Gebieten, die sich dann entsprechend auswirken (z.B. Mängelrecht), bedingt. Beachten Sie aber, dass die zitierte Rspr. noch zur alten Rechtslage erfolgte. Zur weitergehenden Information müssten Sie u.U. auch auf die Kommentare zum AGBG zurückgreifen. Die folgende Gegenüberstellung soll Ihnen die Orientierung erleichtern.

Die bisherigen §§ 13-22a ABGB wurden ausgegliedert und sind nun in einem gesonderten Gesetz normiert, dem „Gesetz über Unterlassungsklagen bei Verbraucherrechts- und anderen Verstößen, UKlaG".

Prüfungsreihenfolge

Bei der Prüfung der Wirksamkeit von AGB ist folgendermaßen vorzugehen:

Begriffsdefinition und Anwendbarkeit

Vorab ist zunächst festzustellen, ob überhaupt AGB vorliegen und ob die §§ 305 ff. BGB anwendbar sind.

Zentrale Vorschrift hierfür ist *§ 305 I BGB,* der den *Begriff der AGB* definiert. Unanwendbar sind die §§ 305 ff. BGB auf Verträge im Erb-, Familien- und Gesellschaftsrecht, sowie Tarifverträge, Betriebs- und Dienstvereinbarungen (vgl. § 310 IV BGB). Eine modifizierte (genauer: eingeschränkte) Anwendung schreibt § 310 BGB in seinen Absätzen eins bis drei vor (lesen!). 300

hemmer-Methode: Zur Anwendung auf Arbeitsverträge und der Berücksichtigung der Besonderheiten des Arbeitsrechts gem. § 310 IV S. 2 BGB lesen Sie HEMMER/WÜST, Arbeitsrecht, Rn. 307 und Rn. 409 ff. sowie TYROLLER, „Die Auswirkungen der Schuldrechtsmodernisierung auf das Arbeitsrecht" in Life&Law, 2006, 140 [142 ff.]!

Vertragsbestandteil?

Ist der Anwendungsbereich der §§ 305 ff. BGB eröffnet, ist zu untersuchen, ob die AGB *Vertragsbestandteil* geworden sind.

Die allgemeinen Voraussetzungen für die Einbeziehung des Gesamtklauselwerks sind in § 305 II, III BGB festgelegt. Trotz wirksamer Einbeziehung des Gesamtklauselwerks besteht gem. § 305c I BGB immer noch die Möglichkeit, dass einzelne Klauseln nicht Vertragsbestandteil werden, wenn sie *überraschend* sind.

Auslegung

Ist die betreffende Klausel Vertragsbestandteil geworden, so muss sie *ausgelegt* werden.

Eine Inhaltskontrolle kann erst nach der Auslegung stattfinden. Ergänzend zu den allgemeinen Auslegungsgrundsätzen enthalten § 305b BGB und § 305c II BGB zwei spezielle Auslegungsregeln: den Vorrang der *Individualabrede* sowie die *Risikoverteilung bei Unklarheiten*.

Inhaltskontrolle

Zuletzt erfolgt schließlich die *Inhaltskontrolle* nach §§ 307 bis 309 BGB.

476 Vgl. dazu Graf v. Westphalen, NJW 2002, 12 ff.

Hierbei sind die §§ 308 und 309 BGB als *speziellere Regeln* vor der *Generalklausel* des § 307 BGB zu prüfen.

Prüfungsreihenfolge

Prüfungsschema zu AGB

1. **Liegen** überhaupt **AGBen i.S.d. § 305 I BGB vor**? (⇨ § 310 III BGB als Erweiterung beachten!)
2. Sind die **AGBen gem. § 305 II BGB wirksam** in den **Vertrag einbezogen** worden?
3. Ist die **Klausel überraschend, § 305c I BGB**?
4. **Weicht** die **Klausel** überhaupt **von Rechtsvorschriften ab**? (⇨ vgl. **Kontrollsperre** des **§ 307 III S. 1 BGB**!)
5. **Inhaltskontrolle**:
   a) **§ 309 BGB** (Klausel ohne Wertungsmöglichkeit)
   b) **§ 308 BGB** (Klausel mit Wertungsmöglichkeit)
   c) **§ 307 BGB** (Generalklausel)

A. Begriffsbestimmung

Legaldef.: § 305 I BGB

Ausgangspunkt ist die Legaldefinition in § 305 I BGB. Danach sind AGB alle für eine Vielzahl von Verträgen vorformulierten Vertragsbedingungen, die eine Vertragspartei (der Verwender) der anderen Partei bei Abschluss eines Vertrages stellt. Die Legaldefinition enthält demnach vier Begriffsbestandteile.

I. Vertragsbedingungen

Vertragsbedingungen

Bei den AGB muss es sich um *Bestandteile eines* zwischen dem Verwender und dem anderen Teil abzuschließenden, nicht notwendig bereits zustande gekommenen *Rechtsgeschäfts* handeln (Vertragsbedingungen). Auf die Art des Vertrages kommt es dabei nicht an. Zwar bilden die gegenseitigen Schuldverträge den Hauptanwendungsbereich der AGB. Aber auch sachenrechtliche Verträge können mit AGB versehen werden. 302

1. Einzelerläuterungen

rechtsgeschäftliche Vereinbarung

Die AGB müssen *kraft rechtsgeschäftlicher Vereinbarung* den Inhalt des Vertrages gestalten. Daran fehlt es bei solchen Klauseln, deren Geltung nicht auf der vertraglichen Einbeziehung beruht, sondern auf ihrem Charakter als Rechtsnorm, so z.B. bei satzungsrechtlich ausgestalteten Benutzungsordnungen oder allgemeinen Beförderungsbedingungen für den Linienverkehr. Sofern das Benutzungsverhältnis aber als Vertrag und nicht als öffentlich-rechtliches Unterordnungsverhältnis ausgestaltet ist, kommt eine analoge Anwendung bestimmter, in den §§ 305 ff. BGB kodifizierter Grundsätze in Betracht.[477] 303

Demgegenüber wird der Charakter der AGB nicht dadurch ausgeschlossen, dass die vom Verwender vorformulierten AGB (Vertragsbedingungen) behördlich genehmigt sind oder der behördlichen Genehmigung bedürfen. Denn die behördliche Genehmigung von Vertrags- oder Geschäftsbedingungen lässt deren privatautonomen, auf Einbeziehung beruhenden Geltungsgrund unberührt. 304

477 Vgl. OLG München BB 1980, 496.

2. Erweiterung auf bestimmte einseitige Rechtsgeschäfte

Wortlaut: „Vertragsbedingungen“

Der Wortlaut des § 305 I BGB setzt eigentlich das Vorliegen eines zweiseitigen Rechtsgeschäfts voraus.

auch bei einseitigen RG, wenn gleiche Situation, d.h. wenn vorformuliert

Nach der h.M.[478] ist hiervon jedoch insoweit eine Ausnahme zu machen, als einseitige Rechtsgeschäfte des Kunden, die auf einer Vorformulierung des Verwenders beruhen, ebenfalls unter § 305 I BGB fallen. Denn der Schutz des Gesetzes darf nicht von der äußerlichen Gestaltung abhängen. Entscheidend ist, dass der Verwender bei einseitig von ihm vorformulierten „Kundenerklärungen“ die rechtsgeschäftliche Gestaltungsfreiheit ebenso in Anspruch nimmt wie bei der Ausarbeitung eines Vertragstextes. Er greift sogar noch stärker in die rechtsgeschäftliche Gestaltungsfreiheit des Kunden ein und muss daher auch dessen Interessen berücksichtigen. Entsprechendes gilt für rechtsgeschäftsähnliche Erklärungen des Kunden, die auf einer Vorformulierung des anderen Teils beruhen, z.B. die Einwilligungserklärung in eine ärztliche Heilbehandlung. 305

Bsp.: *Abfindungserklärungen, anwaltliche Honorarscheine, Ausgleichsquittungen, Bestellformulare, Bevollmächtigungen, Einziehungsermächtigungen, Überweisungsaufträge u.a. fallen ebenso wie zweiseitige Rechtsgeschäfte in den Anwendungsbereich der §§ 305 ff. BGB.* 306

Bsp.:[479] *Anlässlich einer Kontoeröffnung lässt sich die Bank durch eine AGB-Klausel auch eine Vollmacht einräumen. Finden die §§ 305 ff. BGB Anwendung?* 307

Bei der Beurteilung der Frage ist die Einräumung der Vollmacht von dem zugrunde liegenden Girovertrag zu trennen. Die Erteilung der Vollmacht stellt eine einseitige rechtsgeschäftliche Erklärung des Kunden dar, die auf einer Vorformulierung des Verwenders beruht.

Der BGH[480] führt aus: „Wenn eine Vertragspartei für die Vertragsabwicklung erhebliche, einseitige rechtsgeschäftliche Erklärungen der anderen Partei vorformuliert, müssen dafür nach dem Schutzzweck des AGBG (...jetzt der §§ 305 ff. BGB...) die gleichen Einschränkungen gelten wie für zweiseitige Erklärungen.“

II. Vorformulierung

Vorformulierung

Die Vertragsbedingungen müssen nach § 305 I BGB für eine Vielzahl von Verträgen vorformuliert sein. 308

Dabei spielt es keine Rolle, ob der Verwender die Vertragsbedingungen vorformuliert hat oder ein Dritter (Mustermietvertrag aus dem Schreibwarenladen).

Der Begriff des *Vorformulierens* als formales Element des § 305 I BGB setzt voraus, dass die betreffenden Teile des Vertragsangebots des Verwenders *nicht ad hoc* entworfen werden, sondern als Grundlage oder Rahmen für gleichartige Rechtsverhältnisse mit verschiedenen Kunden aufgestellt sind. Auf eine tatsächliche mehrfache Verwendung kommt es nicht an.

zur Verallgemeinerung bestimmt

Dagegen ist das Aufstellen eines Vertragsentwurfs als Grundlage für einen Einzelvertrag keine Vorformulierung. Dies ergibt sich aus dem Schutzzweck der §§ 305 ff. BGB: Der „Anbieter“ der „AGB“ steht beim erstmaligen, nicht zur Verallgemeinerung bestimmten Gebrauch des Vertragsangebots Änderungswünschen des anderen Teils in der Regel offener gegenüber – es besteht nicht das AGB-typische strukturelle Ungleichgewicht.

478 BGHZ 98, 28; BGH, NJW 1987, 2011.

479 BGH, NJW 87, 2011.

480 A.a.O.

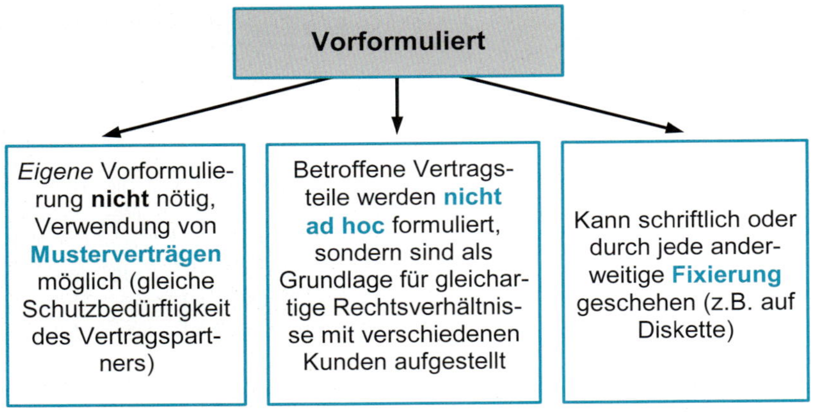

III. Für eine Vielzahl von Verträgen

für Vielzahl v. Verträgen

Das Merkmal der Vielzahl betont ebenso wie die Vorformulierung den am Massengeschäft, nicht an der individuellen Vertragsbeziehung ausgerichteten Charakter der AGB. Maßgeblich ist nicht, wie häufig die Vorformulierung tatsächlich verwendet wurde. *309*

Abzustellen ist vielmehr auf den verfolgten *Zweck*, den Text für eine unbestimmte Anzahl künftiger Rechtsgeschäfte zu verwenden. Die untere Grenze liegt bei drei bis fünf Verwendungen.[481]

Für eine Vielzahl von Verträgen vorformulierte Vertragsbedingungen können auch dann vorliegen, wenn die Bedingungen nicht gegenüber verschiedenen Vertragsparteien verwendet werden sollen.[482]

hemmer-Methode: Beachten Sie dabei unbedingt, dass die §§ 305 ff. BGB aber bereits im ersten Verwendungsfall gelten!

mehrfache Verwendung aber nicht notwendig

Bsp.: *Bei der Aufstellung von Mustermietverträgen für einen Hausbesitzerverein ergibt sich der abstrakt-generelle Charakter der Bedingungen bereits aus der Zweckbestimmung des Aufstellers. Hier ist es nicht erforderlich, dass der Verwender des Formularmietvertrages selbst eine mehrfache Verwendung plant. Sind die Vertragsbedingungen dagegen nur für einen Einzelfall erstellt worden, so werden sie nicht schon dadurch zu AGB, dass der Unternehmer sich auch bei späteren Angeboten hieran orientiert, solange dem Vorgehen nicht eine diesbezügliche Planmäßigkeit anhaftet.* *310*

Besonderheit bei Verbraucherverträgen, § 310 III Nr. 2 BGB

Gem. § 310 III Nr. 2 BGB finden die §§ 305c II BGB (Überraschende Klauseln), ebenso wie die §§ 306 (Rechtsfolgen der Unwirksamkeit/Nichteinbeziehung) und die §§ 307 – 309 BGB (Inhaltskontrolle), für ***Verbraucherverträge*** auch dann Anwendung, wenn sie nur zur einmaligen Verwendung bestimmt sind und der Verbraucher auf ihren Inhalt wegen der Vorformulierung keinen Einfluss nehmen kann (vgl. auch Rn. 319a). *311*

IV. Veranlassung der Einbeziehung durch den Verwender („Stellen")

„Stellen" der AGB
⇨ Einziehungsangebot

Vierte und letzte Voraussetzung des § 305 I BGB ist, dass der Verwender die vorformulierten Vertragsbedingungen der anderen Vertragspartei bei Abschluss des Vertrages stellt. Das Merkmal des *„Stellens"* ist erfüllt, wenn eine Partei die Einbeziehung der vorformulierten Vertragsbedingungen verlangt, also ein konkretes Einbeziehungsangebot macht. *312*

481 BGH, NJW 1981, 2344 = **juris**byhemmer.

482 Vgl. BGH Life&Law 2004, 224 ff. = ZIP 2004, 315 = **juris**byhemmer.

Änderung möglich

Entgegen einer verbreiteten Ansicht ist es aber *nicht erforderlich*, dass die *Vertragsbedingungen* dem anderen Teil auferlegt, d.h. *einseitig durchgesetzt* werden.

§ 305 I S.3 BGB

So entfällt das Stellen nicht schon dann, wenn der Formulartext die Aufforderung zur Änderung oder Streichung enthält.[483] Eine gegenteilige Auffassung würde dazu führen, dass § 305 I S. 3 BGB[484] überflüssig wird. Die Aufnahme von § 305 I S. 3 BGB in den Gesetzestext zeigt aber, dass in diesen Fällen nicht das Merkmal des „Stellens" entfallen soll, sondern die Anwendung der §§ 305 ff. BGB erst auf Grund der lex specialis ausscheidet. 313

Verwender können beide Teile sein

Verwender ist grundsätzlich derjenige, dem die Einbeziehung der AGB zuzurechnen ist. Im Regelfall wird der Verwender gleichzeitig das Vertragsangebot abgeben. Notwendig ist dies jedoch nicht. Vielmehr kann auch derjenige Verwender sein, der den anderen Teil (z.B. in einem vorgedruckten Annahmeformular) veranlasst, in sein Angebot die Einbeziehung der AGB aufzunehmen. Eine rein formalistische Betrachtungsweise wäre hier mit dem Sinn und Zweck der Vorschriften nicht vereinbar. Nicht erforderlich ist, dass der Verwender wirtschaftlich überlegen ist. 314

hemmer-Methode: Vom Schutzzweck des AGB-Rechts her kann es nicht allein auf den Umstand ankommen, wer rein formal Allgemeine Geschäftsbedingungen in den Vertragsschluss einführt.
Entscheidend muss immer sein, wer die Einbeziehung der AGB verlangt.
Hätte eine Vertragspartei den Vertrag ohne Einbeziehung der grds. in seinem Interesse geschaffenen AGB nicht abgeschlossen, so ist diese Vertragspartei Verwender, selbst wenn ihr Vertragspartner diese Vertragsbedingungen im Hinblick darauf bereits in sein Angebot aufgenommen und damit formal in den Vertragsabschluss eingeführt hat.[485]

Die Bedingungen müssen aber von einer Vertragspartei gestellt werden. Ein Stellen von Vertragsbedingungen liegt nicht vor, wenn die Einbeziehung vorformulierter Vertragsbedingungen auf einer freien Entscheidung desjenigen beruht, der vom anderen Vertragsteil mit dem Verwendungsvorschlag konfrontiert wird. 315

Dazu ist es erforderlich, dass er in der Auswahl der in Betracht kommenden Vertragstexte frei ist und insbesondere Gelegenheit erhält, alternativ eigene Textvorschläge mit der effektiven Möglichkeit ihrer Durchsetzung in die Verhandlungen einzubringen.

nicht aber einvernehmlich

Werden sie von einem unbeteiligten Dritten vorgeschlagen oder wird der Einbeziehungsvorschlag einvernehmlich von beiden Seiten gemacht, ist § 305 I BGB nicht erfüllt.[486]

Besonderheit bei Verbraucherverträgen, § 310 III Nr. 1 BGB

Etwas anderes gilt aber bei ***Verbraucherverträgen*** wegen der Ausnahmevorschrift des § 310 III Nr. 1 BGB (sog. „Drittklauseln"). Demnach *gelten* alle vorformulierten Klauseln *als vom Verwender gestellt*, es sei denn, dieser tritt den Beweis an, dass sie durch Initiative des Verbrauchers einbezogen wurden (vgl. auch Rn. 319a).

Problem „Bauherrenmodell"

Problematisch ist, wer bei sog. *Bauherrenmodellen* AGB-Verwender ist. Hier liegen die Vertragsentwürfe der Initiatoren bereits vor, bevor mit dem Vertrieb, d.h. der Werbung der Bauherren für das Bauprojekt, begonnen wird. In den Verhandlungen haben weder die Treuhänder noch die Bauherren Einfluss auf den notwendigen einheitlichen Inhalt der einzelnen Verträge.

483 BGH, NJW 1987, 2011 = **juris**byhemmer.

484 „AGB liegen nicht vor, soweit die Vertragsbedingungen zwischen den Vertragsparteien im Einzelnen ausgehandelt sind."

485 Vgl. BGH Life&Law 2006, 449 f. = IBR 2006, 271; BGH NJW 1997, 2043 = **juris**byhemmer.

486 BGH, Life&Law 2010, 376 ff. (Heft 6).

Aus diesem Grund werden die Vertragsbedingungen im Zweifel von den Initiatoren der Modelle gestellt. Anders kann es nur dann liegen, wenn der spätere Treuhänder bereits beim Ausformulieren der Verträge ein Mandat der Bauherren hatte.[487]

V. Die Individualvereinbarung, § 305 I S. 3 BGB

Individualabrede

Ausnahmsweise können AGB zu *Individualabreden* werden, wenn sie im Einzelnen zwischen den Parteien ausgehandelt wurden, § 305 I S. 3 BGB.

Aushandeln

Wann ein solches Aushandeln zu bejahen ist, ist streitig. In jedem Fall nicht ausreichend ist die Aufforderung an den Kunden auf dem Formular, ihm nicht passende Klauseln zu streichen. Ebenso wenig reicht die Belehrung über Bedeutung und Tragweite der vorformulierten Klauseln aus.[488] Unerheblich ist schließlich auch eine vom Kunden besonders unterschriebene Erklärung, der Vertragsinhalt sei in allen Einzelheiten ausgehandelt worden.[489] 316

reale Einwirkungsmöglichkeit

Entscheidend ist, dass der Verwender den Inhalt seiner AGB ernsthaft zur Disposition stellt und dem Vertragspartner Gestaltungsfreiheit zur Wahrung der eigenen Interessen einräumt. *Aushandeln* bedeutet *mehr* als *Verhandeln*. Der Kunde muss die reale Möglichkeit erhalten, den Inhalt der Vertragsbedingungen zu beeinflussen. Leitlinie sollte sein, dass zwar keine Textänderung erfolgen muss, aber ein Aushandeln im Sinne einer Einzelerörterung des AGB-Textes erforderlich ist.

Nach Ansicht des **BGH** ist es mit dem Schutzzweck der §§ 305 ff. BGB nicht zu vereinbaren, wenn Vertragsparteien unabhängig von den Voraussetzungen des § 305 I S. 3 BGB die Geltung des Rechts der Allgemeinen Geschäftsbedingungen individualrechtlich ausschließen.

Dadurch wird die Prüfung verhindert, ob eine gleichberechtigte Verhandlungsposition bestanden hat. Diese kann nicht allein aus dem Umstand abgeleitet werden, dass individualrechtlich die Geltung der §§ 305 ff. BGB ausgeschlossen wurde. Eine solche Vereinbarung kann vielmehr auf der wirtschaftlichen Überlegenheit einer Vertragspartei beruhen, die unter Umgehung der gesetzlichen Bestimmungen zur Inhaltskontrolle Allgemeiner Geschäftsbedingungen ihre Gestaltungsmacht einseitig verwirklicht. Dem will das Recht der Allgemeinen Geschäftsbedingungen entgegenwirken, indem es nur unter den Voraussetzungen des § 305 I S. 3 BGB von einer Inhaltskontrolle nach §§ 307 ff. BGB absieht.[490]

> **Bsp.:** *B kauft über den Grundstücksmakler A ein Grundstück und schließt zu diesem Zweck mit A einen von diesem vorgelegten Formularvertrag ab.* 317
>
> *Der Vertrag enthält die Klausel, dass B im Falle eines Nichtabschlusses 80% der Maklerprovision als pauschalierten Schadensersatz zu zahlen hat. Von B auf die Höhe der Provision angesprochen, ersetzt A handschriftlich die 80% in der Provisionsklausel durch 70%. B unterschreibt den Vertrag.*

z.B. Provisionsregelung

Die Provisionsregelung könnte gegen § 309 Nr. 5a BGB verstoßen. Hierzu müsste es sich um eine AGB handeln.

---

487 Vgl. BGH, NJW 1985, 2477 = **juris**byhemmer; Bartsch, NJW 1986, 28 ff.; Palandt, § 305, Rn. 11.

488 BGH, NJW 1984, 181.

489 BGH, NJW 1977, 432.

490 BGH, Life&Law 9/2014, 704 f. = NJW 2014, 1725 ff. = **juris**byhemmer.

Der Formularvertrag ist eine vorformulierte Vertragsbedingung für eine Vielzahl von Verträgen im Sinne von § 305 I S. 1 BGB. A hat auch ein konkretes Einbeziehungsangebot gemacht.

Er ist damit Verwender. Aus der Regelung des § 305 I S. 2 BGB ergibt sich, dass durch die handschriftliche Änderung der Provisionshöhe der Bestimmung nicht der Charakter einer AGB genommen wurde.

Fraglich ist, ob ein Aushandeln nach § 305 I S. 3 BGB und damit eine Individualvereinbarung vorliegt. Dafür könnte sprechen, dass B zunächst die 80% beanstandete und sich dann mit 70% einverstanden erklärte. Indes reicht dies für ein Aushandeln nicht aus. Wesensmerkmal des Aushandelns ist, dass der Steller dieser Klauseln den Inhalt zur Disposition stellt.

A hat aber dem B gegenüber zu erkennen gegeben, dass er nur zu einer geringfügigen Änderung bereit sei. Da es sich somit nicht um eine Individualvereinbarung, sondern um eine AGB handelt, sind die §§ 305 ff. BGB anwendbar. Die Vereinbarung eines pauschalierten Schadensersatzes i.H.v. 70% der Maklerprovision verstößt gegen § 309 Nr. 5a BGB und ist deswegen nichtig. (Daneben liegt auch ein Verstoß gegen § 309 Nr. 5b BGB vor – dazu sogleich mehr.)

hemmer-Methode: Die Wirksamkeit des Maklervertrages und damit der Vereinbarung hätte außerdem an § 311b I S. 1 BGB geprüft werden müssen. Selbst wenn man statt von einer reinen Schadenspauschalierung von einer Vertragsstrafenregelung (§§ 336 ff. BGB, sog. unselbständiges, an eine Hauptverbindlichkeit angelehntes Strafversprechen) ausginge, so wäre wegen § 344 BGB auch das unselbständige Strafgedinge unwirksam, wenn das Gesetz das zu sichernde Grundgeschäft für unwirksam erklärt. Zum selben Ergebnis käme man, wenn man in der Vereinbarung ein selbständiges Strafversprechen annimmt. Bei diesem wird die Strafe für den Fall versprochen, dass eine Handlung vorgenommen oder unterlassen wird, ohne dass sich der Versprechende zu der Handlung oder Unterlassung verpflichtet. § 344 BGB gilt dann analog. Ein Maklervertrag, der bei Nichteinhaltung eine derart hohe Pönalisierung nach sich zieht, bringt bereits eine beträchtliche Bindungswirkung mit sich und unterliegt ausnahmsweise der Formvorschrift des § 311b I S. 1 BGB. Rechtsfolge ist demnach Nichtigkeit gem. § 125 BGB.

Beweislast hat bzgl. Aushandeln der Verwender

Die Beweislast für das Stattfinden eines tatsächlichen Aushandelns trifft im Übrigen den Verwender der AGB (Erkennbar ist dies an der Formulierung des § 305 I S. 3 BGB als Ausnahmevorschrift: „...nicht vor, soweit ..."). Hieran stellt die Rechtsprechung strenge Anforderungen.

VI. Einschränkung des sachlichen Anwendungsbereichs

Gem. § 310 IV BGB sind Verträge auf dem Gebiet des Familien-, Erb- und Gesellschaftsrechts von der Anwendung der §§ 305 ff. BGB vollständig ausgenommen. 318

jetzt auch für Arbeitsrecht

Anders als nach der bis zum 31.12.2001 geltenden Rechtslage sind nach § 310 IV S. 1 BGB auch AGB im Bereich des Arbeitsrechts an den §§ 305 ff. BGB zu messen.

Allerdings ist bei der Anwendung dieser Vorschriften im Einzelfall den „Besonderheiten des Arbeitsrechts" Rechnung zu tragen, § 310 IV S. 2 BGB.

hemmer-Methode: Zur Anwendung auf Arbeitsverträge und der Berücksichtigung der Besonderheiten des Arbeitsrechts gem. § 310 IV S. 2 BGB lesen Sie in diesem Skript die Rn. 344a sowie HEMMER/WÜST, Arbeitsrecht, Rn. 307 und Rn. 409!

Gesellschaftsrecht

Im Gesellschaftsrecht besteht vielfach bei den so genannten Publikumsgesellschaften ein Bedürfnis zur Inhaltskontrolle. Auch hier können die einzelnen Gesellschafter keinen Einfluss auf den Inhalt des Gesellschaftsvertrages nehmen. Als Rechtsgrundlage für die zur Wahrung der Vertragsgerechtigkeit erforderlichen Inhaltskontrolle dienen wiederum die §§ 242, 315 BGB, wobei in diesem Rahmen die Wertentscheidungen der §§ 305 ff. BGB zu berücksichtigen sind.[491]

VII. Persönlicher Geltungsbereich, § 310 I BGB

bei Unternehmern eingeschränkte Anwendbarkeit

Eingeschränkte Anwendung finden die §§ 305 ff. BGB gem. § 310 I S. 1 BGB gegenüber Unternehmern. *319*

Wer Unternehmer ist, definiert § 14 BGB.

Ebenfalls von § 310 I S. 1 BGB erfasst werden juristische Personen des öffentlichen Rechts (Körperschaften, Anstalten, Stiftungen) und öffentlich-rechtliche Sondervermögen (Bundesbahn).

hemmer-Methode: Lesen Sie die Vorschriften immer genau: § 310 I S. 1 BGB *schließt* die Anwendung der §§ 305 ff. BGB *keineswegs vollständig aus, sondern beschränkt* den Anwendungsbereich nur. Bei der verbleibenden Inhaltskontrolle gem. § 307 I, II BGB fließen die Wertungen der nicht anwendbaren §§ 308, 309 BGB mit ein (siehe § 310 I S. 2 BGB – lesen!).

VIII. Verbraucherverträge, 310 III BGB

In Umsetzung der EG-Richtlinie über missbräuchliche Klauseln in Verbraucherverträgen wurde 1996 § 24a in das AGBG eingefügt.[492] Nun findet sich diese Regelung in § 310 III BGB. *319a*

So unterliegen auch Drittbedingungen und Einzelvertragsklauseln einer Inhaltskontrolle, sofern sie in einem Verbrauchervertrag enthalten sind.

Unter einem Verbrauchervertrag in diesem Sinn versteht man einen Vertrag zwischen einem Unternehmer, d.h. einer Person, die in Ausübung ihrer gewerblichen oder beruflichen Tätigkeit handelt, und einem Verbraucher, d.h. einer natürlichen Person, die den Vertrag allein für den privaten Bereich abschließt.

AGB in solchen Verträgen gelten gem. § 310 III Nr. 1 BGB immer dann als vom Unternehmer gestellt, wenn sie nicht der Verbraucher in den Vertrag eingeführt hat. Die Schutzvorschriften der §§ 305 ff. BGB sind somit auch dann anwendbar, wenn die formularmäßigen Regelungen auf Vorschlag eines Dritten, i.d.R. eines Notars oder Maklers, Vertragsinhalt geworden sind.

Weiterhin finden nach § 310 III Nr. 2 BGB die wesentlichen Schutzvorschriften der §§ 305 ff. BGB auch dann Anwendung, wenn die vorformulierten Vertragsbedingungen nur zur einmaligen Verwendung bestimmt sind.

Schließlich bestimmt § 310 III Nr. 3 BGB, dass zusätzlich zu der üblichen Betrachtungsweise - abzuwägen sind die Interessen des Unternehmers gegenüber denjenigen der *typischerweise* beteiligten Verbraucher - konkret individuelle Umstände zu berücksichtigen sind. Dabei kann für die Unwirksamkeit einer Klausel z.B. die Ausnutzung einer Überrumpelungssituation oder die geschäftliche Unerfahrenheit sprechen.

491 BGHZ 64, 241 = **juris**byhemmer.

492 Vgl. zum Ganzen Heinrichs, NJW 1996, 2190.

B. Einbeziehung[493]

I. Grundsatz

Einbeziehung

AGB werden nur dann Vertragsbestandteil, wenn sie in den Vertrag einbezogen wurden, § 305 II BGB. Die Norm ist eine Sondervorschrift zu §§ 133, 157 BGB. 320

Nur wenn seine Förmlichkeiten eingehalten wurden, liegt eine wirksame Einbeziehung vor.[494] Die erhöhten Voraussetzungen des § 305 II BGB gelten aber nur für die Einbeziehung vorformulierter Bestimmungen, nicht auch für damit in Zusammenhang stehende Individualvereinbarungen.

Kommt es zwischen den Beteiligten wegen § 305 II BGB lediglich zu einer Willensübereinstimmung bzgl. der nicht vorformulierten Teile des Vertragsangebots, so wird der Vertrag im Zweifel nach § 306 I, II BGB ohne AGB wirksam.

Voraussetzungen

Voraussetzungen der Einbeziehung, § 305 II 321

- Deutlicher **Hinweis** des Verwenders auf seine AGB bei Vertragsschluss, § 305 II Nr. 1 *Deutlich sichtbarer Aushang am Ort des Vertragsschlusses genügt, § 305 II Nr. 1 Alt. 2*
- **Möglichkeit** für andere Vertragspartei, vom Inhalt der AGB **Kenntnis zu nehmen**, § 305 II Nr. 2 Rücksichtnahme auf körperliche Behinderungen**!** (neu) (*Vorlage unter Anwesenden / bei telefonischer Einbeziehung abbedingbar*)
- **Einverständniserklärung** der anderen Vertragspartei, § 305 II a.E., auch konkludent durch schlüssiges Verhalten möglich

1. Der Hinweis des Verwenders, § 305 II Nr. 1 BGB

ausdrücklicher Hinweis d. Verwenders notw.

Der Verwender muss den Kunden schriftlich oder mündlich, in jedem Fall aber ausdrücklich darauf hinweisen, dass der Vertrag unter Einbeziehung seiner AGB abgeschlossen werden soll. Ein *Hinweis* in einem Vertragsformular, einem Angebotsschreiben oder in einem vom Kunden verwendeten Bestellschein muss so gefasst sein, dass er einem sogenannten Durchschnittskunden ins Auge fällt.[495] 322

ggfs. deutlicher Aushang

In vielen Fällen wird der ausdrückliche Hinweis auf die AGB nach der Art des Vertragsschlusses nur unter verhältnismäßig großen Schwierigkeiten möglich sein (z.B. bei der Benutzung eines Parkhauses, beim Einschließen von Wertgegenständen in automatisierten Schließfächern, Besuch von Sportveranstaltungen). In diesen Fällen reicht gem. § 305 II Nr. 1 Alt. 2 BGB ein *deutlich sichtbarer Aushang am Ort des Vertragsschlusses* aus.

bei Vertragsschluss

Der Hinweis muss *bei* Vertragsschluss erfolgt sein. Handlungen *nach* Vertragsschluss, z.B. ein Hinweis auf die AGB in einer Rechnung, auf einer Eintrittskarte oder einem Fahrschein bleiben ohne Bedeutung. Eine *nachträgliche Einbeziehung* durch gesonderte Vereinbarung ist aber möglich.

---

493 Vgl. Berger, Die Einbeziehung von AGB in B2C-Verträge, in ZGS 2004, 329 ff.

494 BGH, NJW-RR 1987, 113 = **juris**byhemmer.

495 Palandt, § 305, Rn. 29.

2. Möglichkeit der Kenntnisnahme, § 305 II Nr. 2 BGB

Möglichkeit d. Kenntnisnahme

Der Verwender muss der anderen Partei die *Möglichkeit der Kenntnisnahme* verschaffen. Zu unterscheiden ist hier zwischen dem Vertragsschluss unter Anwesenden und dem Vertragsschluss unter Abwesenden. 323

bei Anwesenden grds. Vorlage

Beim *Vertragsschluss unter Anwesenden* ist grundsätzlich die Vorlage der AGB erforderlich.

Problem: telefonischer Vertragsschluss

Problematisch hierbei ist die Einhaltung des § 305 II Nr. 2 BGB nur bei einem fernmündlichen Vertragsschluss. Das Angebot des Verwenders, die AGB zu übersenden, genügt den gesetzlichen Anforderungen nicht, da die Möglichkeit der Kenntnisnahme hierbei ja erst nach Vertragsschluss (vgl. § 147 I S. 2 BGB) möglich wäre. Hier bleibt nur die Möglichkeit, dass der Kunde durch Individualvereinbarung auf die Einhaltung des § 305 II Nr. 2 BGB verzichtet.

praktische Notwendigkeit

hemmer-Methode: Dieses Ergebnis entspricht den Erfordernissen des Rechts- und Wirtschaftsverkehrs. Die Alternative, nämlich die Verlesung der AGB am Telefon, wäre unpraktikabel. Die Möglichkeit des Verzichts ergibt sich zum einen aus dem Normzweck: Der Verbraucher muss auf den ihm gewährten Schutz auch verzichten können. Zum anderen lässt sich dieses Ergebnis auch aus § 305 II Nr. 2 BGB selbst gewinnen. Danach reicht die *Möglichkeit* der Kenntnisnahme aus. Nicht erforderlich ist, dass der Vertragspartner von dieser Möglichkeit tatsächlich Gebrauch macht.
Verzichtet der Kunde jedoch nicht auf die Möglichkeit, vom Inhalt der AGB Kenntnis zu nehmen, so bleibt die Annahme eines Vertragsschlusses unter der aufschiebenden Bedingung der Billigung der dem Kunden zu übermittelnden AGB.

Beim Vertragsschluss unter Abwesenden kann § 305 II Nr. 2 BGB in der Regel nur durch das Übersenden der AGB genügt werden. Die Aufforderung, die AGB beim Verwender einzusehen, reicht nicht aus, da insoweit der Kunde über das zumutbare Maß hinaus belastet würde.

Mit der Obliegenheit des Verwenders, dem Kunden die Möglichkeit zur Kenntnisnahme zu verschaffen, korrespondiert das Gebot der Verständlichkeit. Klauseln, die in ihrem Kernbereich unklar sind, sind unwirksam. Daraus resultiert aber keine Pflicht zur Übersetzung der AGB (z.B. im Rechtsverkehr mit Ausländern), solange sie in der Verhandlungssprache abgefasst sind.

körperliche Behinderung des Geschäftspartners

Seit der Schuldrechtsreform muss der Verwender der AGB auf eine für ihn erkennbare körperliche Behinderung (v.a. Sehbehinderung) seines Vertragspartners angemessen Rücksicht nehmen, § 305 II Nr. 2 BGB a.E.

Da die allgemeinen Grundsätze zur Kenntnisverschaffung bei in ihrer Wahrnehmung behinderten Personen regelmäßig nicht passen, bedürfen sie zusätzlicher Hilfsmittel, um wirklich Kenntnis von den Bedingungen nehmen zu können. Ein Beispiel wäre die Übergabe der AGB in elektronischer oder akustischer Form oder in Blindenschrift.

Letztlich wird hier der objektive Maßstab zur Kenntnisnahmemöglichkeit in Einzelfällen (Erkennbarkeit der Behinderung) versubjektiviert. Rechtsfolge eines Verstoßes gegen § 305 II Nr. 2 BGB a.E. ist, dass die Klauseln nicht Vertragsbestandteil werden.[496]

496 Wie § 305 II Nr. 2 BGB a.E. im Einzelfall anzuwenden ist, und welche Maßstäbe in der Praxis gelten werden, wird die zukünftige Rspr. erst noch zeigen müssen.

Internetgeschäfte ⇨ Link auf die AGB reicht!

Bei Vertragsabschlüssen über das **Internet** genügt nach h.M. ein **Link auf die AGB**, sofern diese Verlinkung klar erkennbar ist und die Allgemeinen Geschäftsbedingungen des Anbieters aufgerufen und ausgedruckt werden können.[497]

Durch den Link wird dem Kunden die Möglichkeit verschafft, in zumutbarer Weise von dem Inhalt der AGB Kenntnis zu nehmen (§ 305 II Nr. 2 BGB), indem diese durch Anklicken des unterstrichenen Wortes „AGBs" auf der Bestellseite aufgerufen und ausgedruckt werden konnten.

Die Verwendung von Links und deren Darstellung durch Unterstreichen gehören zu den in dem Medium Internet üblichen Gepflogenheiten, sodass Verwender von AGB daher davon ausgehen können, dass Verbraucher, die sich für ihre Bestellung des Internets bedienen, mit solchen Links ohne weiteres umgehen können.

3. Einverständnis des Vertragspartners, § 305 II BGB a.E.

Einverständnis d. Vertragspartners

Die Geltung der AGB hängt nach § 305 II BGB schließlich auch vom *Einverständnis* des Vertragspartners ab. Hierbei ist eine Einigung über die Geltung jeder einzelnen Klausel nicht erforderlich. Vielmehr genügt die pauschale Vereinbarung über die Einbeziehung bestimmter AGB. Die Einverständniserklärung kann auch durch schlüssiges Verhalten erfolgen. 324

Problem: stillschweigendes Einverständnis

Fraglich ist, ob die Benutzer von Spielplätzen und Trimm-Dich-Pfaden durch die Benutzung der Anlagen ein stillschweigendes Einverständnis mit Haftungsausschlussklauseln zum Ausdruck bringen, die auf Schildern an der Anlage erkennbar zum Ausdruck gebracht werden. Die h.M. geht davon aus, dass es sich bei derartigen Hinweisschildern um AGB im Sinne von § 305 I BGB handelt.

Für ein Einverständnis spricht das Benutzen der Anlage trotz des deutlich sichtbaren Hinweises auf den Haftungsausschluss (Rechtsgedanke des venire contra factum proprium).

4. Rahmenvereinbarung

Nach § 305 III BGB können Vertragspartner, die in einer dauerhaften Beziehung stehen, auch die Einbeziehung bestimmter AGB im Voraus vereinbaren. Zum Zeitpunkt dieser Vereinbarung müssen dann aber alle Voraussetzungen von § 305 II BGB erfüllt sein.

hemmer Methode: Zur Frage, ob die Allgemeinen Geschäftsbedingungen von eBay Vertragsinhalt des Kaufvertrages zwischen „Versteigerer" und „Ersteigerer" werden, lesen Sie nochmals den Exkurs vor Rn. 152 nach.

II. Einbeziehung in besonderen Fällen, § 305a BGB

§ 305a BGB normiert für bestimmte Bereiche Ausnahmen von den engen Einbeziehungsvoraussetzungen des § 305 II BGB. Erfasst werden Verträge auf dem Gebiet der Personenbeförderung, der Post und der Telekommunikation. Gemeinsam ist allen Fällen, dass sie einer Vorkontrolle durch amtliche Stellen (Regulierungsbehörde etc.) unterliegen.

497 BGH, Life&Law 2007, Heft 2, 142 = NJW 2006, 2976 ff. = jurisbyhemmer; LG Münster JZ 2000, 731 ff.; Mehring BB 1998, 2373 [2378].

In diesen Fällen werden AGB zwar auch dann Vertragsbestandteil, wenn die Tatbestandsmerkmale des § 305 II BGB[498] nicht erfüllt sind, dennoch sind die §§ 305 ff. BGB im Übrigen anwendbar.

Mit anderen Worten: Die zunächst Vertragsbestandteil gewordenen Klauseln sind also insbesondere der Inhaltskontrolle nach §§ 307 ff. BGB zu unterziehen.

III. Das Problem sich widersprechender AGB

Mit der Einbeziehung der AGB in den Vertrag verwandt ist das in den §§ 305 ff. BGB nicht geregelte Problem der beiderseitigen Verwendung sich widersprechender AGB. Hauptsächlich im Verkehr unter Kaufleuten werden häufig beide Seiten versuchen, ihre AGB in den Vertrag einzuführen: 325

Der Käufer bestellt zu seinen Einkaufsbedingungen, der Verkäufer liefert zu seinen Verkaufsbedingungen. Soweit die AGB inhaltlich nicht übereinstimmen, ist fraglich, ob überhaupt ein wirksamer Vertrag zustande gekommen ist und (wenn ja) mit welchem Inhalt.

Dissens (-), da Ausführung

Zumindest das Zustandekommen eines wirksamen Vertrages lässt sich hier in der Regel bejahen. Die Annahme eines *Dissens* würde hier zumindest dann an der Realität vorbeigehen, wenn die Parteien den Vertrag schon teilweise ausgeführt haben.

Denn mit der Ausführung des Vertrages zeigen beide, dass sie den Streit um die unterschiedlichen AGB nicht austragen wollen, sondern vielmehr vom Vorliegen einer Einigung ausgehen.

e.A.: Theorie d. letzten Wortes, § 150 II BGB

Fraglich ist aber, unter Zugrundelegung welcher AGB der Vertrag abzuwickeln ist. Früher arbeitete die Rechtsprechung[499] hier mit der aus § 150 II BGB abgeleiteten *„Theorie des letzten Wortes"*. Demnach würden die Bedingungen desjenigen gelten, der zuletzt auf seine AGB verwiesen hat. Der andere Teil soll hierbei konkludent durch die Ausführung des Vertrages sein Einverständnis mit diesen AGB erklären. Diese Ansicht unterstellt der anderen Partei jedoch eine nicht abgegebene Einigungserklärung.[500] Zudem zwingt sie die Parteien zu ständig neuen Protesten gegen die AGB der anderen, obwohl letztlich beide einen wirksamen Vertrag wollen. 326

h.M.: § 306 I, II BGB

Zutreffender ist insoweit die Gegenansicht,[501] wonach bei einem nicht ausgetragenen Streit um einander widersprechende AGB diese jeweils nur insoweit gelten, als sie der anderen Partei günstig sind. Im Übrigen gilt das *dispositive Gesetzesrecht* (vgl. § 306 II BGB).

Kommt häufig im kaufmännischen Verkehr vor: Beide Seiten versuchen, ihre AGB in Vertrag einzubeziehen

Frühere Rspr.: ändernde Annahme des Angebots; gem. § 150 II Ablehnung und neues Angebot ⇨ widerspruchslose Entgegennahme dann = Annahme ⇨ derjenige, der am längsten neu anbietet, setzt *seine* AGB durch (sog. *Theorie des letzen Wortes*)	⟺	**Heute:** 150 II (-), da nicht einzusehen, dass einer Person, die zuvor eindeutig *entgegenstehenden* Willen geäußert hat, nun eine konkludente WE untergeschoben wird; letztlich würde vom Zufall abhängen, *wessen* AGB gelten: unbillig!

⇩

Sich widersprechende AGB gelten nicht, Vertrag aber **im Übrigen wirksam** (keine Nichtigkeit wg. Dissens!); Lückenschließung durch dispositives GesetzesR, § 306 II!

498 Ausweislich des Wortlauts von § 305a BGB muss aber Einverständnis des Vertragspartners mit den Bedingungen vorliegen!

499 BGHZ 18, 212 = **juris**byhemmer.

500 K. Schmidt, HR § 18 III 5 c.

501 Vgl. Flume, § 37, 3; Medicus/Petersen, BR, Rn. 75; BGHZ 61, 282 = **juris**byhemmer; BGH, BB 1974, 1136, 1137.

EV in AGB ⇨ § 320 BGB

Wichtig: Ein Eigentumsvorbehalt in den AGB des Verkäufers gilt auch dann, wenn ihn die AGB des anderen Teils nicht enthalten oder ablehnen, da er bei der Übergabe einseitig erklärt werden kann.[502] Allerdings findet der EV in den schuldrechtlichen Vertrag keinen Eingang, da es hier der Annahmeerklärung bedarf und somit die oben genannten Regeln gelten. Der Verkäufer erfüllt daher nicht, wenn er den Kaufgegenstand unter Eigentumsvorbehalt übergibt. 327

hemmer-Methode: Dieses Ergebnis ergibt sich aus dem *Abstraktionsprinzip*. Die nachträgliche Einbeziehung eines Eigentumsvorbehalts stellt sich als teilweiser Widerruf der ursprünglich unbedingten Einigung über den Eigentumsübergang gem. § 929 S. 1 BGB dar.
Die freie Widerruflichkeit der Einigung gem. § 929 S. 1 BGB wird dem Wortlaut der Vorschrift („Einigsein") entnommen. Dies ergibt sich auch aus dem Umkehrschluss aus §§ 873 II und 956 I S. 2 BGB. Allerdings muss dem anderen Teil die Abkehr von der Einigung offengelegt werden. Problematisch ist dies, wenn die nachträgliche Vereinbarung eines Eigentumsvorbehalts durch AGB nur aus dem Lieferschein ersichtlich wird. In diesem Fall liegt nur dann ein für das Wirksamwerden des Widerrufs erforderlicher Zugang vor, wenn die Ware vom Vertragspartner selbst oder aber von einer anderen zur Entgegennahme von Willenserklärungen berechtigten Person in Empfang genommen wird.

IV. Überraschende Klauseln, § 305c I BGB

überraschende Klauseln

Einzelne Klauseln werden trotz der Gesamteinbeziehung der AGB nicht Vertragsbestandteil, soweit sie so ungewöhnlich sind, dass der Vertragspartner mit ihnen nicht zu rechnen brauchte. 328

§ 305c I BGB ist eine der umstrittensten Vorschriften im Recht der AGB, da sich der Anwendungsbereich der Norm mit dem der Inhaltskontrolle nach §§ 307 – 309 BGB überschneiden kann.

Die Rspr. wendet für die Inhaltskontrolle meist §§ 307 ff. BGB an und braucht dann in der Regel nicht mehr zu entscheiden, ob ein Verstoß gegen § 305c I BGB vorliegt. In der Klausur ist jedoch eine genaue Prüfung erforderlich, wobei § 305c BGB vor §§ 307 ff. BGB heranzuziehen ist.

Diese Prüfungsreihenfolge ergibt sich, weil gem. § 305c I BGB die Klausel gar nicht erst Vertragsbestandteil wird, während sie gem. §§ 307 ff. BGB zwar in den Vertrag einbezogen wird, aber nicht wirksam ist. Die Unterscheidung ist auch wegen § 307 III BGB von Bedeutung, da dieser nur die Inhaltskontrolle verbietet. Eine Überprüfung an § 305c I BGB bleibt jedoch möglich.

hemmer-Methode: Sachgerecht ist es nach dem Grundsatz der lex specialis, § 305c I BGB Regelungen vorzubehalten, die formal, nach ihrem äußeren Erscheinungsbild, ungewöhnlich sind, und ansonsten eine Prüfung anhand der §§ 307 ff. BGB vorzunehmen. Diese Lösung entspricht zudem der Klausurtaktik – Sie erschließen sich so zumindest einen weiteren Prüfungsschritt.

überraschend = „überrumpeln"

Überraschend i.S.v. § 305c I BGB ist eine Klausel dann, wenn sie nach den Umständen so außergewöhnlich ist, dass der Kunde mit ihr keinesfalls zu rechnen brauchte. Sie muss den Kunden gewissermaßen überrumpeln oder übertölpeln. Maßgebliche Umstände sind hierbei insbesondere die dem Vertragsschluss vorangegangenen Verhandlungen, das äußere Erscheinungsbild sowie die Unüblichkeit der Klausel für Verträge der betreffenden Art. Ob die Klausel dagegen unangemessen ist, ist nicht entscheidend. Dies ist dann Gegenstand der Inhaltskontrolle.

502 Vgl. BGH, NJW 1982, 1749 = **juris**byhemmer; Palandt, § 305, Rn. 56.

In der Regel fehlt das Überraschungsmoment, wenn die Klausel drucktechnisch so angeordnet ist, dass von einer Kenntnisnahme durch den Kunden auszugehen ist oder der Kunde die Klausel tatsächlich zur Kenntnis genommen hat.

Verständnismöglichkeit des Durchschnittskunden

Ob eine Klausel überraschend ist, bemisst sich nach den Verständnismöglichkeiten des regelmäßig zu erwartenden Durchschnittskunden. Eine gegenüber einer Hausfrau überraschende Klausel kann im Handelsverkehr unbedenklich sein.

***Bsp.:** Überraschende Klauseln sind z.B.: der Kauf einer Sache mit gleichzeitiger Verpflichtung zum Warenbezug (Bezug von Kaffee beim Kauf einer Kaffeemaschine); die Ausdehnung des Sicherungszwecks einer bestehenden Grundschuld auf weitere oder alle Forderungen des Sicherungsnehmers entgegen einer früher getroffenen Absprache; die Miete einer Sache mit gleichzeitiger Erwerbspflicht bei Beendigung der Mietzeit.*[503] *329*

C. Auslegung von AGB

I. Allgemeines

Auslegung vor Inhaltskontrolle

Vor der Inhaltskontrolle nach den §§ 307 – 309 BGB muss die im Streit befindliche, in den Vertrag einbezogene AGB-Klausel ausgelegt werden. Grundsätzlich gelten hierbei die allgemeinen Auslegungsregeln, §§ 133, 157 BGB. Da AGB aber keine Individualvereinbarungen darstellen, haben Rechtsprechung und Lehre schon früh besondere Auslegungsregeln entwickelt, die in §§ 305b und 305c II in das BGB übernommen wurden. *330*

hemmer-Methode: Grundsätzlich finden die allgemeinen Auslegungsregeln Anwendung, allerdings gilt nach dem Schutzzweck der §§ 305 ff. BGB das Prinzip der kundengünstigsten Auslegung.

II. Der Vorrang der Individualabrede, § 305b

Vorrang der Individualabr.

Gem. § 305b BGB haben individuelle Vertragsabreden Vorrang vor AGB. Die Vorschrift ist Ausdruck eines Rangverhältnisses: AGB als vorformulierte generelle Regelungen sollen das individuell Vereinbarte lediglich ergänzen, auch wenn sie andererseits dem dispositiven Gesetzesrecht vorgehen.

Fraglich bleibt, wann ein nach § 305b BGB beachtlicher Widerspruch zwischen AGB und Individualvereinbarung vorliegt. Hierbei wird üblicherweise zwischen dem direkten und dem nur mittelbaren Widerspruch unterschieden. Ein *direkter Widerspruch* soll bei einer inhaltlichen Unvereinbarkeit zwischen AGB-Klausel und Individualabsprache vorliegen. *331*

***Bsp.:** V gibt dem K beim Kauf eines Gebrauchtwagens eine Reparaturzusage, wonach innerhalb eines Monats auftretende Mängel kostenfrei beseitigt werden sollen. Die dem Vertrag zugrunde liegenden AGB enthalten einen Gewährleistungsausschluss.*

***Bsp.:** Der einem Makler erteilte Auftrag ist nach dem verwendeten Vertragsformular ein Alleinauftrag; der Kunde hatte die Erteilung eines Alleinauftrags bei Vertragsschluss aber gerade abgelehnt.*

In beiden Fällen greift § 305b BGB: Die Individualabrede hat Vorrang vor der Klausel, die insoweit nicht zur Anwendung kommt.

503 Vgl. Palandt, § 305c, Rn. 5 ff.

handschriftliche Zusätze

Wichtig: Auch handschriftliche Zusätze sind als Individualvereinbarungen im Sinne von § 305b BGB anzusehen. 332

Davon zu unterscheiden ist die Frage, ob ein Aushandeln im Sinne von § 305 I S. 3 BGB vorliegt. Die handschriftliche Beifügung hat hier lediglich zur Folge, dass die gedruckte Klausel durch den Zusatz verändert wurde. Stellt dieser Zusatz aber weiterhin eine AGB dar, so ist eine Inhaltskontrolle nach §§ 307 ff. BGB durchzuführen.

mittelbarer Widerspruch

Bei einem *mittelbaren Widerspruch* werden die Rechtswirkungen, die sich aus der Individualabrede ergeben, im Ergebnis durch die AGB wieder aufgehoben oder eingeschränkt. Auch insoweit genießen die individuell getroffenen Vereinbarungen den Vorrang.

***Bsp.:** V sichert dem K beim Kauf eines Neuwagens das Vorliegen einer bestimmten Eigenschaft zu, während die AGB des V wiederum einen Gewährleistungsausschluss beinhalten. Hier wollte der V durch die Zusicherung der Eigenschaft (verschuldensunabhängig) für das Vorliegen der Eigenschaft einstehen, ein Gewährleistungsausschluss würde die sich hieraus ergebenden Rechtsfolgen aber wieder aufheben. Die Individualabrede genießt den Vorrang, § 309 Nr. 8b BGB hat insoweit lediglich klarstellende Bedeutung.* 333

hemmer-Methode: Dieses Ergebnis folgt letztlich aus dem allgemeinen Rechtsgedanken des Verbots des venire contra factum proprium. Was mit der einen Hand gegeben wird, darf nicht mit der anderen wieder genommen werden, § 242 BGB.

Schriftformklausel

***Bsp.:** A will einen Computerhandel eröffnen. Zu diesem Zweck führt er Vertragsverhandlungen mit dem Computergroßhändler X. Beide werden sich über den Kauf von zehn PCs zum Preis von je 2.500,- € einig. Da bei A die Finanzierung noch nicht abgesichert ist, will er den Kaufvertrag aber nur dann abschließen, wenn ihm seine Bank ein entsprechendes Darlehen bewilligt. Hiermit erklärt sich X mündlich einverstanden. Gleichzeitig fordert er den A auf, den Vertrag bereits jetzt zu unterschreiben, damit er die Computer unmittelbar nach der Darlehensauszahlung erhalten könne. A unterschreibt den Vertrag, in dem deutlich sichtbar vermerkt ist, dass mündliche Nebenabreden der schriftlichen Bestätigung bedürften. Kann X den Kaufpreis verlangen, wenn A von der Bank kein Darlehen erhält?* 334

X könnte gegen A einen Anspruch auf Zahlung des Kaufpreises nach § 433 II BGB haben. Ein wirksamer Kaufvertrag ist mit der Unterzeichnung des Auftragsformulars zustande gekommen. Jedoch hat A die Auszahlung des Darlehens zur aufschiebenden Bedingung des Kaufvertrages gemacht (§ 158 I BGB), womit sich X auch einverstanden erklärte.

Die mündliche Absprache könnte jedoch wegen der gewillkürten Schriftform nach § 127 BGB unwirksam sein. Fraglich ist die Wirksamkeit der Schriftformklausel. Da es sich bei dem Auftragsformular um eine für eine Vielzahl von Verträgen vorformulierte Erklärung handelt, beurteilt sich die Wirksamkeit nach dem §§ 305 ff. BGB.

Die Einbeziehungsvoraussetzungen des § 305 II BGB wurden eingehalten. Eine Einbeziehung scheitert wegen der deutlichen Sichtbarkeit der Klausel auch nicht an § 305c I BGB.

formlose Aufhebung mögl.

Die Schriftformklausel könnte jedoch wegen des Vorrangs der Individualabrede nach § 305b BGB keine Geltung haben. Nach ganz h.M. gelten mündliche Nebenabreden auch dann, wenn die AGB eine Schriftformklausel enthalten. Dies ergibt sich aus dem *Rangverhältnis* zwischen Individualabsprachen und AGB. Im Übrigen kann ein gewillkürter Formzwang jederzeit einvernehmlich formlos wieder aufgehoben werden.[504] Hier wäre in der mündlichen Absprache eine einvernehmliche Aufhebung zu sehen.

Zwischen X und A ist folglich nur ein bedingter Kaufvertrag zustande gekommen, §§ 433, 158 I BGB. Da die Bedingung nicht eingetreten ist, kann X keine Zahlung nach § 433 II BGB verlangen.

504 S.o. Rn. 166, 171.

III. Die Unklarheitenregelung, § 305c II BGB

bei unklaren AGB ist Auslegbarkeit Voraussetzung

Enthalten die AGB *unklare oder mehrdeutige Klauseln*, so geht dies gem. § 305c II BGB zu Lasten des AGB-Verwenders.[505] Der Verwender muss sich klar und unmissverständlich ausdrücken. § 305c II BGB kann allerdings nur angewandt werden, wenn auch bei Anwendung aller in Betracht kommender Auslegungsprinzipien ein nicht behebbarer Zweifel bleibt und wenigstens zwei Auslegungsmöglichkeiten vorhanden sind. 335

Enthalten die AGB z.B. eine Klausel, wonach die Haftung für „Mängel der Lieferung" ausgeschlossen sein soll, so bleibt auch nach der Auslegung unklar, ob lediglich die vertraglichen Gewährleistungsansprüche ausgeschlossen sind oder ob auch die Haftung für Deliktsschäden entfallen soll. Diese Unklarheit geht zu Lasten des Verwenders: Die Klausel schließt lediglich die Gewährleistungsansprüche aus.[506]

hemmer-Methode: Ob eine Regelung unklar ist, bestimmt sich nach dem Grundsatz der kundenfeindlichen Auslegung. Erst wenn eine Klausel Vertragsinhalt geworden ist, ist diese kundenfreundlich auszulegen.

IV. Grundsatz der „kundenfeindlichsten Auslegung

Vor der Inhaltskontrolle nach den §§ 307 bis 309 BGB **muss** die im Streit befindliche, in den Vertrag einbezogene AGB-Klausel **ausgelegt** werden. Grundsätzlich gelten hierbei die allgemeinen Auslegungsregeln, §§ 133, 157 BGB. Da AGB-Klauseln aber keine Individualvereinbarung darstellen, haben Rechtsprechung und Lehre schon früh besondere Auslegungsregeln entwickelt, die in den §§ 305b und 305c II BGB in das BGB übernommen wurden. 335a

Bei der AGB-Prüfung kann die Auslegung der AGBen an verschiedenen Stellen relevant werden. Dabei ist darauf zu achten, dass die Auslegung auf den spezifischen Prüfungspunkt abgestimmt werden muss, um dem Sinn und Zweck des § 305c II BGB gerecht zu werden. Im Ergebnis kann dies dazu führen, dass eine Klausel je nach Prüfungspunkt unterschiedlich ausgelegt werden muss.

hemmer-Methode: Grundsätzlich finden die allgemeinen Auslegungsregeln Anwendung, allerdings gilt nach dem Schutzzweck der §§ 305 ff. BGB das Prinzip der kundengünstigsten Auslegung bzw. das Prinzip der kundenfeindlichsten Auslegung.

1. Schritt:

kundenfeindlichste Auslegung bei der Frage, ob vom Gesetz abgewichen wird, § 307 III BGB

Bestehen Zweifel darüber, ob eine AGB-Klausel i.S.v. § 307 III BGB von Rechtsvorschriften abweicht oder diese ergänzt, muss von den Auslegungsmöglichkeiten diejenige gewählt werden, die für den Kunden am ungünstigsten ist, sog. **kundenfeindlichste Auslegung**. 335b

Hierdurch erhöht sich die Wahrscheinlichkeit dafür, dass die Inhaltskontrolle gemäß der §§ 307 ff. BGB eröffnet wird, so dass sich damit auch die Wahrscheinlichkeit dafür erhöht, dass die Klausel gemäß der §§ 307 ff. BGB unwirksam ist.

hemmer-Methode: Die kundenfeindlichste Auslegung ist damit in dieser Hinsicht die für den Kunden günstigere.

505 Vgl. BGHZ 62, 89 = jurisbyhemmer; BGHZ 67, 366 ff.

506 Vgl. BGHZ 67, 359, 366.

2. Schritt:

kundenfeindlichste Auslegung bei der Frage, ob Klausel der Inhaltskontrolle standhält

Ist hiernach der Anwendungsbereich der §§ 307 bis 309 BGB eröffnet, muss die Klausel vor der Inhaltskontrolle wiederum ausgelegt werden. 335c

Dies ergibt sich zum einen aus § 305c II BGB und seiner systematischen Stellung, zum anderen aus der Überlegung, dass sowohl das Gesetz als auch Willenserklärungen ausgelegt werden müssen, bevor man sie an einen Maßstab anlegt. Denn an einen Maßstab kann nur etwas angelegt werden, was auch inhaltlich bestimmt ist.[507]

Soweit die Unwirksamkeit der Klausel gemäß der §§ 307 ff. BGB die Rechtsstellung des Kunden verbessern würde, ist die „Unklarheitenregel" wiederum „umgekehrt" anzuwenden, d.h. es ist zu prüfen, ob die Klausel bei scheinbar **kundenfeindlichster Auslegung** wegen Verstoßes gegen ein Klauselverbot unwirksam ist.

3. Schritt:

Hält die Klausel der Inhaltskontrolle stand, wird diese kundenfreundlich ausgelegt

Erst wenn sich die Klausel in den vorherigen Auslegungsschritten als wirksam erwiesen hat, ist die Unklarheitenregel „direkt" anzuwenden, d.h. soweit aufgrund mehrerer Auslegungsmöglichkeiten Zweifel bestehen, ist gemäß § 305c II BGB die **kundenfreundlichste** Auslegungsmöglichkeit vorrangig heranzuziehen. 335d

D. Die Inhaltskontrolle, §§ 307 – 309 BGB

Inhaltskontrolle

Die *Inhaltskontrolle* nach den §§ 307 – 309 BGB als letzter Prüfungsschritt steht regelmäßig im Mittelpunkt von AGB-Prüfungen. Hierbei bezieht sich die vorzunehmende Inhaltskontrolle regelmäßig nur auf die objektive Angemessenheit der AGB. Keinesfalls ist auf das Schutzbedürfnis der einzelnen Kunden abzustellen. 336

Bei der Durchführung der Inhaltskontrolle ist die Gesetzessystematik zu beachten. Die kasuistische Regelung der §§ 308, 309 BGB, die einen umfangreichen Katalog unzulässiger Klauseln enthalten, wird durch die subsidiäre Generalklausel des § 307 I, II BGB ergänzt.

Hieraus ergibt sich folgende Prüfungsreihenfolge:

1. Anwendbarkeit der §§ 307 – 309 BGB (§§ 307 III, 310 I, II BGB)
2. Prüfung der Klauselverbote ohne Wertungsmöglichkeit, § 309 BGB
3. Prüfung der Klauselverbote mit Wertungsmöglichkeit, § 308 BGB
4. Prüfung der Generalklausel, § 307 BGB (erst § 307 II BGB, dann § 307 I BGB).

I. Anwendbarkeit der Inhaltskontrolle nach §§ 307 ff. BGB

Beschränkung

Eine Inhaltskontrolle findet gem. § 307 III BGB nur gegenüber Klauseln statt, die von einer gesetzlichen Regelung abweichen oder diese ergänzen. 337

preis- oder leistungsbestimmende Abreden

Dadurch sind der Prüfung insbesondere *Leistungsbeschreibungen* (Baubeschreibungen, Kataloge, Prospekte) und *Preisvereinbarungen* entzogen, soweit sie unmittelbar die Hauptleistungspflicht betreffen.

507 Schlosser, Jura 2003, 119, Fn. 4.

hemmer-Methode: Wegen der Privatautonomie findet sich im dispositiven Gesetzesrecht keine Vorschrift, die den Vertragsgegenstand oder die zu erbringende Gegenleistung festlegt.

Uneingeschränkt kontrollfähig sind demgegenüber Klauseln über Änderungen und Erhöhungen des angegebenen Vertragspreises oder über das Wann und Wie der Zahlung *(Preisnebenabreden)*.

§ 307 III S. 2 BGB

Ausdrücklich regelt § 307 III S. 2 BGB nun das Verhältnis zum Transparenzgebot (dazu sogleich, Rn. 354).[508] Klargestellt wird hier, dass preis- und leistungsbestimmende Klauseln zwar keiner Inhaltskontrolle, sehr wohl aber einer Transparenzkontrolle zu unterziehen sind. M.a.W.: Nur dann, wenn die Preis- oder Leistungsbestimmung klar und unmissverständlich ist, kann sie vor § 307 I S. 2 BGB bestehen. *337a*

Keiner Inhaltskontrolle unterliegen ferner Klauseln, die mit dem dispositiven Recht übereinstimmen und folglich nur *deklaratorisch* wirken.

bei Unternehmern: nicht §§ 308, 309 BGB

Zu beachten ist ferner, dass die §§ 305 ff. BGB auf einzelne Personengruppen nur beschränkt anwendbar sind.[509] So gelten die speziellen Klauselverbote der §§ 308, 309 BGB gem. § 310 I S. 1 BGB nicht gegenüber *Unternehmern,* wenn der Vertrag zum Betrieb ihres Unternehmens gehört, sowie nicht gegenüber juristischen Personen des öffentlichen Rechts und nicht gegenüber öffentlich-rechtlichen Sondervermögen. *Bei diesen Personengruppen oder juristischen Personen erfolgt die Inhaltskontrolle allein nach der Generalklausel des § 307 BGB.* *338*

aber: § 307 BGB

Wichtig: Die Klauselverbote der §§ 308, 309 BGB können aber gem. § 310 I S. 2 BGB i.R.d. Interessenabwägung des § 307 BGB Bedeutung erlangen. Da Unternehmer im Rechtsverkehr als erfahrener gelten, kann eine Klausel, die gegenüber privaten Endverbrauchern unwirksam wäre, ihnen gegenüber nach § 307 BGB wirksam sein. *339*

Indizwirkung

Ein Verstoß gegen § 308 BGB oder § 309 BGB ist jedoch auch gegenüber einem Unternehmer ein starkes Indiz für die Unzulässigkeit nach § 307 BGB.

II. Klauselverbote ohne Wertungsmöglichkeit, § 309 BGB

§ 309 BGB

§ 309 BGB enthält einen festumrissenen Katalog von Klauseln, deren Verwendung in AGB *absolut unzulässig* ist. Ihre Unwirksamkeit tritt ein, ohne dass der Richter die Unangemessenheit im Einzelfall zu prüfen hätte. Bedeutsam sind vor allem: *340*

1. § 309 Nr. 1 BGB: Verbot kurzfristiger Preiserhöhungen

Nr. 1: kurzfristige Preiserhöhungen

Kurzfristige Preiserhöhungen sind unzulässig, wenn die Leistung im Rahmen eines entgeltlichen Vertrages *innerhalb von vier Monaten* zu erbringen ist. *341*

Ein fester Liefertermin im Sinne einer kalendermäßigen Bestimmung ist nicht erforderlich, soweit die Leistung in diesem Zeitraum erbracht werden soll. Keine Anwendung findet § 309 Nr. 1 BGB allerdings auf Dauerschuldverhältnisse.

508 Mit dieser Neuregelung griff der Gesetzgeber die Ansätze der bisherigen Rspr. auf; v.a. aber kam er (endlich) einer europarechtlichen Richtlinie (93/13/EWG) nach.

509 Vgl. oben Rn. 290; persönlicher Anwendungsbereich.

Bsp.: *A bestellt beim Autohändler X einen Neuwagen. Die Lieferung soll innerhalb eines halben Jahres erfolgen. Dem Kaufabschluss liegen die AGB des X zugrunde. Darin befindet sich die Klausel: „Verkaufspreis ist der gültige Listenpreis zum Zeitpunkt der Lieferung". Hat X einen Anspruch auf Zahlung des Listenpreises am Auslieferungstermin?*

X könnte hier einen Anspruch auf Zahlung des Listenpreises gem. § 433 II BGB haben, wenn die *Tagespreisklausel* wirksamer Vertragsbestandteil geworden wäre.

Die Einbeziehungsvoraussetzungen des § 305 II BGB sind gegeben. Es handelt sich insbesondere um keine überraschende Klausel i.S.d. § 305c I BGB.

Die Klausel könnte jedoch gem. § 309 Nr. 1 BGB unwirksam sein. Dann müsste es sich um eine kontrollfähige Klausel i.S.d. § 307 III BGB handeln. Die Inhaltskontrolle würde ausscheiden, wenn die Klausel den Preis festlegen würde, die AGB also die Preisvereinbarung betreffen würden.

Bei den sogenannten *Tagespreisklauseln* handelt es sich aber nach h.M. um kontrollfähige Preisnebenabreden;[510] sie betreffen nach dem Verständnis des durchschnittlichen Kunden nur Nebenpunkte.[511] Die Klausel unterliegt daher der Inhaltskontrolle der §§ 307 ff. BGB.

Seinem Wortlaut nach sperrt § 309 Nr. 1 BGB nicht ein Offenhalten des Preises, wie es bei einer Tagespreisklausel typischerweise geschieht. Nach seinem Schutzzweck ist § 309 Nr. 1 BGB jedoch auch auf diesen Fall anzuwenden.[512] Allerdings scheitert die Anwendung des § 309 Nr. 1 BGB hier an der längeren Lieferzeit. Diese beträgt sechs Monate, die Vorschrift erfasst aber nur Lieferzeiten bis zu vier Monaten.

4 - Monats - Frist

Die Klausel könnte jedoch nach § 307 I, II BGB unwirksam sein. Hierzu müsste eine unangemessene Benachteiligung des A vorliegen. Eine solche unangemessene Benachteiligung wird von der h.M. bei Tagespreisklauseln bejaht.[513] Ausnahmen gelten nur dann, wenn sich die Preiserhöhung in den Grenzen billigen Ermessens hält *und* dem Kunden ein Rücktrittsrecht eingeräumt wurde. X hat folglich keinen Anspruch auf die Bezahlung des Tagespreises.

hemmer-Methode: Zweifel kann man aber haben, ob nicht diese vom BGH praktizierte Lösung gegen das Verbot der geltungserhaltenden Reduktion verstößt. Ohne den Rücktrittsvorbehalt wäre die Klausel gem. § 307 I, II BGB unwirksam, der BGH rettet die Klausel aber im Wege der ergänzenden Vertragsauslegung, indem er den Parteien einen normativen hypothetischen Willen unterstellt. Grundsätzlich sind aber Klauseln, wenn sie nicht einen auch sachlich teilbaren Inhalt haben, bei einem Verstoß gegen die §§ 307 ff. BGB immer insgesamt unwirksam. Vgl. Sie dazu auch Rn. 356.

2. § 309 Nr. 5 BGB: Die Pauschalierung von Schadensersatzansprüchen

Nr. 5: Schadenspauschalierung, nicht aber Vertragsstrafe

Die Schadenspauschalierung ist von der Vertragsstrafe i.S.d. § 309 Nr. 6 BGB abzugrenzen. Während bei einer Vertragsstrafe die Erfüllung der Hauptverbindlichkeit gesichert werden soll, dient die Schadenspauschalierung der vereinfachten Durchsetzung eines als bestehend vorausgesetzten Anspruchs.[514] Schadenspauschalierungen betrachtet das Gesetz als grundsätzlich zulässig, legt aber gleichzeitig fest, dass die Klausel inhaltlich bestimmten Anforderungen genügen muss. 342

510 BGHZ 82, 22, 24 = **juris**byhemmer.

511 Vgl. Palandt, § 307, Rn. 60.

512 Vgl. BGHZ 82, 22 = **juris**byhemmer.

513 Palandt, § 309, Rn. 8.

514 Ausführlich Palandt, § 276, Rn. 26.

Abgrenzung zu § 308 Nr. 7 BGB

Wichtig: § 308 Nr. 7 BGB enthält eine ähnliche Regelung wie § 309 Nr. 5 BGB. Während § 309 Nr. 5 BGB alle Arten von Schadensersatzansprüchen betrifft (besonders bedeutsam: solche aus Schuldverhältnissen nach § 280 I BGB), regelt § 308 Nr. 7 BGB die Rückabwicklung in Folge Rücktritts oder Kündigung. Auf die Rückabwicklung oder Kündigung eines Vertrages ist demnach § 308 Nr. 7 BGB anzuwenden, nicht aber, wenn die Kündigung oder der Rücktritt eine Schadensersatzpflicht begründen. Dann gilt als lex specialis § 309 Nr. 5 BGB.[515] 343

3. § 309 Nr. 6 BGB: Vertragsstrafen

Nr. 6: Vertragsstrafe grds. unzulässig

Vertragsstrafen in AGB sind im Gegensatz zu Schadenspauschalierungen grundsätzlich unzulässig. Auf das selbständige Strafgedinge, Verfallklauseln und Reuegelder findet § 309 Nr. 6 BGB nach der Rspr. keine Anwendung.[516]

hemmer-Methode: Zur Wiederholung: Grenzen Sie Reuegeld, Vertragsstrafe und selbständiges Strafgedinge sorgfältig voneinander ab: Ein *Reuegeld* liegt vor, wenn der Vertrag einen Rücktrittsvorbehalt enthält, dessen Ausübung jedoch mit einer Geldzahlung sanktioniert wird. Eine *Vertragsstrafe* kann vereinbart werden für den Fall, dass eine der Vertragsparteien ihren Verpflichtungen aus dem Vertrag nicht nachkommt. Sie ist somit akzessorisch zum Vertrag, vgl. auch § 344 BGB. Im Gegensatz hierzu pönalisiert das *selbständige Strafgedinge* eine Handlung oder Unterlassung, zu der keine Verpflichtung besteht.

Bsp.: *Grundstückseigentümer E erteilt Makler M auf einem vorgedruckten Formular des M einen auf sechs Monate befristeten Alleinauftrag zur Vermittlung eines Käufers für sein Hausgrundstück. Nach dem Text soll E auch dann zur Zahlung der Provision verpflichtet sein, wenn er sein Grundstück während der Auftragszeit ohne Beteiligung des M verkauft.* 344

Diese Vereinbarung einer Provisionszahlung für den Fall, dass der Auftraggeber vom Vertrag Abstand nimmt oder das Grundstück ohne Hinzuziehung eines Maklers verkauft, ist bei Vereinbarung der vollen Provision nicht als Aufwendungs- oder Schadensersatz, sondern als Vertragsstrafe im Sinne der §§ 339 ff. BGB anzusehen.[517]

Die hier getroffene Vereinbarung stellt also ein Vertragsstrafeversprechen dar und ist nach § 309 Nr. 6 BGB unwirksam.

Problem: „Besonderheiten des Arbeitsrechts", § 310 IV S. 2 BGB

Im Arbeitsvertrag werden oft Vertragsstrafen für den Fall vereinbart, dass der Arbeitnehmer die Stelle nicht antritt. 344a

Gem. § 310 IV S. 2 BGB sind bei der Inhaltskontrolle vorformulierter Arbeitsverträge die „Besonderheiten des Arbeitsrechts" angemessen zu berücksichtigen.

Das BAG hat die Zulässigkeit entsprechender Vertragsstrafenabreden im Arbeitsrecht auch nach der neuen Rechtslage nicht generell verneint. Als Besonderheit des Arbeitsrechts hat das BAG den Umstand angesehen, dass ein Arbeitnehmer zur Erbringung der Arbeitsleistung gem. § 888 III ZPO nicht durch Zwangsgeld oder Zwangshaft angehalten werden kann.[518]

Vertragsstrafenversprechen, die den Arbeitnehmer entgegen den Geboten von Treu und Glauben unangemessen benachteiligen, sind aber unwirksam (§ 307 BGB). Diese Unangemessenheit kann auch in einem Missverhältnis zwischen der Pflichtverletzung und der Höhe der Vertragsstrafe begründet sein.

---

515 Palandt, § 307, Rn. 25.

516 Vgl. KG NJW-RR 1989, 1077; a.A. Palandt, § 309, Rn. 33.

517 BGH, NJW 1977, 624, 626.

518 Ausführlich dazu BAG Life&Law 2004, 671 ff. = NZA 2004, 727 ff. = **juris**byhemmer, sowie BAG, NZA 2005, 1053 ff. = **juris**byhemmer; vgl. auch Tyroller, „Die Auswirkungen der Schuldrechtsmodernisierung auf das Arbeitsrecht", in Life&Law 2006, 140 [143 f.].

4. § 309 Nr. 7 BGB: Haftungsbeschränkung bei Verschulden[519]

§ 309 Nr. 7 BGB nimmt eine Aufteilung in Haftungsausschlüsse hinsichtlich Körperschäden (Buchstabe a) und hinsichtlich sonstiger Schäden (Buchstabe b) vor. 345

Körperschäden: Nr. 7a

Buchstabe a zeigt, dass die Haftung für Körperschäden grundsätzlich nicht, also auch nicht bei leichter Fahrlässigkeit einschränkbar ist. 345a

sonstige Schäden: Nr. 7b

Für sonstige Schäden gilt § 309 Nr. 7b BGB: Die Haftung für Vorsatz und grobe Fahrlässigkeit auch eines Erfüllungsgehilfen kann nicht wirksam ausgeschlossen werden. 345b

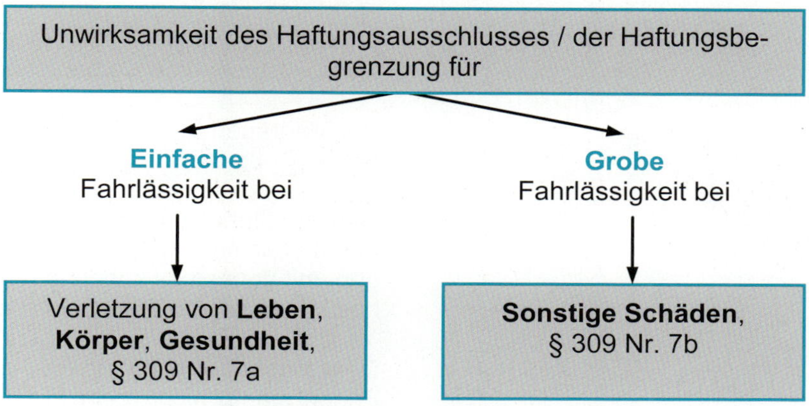

Ausnahmen zu § 309 Nr. 7a, b vgl. § 309 Nr. 7 a.E.

hemmer-Methode: Eine Klausel in Allgemeinen Geschäftsbedingungen eines Gebrauchtwagenkaufvertrags, mit der die Ansprüche des Käufers wegen eines Mangels der verkauften Sache ausgeschlossen werden, ist wegen Verstoßes gegen die Klauselverbote des § 309 Nr. 7a und b BGB insgesamt unwirksam, wenn die in diesen Klauselverboten bezeichneten Schadensersatzansprüche nicht von der Abkürzung der Verjährungsfrist ausgenommen werden.[520]

Hierbei ergibt sich der Ausschluss für vorsätzliches Verhalten des Verwenders bereits aus § 276 III BGB, während § 276 III BGB beim Erfüllungsgehilfen sonst wegen § 278 S. 2 BGB gerade keine Anwendung findet. § 309 Nr. 7 BGB umfasst vertragliche Schadensersatzansprüche (nach der Fundamentalnorm § 280 I BGB) sowie Ansprüche aus Delikt, die auf Vertragsverletzungen beruhen.

Die Norm betrifft nicht nur den Haftungsausschluss, sondern auch die Begrenzung der Haftung im Hinblick auf die Höhe des Anspruchs oder bestimmte Schäden.

hemmer-Methode: Merken Sie sich: Der in AGB vorgenommene Ausschluss der Haftung für eigenes vorsätzliches Verhalten ist also nicht erst gem. § 309 Nr. 7b BGB unwirksam, die Nichtigkeit ergibt sich schon aus § 276 III BGB. Zeigen Sie in der Examensarbeit auf, dass nach beiden Bestimmungen der Ausschluss unwirksam ist.

519 Zur Vertiefung und für Referendare lesenswert ist der Beitrag von ARNOLD, *„Freizeichnung für leichte Fahrlässigkeit in AGB"* in ZGS 2004, 16 ff.

520 Vgl. hierzu BGH, Life&Law 2013, Heft 8, 567 ff. = **juris**byhemmer sowie BGH, Life&Law 2015, Heft 5 (Recht kompakt) = **juris**byhemmer.

5. § 309 Nr. 8 BGB: Sonstige Pflichtverletzung

Schuldrechtsreform - Auswirkung

§ 309 Nr. 8 BGB fasst die vormaligen § 11 Nr. 8 (Verzug und Unmöglichkeit), Nr. 9 (Teilverzug, Teilunmöglichkeit) AGBG und die Klauselverbote des § 11 Nr. 10 (Gewährleistung) AGBG zusammen.

Die Vorschrift enthält einen aus zahlreichen Einzelverboten bestehenden Katalog, der den Kunden vor einer Aushöhlung seiner gesetzlichen oder vertraglichen Rechte aus Pflichtverletzungen des AGB-Verwenders bewahren soll. 346

Buchstabe a: Rücktrittsrecht

Buchstabe a sichert dem Vertragspartner des Verwenders seine Rechte wegen Verzugs oder Unmöglichkeit: In vorformulierten Verträgen ist das Recht auf Rücktritt vom Vertrag nicht verzichtbar; auch das Recht des Gläubigers auf Schadensersatz kann durch AGB nicht ausgeschlossen, aber bei leichter Fahrlässigkeit begrenzt werden (Ausnahme Körperschäden, siehe Rn. 345a).

Buchstabe b: Mängel

Bei Verträgen über die Lieferung neu hergestellter Sachen nennt § 309 Nr. 8b BGB eine Vielzahl unzulässiger AGB-Klauseln.

Neu im Sinne der Vorschrift ist eine Sache, wenn sie noch nicht ihrem bestimmungsgemäßen Gebrauch zugeführt ist. So ist ein Wagen, mit dem eine Probefahrt durchgeführt wurde, noch nicht seinem bestimmungsgemäßen Gebrauch zugeführt und damit neu.

Demgegenüber kann ein Kfz, das nach der Herstellung ein Jahr im Freien stand, nicht mehr als neu im Sinne von § 309 Nr. 8b BGB angesehen werden. Dies gilt insbesondere dann, wenn der Wagen aus einer Serie stammt, die heute nicht mehr produziert wird.

Sonderfall Leasing

Bsp.: *Privatmann N verhandelt mit der Herstellerfirma L über die Anschaffung einer kostspieligen Funkanlage. Man beschließt, dass die G-Bank eingeschaltet werden soll. N unterzeichnet daraufhin ein Vertragsformular der G. Darin finden sich u.a. folgende Bestimmungen:* 347

1. *Die G vermietet eine Funkanlage Typ H an N für die Dauer von 48 Monaten zum Mietpreis von 500,- € monatlich.*

2. *Für Sach- und Rechtsmängel der Mietgegenstände leistet die Vermieterin in der Weise Gewähr, dass mit dem Abschluss des Mietvertrages sämtliche Gewährleistungsansprüche gegen L auf den Mieter übergehen. Weitergehende Ansprüche des Mieters gegen die Vermieterin nach §§ 537 ff. BGB und wegen Verletzung sonstiger vertraglicher Pflichten (§ 280 I BGB) sind ausgeschlossen.*

Die G kauft daraufhin die Funkanlage bei L und lässt sie direkt an N ausliefern. Nach der Lieferung stellt N fest, dass die Anlage bei Weitem nicht die versprochene Reichweite hat. G verlangt Zahlung, N möchte vom Kaufvertrag zurücktreten.

G könnte einen vertraglichen Zahlungsanspruch gegen N haben. Hier liegt ein Leasingvertrag vor, auf den nach der h.M. wegen der identischen Hauptleistungspflichten (Gebrauchsüberlassung auf Zeit, ratenweise zu zahlendes Entgelt) Mietvertragsregeln entsprechende Anwendung finden. Die abweichende Regelung der Gefahrtragungspflichten beim Leasing berührt nicht die wesentlichen Vertragspflichten.

Der ratenweise Zahlungsanspruch der G könnte jedoch gem. § 536a BGB entfallen sein. Fraglich ist, ob § 536a BGB hier wirksam durch die AGB der G abbedungen wurde.

Ausschluss möglich

Die §§ 305 ff. BGB sind uneingeschränkt anwendbar. Insbesondere ist N kein Unternehmer i.S.d. § 14 BGB. Der Ausschluss der Gewährleistungsansprüche ist Vertragsinhalt geworden; er ist auch nicht überraschend im Sinne von § 305c I BGB.

Der Ausschluss der Gewährleistungsansprüche könnte jedoch gegen § 309 Nr. 8b BGB verstoßen. § 309 Nr. 8b BGB ist aber auf Leasingverträge nicht anwendbar, da nur Verträge über die Lieferung „neu hergestellter Sachen und Werkleistungen" erfasst werden. Der Leasingvertrag ist aber ein bloßer Gebrauchsüberlassungsvertrag.

Daher ist der Gewährleistungsausschluss nur an § 307 BGB zu messen.

Fraglich ist, ob N hierdurch unangemessen benachteiligt wurde. Dies ist jedoch abzulehnen, da der N durch die Abtretung der Gewährleistungsansprüche gegen L nicht rechtlos gestellt ist.

hemmer-Methode: Lernen Sie, die Interessenslage zu verstehen: Zumeist ist das Verhältnis zwischen Leasingnehmer und Hersteller/Lieferanten sehr viel enger als zwischen Leasingnehmer und Leasinggeber. Der Leasingnehmer sucht sich im Zweifel den Hersteller aus und schaltet erst dann die Bank zur Finanzierung ein. Deshalb ist es dem Leasingnehmer auch zuzumuten, dass er allein auf den von ihm eigentlich ursprünglich als Vertragspartner gewollten Hersteller verwiesen wird.

III. Klauselverbote mit Wertungsmöglichkeit, § 308 BGB

richterlicher Ermessensspielraum

Die in § 308 BGB ausgesprochenen Klauselverbote sind unbestimmter, weil sie wertende Begriffe enthalten. Insoweit spricht man von *Klauselverboten mit Wertungsmöglichkeit*. Dies bedeutet, dass eine von § 308 BGB erfasste Klausel trotz erfüllten Tatbestandes bei einer Bewertung aller Umstände des konkreten Einzelfalls wirksam sein kann. Dem Richter steht anhand der in § 308 BGB verwendeten *unbestimmten Rechtsbegriffe* ein Entscheidungsspielraum zu. Hier gerät man also bereits in die Nähe der Generalklausel des § 307 BGB. 349

Als wertende Begriffe verwendet das Gesetz insbesondere:

- „unangemessen" und „angemessen" (Nr. 1, 2, 5, 7),
- „ohne sachlich gerechtfertigten Grund" (Nr. 3),
- „zumutbar" (Nr. 4), und
- „besondere Bedeutung" (Nr. 6).

IV. Generalklausel, § 307 I, II BGB

grds. subsidiär

Die Generalklausel des § 307 BGB, die erst am Ende jeder AGB-Prüfung zu stehen hat, war vom Gesetzgeber ursprünglich als Auffangtatbestand gedacht. 350

Indes hat sich die Norm in der Rechtsprechung zur Zentralvorschrift der Prüfung von AGB herausgebildet. Die Folge ist eine fast unüberschaubare Kasuistik.[521] Die überragende Bedeutung von § 307 BGB lässt sich nicht zuletzt aber auch darauf zurückführen, dass die AGB gegenüber Unternehmern ausschließlich an dieser Vorschrift geprüft werden, vgl. § 310 I S. 2 BGB.

unangemessene Benachteiligung

§ 307 I BGB fordert eine *unangemessene Benachteiligung*, die den Geboten von Treu und Glauben widerspricht. Eine Benachteiligung liegt insbesondere vor, wenn die Interessen des Vertragspartners gegenüber denen des Verwenders so zurückgedrängt sind, dass kein vollständiger Interessenausgleich stattgefunden hat.[522]

521 Natürlich noch zu § 9 AGBG ergangen.

522 BGH, NJW 1980, 2519 = jurisbyhemmer.

Unangemessen ist die Benachteiligung, wenn der Verwender mit der Klausel nur seine eigenen Interessen verfolgt und keine hinreichende Rücksicht auf die Interessen seines Vertragspartners nimmt.[523] Daher ist zuerst zu prüfen, ob die Klausel überhaupt einem *sachlich berechtigten Interesse des Verwenders* dient. Wenn dies zu bejahen ist, so ist zu prüfen, ob die *Interessen des Vertragspartners* ausreichend berücksichtigt worden sind.

Bsp.: Ein Vertrag über die private Erteilung von Gruppenunterricht für Schulkinder enthält die Klausel, dass die Vertragsdauer mindestens elf Monate und die Kündigungsfrist sechs Monate beträgt. Im ersten Prüfungsschritt werden hier die Interessen des Verwenders festgestellt. Die Klausel dient einem berechtigten Interesse, da sich der Kursleiter organisatorisch auf die zu betreuende Kinderzahl einrichten muss. Im zweiten Prüfungsschritt gilt es, das Interesse der Kunden zu ermitteln. Sie wollen den Vertrag möglichst umgehend beenden können, sofern sich die schulischen Leistungen ihrer Kinder verbessert haben. Als dritter Schritt sind beide Interessen abzuwägen, was im vorliegenden Beispiel die Unangemessenheit der vom Verwender gewählten Fristen ergeben würde. *351*

hemmer-Methode: Eine solche unangemessene Behandlung kann im Einzelfall auch sittenwidrig sein und damit gegen § 138 BGB verstoßen. Fraglich ist dann das Verhältnis zwischen § 307 BGB und § 138 BGB. Nach h.M. verdrängen die §§ 307 ff. BGB als leges speciales den § 138 BGB.
Eine Anwendung des § 138 BGB ist nur in Fällen denkbar, in denen Klauseln nicht wegen Benachteiligung des Kunden, sondern aus anderen Gründen sittenwidrig sind oder wenn eine Individualvereinbarung sittenwidrig ist.

Die in Allgemeinen Geschäftsbedingungen eines Miet-, Kauf-, Wartungs- und Schutzvertrages für eine Fernmeldeanlage enthaltene Klausel *„...Dieser Wartungsvertrag läuft bis zum Ende des zehnten Jahres, das auf die Betriebsbereitschaft – bzw. bei bereits in Betrieb befindlichen Anlagen – auf das bei Vertragsschluss laufende Kalenderjahr folgt. Werden infolge von Lohn- oder sonstigen Kostenänderungen die listenmäßigen Wartungspreise der ... erhöht oder ermäßigt, so kann die ... eine entsprechende Änderung des Wartungspreises vornehmen, soweit dieser noch nicht zur Zahlung fällig geworden ist ..."* ist auch bei Verwendung gegenüber einem Kaufmann unwirksam, wenn eine sachliche Rechtfertigung für die Dauer der Bindung fehlt.[524]

Regelbeispiele (§ 307 II BGB):
⇨ widerlegbare Vermutung

§ 307 II BGB konkretisiert die Unangemessenheit anhand von Regelbeispielen, die widerlegbare Vermutungen begründen („im Zweifel"). *352*

Eine unangemessene Benachteiligung liegt danach im Zweifel vor, wenn die Bestimmung mit den *Grundgedanken der gesetzlichen Regelung,* von der abgewichen wurde, nicht zu vereinbaren ist (Nr. 1) oder wesentliche Rechte oder Pflichten, die sich aus der *Natur des Vertrages* ergeben (sog. „Kardinalpflichten"), so einschränkt, dass die Erreichung des Vertragszwecks gefährdet ist (Nr. 2).

§ 307 II BGB vor § 307 I BGB prüfen

hemmer-Methode: „Zwei vor eins": In der Klausur sind zunächst die Regelbeispiele des § 307 II BGB und dann erst § 307 I BGB zu prüfen. Im Übrigen sind die bei der Prüfung anhand der unbestimmten Rechtsbegriffe des § 307 BGB gefundenen Ergebnisse besonders sorgfältig zu begründen! *353*

523 BGHZ 74, 390 = **juris**byhemmer.

524 BGH Life&Law 2003, 458 ff.

Sonderfall: Schönheitsreparaturen bei Miete

Bsp.: *Ein Maklervertrag enthält eine Klausel, wonach ein Provisionsanspruch unabhängig vom wirksamen Zustandekommen eines Kaufvertrages bestehen soll. Eine solche Klausel verstößt gegen § 307 II Nr. 1 BGB, da sie nicht dem in § 652 BGB vorgegebenen Leitbild des Maklervertrages entspricht, wonach der Maklerlohn nur geschuldet wird, wenn die Tätigkeit des Maklers für das Zustandekommen eines Vertrages ursächlich war. Andererseits wird die Abwälzung der Kosten für Schönheitsreparaturen in einem Formularmietvertrag auf den Mieter trotz des Abweichens vom Grundgedanken der §§ 535 I S. 1 BGB für zulässig gehalten.* 354

Begründet wird dies zum einen mit dem Hinweis, dass diese Abwälzung auf den Mieter bei der Mietkalkulation berücksichtigt wird. Zum anderen sind derartige Klauseln bereits Verkehrssitte geworden.[525] Eine unangemessene Benachteiligung ist aber dann gegeben, wenn die Schönheitsreparaturen unabhängig vom Zeitpunkt der letzten Schönheitsreparaturen durchgeführt werden müssen.[526]

§ 307 I S. 2 BGB

Relativ neu ist die gesetzliche Normierung des Transparenzgebots in § 307 I S. 2 BGB. Demnach ist eine Klausel in Allgemeinen Geschäftsbedingungen im Zweifel auch dann unangemessen benachteiligend, wenn sie nicht klar und verständlich ist. Nach § 307 III S. 2 BGB sind hieran auch solche Klauseln zu messen, die inhaltlich nicht von gesetzlichen Regelungen abweichen.[527]

E. Rechtsfolgen bei fehlerhaften oder nicht einbezogenen AGB

fehlerhafte AGB ⇨ § 306 BGB

Wird eine AGB-Klausel nicht in den Vertrag einbezogen oder ist sie gem. §§ 307 ff. BGB unwirksam, richtet sich das weitere Schicksal des Vertrages nach *§ 306 BGB.* 355

§ 139 BGB gilt nicht

Gem. § 306 I BGB führt die Unwirksamkeit oder Nichteinbeziehung einer AGB-Klausel entgegen der Regel des § 139 BGB nicht zur Unwirksamkeit des gesamten Vertrages. Dies entspricht der Intention der Parteien, den Vertrag wenn möglich aufrecht zu erhalten. Der Vertrag ist regelmäßig ohne die Klausel wirksam zustande gekommen.

Nur ausnahmsweise ergibt sich als Rechtsfolge die Unwirksamkeit des ganzen Vertrages, wenn nämlich die Wirksamkeit für eine Vertragspartei ein unzumutbare Härte darstellen würde, *§ 306 III BGB.* Davon geht der BGH aus, wenn feststeht, dass der Verwender den Vertrag ohne die Klausel nicht geschlossen hätte.[528]

dispositives Gesetzesrecht zur Lückenfüllung

Der Inhalt des Vertrages richtet sich im Hinblick auf die unwirksame oder nicht einbezogene Klausel dann nach dem *dispositiven Gesetzesrecht, § 306 II BGB.*

salvatorische Klauseln

Fehlt eine entsprechende Vorschrift, ist die Lücke im Wege der ergänzenden Auslegung zu schließen.

Salvatorische Klauseln, die der Verwender für den Fall der Unwirksamkeit vorsieht und die den gleichen wirtschaftlichen Erfolg wie die weggefallenen Klauseln bezwecken, sind ebenso wie Ersatz-AGB wegen Verstoßes gegen § 306 II BGB nichtig.[529]

---

525 BGHZ 92, 363 = **juris**byhemmer.

526 OLG Hamm NJW 1981, 1249.

527 Siehe oben Rn. 337.

528 BGH ZIP 2002, 1252 f. = **juris**byhemmer.

529 Vgl. Palandt, § 306, Rn. 9.

hemmer-Methode: Die weit verbreitete, in der Regel standardmäßig verwendete salvatorische Klausel, nach der ein nichtiges Rechtsgeschäft auch ohne die nichtige Klausel wirksam sein soll, entbindet nicht von der nach § 139 BGB vorzunehmenden Prüfung, ob die Parteien das teilnichtige Geschäft als Ganzes verworfen hätten oder aber den Rest hätten gelten lassen.
Bedeutsam ist sie lediglich für die von § 139 BGB abweichende Zuweisung der Darlegungs- und Beweislast; diese trifft denjenigen, der entgegen der Erhaltensklausel den Vertrag als Ganzen für unwirksam hält. Die salvatorische Klausel dreht damit die Vermutung des § 139 BGB um.[530]

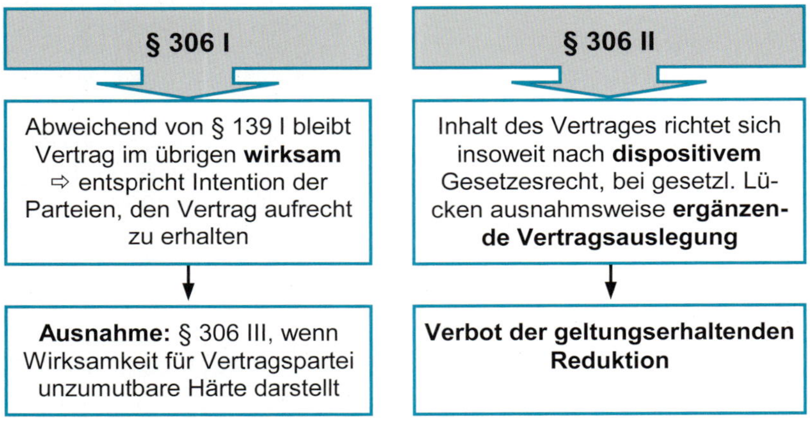

Verbot der geltungserhaltenden Reduktion

Bei unwirksamen AGB-Klauseln gilt das Verbot einer geltungserhaltenden Reduktion. Eine AGB, durch die etwa die Haftung für grobe Fahrlässigkeit ausgeschlossen werden soll und die daher gem. § 309 Nr. 7b BGB unwirksam ist, darf nicht so ausgelegt werden, dass mindestens leichte Fahrlässigkeit ausgeschlossen wäre. Vielmehr haftet der Verwender nun für jedes Verschulden nach § 276 BGB; es sei denn, es ist nicht gesetzlich etwas anderes bestimmt (z.B. § 599 BGB). Das Verbot wird aber in Grenzbereichen ausgehöhlt. 356

> ***Bsp.:***[531] *Die betreffende Klausel sah vor, dass der Verkäufer den vereinbarten Kaufpreis an den zur Zeit der Auslieferung jeweils gültigen Listenpreis angleichen dürfe, wenn zwischen Bestellung und Lieferung des Kfz mehr als vier Monate vergangen waren. Der BGH hielt diese Klausel für unwirksam, weil sie gegen § 9 AGBG (jetzt § 307 BGB) verstößt.*[532] *Gleichwohl kam er im Wege der ergänzenden Vertragsauslegung zu einem Erhöhungsrecht des Verkäufers, da es eine nach § 306 II BGB anwendbare Vorschrift des dispositiven Rechts, die in diesem Fall die Höhe des Kaufpreises festlegt, nicht gebe. Allerdings müsse dem Käufer als Ausgleich für die erhöhte Verpflichtung ein Rücktrittsrecht zugestanden werden, um einen gerechten Ausgleich zwischen den berechtigten Interessen beider Beteiligten herbeizuführen.*[533]

Eine Ausnahme muss jedoch anerkanntermaßen dann gelten, wenn die Klausel neben der unwirksamen auch unbedenkliche Bestimmungen enthält, soweit beide Regelungen sprachlich und inhaltlich teilbar sind, und zwar auch dann, wenn beide Bestimmungen denselben Sachkomplex betreffen. 357

530 Vgl. BGH, Life&Law 2010, Heft 8, 511 ff. = NJW 2010, 1660 f. = **juris**byhemmer; BGH NJW 2003, 347 ff. = **juris**byhemmer.

531 BGH, NJW 1984, 1177 = **juris**byhemmer; BGHZ 90, 78 (Tagespreisklausel) = **juris**byhemmer.

532 Siehe oben Rn. 351 f.

533 Ablehnend zu dieser Art der „geltungserhaltenden Reduktion" Rüßmann, BB 1987, 843; E. Schmidt, JuS 1987, 935.

§ 5 EINBEZIEHUNG DRITTER IN DEN PRIMÄRANSPRUCH

der Dritte als Gläubiger oder Schuldner

Nicht immer beschränken sich die Rechtsbeziehungen auf die unmittelbar Handelnden oder die von ihnen Vertretenen. So können sowohl auf Gläubiger- als auch auf Schuldnerseite Dritte mit einbezogen sein. 358

hemmer-Methode: Im Examensfall ist die Einbeziehung Dritter besonders beliebt, da sich so eine Notendifferenzierung erreichen lässt. Nur im kleinen BGB-Schein (wenn überhaupt!) haben Sie A und B wie im einfachen Grundfall. Trainieren Sie frühzeitig examenstypisch. Dabei ist nicht erforderlich, dass Sie jetzt schon alle Feinheiten verstehen. Gerade die wiederholte Beschäftigung mit Examenstypik führt mit der Zeit zu einem tieferen Verständnis. Lesen Sie die folgenden Ausführungen zunächst nur überblicksmäßig. Nur wer sich frühzeitig einen Überblick über examenstypische Problemkreise verschafft, dem gelingt auch die spätere Handhabung. Hüten Sie sich davor, zu „easy“ zu lernen. Nirgendwo steht geschrieben, dass die gesamte Examensvorbereitung in 3 - 6 Monaten zu bewältigen ist. Noch niemand ist durch Handauflegen zum guten Juristen geworden.

A. Einbeziehung Dritter auf Seiten des Gläubigers

I. Mit-/ Gesamt- und Teilgläubigerschaft

Abgrenzung von anderen Fällen der Berechtigung Dritter

Mit-/Gesamt- und Teilgläubigerschaft bilden Fälle der *Gläubigermehrheit*. 359

Hiervon zu unterscheiden sind Fälle, in denen ein Dritter an der Forderung ein Recht hat, z.B. der Pfandgläubiger an einer ihm verpfändeten Forderung, oder in denen die Forderung auf einen Dritten durch rechtsgeschäftliche Abtretung / gesetzlichen Forderungsübergang / Erbfall übergeht.

Einen eigenen Fall der Forderungsgemeinschaft stellt auch der echte Vertrag zugunsten Dritter dar.

1. Mitgläubiger

Mitgläubiger, § 432 BGB

Wichtigster Fall der Gläubigermehrheit ist die in § 432 BGB geregelte Mitgläubigerschaft. 360

Hier kann der einzelne Gläubiger Erfüllung nur an alle Mitgläubiger verlangen. Der Schuldner kann nur durch Leistung an alle erfüllen (§ 362 I BGB) und sich so von seiner Schuld befreien.

Unterschieden wird zwischen der einfachen Forderungsgemeinschaft und der Gesamthandsgläubigerschaft.

einfache Forderungsgemeinschaft

Ein Beispiel der einfachen Forderungsgemeinschaft ist die Bruchteilsgemeinschaft der §§ 741 ff. BGB. Hier stehen aus der Gemeinschaft erwachsende Forderungen allen Bruchteilsinhabern gemeinschaftlich zu, da der gemeinschaftliche Verwendungszweck eine rechtliche Unteilbarkeit begründet.

Gesamthandsgemeinschaft

Gehört die Forderung zu einem Sondervermögen, das den einzelnen Gläubigern zur gesamten Hand zusteht, liegt eine Gesamthandsgläubigerschaft vor.

Anhand der Fülle der gesetzlich geregelten Gesamthandsgemeinschaften, z.B. BGB-Gesellschaft (§§ 705 ff. BGB), Erbengemeinschaft (§§ 2032 ff. BGB), eheliche Gütergemeinschaft (§§ 1415 ff. BGB) usw. wird die praktische Relevanz der Mitgläubigerschaft deutlich.

2. Gesamtgläubiger/Teilgläubiger

Sehr viel seltener sind Gesamt- und Teilgläubigerschaft. 361

Teilgläubigerschaft

Letztere ist in § 420 BGB geregelt und liegt vor, wenn eine teilbare Leistung von mehreren Gläubigern nur anteilsmäßig gefordert werden kann.

> **Bsp.:** *A und B verkaufen als Miteigentümer ein Auto. Im Kaufvertrag ist vereinbart, dass der Kaufpreis je zur Hälfte an A und B gezahlt werden muss.*

Gesamtgläubigerschaft

Auch die Gesamtgläubigerschaft, bei der gem. § 428 BGB jeder Gläubiger die ganze Leistung an sich allein mit schuldnerbefreiender Wirkung fordern kann, ist mehr oder weniger bedeutungslos.

strittig, ob auf § 1357 I S. 2 BGB § 428 BGB oder § 432 BGB anwendbar ist

hemmer-Methode: Nach einer Meinung[534] sollen aufgrund von § 1357 I S. 2 BGB berechtigte Ehegatten eine Gläubigergemeinschaft gem. § 428 BGB bilden. Das hätte den Vorteil, dass der Schuldner auch durch Leistung an nur einen der beiden Ehegatten erfüllen könnte. Die a.A. nimmt eine auf familienrechtlicher Grundlage basierende Forderungsgemeinschaft nach § 432 BGB an. Allerdings soll auch nach dieser Ansicht der Schuldner durch Leistung an einen der Ehegatten befreit werden, da sie entsprechend § 1357 BGB wechselseitig zur Entgegennahme der Leistung ermächtigt sind.[535]

II. Verträge zugunsten Dritter

Vertrag zugunsten Dritter

Auch durch Verträge zugunsten Dritter werden am Vertragsschluss nicht unmittelbar beteiligte Personen in den Vertrag mit einbezogen. Für die Frage, ob dem Dritten ein eigenständiges Forderungsrecht zusteht, ist zwischen dem gesetzlich in §§ 328 ff. BGB geregelten echten Vertrag zugunsten Dritter und dem nicht normierten unechten Vertrag zugunsten Dritter zu unterscheiden. 362

1. Echter Vertrag zugunsten Dritter

gesetzlich geregelt: echter Vertrag zugunsten Dritter

Beim echten Vertrag zugunsten Dritter vereinbaren der Versprechende (Schuldner) und der Versprechensempfänger (Gläubiger), dass dem Dritten, zu dessen Gunsten die Leistung zu erbringen ist, ein eigenes Forderungsrecht gegenüber dem Versprechenden zusteht. Der Dritte erwirbt originär ein selbständiges Forderungsrecht, tritt allerdings nicht in die Rechtsposition des Versprechensempfängers ein. 363

> **Bsp.:** *Eltern schließen zugunsten ihres minderjährigen Kindes einen Behandlungsvertrag mit dem Arzt ab; Versicherungsvertrag zugunsten der Ehefrau.*

2. Unechter Vertrag zugunsten Dritter

unechter Vertrag zug. Dritter

Im Gegensatz dazu kann beim unechten Vertrag zugunsten Dritter nur der Versprechensempfänger Leistung an den Dritten verlangen. 364

534 Vgl. Medicus/Petersen, Rn. 89.

535 Etwa Palandt, § 432, Rn. 3.

Der Dritte selbst hat keinen eigenen Leistungsanspruch. Gesetzlich angesprochen wird der unechte Vertrag zugunsten Dritter in der Auslegungsregel des § 329 BGB für den Fall der Erfüllungsübernahme.

Probl. bei bereicherungsrechtl. Rückabwicklung

hemmer-Methode: Probleme ergeben sich bei Verträgen zugunsten Dritter insbesondere, wenn bereicherungsrechtlich rückabgewickelt werden muss. Entscheidend ist dann nämlich die Frage, zwischen welchen Personen Leistungsverhältnisse bestehen. Während beim unechten Vertrag zugunsten Dritter nach ganz h.M. der Versprechende nur gegenüber dem Versprechensempfänger und nicht gegenüber dem Dritten leistet, bestehen beim echten Vertrag zugunsten Dritter zwischen allen Beteiligten Leistungsbeziehungen. Trotzdem wird bei der Rückabwicklung der Dritte mit wenigen Ausnahmen von bereicherungsrechtlichen Ansprüchen freigehalten, da seine Rechtsposition durch den Vertrag zu seinen Gunsten lediglich gestärkt werden soll.[536]

3. Exkurs: Vertrag mit Schutzwirkung zugunsten Dritter

Fortentwicklung: Vertr. mit Schutzwirkung zug. Dritter

Eine Weiterentwicklung der vertraglichen Einbeziehung Dritter stellt der Vertrag mit Schutzwirkung zugunsten Dritter dar. 365

Im Unterschied zum echten Vertrag zugunsten Dritter erwirbt der Dritte hier keinen eigenen Anspruch auf die Primärleistung, sondern kann bei Verletzung von Schutz- und Obhutspflichten durch die Einbeziehung in den vertraglichen Schutzbereich einen eigenen vertraglichen Schadensersatzanspruch geltend machen. Damit hat der Vertrag mit Schutzwirkung zugunsten Dritter nur Bedeutung auf der Sekundärebene. Der Dritte, der nicht Vertragspartner ist, erhält einen eigenen vertraglichen Sekundäranspruch.

III. Erbfall gem. §§ 1922 ff. BGB

vom Erben geltend gemachte Anspr. des Erblassers

Als nicht an dem Vertragsschluss beteiligter Dritter kann auch der Erbe, der nach § 1922 BGB im Wege der *Universalsukzession* in die Rechtsposition des Erblassers eintritt, Ansprüche aus vom Erblasser geschlossenen Verträgen geltend machen. 366

IV. Abtretung gem. §§ 398 ff. BGB / gesetzlicher Forderungsübergang

Abtretung und cessio legis

Auch durch Abtretung gem. §§ 398 ff. BGB kann ein ursprünglich nicht am Vertragsschluss Beteiligter Gläubiger werden, indem sich Zedent (bisheriger Gläubiger) und Zessionar (neuer Gläubiger) über den Forderungsübergang einigen. 367

Da für die Abtretung eine Mitwirkung des Schuldners oder eine Anzeige ihm gegenüber nicht erforderlich ist, greifen zu seinem Schutz aber die Vorschriften der §§ 404 ff. BGB ein.

Daneben gibt es eine Vielzahl gesetzlicher Vorschriften, die einen Forderungsübergang anordnen (cessio legis), vgl. etwa §§ 268 III, 426 II, 774 I, 1143 I, 1225 BGB, § 6 EFZG, § 86 VVG, § 116 SGB X.

> **Bsp.:** *Zahlt der Bürge an die Bank B, so geht der Anspruch der B gegen den Schuldner aus dem gewährten Darlehen gem. § 488 I S. 2 BGB nach § 774 I BGB kraft Gesetzes auf den Bürgen über.*

536 Hierzu ausführlich Hemmer/Wüst/Gold, Bereicherungsrecht, Rn. 255 ff.

hemmer-Methode: Beachten Sie, dass eine cessio legis nach § 774 I S. 3 BGB nur dann erfolgt, wenn im Innenverhältnis ein Ausgleichsanspruch zwischen Bürgen und Schuldner besteht. In der Regel folgt dieser aus § 670 BGB, wenn das zugrunde liegende Rechtsverhältnis Auftrag oder Geschäftsbesorgung war. Damit liegt eine ähnliche Problematik wie bei § 426 I / II BGB vor. Diese Regressansprüche bestehen nebeneinander. § 426 II BGB als Fall der cessio legis entspricht dem § 774 BGB, § 426 I BGB dem § 670 BGB.

V. Dingliche Surrogation

dingliche Surrogation § 2019 BGB

Auch in den Fällen der sog. dinglichen Surrogation kann ein Dritter den Leistungsanspruch erwerben. 368

Bei der dinglichen Surrogation tritt bei einem Eingriff in einen Gegenstand kraft Gesetzes an seine Stelle sein Surrogat.

Im Fall des § 2019 I BGB tritt anstelle eines Gegenstandes und damit des Herausgabeanspruchs nach § 2018 BGB das, was der Erbschaftsbesitzer mit Mitteln der Erbschaft erworben hat.

Dies kann auch ein Primäranspruch sein.

> **Bsp.:** *Verkauft der Erbschaftsbesitzer einen Erbschaftsgegenstand, so tritt anstelle des Herausgabeanspruchs nach § 2018 BGB die dingliche Surrogation des § 2019 I BGB. Der wahre Erbe kann gem. § 2019 I BGB i.V.m. § 433 II BGB von dem Vertragspartner des Erbschaftsbesitzers Bezahlung verlangen.*

Damit wird der Erbe, der nicht Vertragspartner ist, Inhaber des Erfüllungsanspruchs.

hemmer-Methode: Dieser Fall hat Ähnlichkeit mit der Abtretung und der cessio legis. Zahlt in diesen Fällen der Schuldner an den „Altgläubiger“, so wird er nach § 407 BGB befreit. § 407 BGB trägt dem Gedanken Rechnung, dass insbesondere die Zession still vor sich gehen kann und der Schuldner damit nicht weiß, dass ihm ein neuer Gläubiger gegenübersteht. Auch bei der dinglichen Surrogation wird der gutgläubige Schuldner über §§ 2019 II, 407 BGB geschützt. Wiederum gilt: Lernen Sie nicht isoliert, sondern in examenstypischen Konstellationen. In allen drei Varianten gilt: Die Schuldnerbefreiung führt zur wirksamen Leistung an einen Nichtberechtigten und damit zur Anwendung von § 816 II BGB.[537]

B. Einbeziehung Dritter auf Seiten des Schuldners

der Dritte als Schuldner

Auch auf der Schuldnerseite können mehrere Personen zur Leistung verpflichtet sein. Unterschieden wird zwischen Teilschuldnerschaft, Gesamtschuldnerschaft und Schuldnergemeinschaft. 369

I. Teilschuldnerschaft

Teilschuldnerschaft, § 420 BGB

Nach § 420 BGB sind teilbare Leistungen, wenn sie von mehreren geschuldet werden, im Zweifel anteilig zu erbringen. Der Gläubiger muss also jeden einzelnen Teilschuldner auf den jeweils von ihm geschuldeten Teilbetrag verklagen. 370

537 Vgl. Hemmer/Wüst/Gold, Bereicherungsrecht, Rn. 398 ff.

II. Gesamtschuldnerschaft[538]

Gesamtschuldnerschaft, §§ 421 ff. BGB

Der weitaus häufigste Fall der Verpflichtung mehrerer ist jedoch die Gesamtschuldnerschaft, deren Rechtsfolgen in den §§ 421 ff. BGB geregelt sind. Danach ist jeder Schuldner zur ganzen Leistung verpflichtet, der Gläubiger kann die Leistung insgesamt aber nur einmal fordern. Das Gesetz gibt allerdings keine Definition, wann von Gesamtschuldnerschaft und wann von Teilschuldnerschaft auszugehen ist. 371

Bedeutung für den Gläubiger

hemmer-Methode: Ob Gesamt- oder Teilschuldnerschaft vorliegt, ist für den Gläubiger von entscheidender Bedeutung. Im Falle der Teilschuldnerschaft muss der Gläubiger jeden einzelnen Teilschuldner verklagen und trägt das Risiko, dass einer von ihnen zahlungsunfähig ist. Bei der Gesamtschuldnerschaft kann er sich hingegen den zahlungskräftigsten Schuldner heraussuchen. Dieser kann sich dann nicht darauf berufen, dass einer der anderen Gesamtschuldner zahlungsunfähig sei. Den Ausfall müssen vielmehr die Gesamtschuldner im Innenverhältnis selbst tragen, vgl. § 426 I S. 2 BGB. Der Gläubiger von Gesamtschuldnern wird daher auch oft spöttisch als juristischer „Pascha" bezeichnet.

1. Unteilbare Leistung

§ 431 BGB

Schulden mehrere eine unteilbare Leistung, z.B. Auflassung eines Grundstücks, Herausgabe einer Sache, so ordnet § 431 BGB zwingend an, dass die Schuldner als Gesamtschuldner haften. 372

2. Teilbare Leistung

Ausnahme vom gesetzlichen Regelfall des § 420 BGB

Schwieriger ist die Einordnung, wenn eine teilbare Leistung, z.B. Geld oder andere vertretbare Sachen, geschuldet wird. 373

Zwar bestimmt § 420 BGB, dass dann im Zweifel Teilgläubigerschaft vorliegt. Dennoch ist auch bei teilbaren Leistungen in der Regel von Gesamtschuld auszugehen.

§ 427 BGB

Dies ergibt sich für vertragliche Verpflichtungen aus dem Inhalt des geschlossenen Vertrages, vgl. die Auslegungsregel des § 427 BGB. Danach sind mehrere, die sich gemeinschaftlich zu einer teilbaren Leistung *verpflichten*, im Zweifel Gesamtschuldner.

Anwendbarkeit von § 427 BGB auch auf §§ 812 ff. BGB?

hemmer-Methode: Strittig ist, ob § 427 BGB auch dann Wirkung entfaltet, wenn der angestrebte Vertrag nichtig ist. Früher wurde dies bejaht,[539] weil es letztlich keinen Unterschied mache, ob ein Darlehen aus § 488 I S. 2 BGB oder aus ungerechtfertigter Bereicherung zurückgezahlt werde. Diese Ansicht stößt mittlerweile auf Ablehnung. Ein nichtiger Vertrag kann keine Rechtswirkungen erzeugen, andernfalls würde man die Nichtigkeitsvorschriften durch eine Quasi-Wirksamkeit umgehen. Stattdessen muss bei der Rückabwicklung streng darauf geachtet werden, wer den Vermögensvorteil erlangt hat; nur derjenige kann auch Rückabwicklungsschuldner i.S.v. §§ 812 ff. BGB sein.

gesetzl. Ausnahmevorschriften

Zudem lassen sich auch viele gesetzliche Ausnahmevorschriften finden.

538 Vgl. zur Gesamtschuld (Voraussetzungen, Abgrenzung und Regress) Helm in Life&Law 1999, 542 ff. (Heft 8) und Hemmer/Wüst/Sorge, Rückgriffsansprüche, Rn.178 ff.

539 RGZ 67, 260 ff.

Zentrale Norm ist § 840 BGB. Unabhängig von der Teilbarkeit der Leistung haften danach mehrere Schädiger für den aufgrund einer unerlaubten Handlung entstandenen Schaden immer als Gesamtschuldner.

Daneben gibt es eine Vielzahl anderer Fälle, so etwa in § 42 II BGB für die Mitglieder des Vereinsvorstandes, in § 54 S. 2 BGB für denjenigen, der für den nicht rechtsfähigen Verein handelt, Mitbürgen (§ 769 BGB), mitverpflichtete Ehegatten (§ 1357 I S. 2 BGB), Eltern (§ 1664 II BGB), Miterben (§ 2058 BGB), Gesellschafter einer OHG untereinander (§ 128 HGB). 374

hemmer-Methode: Achtung! Weder Schuldner und Bürge noch OHG-Gesellschafter und OHG sind im Verhältnis zueinander Gesamtschuldner. Es handelt sich um eine akzessorische und deshalb nicht gleichstufige Haftung. OHG und Gesellschafter können schon deshalb nicht Gesamtschuldner sein, weil sie miteinander identisch sind, die Gesellschafter bilden die OHG. Trotzdem wird im Urteil häufig tenoriert „samtverbindlich“.

3. Entstehung

Entstehung der Gesamtschuld

Neben den bisher genannten Fällen gesetzlich angeordneter Gesamtschuld gibt es aber weitere Situationen, in denen die Annahme von gesamtschuldnerischer Haftung sachgerecht ist. 375

Eine Schwierigkeit besteht allerdings darin, dass § 421 BGB nur die Rechtsfolgen der Gesamtschuld regelt. Diese Definition von den Rechtsfolgen her hilft allerdings nicht, die Voraussetzungen der Gesamtschuld zu bestimmen. Diese sind daher auch umstritten.

Mindestanforderungen

Einigkeit besteht über gewisse Mindestanforderungen. Es muss sich um eine *Mehrheit von Schuldnern* handeln, von denen *jeder auf das Ganze verpflichtet* sein muss.

Der Gläubiger darf die Leistung *nur einmal fordern*. Zudem müssen die Pflichten der Gesamtschuldner auf *dasselbe Leistungsinteresse* abzielen. Vollkommene Identität ist dabei allerdings nicht erforderlich; der BGH[540] lässt eine *besonders enge Verwandtschaft* genügen. So ist Gleichartigkeit des Leistungsinteresses bejaht worden, wenn die eine Schuld auf Naturalherstellung oder Nachbesserung, die andere auf Geldersatz geht.[541]

innere Verbundenheit der Forderungen

Gefordert wird des Weiteren eine besondere innere Verbundenheit der Forderungen. Wie diese zu bestimmen ist, wird jedoch sehr kontrovers diskutiert. Nicht mehr vertreten wird die Auffassung,[542] die Verpflichtungen der Schuldner müssten auf demselben oder zumindest einem einheitlichen Rechtsgrund beruhen.

Rspr. früher: Zweckgemeinschaft

Die Rspr. hat lange Zeit das Kriterium der *Zweckgemeinschaft* als maßgeblich herangezogen. Gesamtschuldnerschaft liege dann vor, wenn zwischen den Schuldnern eine rechtliche Zweckgemeinschaft bestehe. Zu Recht ist dieses Merkmal als wenig aussagekräftig kritisiert worden, da es im Wesentlichen schon dem Erfordernis der Gleichartigkeit des Leistungsinteresses entspricht.[543]

Von der Literatur eingeführt, und mittlerweile von der Rechtsprechung übernommen, ist das Merkmal der *Gleichstufigkeit* der Schuld.[544]

540 BGHZ 43, 233 = **juris**byhemmer.

541 BGH, GrZS 43, 232; 39, 264.

542 BGHZ 59, 97, 102 = **juris**byhemmer; Dilcher, JuS 1967, 110, 113.

543 Reinicke/Tiedtke, Gesamtschuld und Schuldsicherung, S. 35.

544 Larenz, § 37 I; MüKo, Rn. 7.

Lit.: Gleichstufigkeit

Es liege dann Gesamtschuld vor, wenn die Leistungen eines Schuldners *wechselseitige Tilgungswirkung* auch für die anderen Schuldner habe.

Nicht ganz geklärt ist allerdings, wann die Leistungen gleichstufig oder gleichrangig sind. Deshalb verzichtet eine Mindermeinung[545] in der Literatur auch auf dieses Kriterium und grenzt stattdessen Fälle des gesetzlichen Forderungsübergangs und die ihnen gleichstehenden Fälle von der Gesamtschuld aus. 376

Abgrenzung zwischen § 255 BGB und § 426 BGB

hemmer-Methode: Schwierigkeiten bereitet vor allem die Abgrenzung zwischen § 255 BGB und der Gesamtschuld. Nach ganz h.M. sind § 255 BGB und § 426 BGB einander ausschließende Regressnormen.[546] Nach h.M. hat § 255 BGB einen nur sehr eingeschränkten Anwendungsbereich. Haften mehrere, die für einen Schaden verantwortlich sind, gem. § 830 BGB oder § 840 BGB als Gesamtschuldner, so gelten §§ 421 ff. BGB; § 255 BGB scheidet dann aus. § 255 BGB ist aber dann anwendbar, wenn die Verpflichtung nicht auf das gleiche Interesse geht, etwa wenn der Schädiger Wertersatz, der Dritte Herausgabe der Sache schuldet. § 255 BGB soll auch dann angewandt werden, wenn sich der Herausgabeanspruch gegen den Dritten in einen Schadensersatzanspruch umgewandelt hat. Argumentiert wird, dass der Dritte weiterhin vollen Ersatz schulde, der Schädiger aber nur das Ausfallrisiko zu tragen habe, der Inhalt der geschuldeten Leistung also in Wahrheit ungleich bleibe.[547] Die gegenteilige Ansicht des BGH, nach der §§ 421 ff. BGB die gegenüber § 255 BGB speziellere Regel sein soll, ist vertretbar. Dies insbesondere wegen der leichteren Regressmöglichkeit des § 426 II BGB. Auch ohne Abtretung geht der Anspruch kraft cessio legis über.

III. Schuldnergemeinschaft

Schuldnergemeinschaft

Eine gemeinschaftliche Verpflichtung besteht dann, wenn die Schuldner in ihrer Gesamtheit zur Leistung verpflichtet sind, die Leistung muss von allen in gemeinschaftlichem Zusammenwirken erbracht werden. Nicht ausreichend ist, wenn jeder Schuldner eine selbständige Teilleistung erbringt. Der Gläubiger kann aber auch nicht von einem Schuldner die gesamte Leistung verlangen. Unterschieden wird nochmals zwischen *Gesamthandsschuld* und *gemeinschaftlicher Schuld* im engeren Sinne. 377

1. Gesamthandsschuld

Gesamthandsschuld

Richtet sich ein Anspruch gegen ein Sondervermögen, so schulden die Gesamthänder gemeinschaftlich Erfüllung. 378

Zum Ausdruck kommt dies in § 736 ZPO, der bei Vollstreckung in das Vermögen einer BGB-Gesellschaft einen Titel gegen alle Gesamthänder fordert. Daneben haften die Gesamthänder aber in der Regel auch mit ihrem Privatvermögen und sind dann zumeist Gesamtschuldner i.S. der §§ 421 ff. BGB.

2. Gemeinschaftliche Schuld im engeren Sinne

gemeinschaftl. Schuld i.e.S.

Die gemeinschaftliche Schuld im engeren Sinne, bei der mehrere Personen, ohne eine Gesamthandsgemeinschaft zu bilden, zu einer nur gemeinsam erbringbaren Leistung verpflichtet sind, ist dagegen äußerst selten. 379

---

545 Vgl. etwa Medicus/Petersen, Rn. 919 ff.; Reinicke/Tiedtke, S. 36 ff.

546 Palandt, § 255, Rn. 2.

547 Larenz, § 32 I; Staudinger, Rn. 4; Palandt, § 255, Rn. 2; a.A. BGH, JZ 1984, 230 mit Anm. Reinicke/Tiedtke.

Hier greifen meist schon die Regeln der Gesamtschuld.

Bsp.:

- *Verpflichtung eines Streichquartetts*
- *Verpflichtung mehrerer Grundstückseigentümer, einen Notweg gem. § 917 BGB zu dulden.*

Vorteil für den gemeinschaftlichen Schuldner gegenüber der Gesamtschuld ist, dass er zwar nur bei gemeinschaftlicher Leistung aller einen Erfüllungsanspruch erwirbt. Er haftet aber auch nur für seine eigene und nicht die ganze Leistung.

IV. Schuldübernahme

alternative und kumulative Schuldübernahme

Ein weiterer Fall der Einbeziehung Dritter in ein bestehendes Schuldverhältnis findet sich in der Schuldübernahme. Dabei muss zwischen der gesetzlich geregelten befreienden Schuldübernahme und der „nicht normierten" (letztlich §§ 311 I, 241 I BGB i.V.m. §§ 421 ff., 427 BGB) kumulativen Schuldübernahme differenziert werden. 380

1. Kumulative Schuldübernahme

Schuldbeitritt

Bei der kumulativen Schuldübernahme (auch Schuldbeitritt oder Schuldmitübernahme) tritt ein Dritter der Schuld des bisherigen Schuldners zusätzlich bei. 381

Während es einige im Gesetz geregelte Fälle eines derartigen Schuldbeitritts gibt (z.B. §§ 613a II BGB; §§ 25, 28, 130 HGB), ist der rechtsgeschäftliche Schuldbeitritt gesetzlich nicht normiert, lässt sich aber aus der Typenfreiheit des Schuldrechts gem. §§ 241 I, 311 I BGB ableiten.

Der Vertrag über den Schuldbeitritt kann sowohl zwischen dem Beitretenden und dem Schuldner als auch zwischen dem Beitretenden und dem bisherigen Schuldner, dann in Form eines unechten Vertrages zugunsten Dritter (hier des Gläubigers), geschlossen werden. Da der Gläubiger eine zusätzliche Sicherung erhält, ist seine Mitwirkung nicht erforderlich.

Abgrenzung zur Bürgschaft

hemmer-Methode: Abgrenzungsschwierigkeiten bestehen vor allem zwischen Bürgschaft und Schuldmitübernahme. Von einer Schuldmitübernahme wird dann auszugehen sein, wenn der Beitretende ein eigenes Interesse an dem Vertrag hat. In Zweifelsfällen ist aber, da die Akzessorietät der Bürgschaft einen besseren Schutz gewährleistet, vom Vorliegen einer Bürgschaft auszugehen. Dafür spricht auch, dass die Bürgschaft der gesetzlich geregelte Fall des Einstehens für die Verbindlichkeit eines anderen ist.

2. Befreiende Schuldübernahme[548]

gesetzl. geregelt: Schuldübernahme

Die befreiende, auch alternative Schuldübernahme ist das Gegenstück zur Abtretung. Im Unterschied zu dieser muss sie aber mit Mitwirkung des Gläubigers erfolgen, da er das Recht und ein Interesse daran hat, sich seinen Schuldner im Hinblick auf dessen Zahlungsfähigkeit selbst auszusuchen. 382

548 Vgl. auch Hemmer/Wüst, BGB AT III, Rn. 626 ff.; dort auch Ausführungen zur sog. Vertragsübernahme.

Der Vertrag kann daher nur entweder zwischen Übernehmer und Gläubiger (§ 414 BGB) oder zwischen Übernehmer und altem Schuldner, dann aber mit Genehmigung des Gläubigers, vgl. § 415 I BGB, zustande kommen. Der Übernahmevertrag hat Verfügungscharakter und ist deshalb vom zugrunde liegenden Kausalgeschäft abstrakt.

bei Verweigerung der Genehmigung: § 415 III BGB

hemmer-Methode: Verweigert der Gläubiger die Genehmigung des Übernahmevertrages, so liegt im Zweifel ein unechter Vertrag zugunsten Dritter vor, vgl. § 415 III BGB i.V.m. § 329 BGB. Der Gläubiger hat dann kein eigenes Forderungsrecht gegenüber dem Übernehmer. Dieser ist aber als Versprechender dem Schuldner als Versprechensempfänger zur Leistung an den Gläubiger als Drittem verpflichtet.

V. Erbe als Schuldner für Erblasser- und Erbfallschulden gem. § 1967 BGB

Erbe als Schuldner

Auch der Erbe haftet als Dritter für von ihm nicht begründete Verbindlichkeiten, vgl. § 1967 BGB. 383

Es handelt sich hierbei um Erblasserschulden, etwa auf Erfüllung eines vom Erblasser geschlossenen Kaufvertrages und um Erbfallschulden, die durch den Erbfall erst entstehen; gemeint sind Verpflichtungen aus Vermächtnissen, Pflichtteilsrechten, etc.

Erben mehrere, so ergibt sich ihre Verpflichtung als Erbengemeinschaft aus §§ 2058 ff. BGB. Beschränkt der Erbe seine Haftung gem. §§ 1975 ff. BGB (z.B. durch Anmeldung eines Nachlassinsolvenzverfahrens), so haftet den Nachlassgläubigern nur noch der Nachlass, andernfalls muss der Erbe die Verbindlichkeiten auch mit seinem Privatvermögen erfüllen.

hemmer-Methode: Denken Sie auch im Zusammenhang mit den entstandenen Primärverpflichtungen an die sog. akzessorischen Rechte, wie Bürgschaft, Hypothek, Pfandrecht, Vormerkung. Diese sind unselbständige Anhängsel der Forderung. Die Forderung ist das führende Recht, das akzessorische Recht das Geführte. Die akzessorischen Rechte entstehen nur, wenn das führende Recht entsteht. Z.B. § 765 BGB drückt das so aus, „dass der Bürge für die Erfüllung der Verbindlichkeit des Hauptschuldners" haftet. Einzig bei der Hypothek entsteht bei fehlender Forderung aus Rangsicherungsgründen eine Eigentümergrundschuld. Dieser Akzessorietät trägt auch das Skriptum Hemmer/Wüst, Kreditsicherungsrecht Rechnung.
Eine ähnliche Fallgestaltung findet sich im Gesellschaftsrecht. Auch dort haften die Gesellschafter für die Schuld der Gesellschaft akzessorisch, vgl. §§ 128, 130, 171 HGB. Merke aber: Anders als bei OHG und KG haftet bei der Gesellschaft der Neueintretende nicht für vor seinem Eintritt entstandene Vertragsverpflichtungen, da er zum Zeitpunkt des Vertragsschlusses noch nicht vertreten werden konnte.

WIEDERHOLUNGSFRAGEN .... Randnr.

Der Klausuraufbau

1. Was ist die zentrale Fragestellung in der Klausur? .... *2 ff.*

2. Wie müssen Sie vorgehen, wenn nur pauschal nach der Rechtslage gefragt ist? *5*

3. In welcher Reihenfolge werden die Anspruchsgrundlagen geprüft? .... *7 ff.*

Die Rechtssubjekte und die Rechtsfähigkeit

4. Was versteht man unter Rechtsfähigkeit, Geschäftsfähigkeit und Deliktsfähigkeit? *15*

5. Wann beginnt und endet bei natürlichen Personen die Rechtsfähigkeit? .... *16 f.*

6. Wie wird der nasciturus zivilrechtlich geschützt? *16/17*

7. Definieren Sie den Begriff „juristische Person"! *18*

8. Wodurch unterscheidet sich die juristische Person von der natürlichen Person?

9. Welche juristischen Personen sind Ihnen bekannt? .... *19 ff.*

10. Was ist eine Gesellschaft? *24*

11. Welche Vorschriften werden auf den nicht rechtsfähigen Verein angewandt? *26*

12. Was versteht man unter der sog. Teilrechtsfähigkeit bei der GbR? .... *28 ff.*

Das Rechtsgeschäft

13. Nennen Sie die Wesensmerkmale des Rechtsgeschäfts! .... *41 ff.*

14. Nach welchen Gesichtspunkten lassen sich Rechtsgeschäfte ordnen und einteilen? .... *45 ff.*

Die Willenserklärung

15. Was ist das entscheidende Merkmal für den äußeren Tatbestand einer Willenserklärung? *50*

16. Ist es für die Abgabe einer Willenserklärung erforderlich, dass sich die Beteiligten ausdrücklich - etwa in Wort oder Schrift - äußern? *51*

17. In welche drei Bestandteile wird der subjektive Tatbestand der Willenserklärung aufgegliedert? .... *52 ff.*

18. Warum darf der ohne Handlungswillen Handelnde nicht an seiner Erklärung festgehalten werden? *58*

19. Wann fehlt das Erklärungsbewusstsein? .... *60 ff.*

20. Ist das Erklärungsbewusstsein notwendiger Bestandteil der Willenserklärung? .... *60 ff.*

21. Wie ist der Erklärende im Fall des fehlenden Erklärungsbewusstseins geschützt? *63*

22. Wann erlangt der Meinungsstreit zwischen Willens- und Erklärungstheorie Bedeutung? *67*

23. Was gilt im Trierer Weinversteigerungsfall, wo jemand als Teilnehmer einer Auktion seinen Freund grüßen will und den Zuschlag erhält? *62*

24. Was gilt bei fehlerhaftem Geschäftswillen? *59*

Der Rechtsbindungswille

25. In welchen Fällen spricht man vom fehlenden Rechtsbindungswillen? *70*

26. Stichwort "Abgrenzung Gefälligkeitsverhältnis/Rechtsgeschäft": Ob eine unentgeltliche Leistung ein Rechtsgeschäft oder ein bloßes Gefälligkeitsverhältnis darstellt, hängt vom Rechtsbindungswillen ab. Wie ermittelt man den Rechtsbindungswillen der Handelnden? *74*

27. Warum haftet ein Unternehmer, der einen bei ihm beschäftigten LKW-Fahrer schuldhaft schlecht ausgesucht hat, gegenüber demjenigen, dem er den Fahrer unentgeltlich überlassen hat, für die Beschädigung des eigenen Lkw? *80*

28. Wie lassen sich Unbilligkeiten bei der Haftung in Gefälligkeitsverhältnissen ausschließen? *79*

29. Stichwort „Erklärungen über die Anerkennung einer Schuld“: Diese kann durch abstraktes und deklaratorisches Schuldanerkenntnis erfolgen. Wie unterscheiden sich die beiden? .... *84 ff.*

30. Warum sind an den Rechtsbindungswillen bezüglich der Annahme eines abstrakten Schuldanerkenntnisses besonders hohe Anforderungen zu stellen? *85*

31. Bleiben die Erklärungen der Unfallbeteiligten völlig ohne jede Folge, wenn man das Vorliegen eines rechtlichen Bindungswillens verneint? *85*

32. Die Drittschuldnererklärung i.S.d. § 840 ZPO ist eine Erklärungspflicht des Drittschuldners auf Verlangen des Gläubigers, z.B. der Arbeitgeber erklärt gegenüber dem Pfändenden des Arbeitseinkommens, dass die Schuld bestehe. Ist diese Drittschuldnererklärung eine Willenserklärung? *86*

Das Wirksamwerden der Willenserklärung

33. Wann liegt die Abgabe einer Willenserklärung vor? *93*

34. Was gilt bei der „abhanden gekommenen Willenserklärung“? *94*

35. Wann wird eine empfangsbedürftige Willenserklärung unter Abwesenden wirksam? *91, 92*

36. Wann wird eine empfangsbedürftige Willenserklärung unter Anwesenden wirksam? .... *106 ff.*

Verkörperte Willenserklärungen

37. Wann gehen verkörperte Willenserklärungen unter Abwesenden zu, z.B. bei einem Bestellschreiben? *96*

38. Wann ist eine Willenserklärung, die gegenüber einem Empfangsboten abgegeben wurde, dem Empfänger zugegangen? *98*

39. Wann ist Zugang von verkörperten Willenserklärungen bei Einschaltung eines Erklärungsboten anzunehmen? *98g*

40. Was gilt beim Zugang gegenüber Geschäftsunfähigen bzw. beschränkt Geschäftsfähigen? .... 100 f.

41. Welche Arten der Zugangsvereitelung gibt es? .... 101 ff.

42. Welche Rechtsfolgen hat die Zugangsvereitelung! 102

Nichtverkörperte Willenserklärungen

43. Ist auch bei nichtverkörperten, also mündlichen Willenserklärungen unter Abwesenden die Einschaltung von Mittelspersonen möglich? 105

44. Zu wessen Lasten geht es, wenn ein zum Empfang der Willenserklärung geeigneter Empfangsbote die mündliche Erklärung verspätet, falsch oder überhaupt nicht übermittelt? 105

45. Liegt ein wirksamer Zugang vor, wenn der Erklärende erkennen musste, dass der Bote zur Weiterleitung nicht geeignet oder nach der Verkehrsanschauung nicht ermächtigt war, z.B. ein Kind? 105

46. Wann ist Zugang bei nichtverkörperten Willenserklärungen unter Anwesenden, z.B. im Gespräch, gegeben? 107

47. Was gilt bei am Telefon gemachten Erklärungen? 107

48. Was versteht man unter sog. geschäftsähnlichen Handlungen? 108

49. Wonach beurteilt sich die Wirksamkeit von geschäftsähnlichen Handlungen? 108

Die Geschäftsfähigkeit

50. Was verstehen Sie unter dem Begriff der sog. relativen Geschäftsunfähigkeit? 113

51. Wer ist beschränkt geschäftsfähig, und was ist dabei zu beachten? .... 115 ff.

52. Einseitige Rechtsgeschäfte, z.B. eine Kündigung, die für den Minderjährigen nicht lediglich rechtlich vorteilhaft sind, können nur mit der Einwilligung der gesetzlichen Vertreter wirksam vorgenommen werden, § 111 BGB. Ist die nachträgliche Zustimmung, d.h. Genehmigung, möglich? 118, 119

53. Wann ist ein Rechtsgeschäft für den Minderjährigen lediglich rechtlich vorteilhaft? 120

54. Nennen Sie Beispiele für in der Regel lediglich rechtlich vorteilhafte Geschäfte! 120

55. Kann der Minderjährige eine Erbschaft ohne die Zustimmung seiner gesetzlichen Vertreter annehmen? 121

56. Führt die privatrechtliche oder öffentlich-rechtliche Belastung des geschenkten Gegenstandes zu einem rechtlichen Nachteil i.S.d. § 107 BGB? 122

57. In welchen Fällen nimmt die Rechtsprechung bei der Beurteilung des rechtlichen Vorteils eine sog. Gesamtbetrachtung vor? Aus welchem Grund? 123

58. Kann der Minderjährige rechtlich neutrale Geschäfte vornehmen? .... 124 ff.

59. Von der Frage des Eigentumsübergangs ist die Erfüllungswirkung streng zu unterscheiden. Beispiel: Der Minderjährige M hat gegen den S eine Forderung über 150 €. Kann der S die Forderung ohne die Genehmigung der Eltern erfüllen? 125

60. Stichwort "Partielle Geschäftsfähigkeit": Wann ist der Minderjährige selbst geschäftsfähig und damit prozessfähig? 127

61. Kann der minderjährige Gesellschafter einer OHG wirksam für die OHG als Vertreter handeln? 128

62. Beachten Sie bei der Überlassung von „Taschengeld“ § 110 BGB: Dieser ist ein Spezialfall des § 107 BGB, weil in der Überlassung der Geldmittel eine konkludente Einwilligung der gesetzlichen Vertreter liegt. Warum ist der Begriff des „Taschengeldparagraphen“ zu eng? *129*

63. Aus welchem Tatbestandsmerkmal des § 110 BGB ergibt sich, dass Verträge des Minderjährigen nicht bereits mit ihrem Abschluss, sondern erst bei Erfüllung wirksam werden? *131*

64. Sind von der generellen Einwilligung des § 110 BGB auch Geschäfte über das Surrogat gedeckt? *131*

Zustandekommen und Inhalt des Vertrages

65. Das Angebot bzw. der Antrag muss die wesentlichen Punkte des Vertrages, die sog. essentialia negotii (z.B. Preis, Parteien, Gegenstand), enthalten oder zumindest bestimmbar machen. Fehlt es an der Angabe der essentialia negotii, liegt grds. kein wirksames Angebot i.S.d. § 145 BGB vor. In welchen Beispielsfällen kann trotz eines unvollständigen Angebots dennoch ein wirksames Angebot vorliegen? .... *132 ff.*

66. Liegt ein wirksames Angebot vor, wenn der Verkäufer zum "Ladenpreis" verkaufen möchte? *134*

67. In welchen Fällen spricht man von einer sog. Offerte "ad incertas personas"? *136*

68. Ein Einzelhändler stellt seine Waren im Schaufenster aus. Ist hierin bereits ein verbindliches Angebot zu sehen? *137*

69. Stichwort "Kauf in Selbstbedienungsläden“: Ist das Angebot des Ladeninhabers bereits in der Aufstellung der Ware zu sehen? *138*

70. Ab welchem Zeitpunkt ist der Anbietende an sein Angebot gebunden? *139*

71. Kann er die Bindungswirkung ausschließen? *139*

72. Stellt § 151 BGB einen Fall des rechtserheblichen Schweigens dar?. *140*

Schweigen als Sonderfall

73. Bloßes Schweigen ist grundsätzlich keine Willenserklärung und stellt demnach auch keine Annahme dar. Wer schweigt, setzt keinen Erklärungstatbestand. Inwieweit sind von diesem Grundsatz Ausnahmen zu machen? .... *141 ff.*

74. In der Zusendung unbestellter Waren liegt oft ein Vertragsangebot. Stellt das Schweigen des Empfängers daraufhin eine Annahme dar? *142*

75. Wo finden sich im Handelsrecht Sonderfälle, in denen dem Schweigen eine rechtserhebliche Bedeutung beigemessen wird? *145*

76. Das sog. Schweigen auf ein kaufmännisches Bestätigungsschreiben bildet den wichtigsten Fall rechtserheblichen Schweigens im Handelsrecht. Das Schweigen kann deklaratorische (Schreiben enthält genau das vorher Vereinbarte) aber auch konstitutive Wirkung (Vertrag kommt überhaupt erst oder mit neuem Inhalt zustande) haben. Nennen Sie die Voraussetzungen, unter denen ein wirksamer Kaufvertrag mit dem Inhalt des Bestätigungsschreibens zustande kommt! *146*

77. Innerhalb welcher Fristen kann ein Angebot angenommen werden? *148, 149*

78. Wie wird die verspätete Annahme eines Angebots behandelt? *150*

79. Wie erfolgt der Vertragsschluss übers Internet in den sog. Ebay-Fällen? .... *151a ff.*

Dissens

80. Warum ist die Unterscheidung zwischen dem offenen Dissens gem. § 154 BGB und dem versteckten Dissens gem. § 155 BGB von Bedeutung? ... *152 f.*

81. In welchen Fällen kommt eine Anwendung der Dissensregel nicht in Betracht? ... *153*

82. Bei beiderseitigem Verschulden, z.B. wenn beide schuldhaft aneinander vorbeireden, soll § 254 BGB anspruchskürzend gelten. D.h. die Haftung erfolgt wie beim einseitigen Verschulden, jedoch wird das eigene Mitverschulden angerechnet. Was spricht gegen diese Lösung? ... *157*

Formvorschriften

83. Der gesetzliche Formzwang erfüllt stets besondere Zwecke. Zwischen welchen Funktionen des Formzwangs wird unterschieden? ... *159*

84. Wann erstreckt sich das Formerfordernis auf zwei Rechtsgeschäfte? ... *169*

85. In welchen Fällen entfällt die Unwirksamkeit? ... *173/174*

86. Nach der Auslegungsregel „falsa demonstratio non nocet“ kommt es nicht auf die (versehentliche) Falschbezeichnung eines wesentlichen Vertragsbestandteils, sondern auf das von den Parteien übereinstimmend tatsächlich Gewollte an. Gilt der Grundsatz der "falsa demonstratio non nocet" auch bei formbedürftigen Rechtsgeschäften?.. ... *177, 178*

87. Gilt der falsa-demonstratio-Grundsatz auch dann, wenn Dritte, z.B. die Gemeinde bei behördlicher Genehmigung, an dem Geschäft beteiligt sind, die das Gewollte nicht erkennen können? ... *178*

88. Wie ist die Rechtslage, wenn die Parteien eines Grundstückskaufvertrages aus Gründen der Steuerersparnis den Kaufpreis zu niedrig angegeben haben, sog. „Schwarzkauf vor dem Notar“? ... *180*

89. Wie kann hier gegebenenfalls die Heilung des Kaufvertrags erfolgen? ... *180*

90. Wie ist es, wenn beim Schwarzkauf der Auflassungsanspruch durch eine Vormerkung gesichert wurde? ... *181*

Die Stellvertretung

91. Welche Art der Stellvertretung regelt das BGB in den §§ 164 ff. BGB? ... *183*

92. Was sind die Voraussetzungen der Stellvertretung? ... *183*

93. Wie unterscheidet sich die Figur der mittelbaren Stellvertretung von der unmittelbaren Stellvertretung? ... *186*

94. In welchen Fällen kann sich die Unterscheidung zwischen Botenschaft und Stellvertretung auswirken? ... *194*

95. Auf wessen Vorstellungen kommt es bei Willensmängeln an? ... *195 f.*

96. Was gilt bei falscher Übermittlung des Boten? ... *196 ff.*

97. Wie erfolgt die Wissenszurechnung im Gesellschaftsrecht? ... *201a*

98. Wann ist die gegenüber einem Boten abgegebene Willenserklärung dem Geschäftsherrn zugegangen, wann die gegenüber einem Vertreter abgegebene Willenserklärung? ... *202*

99. Das Handeln des Vertreters wirkt grundsätzlich nur dann für und gegen den Geschäftsherrn, wenn der Vertreter erkennbar im fremden Namen auftritt, § 164 I BGB. Wessen Interessen dient dieses sog. Offenkundigkeitsprinzip? ... *202*

100. Muss der Vertreter immer ausdrücklich "im Namen des Vertretenen" handeln? ... ***208***

101. Was gilt bei mangelnder Offenkundigkeit? ... ***211 f.***

102. Was ist die wesentliche Aussage des § 164 II BGB? ... ***212***

103. Wie wird der Fall behandelt, dass eine Person entgegen ihrem Willen als Vertreter auftritt, obwohl sie das Geschäft für eigene Rechnung abschließen möchte? ... ***214***

104. Was spricht dagegen, dass der Vertreter, der das Geschäft selbst abschließen wollte, nach § 119 BGB anfechten kann? ... ***214***

105. Vom Handeln in fremdem Namen ist das Handeln unter fremdem Namen zu unterscheiden. Was versteht man unter Handeln unter fremden Namen? ... ***215***

106. Finden die Vorschriften der §§ 164 ff. BGB auch auf das Handeln unter fremden Namen Anwendung? ... ***215f***

107. Teilweise ist die Offenlegung der Vertretung nicht notwendig. Dann wird der Hintermann Vertragspartner, obwohl sich die Fremdbezogenheit des Geschäfts entgegen § 164 I BGB weder aus der Aussage der Handelnden noch aus den Umständen entnehmen lässt. Was versteht man unter dem verdeckten Geschäft für den, den es angeht! ... ***218 f.***

108. Nennen Sie weitere Fallgruppen, bei denen die Offenlegung der Vertretung nicht notwendig ist! ... ***222 ff.***

109. Wie kann ein Ehegatte entgegen § 1357 I 2 BGB die Mithaftung seines Partners oder seine eigene Haftung ausschließen? ... ***226 f.***

110. Welche Geschäfte i.S.d. § 1357 BGB sind angemessen? ... ***226 f.***

111. Mit wem kommt der Vertrag bei den sog. "unternehmensbezogenen Geschäften" zustande, wenn die Gegenpartei unrichtige Vorstellungen über die Person des Betriebsinhabers hatte? ... ***229***

112. Damit das vom Vertreter abgeschlossene Geschäft für und gegen den Geschäftsherrn wirkt, muss der Vertreter auch mit Vertretungsmacht gehandelt haben. Wird die Vertretungsmacht durch Rechtsgeschäft begründet, wird sie als Vollmacht bezeichnet. In welcher Bestimmung ist die Legaldefinition der Vollmacht geregelt? ... ***235***

113. Nennen Sie handelsrechtliche Unterformen der Vollmacht! ... ***235***

114. Was versteht man unter der Abstraktheit der Vollmacht? ... ***239***

115. Zeigen Sie diese Abstraktheit anhand eines minderjährigen Vertreters auf! ... ***240***

116. Muss die Bevollmächtigung dem gesetzlichen Vertreter zugehen? ... ***240***

117. Wann wird der Grundsatz der Abstraktheit der Vollmacht durchbrochen? ... ***240***

118. Wer bestimmt den Umfang der Vollmacht? ... ***241 f.***

119. Was versteht man unter Prokura? ... ***244***

120. Durch welche Rechtsinstitute wird das Vertrauen des Geschäftspartners in die Vollmacht des Vertreters über das Gesetz hinaus geschützt? ... ***248***

121. Handelt es sich bei diesen Rechtsinstituten um schlüssige Bevollmächtigungen? ... ***248***

122. Bei der sog. Anscheinsvollmacht muss der Vertretene das Handeln seines angeblichen Vertreters schon dann gegen sich gelten lassen, wenn er nur leicht fahrlässig gehandelt hat. Was lässt sich dagegen einwenden? ... ***248***

123. Was gilt, wenn eine im Handelsregister eintragungsbedürftige Tatsache, z.B. die Prokuraerteilung, nicht eingetragen wurde und der Widerruf der Prokura als ebenfalls eintragungspflichtige Tatsache nicht eingetragen wurde? ... ***253***

124. Nennen Sie die Fälle, in denen die rechtsgeschäftlich erteilte Vollmacht erlischt! *257*

125. Was gilt beim Tod des Vollmachtgebers, wenn das zugrundeliegende Rechtsverhältnis, wie häufig, ein Auftrag war? *261*

126. Die Vollmacht ist grundsätzlich frei widerruflich, § 168 S. 2 BGB. Kann diese freie Widerruflichkeit vertraglich ausgeschlossen werden? *262*

127. Welche Probleme ergeben sich bei der Anfechtung der bereits betätigten Vollmachterteilung? .... *264 f.*

128. Warum wird teilweise die Anfechtung der Kundgabe bei einer kundgemachten Innenvollmacht nicht zugelassen? .... *267 f.*

129. Vertretungsmacht kann durch Rechtsgeschäft verliehen werden, sie kann aber auch auf gesetzlichen Vorschriften beruhen. Nennen Sie Fälle gesetzlicher Vertretungsmacht! .... *269 f.*

130. Wie vertreten die Eltern ihr Kind? *271*

131. Durch welche Bestimmungen wird die grundsätzlich unbeschränkte gesetzliche Vertretungsmacht der Eltern eingeschränkt oder gänzlich ausgeschlossen? *271*

132. Zum Abschluss eines Gesellschaftsvertrages, der zum Betrieb eines Erwerbsgeschäftes eingegangen ist, bedürfen die Eltern für ihr minderjähriges Kind der Genehmigung des Vormundschaftsgerichtes, § 1822 Nr. 3 BGB. Gilt dies auch für die Fälle einer späteren Änderung des Gesellschaftsvertrages? *273*

133. Wann spricht man i.R.v. § 181 BGB von Selbstkontrahieren und wann von Mehrvertretung? .... *276 f.*

134. Welchen Regelungszweck verfolgt § 181 BGB? *277*

135. In welchem Fall wird der § 181 BGB im Wege der teleologischen Reduktion eingeschränkt? *281*

136. Können die Eltern ihr minderjähriges Kind beim Abschluss eines Gesellschaftsvertrages vertreten, wenn sie selbst an der Gesellschaft beteiligt sind? *284*

137. Was versteht man unter Missbrauch der Vertretungsmacht und welche Rechtsfolge kommt in Betracht? *285*

138. Nach welchen Vorschriften richtet sich die Haftung des Vertreters ohne Vertretungsmacht, sog. falsus procurator? *289*

139. Was ist die primäre Rechtsfolge der mangelnden Vertretungsmacht? *290*

140. Wie haftet der falsus procurator nach der Verweigerung der Genehmigung durch den Vertretenen? .... *293 f.*

141. Inwiefern schützt das Gesetz den Vertreter, wenn er den Mangel der Vertretungsmacht nicht gekannt hat? *293*

142. In Allgemeinen Geschäftsbedingungen steht häufig: „Mündliche Abmachungen haben ohne schriftliche Bestätigung keine Gültigkeit“. Was passiert in diesem Fall, wenn der Angestellte als Vertreter mündlich eine Eigenschaft zusichert? *296*

Die Einbeziehung allgemeiner Geschäftsbedingungen in den Vertrag

143. Was versteht man unter dem Begriff "Allgemeine Geschäftsbedingung“? .... *297 ff.*

144. Bei der Prüfung der Wirksamkeit von Allgemeinen Geschäftsbedingungen (AGB) ist systematisch vorzugehen. Nennen Sie die einzelnen Prüfungsschritte! *300*

145. Der Wortlaut des § 305 I BGB setzt grundsätzlich das Vorliegen eines zweiseitigen Rechtsgeschäfts voraus. Nennen Sie eine Ausnahme! *305*

146. Was bedeutet der Begriff des "Stellens" i.S.d. § 305 I 1 BGB? ... 313

147. Wer kann „Verwender“ sein? ... 314

148. Ausnahmsweise können ABG zu Individualabreden werden, wenn sie im Einzelnen ausgehandelt wurden, § 305 I 3 BGB. Wann liegt „Aushandeln“ vor?. ... 316

149. Warum ist das sog. Aushandeln Merkmal für Individualvereinbarungen i.S.v. § 305 I 3 BGB? ... 316

150. Gemäß § 310 IV BGB sind Verträge auf dem Gebiet des Familien-, Erb- und Gesellschaftsrechts von der Anwendung der §§ 305 ff. BGB vollständig ausgenommen. Was gilt im Arbeitsrecht? ... 318

151. Inwiefern ist der persönliche Geltungsbereich der §§ 305 ff. BGB eingeschränkt? ... 319

152. Welchen Einfluss hat es auf den Gesamtvertrag, wenn einzelne AGB nicht wirksam in den Vertrag einbezogen wurden? ... 320

153. Unter welchen Voraussetzungen liegt eine Einbeziehung i.S.v. § 305 II BGB vor? ... 321

154. Welche Probleme ergeben sich hier bei einem telefonischen Vertragsschluss? ... 323

155. Wie löst die herrschende Meinung das Problem der sich widersprechenden AGB? ... 325

156. Wann ist eine AGB-Klausel überraschend i.S.v. § 305c BGB? ... 328

157. Grundsätzlich werden AGB nach den allgemeinen Auslegungsregeln der §§ 133, 157 BGB ausgelegt. Welche ergänzenden Auslegungsregeln gelten für AGB? ... 330

158. Auch bei der Inhaltskontrolle nach den §§ 307 ff. BGB ist eine bestimmte Prüfungsreihenfolge strikt einzuhalten. Nennen Sie die einzelnen Prüfungsschritte! ... 330f

159. Inwiefern ergeben sich diese Prüfungsschritte bereits aus der Systematik des Gesetzes? ... 331

160. Was sind die Rechtsfolgen bei fehlerhaften oder nicht einbezogenen AGB? ... 355

Die Einbeziehung Dritter auf Seiten des Gläubigers

161. Wie unterscheiden sich Mit-, Gesamt- und Teilgläubigerschaft? ... 359

162. Welchen Vorteil hat die Annahme von § 428 bei § 1357 I 2 BGB? ... 361

163. Wie unterscheiden sich echter und unechter Vertrag zugunsten Dritter? ... 363 f.

164. Welche Ansprüche ergeben sich aus dem Vertrag mit Schutzwirkung zugunsten Dritter? ... 365

165. Auch durch Abtretung gem. § 398 ff. BGB kann ein ursprünglich nicht am Vertragsschluss Beteiligter Gläubiger werden. Welche Vorschriften schützen den Schuldner bei der Abtretung? ... 367 f.

166. Was versteht man unter dinglicher Surrogation, bei welcher ein Dritter den Leistungsanspruch erwerben kann? ... 368

Die Einbeziehung Dritter auf Seiten des Schuldners

167. Wie unterscheiden sich Teilschuldnerschaft und Gesamtschuldnerschaft? ... 370 ff.

168. Welche Schwierigkeit besteht bei der Festlegung, ob eine Gesamtschuld vorliegt? ... 375 ff.

169. Was versteht man unter Gesamthandsschuld? ... 378

170. Wie unterscheidet sich die kumulative von der befreienden Schuldübernahme? ... 380 ff.

171. Warum ist im Zweifel eher eine Bürgschaft als eine Schuldmitübernahme anzunehmen? ... 381

Die Zahlen verweisen auf die Randnummern des Skripts

A

Abhandenkommen **124**
Absendungstheorie **97**
Abtretung **367 ff.**
Allgemeine Geschäftsbedingungen (AGB) **297 ff.**
- Anwendungsbereich 318f
- Aushandeln 316
- Auslegung 330f
- Bauherrenmodell 315
- Begriffsbestimmungen
  - Individualvereinbarung 316
  - Stellen der AGB 312
  - Vertragsbedingungen 302
  - Vielzahl von Verträgen 309
  - Vorformulierung 308
- Eigentumsvorbehalt 248
- Einbeziehen der AGB 320
  - Einverständnis 324
  - Hinweis des Verwenders 322
  - Kenntnisnahme 323
- einseitige Rechtsgeschäfte 305
- fehlerhafte AGB, Rechtsfolgen 355 f.
- Generalklausel (§ 307 BGB) 350
- Gewährleistung 346
- Haftungsbeschränkung 345
- Individualabrede 316
- Inhaltskontrolle 336f
- Leistungsbeschreibungen 337
- Preiserhöhungen 341
- Provisionsregelung 317
- Prüfungsreihenfolge 299
- Schadenspauschalierung 342
- Schriftformklausel 334
- sich widersprechende 325
- überraschende AGB 328
- Unklarheitenregelung 335
- Vertragsstrafen 343
- zugesicherte Eigenschaften 348
- Zweck 299

Anfechtung
- bei fehlendem Erklärungsbewusstsein 63
- bei Vertretern und Boten 194 f.
- Haftung 63
- Unverzüglichkeit 67

Angebot **49**
- Abgrenzung zur invitatio ad offerendum 89
- bei Automaten 136
- Bindungswirkung 138
- essentialia negotii 134
- Katalogzusendung 137
- Merkmale 134
- SB-Laden 136
- unvollständiges 135

Annahme **49, 140 ff.**
- Annahmeerklärung 140
- Annahmefrist 148
- Schweigen 141
- Schweigen im Handelsrecht 145
- verspätete Annahme 150
- Verzicht auf den Zugang 140

Arbeitsvertrag
- eines Mj. 127
- Formvorschriften 172

Aufrechnung **126**
Auftrag
76
- Tod des Bevollmächtigten 259

Ausgleichsquittung **88**
Auskunftsgabe **81 f.**
- Pflichtverletzung des Auskunftsvertrags 83

Auslobung **92**

B

Belastung, öffentl. rechtliche **122**
Bereicherungsrecht **114**
Beschlüsse **46**
Besitzkonstitut **187**
Betreuung **114**
Beweis
- Beweislastumkehr 85
- Beweisvereinfachung durch Form 160
- Beweiswürdigung 85

Bote **189 ff.**
- Abgrenzung zum Vertreter 189
- Empfangsbote 104, 98
- Erklärungsbote 104
- Überschreiten der Befugnisse 190 f.
- Willensmängel 194 f.

Bürgschaftsvertrag **68**

C

culpa in contrahendo, § 311 II **175**

D

Danaergeschenk **123**
Deliktische Haftung **76**
Dienstverschaffungsvertrag **80**
Dingliche Surrogation **368**
Dissens **152 f.**
- offener 156
- versteckter 157

Doppelnichtigkeit **117**
Dritte **359 ff.**
- Gesamtgläubiger 361
- Gesamtschuldner 371

Mitgläubiger 360
Teilgläubiger 361
Teilschuldner 370
Verträge zug. Dritter 362 ff.
Drittschuldnererklärung 86
Drohung 53
Durchgangserwerb 187

E

eBay-Verträge 151b
Ehegatten, Vertretung durch 226
Eheschließung 42
Eigentumsübertragung 42
bei Mj. 126
Einwilligung
konkludente 129
Eigentumsvorbehalt 327
Empfangsvertreter 98e, g, 105 sowie 202 f.
Empfangsbote 98f 105 sowie 202 f.
Erklärungsbote 105
Entmündigung 114
Erbschaft 120
Ereignis, unabwendbares **85**
Erfüllung
von Forderung eines Mj. 124
Erklärungsbewusstsein, siehe unter Willenserklärung
Erklärungsfahrlässigkeit 64
Erklärungstheorie 62, 67
Erlassvertrag 88

F

falsa demonstratio non nocet 177
falsus procurator 197 f., 289f
Ansprüche gegen falsus procurator
Erfüllung 293 f.
Schadensersatz 293 f.
Ansprüche gegen Vertretenen 296
Genehmigung 290
Minderjähriger 294
Rechtsfolgen 290
Forderungsabtretung 42
Formvorschriften 158 f.
Aufhebung von gewillkürten Formzwang 166
bei falsa demonstratio 177
bei Vertretung, siehe dort
Funktion des Formzwangs 159
Heilung von Formmängeln 173
Nichtbeachtung 171
Umfang des Formzwangs 168
verschiedene Formerfordernisse 162
gesetzliche Schriftform 163
gewillkürte Schriftform 165
notarielle Beurkundung 167
Elektronische Form 168
Textform 168a

G

Gefälligkeitsverhältnis 71 f.
Abgrenzung zum Rechtsgeschäft 72
Haftung im 75 f.
Genehmigung
Aufforderung zur Genehmigung 115
durch gesetzlichen Vertreter 115
konkludente 129
Gesamtbetrachtung
bei der Schenkung 123
geschäftsähnliche Handlungen/ 108
Geschäftsfähigkeit
beschränkte Geschäftsfähigkeit 115 f.
Zustimmung von Vertreter 115
rechtlich vorteilhaftes Geschäft 120
Betreuung 114
Geschäftsunfähigkeit 112
§ 105a BGB 113a ff.
unbeschränkte Geschäftsfähigkeit 110f
Geschäftsführung ohne Auftrag 77
Geschäftswille, siehe unter Willenserklärung
Gesellschaftsvertrag 79
Grundbucheintragung 179

H

Haftung
Haftungsmaßstab 76
Haftungsausschluss im Gefälligkeitsverhältnis 75
Handelsrecht
Insichgeschäft bei GmbH 283
Kaufmännisches Bestätigungsschreiben 146
Ladenverkäufer 249
negative/positive Publizität 251 ff.
OHG 25
Prokura 246 ff.
Scheinkaufmann 251
Schweigen als Willenserklärung 145
Handlungswille, siehe unter Willenserklärung
Hauptleistungspflicht 81
Hilfspersonen 76

I

Insichgeschäft
als gesetzliche Grenze der Vertretungsmacht 277 f.
bei GmbH 282
bei Schenkung 122
Internet
Vertragsschluss über Internet 151a, b

K

Kaufmännisches Bestätigungsschreiben 146
Kaufvertrag 42
Klageverzicht 89
Klausuraufbau 2

Kommission 184
Kündigung 88

L

Lottogemeinschaft 79

M

Minderjährige 114
- Abhandenkommen 124
- als falsus procurator 295
- Arbeitsverhältnis 127
- Empfangszuständigkeit 125, 126
- Erwerbsgeschäft 127
- Geschenke an Mj. 123
- Gesellschafter 273
- neutrale Willenserklärung 124
- Nichtberechtigter 124
- rechtliche Nachteile 123, 125
- Vormundschaftsgericht siehe dort

Missbrauch der Vertretungsmacht Rn. 284a ff.

N

Nachlassverbindlichkeiten 120
Nebenleistungspflichten 81

offene Handelsgesellschaft 128
Organtheorie 201a ff.

P

positive Vertragsverletzung 74, 80, 83
Privatautonomie 41
Pflichtverletzung 10

R

Ratenzahlung 130
Ratschläge 81
Rechtsbindungswille 70 ff.
- Auskünfte, siehe dort
- bei Ausgleichsquittung, siehe dort
- Gefälligkeitsverhältnis, siehe dort
- Schuldanerkenntnis, siehe dort

Rechtsgeschäft
- Begriff 39 f.
- einseitiges/mehrseitiges 46 f., 118 f.
- sachenrechtliches 47
- schuldrechtliches 47
- Wesensmerkmale 41

Rechtsgutverletzung 43
Rechtssubjekte 15 ff.
- Rechtsfähigkeit 15
  - Natürliche Personen 16
  - Juristische Personen 18
  - Personenvereinigungen 25

S

Schadensersatz
- bei Fahrerverleih 80
- falsus procurator, siehe dort
- im Gefälligkeitsverhältnis 76
- nach Anfechtung 94

Schenkung 120
- unter Auflage 121
- Verschuldensmaßstab 77
- vom gesetzlichen Vertreter 123

Schriftform 163
- gesetzliche 163
- gewillkürte 165

Schuldverhältnis
- gesetzliches 76

Schuldversprechen 84 f.
Schwarzgeschäft 181
Sekundäransprüche 10
Sorgfaltspflicht 94
Stellvertretung 182 f.
- siehe auch unter Vertretung
- Abgrenzung zum Boten 189 f.
- Anfechtung
  - des Vertreters 212, 214
  - der Vollmachtserteilung 255 f.
- Betreuungsgesetz 271
- Ehegatten, Vertretung durch 226
- Eigengeschäft des Vertreters 209, 214
- Geschäft f. d. d. es angeht
  - offenes 222
  - verdecktes 219
- Geschäftsunfähiger 190
- Handeln *in* fremden Namen, siehe Offenkundigkeit
- Handeln *unter* fremden Namen 215 f.
- Insichgeschäft, siehe dort
- Kollusion 285
- Kommission 184
- Missbrauch der Vertretungsmacht 284a ff.
- mittelbare/unmittelbare 183
- Offenkundigkeitsgrundsatz 208f
- Rechtsbeziehungen bei StellV. 185
- Rechtsscheinhaftung 248
- Überschreiten der Befugnisse 190
- unternehmensbezogene Geschäfte 229 f.
- Unterschrift mit falschem Namen 232
- Vertreter mit gebundener Marschrichtung 192
- Vertretungsmacht
  - gesetzliche und organschaftliche 269 f.
  - siehe auch unten unter Vollmacht
  - Vertreter ohne, siehe falsus procurator
- Vertretungsverbote 206
- Vollmacht
  - Abstraktionsgrundsatz 239

Anscheinsvollmacht/Duldungsvollmacht 248
Außenvollmacht 236
Beschränkung der Vollmacht 236, 288
Erlöschen der Vollmacht 257 f.
Erteilung der Vollmacht 236
Innenvollmacht 236
Prokura 234 f.
transmortale Vollmacht 261
Umfang 241
Unterbevollmächtigung 238
Willenserklärung des Vertreters 88
Willensmängel 194 f., 264 f.
Wissenszusammenrechnung / Organtheorie 201a ff.
Zugang der Willenserklärung 202
Zurechnung der Bösgläubigkeit 200 f.

T

Täuschung **53**
Taschengeld **129**
teleologische Reduktion **282**
Testament **42, 46 f., 93**
Trierer Weinversteigerungsfall **55**

U

Unterschrift **164**

V

Vergleich **130**
Verfügungsgeschäft **48**
Verlöbnis **42**
Vernehmungstheorie **96, 167**
Verpflichtungsgeschäft **48**
Vertrag
zugunsten Dritter 362 ff.
Zustandekommen 132 ff.
Vertragsschluss über Internet (eBay-Fälle) 151a, b
Vertretung
Einzelvertretungsmacht 128
Formvorschriften 204
Gesamthänderische Verpflichtung 128
Insichgeschäft, siehe dort
Mj. als Vertreter 124, 128
weiteres siehe auch Stellvertretung
Verwahrung **77**
Vollmacht, siehe unter Stellvertretung
Vormerkung **181**
Vormundschaftsgericht **127, 128**

W

Willenserklärung **49 ff.**
Abgabe 93
abhanden gekommene 94
Änderung des Willens nach Abgabe 95
Angebot/Annahme, siehe dort
empfangsbedürftige/nicht empfangsbedürftige 46
Erklärungstheorie 62, 67
konkludente 51
neutrale 124
obj. Tatbestand 50
subj. Tatbestand 50, 52
Handlungswille 53,58
Erklärungswille 54, 60
Geschäftswille 56, 59
Tatsachenmitteilung 69
Verpflichtung zur Abgabe 86
von Vertretern, siehe Stellvertretung
Willenstheorie 61
Wirksamwerden 90
Zugang 96
Empfangsbote 202 f.
während Urlaub 99f
unter Abwesenden 106
unter Anwesenden 106
Verzicht auf den Zugang 140
Zugangsfiktion 103
Zugangsvereitelung 100 f.
Willenstheorie **61**
Wissenszurechnung (Organtheorie) **201a ff.**

Z

Zugang von Willenserklärungen **96 ff.**
Zugangsvereitelung **101 ff.**
Zusenden unbestellter Ware **142b ff.**
Zurückbehaltungsrecht **126**
Zwangsvollstreckung **86 f.**